中学语文
感悟式教学研究

ZHONGXUEYUWEN GANWUSHI JIAOXUE YANJIU

朱正茂◎主编

安徽师范大学出版社

·芜湖·

责任编辑:胡志恒　王　贤
装帧设计:黄　洁

图书在版编目(CIP)数据

中学语文感悟式教学研究/朱正茂主编. —芜湖:安徽师范大学出版社,2017.9
ISBN 978-7-5676-3079-6

Ⅰ.①中… Ⅱ.①朱… Ⅲ.①中学语文课－教学研究 Ⅳ.①G633.302

中国版本图书馆CIP数据核字(2017)第189901号

中学语文感悟式教学研究

朱正茂　主编

出版发行:安徽师范大学出版社
　　芜湖市九华南路189号安徽师范大学花津校区　　　　邮政编码:241002
网　　址:http://www.ahnupress.com
发 行 部:0553-3883578　5910327　5910310(传真)　　　E-mail:asdcbsfxb@126.com
印　　刷:虎彩印艺股份有限公司
版　　次:2017年9月第1版
印　　次:2017年9月第1次印刷
规　　格:700 mm×1000 mm　1/16
印　　张:28.75
字　　数:512千字
书　　号:ISBN 978-7-5676-3079-6
定　　价:79.80元

我对"感悟"的一点感悟（代序）

张继先

　　"语文课标"中反复强调感悟在语文教学中的作用，教师应留有充分的时间给学生去思考、去体验、去感悟，教师不应以自己的"讲解"取而代之。

　　"感悟"是学生认识事物、掌握知识、增长才干的重要途径和手段，它与"理解"虽然同属于认知过程，但是又不能简单地在二者之间画上等号。一般来讲，感悟大约有以下一些特点。

　　它是人们认识事物的一个过程。人们的认识，一般总是从感觉开始的，而感觉是离不开刺激的，也就是说刺激—感觉具有因果关系。感悟也要从刺激—感觉开始，没有也不可能有凭空的感悟。知觉是对感觉的组织和解释，是在联系已有经验信息基础上的对感觉信息的加工和建构，是感觉信息与旧有信息的整合。感悟始于感觉，然而又不停留于感觉，而是要上升为知觉。在从感觉上升为知觉的过程中，认知主体的经验，例如生活经验、社会经验、学术经验、认识经验，起着一定的作用。这些经验与来自于感觉的经验相融合，形成一个全新建构的整合体——知觉—感悟的整合体。人们在认识的过程中，经验是十分重要的。以儿童学习母语为例，儿童是在经过观察、分辨、吸收、储存、运用的过程中逐渐学会母语的。儿童的吸收和储存的能力非常强，这样便形成了儿童关于母语的某些经验，而这些经验对儿童进一步掌握和提升母语水平，是一个重要的因素。可见经验的积累，经验的丰富，可以推动人们的认知活动，更好地了解认知对象，从这一意义上说，经验之于"感悟"，也是不可或缺的条件。

　　感悟是人们长期认知活动的产物。例如，感悟人生，就是人们在长期的生活实践中对生活体验的结果。有时，感悟也表现为"顿悟"，似乎是人们在片刻之间的恍然大悟，其实是在长期的酝酿中所收获的思想成果，正所谓"十月怀胎，一朝分娩"。

　　一般地说，感悟的对象以非理性为主，而理性的东西需要的是理解，不是感

I

悟。因此，感悟的对象，有时是没有逻辑性的。例如，对"禅语"就需要感悟，而不可能是单纯的理解。崇慧禅师有语云：

问："如何是大通智胜佛？"师曰："旷大劫来，未曾拥滞，不是大通智胜佛是什么？"曰："为什么佛法不现前？"师曰："只为汝不会，所以成不现前。汝若会去，亦无佛可成。"（《五灯会元》卷二）

为什么即使领悟了，也成不了佛呢（"汝若会去，亦无佛可成"）？这与上句（"旷大劫来，未曾拥滞"，即"远古以来，从没有滞塞过"）不是矛盾吗？如果用理解的方法来推理，那是不合逻辑的。如果用感悟的方法去深思，那是有道理的，即一旦有了成佛的念头，便有了"滞塞"，自然就成不了佛了。禅宗要求人们抛弃一切现成的思维定式，而进入一个全新的境界。由此我们可以说，感悟是非理性的理解，理解是理性的感悟。如果我们将感悟和理解都看作是一种活动，那么它应该是一种"力"的表征，因为力是运动的本因。这里，我们可以借用莱布尼兹的观点，在他的话语中认为"如果力停止活动，宇宙即归于灭亡"。作为感悟的力，它是发散型的，是在多元的生态环境中活动的；而作为理解的力，它是在一个逻辑的轨道上穿过隧道的，是在逻辑的推理中达到目的的。——感悟的"车"是没有轨道的，理解的"车"是有轨道的。

感悟的对象，往往是混沌的。例如，在1升的气体中会有百亿亿个分子，那么你能确定它们的位置吗？那是不可能的。唯一可以做到的是用概率论和统计学的方法，虽然我们不知道它们的确切位置，却可以对它们的状态做出平均的描述。20世纪初，随着量子力学的兴起，人们认识到随机性是客观世界一个基本因素；而随机性对感悟有着极大的作用，人们往往是在十分偶然的片刻之间，领悟了多年来百思不得其解的事物或道理，不能说与随机性无关。就一首唐诗来说，可能更需要的是感悟，而不是硬性的理解。例如李商隐的《夜雨寄北》：

君问归期未有期，巴山夜雨涨秋池。

何当共剪西窗烛，却话巴山夜雨时。

依据读者不同的生活经验和学术水平，对这首诗的感悟也是迥然有别的。这是因为诗的混沌状态，不同的读者虽然不能确切地确定其各个元素的"位置"，却可以对这些元素作出个性化的描述。这种描述，往往是来自于"顿悟"，而随机性则是引起"顿悟"的重要条件之一。再如音乐语汇和舞蹈语汇，也都离不开感悟。

作为感悟的结果，往往是可意会不可言传的。也就是说，通过内部语言所完成的感悟却不能完整地转化为外部语言加以确切的描述或叙写，似乎作为感悟的结果，依然是混沌的。学生在学习中，往往出现"虽然自己懂了，却说不清楚"的尴尬局面，这就是理解落后于感悟的状况，证明感悟与理解有时不是同步的，它们是有差异的。感悟有时不及理解，有时等于理解，有时超过理解。因此，我们应该充分认识感悟的作用，并善于运用感悟的机制去推进我们的教学。

在语文教学中，感悟学习自然是"自主"的。如果是"他主"，就不会有感悟学习。因为感悟是人的认知活动，认知的主体只能是自身，不可能是第三者。感悟的意义主要是在下列情况下凸显出来的。

在整体掌握课文时，凸显感悟。正如程钧老师在《探求自主感悟的轨迹》中所提到的，依靠"导语"来引导学生感悟，就是从"整体掌握"这个视角去考虑的。

在展开教学的"过程"而不是只要求记住"结果"时，凸显感悟。程钧老师说："从具体操作的层面来看，要让学生能对文本和某个语言材料深入思考，并能迅速地抓住主要问题，明了中心，探究其中的疑难，体味个中的妙处，力图想深想透，达到真正理解，进而养成良好的阅读习惯，提升思维品质，提高认识水平，形成语文能力，就必须加强感悟方法的指导与感悟能力的培养。"（见《探求自主感悟的轨迹》）程老师强调的正是教与学的过程，没有这个过程，是不可能完成一系列教学目标的。而展开这个过程，需要感悟；通过这个过程，又培养和发展了学生的感悟能力。

重点掌握课文时，凸显感悟。一篇课文，要掌握的东西很多，我们总要突出重点，要求学生去掌握。所谓掌握，就是达到理解——深入理解的程度。但是，由于感悟与理解不是同步的，因此对重点的把握，往往是停留在感悟上，或借助感悟而达到理解。如果停留在感悟上，那么感悟便是浅层次的理解；如果借助感悟而达到理解，那么感悟便是过渡的桥梁，是上升为理解的脚手架。在后面的情况下，似乎感悟处于主要方面，更加主动。若依毕达哥拉斯的观点，感悟与理解之间此时存在着一定的数量关系：如果感悟是自变量，那么理解便是因变量，两者之间是函数关系。而在通常的情况下，两者是相互促进的。

把握难点时，凸显感悟。譬如，对鲁迅的作品、对古代诗文的把握，学生不可能百分之百地理解，有些是学生在这个年龄段不能理解的。在这种情况下，学生只要有所感悟，有所思考，也就达到教学目标了。实际上，我们不可能要求学生对每一篇课文的所有问题都要理解。教师的责任，就是根据心理学和教育教学规律，科学地处理教材，恰当地引领学生学习，获得预期的教学效度和信度。

感悟是与死记硬背相对立的。感悟强调对事物的体验，强调过程的连续性和完整性；死记硬背则强调对结论的所谓"掌握"，囫囵吞枣的"硬记"。感悟有助于促进学生素质的发展，死记硬背则是应试教育的"急就章"，无可奈何的选择。

总之，感悟是认知过程，受认知规律的约束，又有自己的特点。由于感悟不能与理解等量齐观，有时感悟的东西不能等同于理解，有时感悟的东西还要比理解深刻。感悟能力是可以培养的，它是素质发展的表征，我们应该在教学中关注感悟能力的发挥。

（作者为语文出版社语文版教材编审、教授）

前　言

　　2000年秋季启用的《九年义务教育全日制初级中学语文教学大纲（试用修订版）》第一次指出："语文教学中，要加强综合，简化头绪，突出重点，注重知识之间、能力之间以及知识、能力、情意之间的联系，重视积累、感悟、熏陶和培养语感，致力于语文素养的整体提高。"同期颁发的《全日制普通高级中学语文教学大纲（试验修订版）》亦明确指出："要致力于学生语文素养的整体提高，重视积累、感悟和熏陶，重视语文运用能力和语感的培养。"——"感悟"这一语文教学的重要理念由此诞生。

　　为探索中学语文感悟教学的规律、方法，优化语文教学过程，培养学生正确感悟作品、感悟生活、感悟人生的思维习惯与品质，2001年9月，我们正式提出"中学语文感悟式教学研究"这一课题。2002年3月，该课题列为安徽省教育科学研究"十五"重点规划课题，批准文号省教科研〔2002〕001号文件，课题立项序号139。经过4年时间的不懈努力，课题研究取得了预期成果，2006年5月安徽省教育科学规划领导小组办公室批准了该课题的结题申请，2007年12月《中学语文感悟式教学研究》荣获安徽省第六届教育科学研究成果评比三等奖。由于这个课题研究的内容同课堂教学联系紧密，一线语文教师十分喜爱，因而十几年来这个课题的研究一直坚持了下来。

　　作为一种教学方法，"感悟式教学"以引导学生充分感知为前提，以创设情境，让学生深入思考解破疑惑为关键，以获得顿悟为目的。它符合学生认知规律，着眼于学生终身发展，是一种具有可操作性的全新的教学模式，一种优化的教学方法，更是一种创新的教学方法。

　　感悟式教学步骤一般是：

　　一、感知。学生在学习过程中，必先大量接触客观事物（含间接的经验知识——书本），占有材料，形成感性认识。接触的面越广，占有的材料越丰富，积淀越多，基础就越雄厚，其困惑也就越多。教师的作用是帮助学生确定这节课、这一单元、这个星期乃至这个学期的目标，确立这篇文章、这本书的学习要点，并为他们提供查阅资料的方法，研究问题的途径，引导他们感知文本，感知生活，形成感性认识。

二、持恒思考。习得的道路绝非坦途。愈是困惑不通，愈是深入思考。思维阻塞的地方，往往是症结所在。

三、顿悟。经过苦苦思索乃至苦闷彷徨之后，教师恰到好处地领悟，学生思维便豁然开朗，往往有"柳暗花明又一村"的欣喜。这便是顿悟。

感悟的对象一般是：

一、感悟重点。感悟文章要善于抓住牛鼻子，收"牵一发而动全身"之效。

二、感悟难点。阅读中的难点，要么是作者的匠心所在，要么是学生们限于阅历、经验而产生的隔膜，此时就需要教师加以引导，帮助学生拨开迷雾见青天。

三、感悟疑点。读书一深入，就会产生许多疑点，这时学生正处在有所发现的关键时刻。一旦突破这一疑点，往往会取得"柳暗花明又一村"的惊喜。

四、感受美点。中学语文教材中有许多美文，它们是作者美好感情的真实流露，是人性至真至纯的再现，是哲理的灵光，是语言的精华。感悟这些，能够陶冶我们的情操，学到为人为文的道理。

就文体而言，诗歌可侧重感悟其意象、意境、情感、艺术特色、表达技巧，散文可重点感悟其立意、语言特色、表现手法，小说可重在感悟其人物形象以及塑造人物形象的方法等。

就宏观而言，语文教学应当正确引导广大青少年感悟生活、感悟社会、感悟人生，使他们树立正确而高尚的人生观与价值观。

课题组成员在进行理论教学研究的同时，积极进行感悟式教学实践，初步形成了优化、高效的感悟式课堂教学基本框架。例如在阅读教学中，对文本的解读，创造出"四点式阅读教学法"，"四点"即感悟重点，感悟难点，感悟疑点，感悟美点。再如在作文教学中，创造出"感悟生活—感悟社会—感悟人生"的"渐进式作文教学法"。运用感悟式教学理论指导编写的《语文学教点睛》（朱正茂、程钧主编）由新疆青少年出版社出版，对一线老师的课堂教学具有一定的指导意义。

本课题研究的最重要成果是培养了一批骨干教师。课题组成员运用这些模式，进行教学实践，取得了许多可资借鉴的成果。在课题研究和实践过程中，一批中青年教师迅速成长，他们在省、市级公开课、研讨课和观摩课中的精彩表现获得了专家和老师们的一致好评，他们竞赛用的教学设计经常发表在国家、省、市级语文专业学术期刊上。其中，桐城二中的朱仲莉、占淑红、汪玉清、江离，桐城中学的周兴广、吴世敏，桐城实验中学的方捍东、盛雪等老师在安庆市中青年教师优质课大奖赛上获一等奖；实验中学的盛雪获得了安徽省一等奖，桐城中学的吴世敏和二中的江离老师获得了省级二等奖；桐城中学的胡双全老师获得安徽省第二届"教坛新星"称号，桐城二中的占淑红老师被评为安徽省第三届"教坛新星"；课题组的十余位老师相继成为安庆市语文学科带头人或安庆市骨干教师。特别值得指出的是，课题组的骨干成员朱新敏、朱正茂、胡双全三位同志先后成长为安徽省特级教师。

　　2002年秋季启动的新课程改革，强调教学要从学生的经验和体验出发，密切知识与生活之间的联系，引导学生不断深入地观察和体验真实的社会生活，积极、主动参与学校和社区的各种活动，在实践活动中体验、发现并综合运用各种知识去解决问题，提高学生参与社会的实践能力。教学过程是师生交往、共同发展的过程，没有交往，没有互动，就不存在或发生教学。教学是对话、交流与知识建构的活动。教学从本质上说是以对话、交流、合作等为基础的知识建构活动。在教与学的关系中，师生之间不是命令与服从的关系，而应该是平等的关系，双方互相尊重，互相信任，真诚交往，共同探求真理、交流人生体验。"高效课堂"应运而生。反思教与学的矛盾，感悟式语文教学模式正好契合了语文高效课堂的要求，真正体现了学生的"学"的主体作用，因而受到了一线实验老师的肯定与赞许。

　　"半亩方塘一鉴开，天光云影共徘徊。问渠那得清如许？为有源头活水来。"感悟式教学模式的实施，使得语文学习变成了快乐的过程、发现的过程、创造的过程。在语文学习活动中，学生们掌握了知识，增强了语言感受力，训练了语言运用能力，陶冶了情操，从很大程度上扭转了语文学习高投入低产出的局面。感悟式教学是一种较为理想的语文学习模式，值得在中学语文教学中推广。

编者于桐城龙眠堂

2016年12月

目　录

─────────── 理论篇 ───────────

·总体论·

·阅读论·

·写作论·

·文本论·

—————— 实践篇 ——————

中学语文感悟式教学研究

──────────── 感悟随笔 ────────────

·学生习作·

附　录

中学语文感悟式教学研究

理论篇

感悟概论

"中学语文感悟式教学研究"课题组

一、感悟的理论依据

感悟，受到感动而有所觉悟。我们这里所说的感悟，是指感受大千世界纷繁复杂的表象，从而领悟到某种规律，获得某种启迪，是从感性到理性的一种升华，是在校学生乃至一切学者习得的一个完整过程。

感悟式教学，简而言之，是由教师创设种种情境，即创造"感触的氛围"，激活学生的思维，使学生由此开始产生听讲的兴趣、想说的欲望、合作探究的心情，为"有感而悟"打下基础；或通过巧妙的课堂设计，让学生在阅读、思考、讨论中"有所感触"而领悟；或通过品味课本体验生活，打通课内与课外、阅读与写作的界限，使学生能学以致用。教学追求的效果，简而言之是使学生"有所感触（增加感性认识），有所领悟（从感性认识上升到理性认识）"。

感悟并不神秘。早在19世纪，罗马天主教哲学家雅克·马里坦就认为，"真正的教育"是从建立在先验的基础上的"悟性"和"直觉"开始的①。在这里，马里坦强调了"悟性""直觉"对于教育的重要性，但他忽视了"悟性""直觉"的前提——感知，而代之以虚幻的先验，这就陷入了唯心主义的泥淖，使所谓的"悟性"成了无源之水，无本之木。唯物主义认为，物质世界是不依赖于我们主观意识的客观存在，我们只有充分接触它，感知它，才有可能了解它，从而掌握其规律，获得启迪。这就是感悟式教学的哲学依据。

两千五百多年前，我国儒家学派的创始人、大教育家孔子就说过："不愤不启，不悱不发。举一隅不以三隅反，则不复也。"这里，孔子也强调了学生自行领悟的重要性。没有学生的深入思考，获得顿悟，教师的施教就是毫无意义的。在17世纪中叶，德国教育家赫尔巴特指出："没有被悟性彻底领会的事项，都不

---

① 王承绪：《西方现代教育论著选》，人民教育出版社2001年版，第299页。

可能用熟记的方法去学习。"叶圣陶先生也说：学生能自行读书，不待教师讲解；自行作文，不待教师指导。由此可见，感悟是学生习得乃至一切大学问的必由之路。

二、感悟的意义

作为一种教学方法，"感悟式教学"以引导学生充分感知为前提，以创设情境，让学生深入思考解破疑惑为关键，以获得顿悟为目的。它符合学生认知规律，着眼于其终身发展，是一种具有可操作性的全新的教学模式，一种优化的教学方法，是一种创新。

长期以来，在班级授课制的教学体制下，师生们都习惯了灌输式、填鸭式的教学方式。老师讲，学生听，学生将记住老师从参考书上搬来的知识、结论作为自己学习的主要手段。这些传统的教学方法，扼杀了学生创造的萌芽，窒息了求知的活力。这样的学习是很难跟得上全球经济一体化发展的。

感悟式教学则不然，它充分激发学生内部动力，使其在一个个情境下主动探索，质疑问难，获得启迪。它打通了学习与生活的界限，学用结合，读写结合。在学习知识的同时，智力也得到了充分的发展。在感悟式教学的课堂里，教师只是学习的组织者，是情景的创设者，是平等中的首席。课堂上每个结论的推出，都依赖于师生们的交流，每种知识的获得，都打上了自己体验的印记。这样的教学必然是生气勃勃的，是深受学生欢迎的，也是效果显著的。

三、感悟的步骤

晚清学者王国维先生说过："古今成大事业者，必经过三种境界：'昨夜西风凋碧树，独上高楼，望尽天涯路'，此第一境也；'衣带渐宽终不悔，为伊消得人憔悴'。此第二境也；'众里寻他千百度，蓦然回首，那人却在灯火阑珊处'，此第三境也。"王先生所说的三境界，可借用来说明我们所说的感悟式教学的步骤。

其一，感知。治学者必先有高远的志向（既定的目标），才能集中精力向着这个目标奋进。学生在学习过程中，必先大量接触客观事物（含间接的经验知识——书本），占有材料，形成感性认识。接触的面越广，占有的材料越丰富，积淀越多，基础就越雄厚，其困惑也就越多。教师的作用是帮助学生确定这节课、这一单元、这个星期乃至这个学期的目标，确立这篇文章、这本书的学习要点，并为他们提供查阅资料的方法，研究问题的途径，引导他们感知文本，感知生活，形成感性认识。

其二，持恒思考。习得的道路绝非坦途。"入之愈深，其进愈难，而其见愈奇。"[1]这就要百折不挠的意志。愈是困惑不通，愈是深入思考。思维阻塞的地方，往往是症结所在。"有志与力，而又不随以怠，至于幽暗昏惑而无物以相之，亦不能至也。"[2]此时，就需要教师的导引点拨，烛照幽微。

其三，顿悟。所谓"顿悟，是与人的理智相关的一个概念，是灵魂的眼睛抽身返回自身之内，内在地透视自己的灵肉——因此，教育就是引导'回头'即顿悟的艺术。"[3]相传秦少游为苏小妹问题所困扰时，是苏东坡投石击破水中天，激活了秦少游的灵感，豁然开朗。同样，老师也要善于找到学生困惑的"命门"，掌握最恰当的时机，投下击破"水中天的石子"。这样，经过苦苦思索乃至苦闷彷徨之后，教师恰到好处地予以点拨，学生思维便豁然开朗，往往有"柳暗花明又一村"的欣喜。这便是顿悟。

我国清初教育家陆世仪也曾指出："悟处皆出于思，不思无由得悟；思处皆缘于学，不学则无可思。学者所以求悟也，悟者思而得通也。"[4]这段话正好道出学、思、悟三者之间的关系。

四、感悟的对象

感悟虽然有"妙手偶得之"的特点，但并非天外来客，作为一种重要的学习方法，它是完全可以培养的。要有良好的习惯。"生活中不是缺少美，而是缺少发现美的眼睛。"要热爱生活，做个有心人，细心品味，持恒专一。

感悟必须具有强烈的好奇心。学生对所接触的事物要有广泛的兴趣，勤于观察，勤于思考，善于思考，执着探究，不达目的决不罢休。要善于透过现象看本质，善于寻找事物后面的规律。

尽管选入中学阶段的语文教材体裁多样，风格各异，但我们在教学中选取的感悟点总是有共性的：重点、难点、疑点、美点。抓住这四点进行感悟，我们就可以打破过去多年形成的阅读教学程式化的模式，而从不同的侧面真正的理解作品，激活思维，进而张扬阅读者的个性，培养创新能力、健全的人格和高尚的审美情趣。

其一，感悟重点。感悟文章要善于抓住牛鼻子，收"牵一发而动全身"之

---

① 王安石：《游褒禅山记》，《历代文选》（下册）中国青年出版社1962年版，第122页。
② 王安石：《游褒禅山记》，《历代文选》（下册）中国青年出版社1962年版，第122页。
③ 王承绪：《西方现代教育论著选》，人民教育出版社2001年版，第346页。
④ 陆世仪：《思辨录辑要》卷三，清文渊阁四库全书本。

效。譬如，教学《杜十娘怒沉百宝箱》，我们可以引导学生思考"百宝箱"这一关键形象的作用。"百宝箱"是怎么来的？经历了哪些曲折？寄寓了杜十娘怎样的美好憧憬？它的沉沦有什么悲剧意义？带着这些问题，学生阅读全文，经过一次次追问、思考，他们终于悟出了"百宝箱"的多重意蕴。首先，"百宝箱"是杜十娘备受凌辱生涯的记录，多年烟花血泪生活的见证。其次，"百宝箱"是杜十娘跳出火坑，追求自由爱情、幸福的凭借与寄托，是对理想未来的憧憬。其三，"百宝箱"也是杜十娘不幸遭遇的象征与见证。最后，百宝箱是情节发展的原动力，是高潮到来的标志。随着"百宝箱"的出现和真相大白，人物形象的塑造也水到渠成，悲剧的意义也得以展现。通过正确而全面的解读"百宝箱"的内蕴，学生轻轻松松地把握了小说的深刻含义，领悟了作者的艺术匠心，洞察了杜十娘深刻的悲剧原因。

其二，感悟难点。阅读中的难点，要么是作者的匠心所在，要么是学生们限于阅历、经验而产生的隔膜，此时就需要教师加以引导，帮助学生拨开迷雾见青天。譬如，《雷雨》一剧中，周朴园是否真的爱鲁侍萍一直有争议，学生们往往莫衷一是，甚至争得面红耳赤。老师此时再次让大家看剧本，追问："从哪些地方、什么时候看出周朴园爱鲁侍萍？哪些地方、什么时候看出周朴园不爱鲁侍萍？他的变化说明了什么？"接着，老师还建议大家看原剧的序幕和尾声。经过师生对剧本的多次解读。学生们终于懂得，周朴园首先是一个人，有着正常的人的情感，他对结发妻子的怀念肯定是真的；其次，周的爱情后来都不如意，于是很自然地怀念起温柔善良的前妻，所谓"距离产生美"；再次，周也是一个封建思想很浓厚的人，他对鲁的怀念也带有表演的成分，给周萍等家人树立起一个忠诚的榜样；但周毕竟是一个利欲熏心的资本家，所以当鲁来到眼前的时候，这种昔日的感情有可能威胁到自己的事业时，他凶横的一面就占了上风，驱逐鲁就成了自然的选择。但在家破人亡后，作为一个人，他人性的一面又复苏了。就这样，有情人—资本家—自然人的三重角色轮流占上风，就形成了周朴园扑朔迷离的表现。

其三，感悟疑点。读书一深入，就会产生许多疑点，这时学生正处在有所发现的关键时刻。一旦突破这一疑点，往往会取得"柳暗花明又一村"的惊喜。学习《香菱学诗》时，爱动脑筋的学生会不解，宝钗是出了名的"会做人"，见多识广，又是香菱的亲人和主人，对香菱学诗反而不以为然，屡次泼冷水，远不如林黛玉热心、真诚，这是何故？老师可以引导学生读《红楼梦》全书，全面地了解宝钗的为人和香菱的遭遇。反复阅读之后，学生们终于明白，宝钗是封建礼教的忠实维护者，她也认为"女子无才便是德"，对女子追求心灵的充实与自由本来就不以为然。她明白，香菱诗才越高，对薛蟠的粗俗鄙陋和凶横将更感痛苦，理想与现实将出现更大错位，无知无识反而易于麻木，易于忍受。而林黛玉追求心灵自由，才华绝世，对香菱的出身本来有同情之心，有同病相怜之感，所以对这个聪明颖悟的女孩发自内心地予以帮助。一经顿悟，学生们对曹雪芹的写人艺术更加佩服，对《红楼梦》的理解又深入一层。

其四，感受美点。教材中有许多美文，它们是作者美好感情的真实流露，是人性至真至纯的再现，是哲理的灵光，是语言的精华。感悟这些，能够陶冶我们的情操，学到为人为文的道理。反复诵读杜甫的《兵车行》，懂得了统治者的穷兵黩武给百姓带来的深重苦难，品出了诗圣忧国忧民的博大胸襟；反复诵读苏轼的《赤壁赋》，品出了古战场的遗风和苏子的矛盾与豁达；读沈从文的《边城》，感受了美好湘西的风土人情，也品出了作者对淳朴民风的无限眷恋与浩叹；读徐志摩《再别康桥》，品出了康河秀丽的风光和诗人对剑桥理想的追求与哀叹——感悟美点，就是足不出户的旅行，就是让美的泉水沐浴身心，就是在享受一道道精美的精神小吃或者是满汉全席的精神盛宴，就是穿越时空与大师们进行心灵的对话。

五、感悟的方法

感悟的方法很多。针对不同的文体、不同的学生，感悟式教学的方法也有所不同。教师要善于创设各种情境，因势利导，让学生在感悟中习得。

（一）通过诵读感悟

带着感情的诵读能够调动人的情感，使之积聚、发酵，教师此时适当点拨便能使学生将文本的意思与自己的情感结合起来，产生自己独到的理解。

比如，教学王勃《滕王阁序》的时候，我反复让学生诵读文章。读第一遍后，学生们只觉得文章写出了壮阔优美的风光，文辞优美，朗朗上口，真可谓"词句警人，余香满口"。读第二遍后，学生们感到了作者一种淡淡的忧伤，一种掩饰不住的怀才不遇。读第三遍后，学生真正感受到了诗人有志难伸的无奈与不甘沉沦的倔强交织的复杂情感。懂得了文章的深刻涵义，也能够背诵其中的精彩段落，名著真正化作了学生的营养。

（二）通过创设情境感悟

通过创设情境感悟，借助多媒体唤起学生沉睡的情感。笔者曾让学生写一篇关于亲情的文章，可交上来的文章多是老生常谈，干瘪无味。原来是学生长期浸润在亲情的海洋里，"如入芝兰之室，久而不闻其香"，认为父母的关爱是理所当然的。必须重新唤醒他们的感情，使他们懂得感恩。于是，我用多媒体一遍一遍的播放，母亲含辛茹苦拉扯几个孩子长大的感人画面，为了孩子们吃饱自己却舔食碗底、孩子们长大离去母亲依依不舍地沿铁路追赶的镜头，如泣如诉的深沉歌声，叩击着孩子们的心灵。他们的沉睡的情感复苏了，眼眶湿润了。平时父母对自己的关爱涌上心头，他们不禁为自己曾经的麻木羞愧难当，他们真正懂得了，"生活中不是缺少美，而是缺少发现美的眼睛"。学会感恩是当代学生必须补上的重要一课。用不着多指导，一篇篇感人至深的佳作就流淌了出来，其中朱萍同学的《爱如茉莉》还刊载于《语文学习》上。

（三）通过加强积累感悟

"熟读唐诗三百首，不会作诗也会吟。"习得的过程也是一个积累的过程。对古今中外大量优秀的文学遗产，我们必须继承，如此才能在雄厚的基础上建立我们知识的大厦，创造出自己的新文化。2000年以来，我们在实验学校——桐城二中先后开始了"每课一诗"和"每课一句名言"的活动，为提高学生的诗词鉴赏能力打下了坚实的基础。名句鉴赏也是如此。丰厚的文化积累，使这个学校在最近几年中高考中成绩突出，各级作文竞赛中佳作迭出，在桐城市首屈一指。

（四）通过对话获得感悟

在柏拉图《对话录》中有这样一个例子：有一个奴隶，最初他对一道数学题有绝对把握，经过反复提问质询以后，他陷入了进退两难的窘境，从而猛醒自己的可笑和无知，经过进一步的追问，他顿然感悟从而获得了正确的答案。知，用对话的形式可以辩明真理，对话便是真理的敞亮和思想本身的实现。

新的课程标准也强调，阅读的过程就是师生共同与文本及其相互之间对话的过程。在实验学校的课堂上，经常可以看见师生们就文本中几个话题展开对话，交流思想，碰撞观点，探讨真理。

课堂对话要找准切入点。譬如，笔者在教学《变形记》过程中的一个片段。让学生在课堂上带着问题预习了一节课后，我在黑板上写下了三个话题："我的鉴赏""我的发现""我的创造"，让学生就其中一个深入思考，然后在小组阐明自己看法，最后在全班展示，让同学们分享自己的思考所得。由于问题设计符合大家阅读实际，反响强烈，精彩的对话场面充满课堂。请看"我的鉴赏"镜头。

师：大家已经预习了课文，心里一定有许多感触。现在就请同学们从"可敬""可爱""可恨""可悲""可怜""可叹""可鄙"这些词语中任选其一，结合课文相关情节，谈谈你对格里高尔（或他的父亲、母亲、妹妹等）的看法。

开始，大家默不作声，于是我先行示范。"格里高尔是可敬的。他有强烈的责任感。为还清父债，他从一个比较舒适的小办事员改行为一个旅行推销员，任劳任怨，忍辱负重；在他变成甲虫陷入巨大的惶恐和痛苦后，想的还不是自己，仍然是工作，仍然是挣钱养家——"话未说完，教室里气氛顿时活跃起来。

生1说道："我也认为格里高尔是可敬的。他无私，一心想着家人，生怕母亲被自己甲虫的模样吓着，躲在床底下用被单遮住；在家人厌弃他之后，为了不拖累家人，也为了保持自尊，他毅然选择了绝食而亡。"

"我觉得他父亲是可恶的。"生2愤愤地说道，"自己欠下的一大笔债务，他居然让儿子一人独力偿还。格里高尔每天在外疲于奔命，而他父亲每天早餐居然要用好几个小时，一边读着报刊一边吃，还心安理得，真是自私到极点！"

"我觉得这样的父亲是可鄙、可恨的。"生3涨红了脸说，"儿子积劳成疾变成了甲虫，他不但不想法子医治，反而驱赶他，打击他，让他'血流如注'，最让人痛心的是用苹果'轰炸'他，致格里高尔于死地。这样的人配称父亲吗？"

一贯沉稳的生4也若有所思地说："我认为他的母亲也是可悲的。都说母爱是无私的伟大的，可是格里高尔的母亲在儿子变成甲虫之后，只是一味惊骇，只有一次抱住父亲的后脑勺请求饶格里高尔一命，算是体现了一点恻隐之心。后来就一直躲避，在妹妹提议弄走这只怪物时，她也默认了。格里高尔是她的儿子呀，她怎么能这样无情。母爱到哪里去了？"

"我认为最可恨的是她的妹妹。格里高尔最喜欢的就是她，她酷爱音乐，上音乐学院的美梦是父母连听都不愿意听的，但格里高尔却念念不忘这件事，并打算在圣诞节前夜隆重宣布这件事。可好，这么爱自己的哥哥变成甲虫后，妹妹除了开始来看过几次，竟然也厌弃他，居然首先提出要把他抛开。我要是有这种妹妹，我会当作奇耻大辱。"生5说着，红了眼睛。

喜欢钻牛角尖的生6说："我认为格里高尔这样的结局是很可惜的。他已经偿还了不少债务，按照他的计划，再有五六年，就可以过着自由的生活，做自己喜欢的事，也不会遭到这样悲惨的下场了。功亏一篑，可惜呀可惜！"摇头晃脑的样子把全班同学差点弄笑了。

生7缓缓地站起来，说："我觉得格里高尔的家人都很可恶，在他们眼里，亲情远不如金钱。为了腾出房间出租赚钱，他们把家具堆放在格里高尔卧室里；'虫形人性'的格里高尔从房间爬出，想听听妹妹的琴声，家人竟然把他关了起来；为根绝后患，他们要永远摆脱他。真让人寒心。"

生8面色凝重地说："我感到最可悲的是，格里高尔死后，全家人竟然感到非常轻松愉快，居然有闲情逸致去郊游。我一直在想，这家人到底怎么啦？当格里高尔好好的时候，大家都那么依赖他，一旦他没有价值甚至成为家庭负担时，大家就巴不得他赶快死去以免拖累自己。如果每个家庭都像这样，那社会真比沙漠还要可怕。"

全班同学默然。半晌，生9深思熟虑地说："我觉得最可悲的是格里高尔为家里人付出了一切——自由，享受，爱好，甚至自尊。换来的是什么呢？是变成甲虫的悲剧，是家人的冷漠、厌弃，直至死亡。我想，格里高尔一切为着他人活着，太无私了。"

"不是太无私，而是完全丧失了自我。这可能也是悲剧的原因之一吧。"我及时补充。

班上气氛热烈，大家仍在发言，互不相让，气氛十分活跃。我会心地笑了。学生们通过辩论交锋，已经较准确地把握文章的精髓了，还用得着老师讲解吗？

听到这样启迪心智，充溢着浓厚人文关怀的对话，你不觉得这样的课堂是一种使学生获得顿悟的磁场吗？

（五）借助生活阅历来感悟

"处处留心皆学问，人情练达即文章。"生活阅历宛如一壶老酒，岁月越久，味道越甘醇。生活阅历丰富的人，感悟力也要强得多。教学《人生的境界》时，学生往往对道德境界和功利境界混淆不清，我从历史上举出大量典型事例，生动形象地说明了两者的区别。譬如电影《辛德勒的名单》，开始，作为资本家的辛德勒一心追逐利润，利用纳粹排挤犹太人的机会，雇佣大量犹太人做廉价的劳动力赚钱，这时他属于功利境界。后来，在目睹了纳粹血腥屠杀犹太人的悲惨场面后，内心深处受到了极大的震撼。为了挽救更多的犹太人的生命，他不惜一切代价甚至甘冒生命危险，赢得了犹太人和所有善良人的衷心感谢。这种行为正所谓"正其义而不谋其利"，表明他已经到达道德境界了。可见，这两种境界不是完全判若鸿沟的。

又如，有位资深老师，在指导学生鉴赏诗歌时，通过示例讲解了文学鉴赏的一般规律，学生很容易地用它来解决了诗歌鉴赏中的一些难题。可是，对待王维中年时的名作《竹里馆》，很多学生却神情漠然。"独坐幽篁里，弹琴复长啸。深林人不知，明月来相照。"老师动情地对他们说，"你们现在读不懂这首诗是理所应当的，你们正处在花样年华、意气风发，志在大展宏图、建功立业的阶段，怎么会理解一千多年前经历复杂看破尘世的中年人的感情呢？"接着，老师跟他们讲解了王维写作这首诗的背景和自己对这首诗的理解过程。在学习过程中，教师如能注重引导学生体验生活，并和学生一起分享自己的人生阅历，那么，定能使学生收到文本学习所不能达到的效果，点燃他们顿悟的激情，开启他们创造的闸门，缩短他们获取人生历练的时间。不少学生往往有这样的体会：他们对当年老师讲解的知识已经淡忘，精彩的课堂已经渐行渐远，唯独老师当年讲的生活阅历历久弥新，正在自己的生活中得到印证。"昨夜江边春水生，艨艟巨舰一毛轻。向来枉费推移力，此日中流自在行。"我们教学时，可不要忘了注入生活阅历的"一江春水"，让知识之舟在它的推动下自在航行。

（六）通过探究来感悟

教材中虽然有不少文史名人的文章，譬如李白、杜甫，譬如苏轼、李清照，譬如鲁迅、巴金，但以往的教学往往局限于一篇篇文章的本身，或浅尝辄止，或"只见树木，不见森林"，学生们很难形成一个完整的印象，这样没有系统的学习无疑是浪费了教学资源。能不能使学生养成探索的习惯？他们怎样学会查阅资料？能不能将阅读与写作结合起来？一个个问题困扰着我们。经过调查、实验，我们摸索出了探究性写作的方法。

探索的课题从哪里来？从教材来，从《语文读本》来，从课外阅读来。在课堂上，在阅读中发现了问题，产生的疑惑，老师及时与之交流，帮助他们确立课题，引导他们查阅资料，研究一个个作家，或研究一个个带有普遍意义的现象，形成自己的见解。譬如，高二年级学习了《卫风·氓》《孔雀东南飞》《杜十娘怒沉百宝箱》《祝福》之后，高二（6）班一些女同学对封建社会女子的悲惨命运产生了疑问，为什么中国女子的命运如此悲惨？为什么婚姻制度总是欺压女人？当代社会，中国女权还存在哪些问题？一系列的疑问促使她们思考，写成了一篇篇很有分量的文章。其中，张婷婷同学的《桐花飘落的时节》一文，发表在《中学生阅读》（2004年第5期高中版）上，获得了广泛好评；光婷婷同学的《咽泪装欢》等文章，刊载于学校文学社刊物《浪花》上，也引起很大反响。在探索的热情驱动下，研究李白、杜甫，研究苏轼、李清照，研究鲁迅、沈从文等的优秀小论文不断涌现。艰苦而有趣的探索性写作，不仅使学生们加深了对社会现象、对作家全部创作的感知，而且使他们悟出了生活的真谛，更重要的是，从中学到的做学问方法，将使他们受用终生。

读悟，是感悟式语文教学的前提和基础

桐城市教育局教研室　　朱正茂

2000年《中学语文教学大纲》第一次写进"感悟"这一理念。随着新课程实验的推进，初、高中《语文课程标准》更进一步强化了"感悟"理念在语文教学中的地位。2002年4月，我和同事程钧老师成功申报了省级课题"中学语文感悟式教学研究"。历经四个年头，通过实验学校广大老师的共同努力，我们在理论和实践上都取得了一些成果。2006年4月，该课题通过了省教科所组织的课题验收专家组的鉴定，正式结题。回想几年来的课堂教学实践，我认为：读悟是感悟式语文教学的前提和基础。

作为一种教学方法，"感悟式教学"以引导学生充分感知为前提，以创设情境，让学生深入思考解破疑惑为关键，以获得顿悟为目的。教师创设种种情境，激活学生的思维，使学生由此开始产生听讲的兴趣、想说的欲望、合作探究的心情，为"有感而悟"打下基础；或通过巧妙的课堂设计，让学生在阅读、思考、讨论中有所感触而领悟；或通过品味课本、体验生活，打通课内与课外、阅读与写作的界限，使学生能学以致用。语文课堂教学，是基于文本的教学，因此引导学生正确地"读懂"文本，是进行感悟式教学的前提和基础。我们这里说的"读"，主要包括两点：一是学生"自读"，二是教师"导读"。而这两个"读"，都离不开"悟"。"读"要和"悟"相结合，在"悟"中"读"，在"读"中"悟"，只有这样，学生的学习效果才会达到理想境界。

就学生"自读"，我们并不陌生。在平时的听课活动中，我们看到不少课堂都会运用"读"的方法，都要使用"读"的手段，"读"的形式多样，课堂气氛热热闹闹，但是学习效果不一定好。这主要原因在于忽视了语文学习的独特性，忽视了语文学习的个性化。盲目追求"读"的形式，不一定能取得好的学习效果。

就教师"导读"，还是孔子说得好："不愤不启，不悱不发。举一隅不以三隅反，则不复也。"因为没有学生的深入思考，获得顿悟，教师的施教就是毫无意义的。现代教育家叶圣陶先生也说：学生能自行读书，不待教师讲解；自行作文，不待教师指导。

为了更好地培养并发展学生"读"的能力，在课堂教学中，我们注重了学生读书的指导，从三个层面上，逐层深入地加以指导。

一、整体感知：整体阅读，通晓大意

整体感知是阅读的起点和基础。学生只有懂得一篇文章是一个有机整体，将课文中字词句看作课文一部分，从整体中去理解部分，养成整体感知的习惯，才能为下一层次的悟读做好准备。一般说来，做到整体感知文本，教师要灵活运用多种阅读方法，如范读、带读、学生自读等，学生自读又有齐读、默读、速读等。教师在课堂上要舍得花时间让学生读书。

就单篇文章来说，整体感知就是在了解作品背景的基础上，学生通过有效阅读，较好地把握文章重要内容、作者的情感倾向、作品的风格特征、文章结构线索等。这样，便能产生"会当凌绝顶，一览众山小"的心理效应，而不至于"不识庐山真面目，只缘身在此山中"。

二、重点诵读：提纲挈领，把握重点

通晓大意，只是阅读教学第一步。要让学生的学习更进一步，就必须引导学生准确把握文章重点。我们一般采用诵读的方法，让学生在朗读中把握文章的重点，在对重点语段的朗读中体会文章的主要内容。"感人心者，莫先乎情。"这里的"读"，必须是有"情"的，是体现语文学习个性化特点的。要指导学生调动自己的生活积累，激发生活经历的再体验，从而产生情感共鸣。只有学生感情投入了，才能悟出文中之情；只有学生心中之情被激越了，才能与作者的情感之弦共振，产生"心领神会"，产生"顿悟"，从而由"读"而"悟"。譬如郁达夫散文名作《故都的秋》，在"冷""静""悲凉"的情感主题之下，有许多经典情节值得朗读。"清晨静观"的幽静与眷恋，"落蕊轻扫"的清闲与忧思，"秋蝉残声"的冷落与孤独，不通过倾情朗读，是难以感悟和体会的。

三、深层品析：突破难点，感悟美点

"书读百遍，其义自见"，古人说的诚然有理，但在课堂教学中，我们不可能期望学生借助反复朗读，自己就能领会文章的所有内容，就能完成学习任务。对于文章中的难点、疑点和美点，就必须发挥教师的导读作用。特别是文学作品，以其崇高的主题、丰富的情感、精巧的构思和优美的语言感染人，学生要获得审美体验和愉悦，就只有在阅读经验积累的基础上，深层品析，感悟其语言的结构美和理趣美。

在课堂教学中，教师的导读一般通过创设情境、设计提问、适时点拨来实现。

第一，创设情境。首先在新课导入时，可以通过精心设计，积极创设情境，最大限度地调动学生学习语文的兴趣，提高教学效果。如（1）提问导入：如《皇帝的新装》，在板书课题后，设计问题：①文中最可笑的是谁？②最可恨的是谁？③最可鄙的是谁？④最可爱的是谁？⑤对我们有哪些启示？（2）抒情导入：如《春》，师朗诵"好雨知时节，当春乃发生。随风潜入夜，润物细无声"。请学生即席朗诵一句颂春的诗，"千里莺啼绿映红"，"万紫千红总是春"，"满园春色关不住"——教师顺势导入："今天我们学习朱自清先生的《春》，请同学们看看他是用怎样的笔调，描绘大地回春，万物复苏，生机勃勃的景象。"让学生齐读课文。（3）悬念导入：先出示一副对联："四面湖山归眼底，万家忧乐到心头"，这是哪里的对联？学生低头沉思，师板书：岳阳楼。它同哪两座楼并称江南三大名楼？滕王阁、黄鹤楼。今天我们学习北宋文学家范仲淹的散文名作《岳阳楼记》。（4）多媒体导入：《谁是最可爱的人》，首先播放《英雄儿女》这首歌，激发学生情感的共鸣，然后让学生跟录音配乐朗读课文。当然，新课导入仅是课堂教学的起始，如果我们能转变教学思路，最大限度地调动学生的学习积极性，让学生参与到新课导入的情境设计中，教学效果肯定会更好。

第二，设计提问。提问是教师将教学内容转化为学生学习、思考的契机。教师要根据学生的心理特征、阅读水平、阅读规律设计问题，使提问新颖深刻，视野开阔，富于变化，不断激起学生的求知欲好奇心，并引而不发，留有余地，留出时间和空间，引导他们去发现、去研究、去探索。

第三，适时点拨。就是在学生一时"悟"不出的时候，教师顺势点拨一下，以让他们恍然大"悟"。比如教学姜夔的《扬州慢》，我在让学生感悟"二十四桥仍在，波心荡，冷月无声"这一句的表达效果时，有意设问："冷月"本来就是"无声"的，作者在此时此处写到"冷月无声"，难道"冷月"在彼时彼处竟有声不成？对于这个问题，学生一时无法感悟清楚。因此，如果这时借用白居易的"别有幽愁暗恨生，此时无声胜有声"来点拨一下，学生也许就会感悟出作者是在借"冷月无声"告诉读者：遭战火洗劫后的扬州城是如此凄凉，作者此时的心境是如此悲凉——一种"凉"意透过纸背，扑面而来。

还有些学习内容，由于和学生的生活经验相距甚远，这就需要教师耐心地引导学生去感悟，有时还要采取一些铺垫。譬如我们感悟"问君能有几多愁？恰似一江春水向东流"所表达的愁绪的时候，不妨先引导学生对江水的特点作一感悟，然后再引导学生感悟"愁"与"江水"之间的关系，最后才让他们真正"悟"出此句的深意：道出愁之深长，愁之不断；以及此句的精妙：将无形之"愁"具体化，形象化。进而，我们还能感悟出后主之词的"粗服乱头，不掩国色"的语言艺术风格。

四年来的探索实践证明，感悟式教学是一种较为理想的语文学习模式。在感悟式教学理念指导下，语文学习变成了快乐的过程、发现的过程和创造的过程。真正决定感悟式教学效果的是学生自读的程度和教师导读的水平，是看这两种"读"同"悟"结合的程度。感悟的基础是读悟。

（本文发表于《池州师专学报》2007年第2期，原题为《读悟：感悟式语文教学的前提和基础》）

问题设计，是感悟式语文教学的有效抓手

桐城市教育局教研室　朱正茂

在《读悟，是感悟式语文教学的前提和基础》一文中，我们认为语文课堂教学，是基于文本的教学，因此引导学生正确地"读懂"文本，是进行感悟式教学的前提和基础。众所周知，教学过程包含了教与学两个方面，教学过程就是师生对话、互动交流的过程。在师生互动交流中，问题设计十分重要，可以说，问题设计，是语文课堂教学的实际需要。

在课堂教学中，我们主动运用感悟式教学理论，注重学生学习积极性的调动，启发学生主动学习。我们要让语文课堂回归到"学堂"，让学生读书，在教师指导下读书，成为语文课堂的主旋律。我们要给学生充分思考的时间，让学生有时间理解文本，有时间对文本进行个性化解读，有时间进行真正意义的"小组活动"。我们要用有价值的提问叩击学生的思维，导引学生的思考，努力使语文课堂成为学生思维的自由王国。因此，在感悟式语文教学过程中，如果没有有价值的

问题设计，教师要导引学生思维便没有抓手，学生的感悟即使会有，也一定会是杂乱的，浅显的，语文课堂将会失去思维的深度，学生很难做到对文本内容从整体上进行渐进的、立体的把握，学生思维中最为灿烂的创造的"灵光"就很难显现。问题设计不仅可以反映一个教师对文本解读的深度，对教学重点、难点的清楚认识和准确判断，对学生学习能力的细致了解和客观认识，而且可以大大激发学生的学习兴趣，培养学生的问题意识和良好悟性。一个或一组好的问题，就是帮助学生打开文本的一把钥匙，就是学生与作者之间进行交流的一座桥梁，就是师生之间产生互动的一根杠杆。如果说课堂是一首诗，问题就是课堂的"诗眼"。课堂上有了好的问题，课堂便会充满生命的活力。

因此，问题设计，不仅是语文课堂教学的实际需要，同时也是感悟式语文教学的有效抓手。那么，问题设计有哪些要求呢？

一、问题设计要突现问题的中心性

问题设计要紧扣文本内容的中心，把握核心问题的关键。在教学过程中，问题的设计不是随心所欲的，也不能以自己的好恶或审美取向来决定，一定要围绕教学的中心或教材的重点来设计问题。与之无关的，大可放弃，即使从某个角度看，有的问题虽有些价值，也要忍痛割爱。

作为一名教研员，有机会听到不同教师执教同一篇课文。同样是教学《漫话清高》这一课，老师们设计的问题很多，如：你知道许由洗耳的故事吗？对陶渊明的"采菊东篱下，悠然见南山"的行为你是怎样看的？林逋的《山园小梅》表现了他怎样的思想呢？……个别的看，都有价值，都有向学生提出的必要。可仔细分析《漫话清高》这篇文章时，我们会发现这类问题要么偏离教学重点，要么游离作品主题，要么弄巧成拙。因为在这篇文章中，作者谈的是"清高"，他是怎样谈的，他的思想倾向是什么，这些才是我们教学本文的重点。其余的，都是与本课教学中心无关或关系不大的问题，大可不必提出，以免把学生引入歧途。因此在课后研讨时，我们建议课堂教学中可以设计这样两个问题：①本文是怎样谈"清高"的？②作者的思想倾向是什么？设置第一个问题，旨在引导学生感悟本文的行文思路。设置第二个问题，重在引发学生感悟本文主旨。这两个问题弄清楚了，《漫话清高》一文的主要内容就基本掌握了，教学目的也就达到了。

二、问题设计要体现问题的价值

我们认为，有价值的问题，指的是那些与教学目的有最直接的关系，最能触发学生思考，最能帮助学生解读文本，且通过思考会得到很多收获的问题。换言之，有价值的问题，它具有明确的指向性、深刻的思想性、较强的趣味性、相对的研究性、一定的开放性。

在教学《为了忘却的记念》一文时，可以设计这样一个问题：既是"记念"，为何又要"忘却"？"忘却的记念"中，包含着作者哪些思想和情感？

这个问题很大，也有一定难度，但能激起学生思考的兴趣。这个问题解决了，对本文基本思想和情感的理解和把握，也就能够得到解决。因此，它的指向性很明确，且在感悟、讨论的过程中，又可仁者见仁、智者见智，具有一定的开放性。

三、问题设计要把握问题的难度

问题难度太小，一眼便可看穿，或者稍加思索便可明了，这样的问题，不可以在感悟式教学中出现。因为设计这样的问题，不能有效地使学生通过感悟培养思维品质，从而养成较高悟性。相反，问题难度太大，又让学生摸不着边际，因此失去感悟的兴趣。比如，有位教师在教学《锦瑟》一诗时，设计了这样一个问题：从《锦瑟》中，我们可以知道李商隐的诗歌具有怎样的艺术风格？且不说一个诗人的诗风不是一两首诗歌便可完全能够反映出来，也不说在唐代诗人中，李商隐是一个不为大多数人所熟悉的，单是李诗的晦涩、艰深，就令许多专家也对其内涵的理解产生分歧，在课堂上，这样的问题能让学生说得清楚么？假如一定要让学生说清楚，可以断言，这一定是"别人"的结论，而绝非是学生自己感悟的结果。试问，老师设计问题就是要"引导"学生说假话么？

这样的问题，作为研究性学习中的一个问题供学生在课后探究，或许还有一定的价值和作用，但作为课堂上提出的问题，是不大合适的。

四、问题设计还要注意问题的数量和质量

一般来说，课堂上的问题设计宜少不宜多，宜精不宜粗。因此，问题的设计要考虑到它的质量和数量。有的教师在上课时，问题满堂飞，可是，稍微推敲一下，许多问题都比较浅显，或者同文本的关联不大。我曾经听过一节公开课，教师的问题像连珠炮，一节课问了32个问题，课堂上热热闹闹的，许多问题都是不需要思考就能回答的。长此下去，不仅不能有效地培养学生良好的思维品质和良好的悟性，相反，还容易助长学生的浮气和躁性。因此，课堂上的问题，一定要精心设计。稍有经验的教师都知道，一节语文课，能够扎扎实实地解决好两三个问题，对学生来说，就是比较大的收获。在进行《雨霖铃》教学时，老师指导学

生整体感知全诗，设计了这样一个问题：这首词上下片各写了些什么内容？请用两个四字的短语概括。师生讨论后明确：上片写一个秋天的傍晚，词人和他心爱的人在都门外长亭分别时依依不舍的情景——长亭别离；下片是词人想象别后羁旅生活的情景——羁旅长愁。这一问题设计集中于整体把握全诗，学生的思路打开较快，教学效果比较好。

五、问题设计要体现问题的层递性

所谓问题设计的层递性，指的就是在一节课上或是在一个教学单元里（如教学一篇课文），教师所设计的问题具有一定的相关性，且几个问题之间在逻辑关系上是层层深入的。因此，对这一组问题的设计，教师就要根据文本内容或教学过程精心布局。

比如，在教学《我的空中楼阁》一文时，不妨设计这样三个问题：①本文线索是什么？②围绕这条线索，文章写了哪些内容？③作者在"我"的"空中楼阁"中寄寓了怎样的思想和情感？这三个问题，从理解的深度上看，三个问题一个比一个深；从问题的答案着眼，它们则分别从这篇散文的"线""形"和"神"这几个基本要素中要求学生对这篇散文有一个从面到点的立体的了解和驾驭。因此，这一组问题不仅具有层递性，而且通过对这一组问题的感悟，学生还可以获得学习散文的基本方法，从而养成良好的思维品质和学习习惯。

总之，课堂教学要精心设计问题。在感悟式教学过程中，问题的设计尤为重要，它是教师导引学生思维的有效抓手。

（本文获2008年度安徽省教科研课题管理会教科研论文评选一等奖，发表于《学语文》2009年第5期，原题为《问题设计是感悟式语文教学的有效抓手》）

中学语文感悟式教学研究

018

导悟，感悟式语文教学的难点

桐城市教育局教研室　朱正茂

省级课题"中学语文感悟式教学研究"于2002年立项，经过课题组全体成员持续不断的探索、研究，感悟式语文教学积累了丰富的教学实践资料，形成了较为成熟的教学模式，该课题于2006年顺利结题，并于2007年获得安徽省第六届教育科研成果评比三等奖。由于课题切合了当前语文教学的实际，我们一直在教学实践中推广应用感悟式教学模式。在感悟式教学过程中，教师的启发引导，师生之间的情感互动，会引起学生自主选择、自主判断、自主感悟的心理活动过程的产生。学生通过这一过程，会感悟到许多属于他自己的东西，无论它或深或浅，或具体或抽象，它们都是真实的，贴近学生的生活，体现学生的需要。在具体教学过程中，我们深深地感到：教师的导悟是实施感悟式语文教学的难点。

感悟，顾名思义，"有所感触而领悟"。可见，"悟"是结果，"感"是途径。"悟"有"顿悟"与"渐悟"之分。"顿悟"当然是我们向往的，佛祖拈花，迦叶微笑，多么和谐而诱人的境界！可惜，这种境界可遇不可求。而"渐悟"经过师生双方的主观努力可以实现，这与哲学上讲的"量的积累促成质的转变"是吻合的。在课堂教学中，我们主动运用感悟式教学理论，注重调动学生学习积极性，启发学生主动学习。我们要让语文课堂回归到"学堂"，给学生充分思考的时间，让学生有时间理解文本，有时间对文本进行个性化解读，有时间进行真正意义的"小组活动"。在学生的学习遇到难度、出现困难时，教师的点拨、启发、引导就显得十分重要。可以说，导悟，是感悟式语文教学的难点。

一、导悟的概念

导悟就是教师对学生的启迪与引导。在教师的引导下，学生的思维、想象、情感等心智活动积极地参与到阅读活动中去，达到对阅读材料的内涵及语言组织形式等方面深层次把握和领会。在感悟式语文教学过程中，我们要用有价值的提问叩击学生的思维，导引学生的思考，努力使语文课堂成为学生思维的自由王国。如果没有教师的导引，学生思维便没有抓手，学生的感悟即使会有，也一定会是杂乱的，浅显的，语文课堂将会失去思维的深度，学生很难做到对文本内容从整体上进行渐进的、立体的把握，学生思维中最为灿烂的创造的"灵光"就很难显现。

二、导悟的原则

感悟式教学把学生看成是学习、认识、发展的主体，教师导引的出发点建立在调动学生的主体性和积极性上。导悟就是一种启发式的教育方式。教师要想发挥导悟的作用，就要发扬教学民主，调动学生学习的主动性，启发学生独立思考，培养学生能力。

首先，导悟要有前提和基础。在课堂教学中我们经常发现，教师的教和学生的学不和谐，教师口若悬河，学生昏昏欲睡。究其原因，常常怪罪于学生"启而不发"。殊不知，师生之间的相互切磋，教师的点拨、启发、导悟是要把握适当时机的。《论语·述而》指出"不愤不启，不悱不发。举一隅不以三隅反，则不复也。"汉代郑玄注释："孔子与人言，必得其人心愤愤，口悱悱，乃后启发为之说也；如此则识思之深也。说则举一隅以语之，其人不思其类，则不复重教之。"宋代朱熹注解："愤者，心求通而未得之意；悱者，口欲言而未能之貌；启，谓开其意；发，谓达其辞。"用今天的话说，"愤"就是学生对某一问题正在努力思考，急于求得解决而仍搞不通的心理状态。这时教师就应当告诉学生怎样进行思考，帮助学生打开思路，这就叫做"启"。"悱"就是学生对某一问题已经考虑成熟，但苦于无法表达的心理状态，这时教师应当帮助学生整理概念，用明确的语气加以说明，这就叫做"发"。根据学生的愤悱心理进行启发，这是从正面来说的。从反面来说，就是"不愤不启，不悱不发"，就是说学生对某问题还没有一定的基础知识和要求，教师决不能强行灌输。教育者要抓住启发教育时机，在学生努力想弄明白而弄不明白的时候，或者是心里明白却不能明白表达出来的时候才去启发他。导悟的前提是学生有了求知的欲望，学生有了学习的主动性，导悟的实施才顺理成章。

其次，导悟要遵循学习规律，注意把握学习机制，提高学生的学习能力。孔子曾说："言未及之而言，谓之躁；言及之而不言，谓之隐；未见颜色而言，谓之瞽。"告诫教师要善于把握学生的学习机制，适时进行启发诱导。《学记》是这样阐述的："故君子之教也，喻也。道而弗牵，强而弗抑，开而弗达。"对于学生的学习，教师的责任是引导他们走上正确的道路，而不能牵着他们的鼻子走；要鼓励他们自觉发愤学习，而不能采取强迫的方法；要运用启发的方式打开学生的思维，而不能用现成的结论去代替学生的思考。现代教育家陶行知先生提出了著名的"教学做合一"的主张，"我们要在做上教，在做上学"，"从先生对学生的关系说，做便是教；从学生对先生的关系说，做便是学"。导悟的目的是让学生"悟"，因而导悟重过程的启发，对学生适时进行启发诱导，做到循序渐进，循循善诱。

三、导悟的方法

导悟的方法很多。针对不同的文体，不同的学生，导悟的方法也有所不同。教师要善于创设各种情境，因势利导，让学生在教师的导引中感悟学习的成果。

（一）通过诵读导悟

带着感情的诵读能够调动人的情感。通过朗读，理解词语，领悟内蕴，在读中获得情感的熏陶，这才是语文教学的真谛。教学时，可抓住关键词语，通过读来促进领会。教师的导读能使学生将文本的意思与自己的情感结合起来，产生自己独到的理解。在课题组举办的教学研讨课上，余文知老师在教学史铁生的《我与地坛》第二节时，他突出了诵读，可以说是以读促悟的范例。先让不同的学生反复地诵读，然后让他们分别谈自己读时的感受。教师还现身说法，自己读了其中几段，并且谈到当年读中学时因为淘气被学校惩罚，母亲到学校接儿子时泪光盈盈却一句话也不怪罪，只是给自己下了一碗最喜欢吃的面条。天下母亲们的坚忍、宽容，世间最圣洁的母爱，就这样在诵读中被学生们深切地领悟了。这样的导悟要胜过老师几倍的口舌。

（二）通过创设情境导悟

在课堂教学中，教师要根据所读文本和学生理解程度，积极创设情境，对学生进行正确有序的指引，帮助学生打开思路，张开想象的翅膀，读懂课文。以《项脊轩志》为例，在以往的教学经历中，学生对归有光散文的清淡朴素的特点把握不好。我曾经尝试创设情境，先让学生对项脊轩这一特定的环境即文章中所描绘的景有了一定的了解之后，再让学生理解作者在这种特定环境中产生的特定情感，从而体会到作者归有光的抒情艺术。学生回答问题以后，我让他们掩上书本，听我描述项脊轩周围的环境，让学生感到它的清幽，它的真实。这样学生的感性认识就加强了。接着我就文后第二个、第三个问题与学生进行交流，让学生明白到作者之所以要表明项脊轩的清幽、真实，是因为他所要表达的情感也是真实、自然的。作者在文中，主要点到了祖母、母亲、妻子这三个人物。对于这三个人物，作者的白描手法，让她们的形象栩栩如生，如立眼前：一个"望孙成龙"之心令我至今犹记，一个"爱子之情"令我时时回味，一个"陪夫伴读"之情令我难忘。这样学生自然地认识到了，作者对她们的深深的真挚的思念之情。这样这篇文章的教学主旨，学生就完全知晓了。归有光散文的清淡朴素的特点，学生也就直观地感受到了。有些学生课下还就文章的一些问题和我讨论。

（三）通过提问导悟

如果说课堂是一首诗，问题就是课堂的"诗眼"。课堂上有了好的问题，课堂便会充满生命的活力。一个或一组好的问题，就是帮助学生打开文本的一把钥匙，就是学生与作者之间进行交流的一座桥梁，就是师生之间产生互动的一根杠杆。我们一定要克服课堂教学中随意提问的倾向，精心设计问题，在提问角度和难度上多下工夫。我们既不能让问题大得使学生不知怎么回答，也不能让问题平易得学生随口就能答上来。在课堂教学中，"满堂灌"和"满堂问"都是不足取的。

（四）通过探究导悟

反思起来，主要有两个方面的探究：

1.资料补充探究，深入理解文本

中学语文课本所选文章，都可以说是经典篇目。阅读教学时若能引导学生适当补充一些背景资料、事实例证资料、相关的比较资料，必能引导学生全面深入地感悟这些作品的内涵、典型意义及独特"个性"。

如在阅读那些有着特定时代背景或言外之旨的文章时，本着知人论世的观点，适当介绍作家们生活经历、思想历程和作品的创作背景，营造一定的阅读情境，将有助于引导学生领悟文章的特定内涵。如教学《病梅馆记》时，我介绍了清朝科举考试、八股取士、大兴文字狱等时代背景和龚自珍的思想历程，让学生了解人才遭到严重压抑和摧残的事实（如龚自珍），从而引导学生领悟文章言外之旨。

有些文章所述道理概括、抽象，为了让学生有感性认识，可补充一些实证资料。俗话说，有比较才有鉴别。教学苏洵《六国论》，可以补充苏辙、李桢各自写的《六国论》，引导学生比较三人对六国破灭原因、论述角度、论述方法方面的不同，从而让学生领悟到，苏辙和李桢的《六国论》就史论史，纯属史论，而苏洵的却是借论史为现实政治服务，也称政论文，从中我们还可体会到，同样的材料从不同角度分析，会得出不同的结论。

2.归类探究，建构知识网络

中学语文教学的一个重要任务是帮助学生构建中学语文的学科知识体系，归纳探究，是个很好的方法。如诗词曲教学，就要善于以所学内容为载体，编织一张严谨有序的知识之网。如：（1）重要作家风格归类。"风格即人。"陶渊明的风格为"质而实绮，癯而实腴"（苏轼语），即平淡背里有风骨；王勃的风格为"壮而不虚，刚而能润，雕而不碎，按而弥坚"（杨炯《王勃集序》），即雄放刚健、柔润绮丽；其他像高适悲壮雄浑、李白豪放飘逸、杜甫沉郁顿挫、王维冲淡空灵、孟浩然淳朴清旷，等等。（2）常见题材构思归类。如闺怨诗、送别诗、惜春诗、政治讽喻诗、山水田园诗、咏史怀古诗等。以咏史怀古诗为例，其构思格局常为"目睹现状，引发回忆，抒发感慨"，通过对物是人非景象的描写，或抒发世事沧桑、盛衰无常之感，或借古讽今，总结历史教训。李白的《越中览古》《苏台览古》是这样，苏轼的《念奴娇·赤壁怀古》、辛弃疾的《永遇乐·京口北固亭怀古》也是这样，刘禹锡的《石头城》《乌衣巷》还是这样，李商隐的《咏史》同样是这样。（3）常见表现手法归类。如①运用比喻，将抽象情感形象化。如"问君能有几多愁，恰似一江春水向东流"（李煜《虞美人》），"若问闲愁都几许？一川烟草，满城风絮，梅子黄时雨"（贺铸《青玉案》）。②反客为主。杜甫《月夜》只写了妻子"今夜""闺中""独看"，无一字写自己，而自己对妻子、对家人的思念自在不言中。贺知章《回乡偶书》不写自己如何面对故土亲友，只说"儿童相见不相识，笑问客从何处来"。久客返乡，若悲若喜，感触万千的心情通过这一幅小小的生活场景，留给读者意会。无言胜有言，这就是反客为主法的妙处。③以乐景写哀情。如"映阶碧草自春色，隔叶黄鹂空好音"（杜甫《蜀相》），以武侯祠碧草春色、黄鹂妙音写凭吊者的落寞抑郁心情；"江碧鸟逾白，山青花欲燃"[杜甫《绝句二首》（其二）]，以赏心悦目的江山花鸟之景、碧青红白之色写诗人羁旅异乡痛感，岁月荏苒、归期遥遥的惆怅迷惘。④叠景造境。作者选取一组风格相似的画面，通过叠加，渲染出一种深远的意境。这是诗词曲创作中常见的方法。著名的例子有马致远的《越调·天净沙·秋思》、王实甫的《西厢记·长亭送别》（"碧云天，黄叶地，西风紧，北雁南飞"）以及毛泽东的《沁园春·长沙》（"看万山红遍，丛林尽染，漫江碧透，百舸争流，鹰击长空，鱼翔浅底，万类霜天竞自由"）。（4）常见诗歌意象归类。"月有阴晴圆缺，人有悲欢离合"；雁是候鸟，每到秋末，北雁南飞。诗词曲中"月""雁"常作思乡盼归的意象。如李清照《一剪梅》中就有"雁字回时，月满西楼"，表达了盼夫归来的心愿。莺，形象优美，声音动听；蝴蝶，翩翩起舞，撩人情思。诗词曲中"莺""蝶"常作大好春光的意象。如杜甫《江畔独步寻花七绝句》（其六）就有"流连戏蝶时时舞，自在娇莺恰恰啼"之句。又如杜牧的"千里莺啼绿映红"（《江南春》），唐庚的"莺边日暖如人语"（《春日郊外》）等。柳、梅、雪、荷、长堤、鹧鸪、兰舟、烟波、寒鸦、冰玉、长亭、斜阳、古道、寒蝉等，也都是诗词曲中的常见意象。

　　感悟式教学模式的实施，使得语文学习变成了快乐的过程、发现的过程、创造的过程。感悟式教学对教师的综合素质提出了更高要求，教师要从学生的实际情况出发，科学、灵活、有效地运用多种授课手段、多方面的知识点来引导、启发学生。正确发挥了导悟的作用，就突破了感悟式语文教学的难点。教师是学生学习的激发者、指导者、各种能力和积极个性的培养者，是学生人生的引导者。我们要帮助学生发现其所学东西的价值为学生的学习创设积极的物质环境和心理环境，帮助学生搜集和利用学习资源，帮助学生设计符合其个性的学习方式以达到学习目标，从而使每一个学生的个性得到张扬。

（本文发表于《学语文》2011年第5期，原题为《导悟：感悟式语文教学的难点》）

探求自主感悟的轨迹

桐城市教育局教研室　程 钧

"自主"和"感悟"是语文新课标中闪亮登场的两个关键词。今天，我们高频率谈论学生是学习主体的"自主"理念主要是针对传统学习方式中"他主"的概念提出来的。过去的阅读教学，主要建立在学生的受动性、依赖性的一面上，忽视了学生的主观能动性，把学生当成被动接受的客体。可是，知识不能仅仅靠外界的强硬灌输，离开了学生的主动接受和积极建构，这样获取的知识是僵化的，其效率也是极低的。这次课程改革的一个基本理念就是倡导"一切为了每一位学生的发展"，强调学生是学习的主体，要改传统的被动学习方式为主动学习，即学习不再被看成是一种外在的控制力量，而是一种发自内心的积极的主动的过程。

"感悟"，是语文教学中最重要的实践活动。在阅读教学中，只有学生感悟了，语文能力和水平才能提高。从具体操作的层面来看，要让学生能对文本和某个语言材料深入思考，并能迅速地抓住主要问题，明了中心，探究其中的疑难，体味个中的妙处，力图想深想透，达到真正理解，进而养成良好的阅读习惯，提升思维品质，提高认识水平，形成语文能力，就必须加强感悟方法的指导与感悟能力的培养。那么，如何引导中学生在语文阅读过程中转变过去被动学习方式而进行自主感悟呢？笔者认为可以采取如下做法。

一、凭借"导语"自主感悟

新编人教版《义务教育课程标准实验教科书》七至九年级的选文与结构，为中学生"自主感悟"提供了诸多契机。其中，每个单元和每篇课文前的"导语"就是一把开启自主感悟文本大门的钥匙。例如，七年级《语文》（上册）第一单元编者就设计了这样两段导语：

"人生，是一个令人深思的话题。新学年开始了，你的人生翻开了新的一页。追求美好的人生，是我们共同的目标。这个单元的课文写的是作者对于人生的憧憬、体验和思考，阅读这些课文，将引导你体味人生，关爱生命。

"学习这个单元，要整体把握课文内容，用心领会作者的写作意图，并联系自己的生活体验，想想人生的大问题。还要提高朗读能力，做到读音准确，停顿恰当，能初步读出语气。"

对编者这样精心设计的"导语"，过去许多教师和学生都忽视了它应有的作用，甚至认为它们只是编写课本的一种惯例，一种形式，例行公事而已。殊不知，每个单元前的"导语"，都明确揭示了阅读本单元所选课文应感悟的目标、重点以及方式、方法等。上述导语中，"追求美好的人生"是感悟的目标，"体味人生，关爱生命"是感悟的重点，"整体把握课文内容"—"联系自己的生活体验"—"提高朗读能力"—"初步读出语气"便是感悟的方式、方法。而每篇课文正文前的"导语"更是为学生自主感悟文本提供了捷径。譬如七年级《语文》（上册）第6课《理想》一文，"导语"云："理想，多么诱人的字眼！人类有了理想，才使世界不断向前发展；你我有了理想，所以能向着既定的目标不断努力。理想是什么？读了这首诗，你对理想的内涵也许有新的理解。"这一番话，真可谓用心良苦：一方面，它犹如在平静的湖面丢进一块石头，顿起涟漪，短短几句话就激起了学生关注文题——理想，探究文章主旨——对"理想"内涵的理解的极大兴趣；另一方面，在正式解读文本之前，尤其是在没有教师的指导、也没有在课外自读文本时，学生如果能自觉认真地阅读相关"导语"，就可以快捷地把握文本的中心与主旨，获取文本主要信息，悟出文本的真知灼见，进而达到无师自通。

二、借助工具书自主感悟

《基础教育课程改革纲要（试行）》中明确指出：改变课程实施过程过于强调接受学习，死记硬背、机械训练的现状，倡导学生主动参与，乐于探究，勤于动手，培养学生搜集和处理信息的能力，获取新知识的能力，分析和解决问题的能力以及交流与合作的能力。中学生在课前要想阅读文本，感悟课文的真谛以及某些精巧之处，尤是在课外大量的阅读活动中，要想能抓住重点，突破难点，赏析美点，借助工具书自主感悟不失为一种好方法。仍以《理想》一文的解读为例。

要想深入感悟"理想的内涵"，学生可以从《现代汉语规范词典》中查"理想"的定义并由此生发开来。"理想"是什么？辞书上如是说：①名词，是对未来事物的合理的设想或希望。②形容词，符合意愿的；令人满意的。而流沙河的诗中则说：理想是石，是火，是灯，是路，是罗盘，是船舶，是海天相吻的弧线，是闹钟，是肥皂，是一种获得，是一种牺牲……究竟该怎样理解，二者说法如此不一，谁是谁非？通过比照分析，学生便会从中渐渐感悟到：二者的提法都是正确的。词典是采取下定义的说法以理性的语言解说了什么是"理想"；而流沙河是以诗歌这种文学样式，通过形象化的语言（主要采用比拟的修辞手法）阐述"理想"的内涵，二者殊途同归，相得益彰。由于"理想"的定义是对未来事物的合理的设想和希望，而"合理的设想和希望"就可以多种多样，且可以因时因地因人而异，难怪诗人对"理想"的见解是那样的多姿多彩。进而使学生感悟到，文学作品的语言是多么丰富多彩，真可谓仁者见仁，智者见智。由此，还可以补充拓展理想的内涵：理想是启明星，引领你走向光明；理想是清泉，滋润你干涸的心田；理想是一轮太阳，给寒冷者送去温暖……诸如此类，在阅读过程中大凡遇到不知晓的成语、典故，名词术语，历史人物、事件，古诗文中的意象、警句等，便自觉主动地查阅相关的工具书，探源溯流，刨根问底，这样坚持下去，便能不断增强对文本透彻感悟的能力。

在借助工具书进行自我感悟的实践中，学生还能逐渐养成勤查工具书的好习惯，同时也能激发他们自觉阅读文学作品，甚至进行文学创作——写作诗歌，创作小说的冲动。

三、借助比较联想自主感悟

在语文学习的过程中，常常会遇到这样的情形：一篇课文，其中精妙之处甚多，而教师的导引与赏析却只是蜻蜓点水；有许多课外优美的作品很值得一读，却又很难得到他人的指导。更有甚者，在每年一度的中高考中，现代文阅读选文都是以往未曾见过的，要想快速地解读，感悟其内涵，写出最接近命题者意图的"标准答案"，此时，若借助比较联想的方法来一番自我感悟不失为一种良策。例如，2004年安徽省中考语文试卷在现代文阅读部分，选了一篇题为《地震中的父与子》的文章，命题者设置了5个题目，赋分25分。要能迅速解读这样的选文，做好规定的5道题，需要每个考生各显神通，自主感悟。其中，经过我平时指导的考生很快找到了解题的捷径——采用比较联想的自主感悟方式，联想读过的类似文本，如朱自清的《背影》，朱德的《回忆我的母亲》，鲁迅的《藤野先生》

等。经过比较，即可明白：选文与朱自清的《背影》最为接近。两文均是以写人为主的纪实性散文，均有特定的"背景"，文风一致，沉郁而质朴；表现手法相同，都以细腻的描写见长；表现的主题相近，都集中体现了父子间深挚的关爱等。经过这样一番比较联想，答题也就成竹在胸了。在中考成绩揭晓后，以及查卷过程中，我特意审阅了部分优秀试卷，事后又与他们交流思维过程与解题技巧，从中发现，那些获得优异成绩的学生无一不是利用比较联想进行自主感悟的高手。

四、借助生活体验自主感悟

美国著名教育家杜威曾在《经验与教育》一文中指出："教学必须从学习者已有的经验开始。"在语文教学中，执教者如果能适时地借助学生自身的生活体验，这对于培养他们的自主感悟能力是大有裨益的。义务教育课程标准实验教科书七至九年级语文，其中相当一部分选文是描写青少年的成长经历故事。在新课改的教学实践中，我有意地尝试利用学生自身的生活体验，唤起他们的感知，拉进他们与文本的距离，从而自主地感悟文本，加深对文本的理解。

例如：在教学《孤独之旅》（九年级上册第10课）一文中，为了真切理解主人公杜小康——一个因家庭变故而辍学，不得不跟着父亲离开家乡，去偏远寂寞的芦苇荡放鸭的少年的孤独心境，我在课前布置学生预习时，有意识让学生回顾自己曾经有过的孤独经历，重温当时的感受，写出或说出自己的体验。这一下，还真引起了不少同学的共鸣。有位同学说，他的父母常年在外打工，自己跟奶奶生活。一个初冬的夜晚，奶奶突然生病住院。晚上，家中只有自己一个人。深夜，北风怒吼，树影乱摇，当时，真是孤独极了，害怕极了。有位同学说，一次，节日的晚上，他随父母逛街，由于好奇，乱钻乱跑，一不留神与父母走失，又哭又喊也找不到父母。顿时，失去亲人的孤独感油然而生。还有位同学说，自己小学五年级的一天放学后，没等父母来接，就急匆匆地往回赶。自家与学校隔着一条小河，往日都是父母牵着或背着自己涉水过河。这一次，他想一个人涉水而过，跑回家好给父母一个惊喜。谁知刚到河中间的沙丘上，上游突然哗哗漫来山洪。此时，四周无人，进退不得，他感到了有生以来的第一次孤独和畏惧，他被眼前的情景惊呆了，忘了喊人，忘了啼哭，不知所措。后来幸亏一位常在河边打鱼的大叔及时发现了他，冲过来把他背río河送回家……

在这一课的教学过程中，许多同学以自身的经历，自主感悟了孤独的境遇，从而使《孤独之旅》一文的教学收到了意想不到的效果。

再如，在执教琦君的《春酒》（八年级下册第19课）以及鲁迅的《故乡》（九年级上册第9课）、黄蓓佳的《心声》（九年级上册第12课）等文章时，我都因势利导地借助青少年学生已有的生活体验来提升他们的自主感悟能力。这样做，既减轻了教师喋喋不休的架空分析，又为学生迅速地走进文本、感悟文本奠定了基础。

我国现代著名的教育家陶行知先生在《教学合一》一文中指出："我以为好的先生不是教书，不是教学生，乃是教学生学。"实践证明，在语文阅读教学过程中，引导学生进行自主感悟是转变学生的学习方式，让学生真正成为学习的主体的一个有效途径。在课堂教学中，怎样实现学生学习方式的转变，除了上述介绍的几种方式外，笔者认为，还可以采用其他多种途径来进行，限于时间，这里不再赘述。

（本文发表于《语文教学通讯·初中版》2004年第26期）

感悟非天成，留心可得之
——感悟方法谈

桐城二中　占淑红

我们读书，总是先被其或清新流畅或典雅精工或诙谐幽默的语言所打动，继而能感受其中的音乐美、意象美，然后，又被文章蕴涵的情感打动，同时还会引发我们对人生、自然、社会的深沉思考，往往一卷在手，浮想联翩。这个由表层直觉感性认识到深层理性领悟的过程，就是一个完整的感悟的过程。在课堂上，感悟是一条解读文本、实现教学目标的必由之路，是一个体现新课标精神、能有效实现"知识和能力""过程和方法""情感态度和价值观"三维目标的最好方法。在课外，感悟也是感受生活、陶冶性情、提升境界的一条最佳途径。下面就如何培养学生感悟能力的问题谈谈一孔之见，以期抛砖引玉。

一、在朗读中感悟

现行教材，为体现工具性和人文性相统一的基本特征，在选文上用心良苦，入选的课文，有的是经历时光的淘洗仍旧鲜活的中国古典文学作品，如风格各异的散文、文质兼美的诗词曲赋；有的是在浩如烟海的外国文学作品中精挑细选的经典名著。这些作品同学们都爱读，如能教学得法，将能很好地培养他们的感悟能力。而且，课堂教学的大多数环节，如拓展、质疑等，只要引导得法，都能培养学生的感悟能力，特别是朗读。

"读书破万卷，下笔如有神"，"诵读以贯之，思索以通之"，"故书不厌百回读，熟读深思子自知"，这些闪烁着睿智之光的论述，至今还在警示我们诵读之于语文教学的必要，之于培养语感能力的必需。例如，教学《巴尔扎克葬词》，先不妨让同学们大声散读文章。雨果充满激情的文字必然能使同学们深受感染，并能感受到巴尔扎克对世界文坛的巨大贡献，感受到作者无尽的悼念之情。而高亢的语调，诗化的哲理性的文字，更能令同学们在作者真挚的情感中领悟到人死的价值决定于生的意义的深刻哲理。而领悟这一点，不仅是学习这篇文章的重点，更是对"情感态度和价值观"的一次引导，对灵魂的一次洗礼，这将让他们受益终身。

当然，读的方式是多种多样的，如老师声情并茂的范读，同学分角色朗读、表情朗读、背读等等，无一不是培养感悟能力的有效途径。特别是老师声情并茂的范读，往往更有震撼人心的力量，更易于促使学生有所感悟。遗憾的是，现在，随着教学条件的改善，一张嘴、一支笔、一本书、一堂课的现象已销声匿迹，多媒体让课堂丰富了许多，也让老师省事省心许多。于是乎，幻灯代替板书，音频代替范读。对此，我不敢苟同，因为虽然名家朗诵水平之高是决非一般老师能望其项背的，但这毕竟和同学们有点隔阂，它远不如身边老师的朗读显得亲切和易于接受。偶尔播放未尝不可，长期如此，则为不智。2002年11月，全国语文教学艺术研讨会第26届年会在绍兴举行，阿三应命执教《我与地坛》，他不避"戏弄"听课者（多是各地权威级别的老师）的嫌疑，面对400多人，用了整整二十分钟的时间朗读课文的第二部分，朗读者哭了，学生哭了，正襟危坐的听课者也哭了。哭，不正是他们在听读过程中，感受到她要帮助儿子用轮椅摇出一条有自尊的人生之路的良苦用心，悟到她的苦难和智慧、坚忍和顽强后的一种感动吗？（见《语文学习》2003年第11期《焚情地坛》）所以笔者呼吁，让学生在我们的范读中感悟。但笔者认为，除某些气势磅礴的排比段落为渲染气氛，否则，齐读不是个好办法：一来，难免会有滥竽充数之人，二来，阅读毕竟是个性的解读，千部一腔，千人一面，何来个性？培养感悟能力又从何谈起？

二、在联想、想象中感悟

雨果说："想象是人类思维最美丽的花朵。"爱因斯坦也说："想象比知识更重要，因为知识是有限的，而想象力概括着世界上的一切，推动着进步，并且是进化的源泉。"文学作品多以形象思维为主，故而联想、想象的作用不可低估。惟有联想、想象带领学生穿越时空的隧道，与文本、作者进行平等的对话，进而感受作品的内容，悟到为文乃至为人的道理，从而提升自己的感悟能力。如教学《念奴娇·赤壁怀古》，我要求学生对"乱石穿空、惊涛拍岸、卷起千堆雪"这13个字逐一进行品味，并抓住"乱""穿""惊""拍""卷"几个字展开想象并描绘这一场景。有个同学写道："山崖突兀参差，山峰陡峭峥嵘，直插云天；巨浪奔腾澎湃，冲起淘天白浪。"我想，他一定能感受到赤壁矗立在眼前，长江浪花就在脚下，隆隆涛声就在耳畔，同时在这幅宏伟壮阔的画面中悟到苏子豪迈的气概、旷达的胸襟。

联想对于感悟能力的提高同样不容忽视。联想是指从一事物推想到另一事物的过程，它能拓展思维的广度，挖掘思维的深度。如果说想象能更好地提升"感"的能力，那么联想则更能提升"悟"的能力。如教学《我的空中楼阁》在美文美读后，让学生回顾所学课文中，哪些文章也给你类似的感受。结果，大部分同学联想到《陋室铭》《桃花源记》，甚至有些同学联想到课外读到的梁实秋的《雅舍》。于是，那个"苔痕上阶绿，草色入帘青"的陋室，"土地平旷，屋舍俨然"桃源，"风来则洞若凉亭，雨来则渗如滴漏"的雅舍，让同学们深深地领悟到作者在借空中楼阁来书写他独立、安静的生活向往及积极而坚实、乐观执著的人生追求，进而能领悟到滚滚红尘、茫茫人海。我们应追求一种诗意的生存，正如德国浪漫主义诗人荷尔德林的不朽名句所揭示的那样"充满劳绩，人，诗意地栖居在大地上"。而这样的领悟，将使他们受益终生。

三、在活动中感悟

为配合课堂教学，拓展教学内容，我们会经常举行多种多样、丰富多彩的活动，如朗诵比赛、辩论、演讲、表演课本剧等形式，而这些活动无一例外地能潜移默化地提升同学们的感悟能力。如在学习《失街亭》之后，我们先确定了一个论题"街亭之失是否马谡之过",并要求同学们开展一次正式的辩论。同学们摩拳擦掌、跃跃欲试,为了充分说明自己的观点,他们纷纷找来《三国演义》通读全著,精读相关章节并形成观点,然后自然分成两大阵营(正方——街亭之失马谡之过;反方——街亭之失诸葛之过),推选一名主持人。辩论中,正方从马谡在南征时提出了"攻心为上,攻城为下;心战为上,兵战为下"的用兵之道,最终使孟获臣服(《三国演义》第八十七回)以及为诸葛亮出反间计让他认为"蜀中的大祸"的司马懿被削去兵权(《三国演义》第九十一回)放归田里这两件事中,得出马谡并非庸才,诸葛亮并非用人不当,街亭之失归咎于马谡的狂妄轻敌的结论。反方则从马谡刚愎自用、一意孤行、狂妄轻敌及诸葛亮明知先帝"马谡言过其实,不可大用"的教诲却将街亭这蜀中咽喉之路交与只会纸上谈兵之人,从而说明诸葛亮草率从事轻率用人。双方在唇枪舌剑中更能感受到马谡的言过其实、诸葛亮的料事如神的形象,并领悟到诸葛亮挥泪斩马谡的无奈、悔痛,并因此加深了对《三国演义》的理解。

再如,高二语文第四册共有2个单元的戏,其中有些片段完全可以安排学生表演。这样他们为了进入角色,表现角色,会积极主动地搜集资料,深入剧本,从而感受语言,把握形象领悟作品的内涵。如《雷雨》中第二幕第一场的周鲁对话一节所需道具不多,表演场地不大,演员也就两个,完全可以安排课本剧表演。

四、在经典阅读中感悟

古今中外的经典名著浩如烟海,单就中国古典文学而言,经史子集、诗词曲赋、传奇小说,哪一种文学样式、哪一篇文章不是我们汲取养分的所在?只要我们以灵动的思维、青春的心怀去阐释或解读,与那些声名显赫的文化名人自由交流、对话,我们就能见人之所未见,感人之所未感,悟人之所未悟。如有同学在随笔中提到诸葛亮的鞠躬尽瘁死而后已时,对其草船借箭、三气周瑜、智料华容道、巧摆八阵图、智取成都、骂死王朗、空城计、七星灯等情节了如指掌,信手拈来,为我所用,并借用杜甫《蜀相》、辛弃疾《书愤》中相关的诗句来抒写对诸葛亮先生的景仰之情。又如有的同学写曹操,不限于《三国演义》中"曹贼"孟德的狡诈多疑形象,而是从他的"日月之行,若出其中;星汉灿烂,若出其里"中,从"对酒当歌,人生几何"中,从"周公吐哺,天下归心"中感受到一个虚怀若谷、豪迈大气的英雄形象,还从《三国志》中那个取文姬归汉、嘱铜雀妓分香卖履中感受到其豁达大度的仁君形象。我想,如果同学都能像这般以自己的心灵世界与作品形象、与作者对话，那么，不仅我们的感悟能力得到了提高，而且我们的人生价值观、精神生活观、审美修养观也能在这条承载着民族精神的历史河流中得到滋养濡染。

五、在生活中感悟

最欣赏《语文学习》封面上的一句话：语文学习的外延与生活的外延相等。确实如此，生活处处有语文，生活也处处给我们以深刻的启迪。然而，生活给人的从来不是滔滔不绝的说教和明白无误的结论，而是暗示，需要我们去领悟。这就需要我们练就一双洞察人生和社会的慧眼。至今还记得2003届毕业的苏盈同学随笔《吃菠萝》，她先用诙谐的笔调描绘了吃菠萝的艰辛，继而面对黄澄澄的果肉感慨道："生活也是如此：大凡美好的东西都深藏不露，需要我们去细心发掘。"这就是一个成功地在生活中感悟的例子。其实，可以促使我们在生活感悟的内容比比皆是：冬夜，母亲送来的一杯温热的牛奶让我们感受到母爱的伟大；考试失利时，老师一个鼓励的眼神给了我们力量；节日里，同学的一个问候让我们体味到友谊的温馨……歌德说"理论是灰色的，生活之树常青"。面对郁郁葱葱、苍翠挺拔的生活之树，只要我们情醉其中，沉思默想，定能迸发出哲理的火花，我们又何必担忧感悟能力不能提升？

观之文内，感乎文外，悟于生活，此即感悟之法。然而，冰冻三尺，非一日之寒，因此，感悟非天成。但我们若能擦亮慧眼，留心身边之文、之人、之事，日积月累，定能厚积薄发，不断提升我们的感悟能力。

高中语文"感悟式教学"思考与实践

桐城二中　　朱新敏

"中学语文感悟式教学研究"是桐城市教育局教研室与桐城二中合作研究的一个省级课题，于2006年结题，2007年获得安徽省第六届教育科学研究成果评比三等奖。结题四年来，我们继续深化研究，使之更有针对性，更具操作性，有力促进了高中语文教学效率的提高。

一、感悟的对象

尽管选入高中语文教材中的文本体裁多样，风格各异，但我们在教学中选取的感悟点则有其标准，即每课的重点、难点、疑点、美点。抓住这四点进行感悟，我们就可以学有所获，从不同的侧面真正理解作品，激活思维，进而张扬阅读者个性，培养高尚的审美情趣。

（一）感悟重点

感悟需要优化教学环节，突出重点。这就要精选教学内容，收"牵一发而动全身"之效。譬如，鲁迅的《祝福》是一篇博大精深的文章，有很多东西可讲，但教学时间有限，一两节课的教学难以穷尽所有精华。于是，在反复钻研教材后，我决定以探究祥林嫂悲剧原因，引导学生感悟作者创作意图作为教学重点。在学生梳理情节后，我请他们找出文章中描写祥林嫂肖像的句段，先从表象上了解祥林嫂是如何一步一步沦落的，初步了解她的悲剧人生。然后问"什么是悲剧？"学生回答后，我板书鲁迅关于悲剧的名言"悲剧是把人生有价值的东西毁灭了给人看"。接着问学生，祥林嫂身上"有价值的东西"是什么，引导学生从文本中找出相关情节，概括出祥林嫂善良、安分耐劳、倔强抗争等美德。接着我追问，"是谁把这个好女人毁灭的？她婆婆？鲁四老爷？柳妈？鲁镇其他人？我？"，让学生找出相关句子阐述自己观点，明确了祥林嫂其实是被封建礼教、封建迷信、那个冷漠的社会以及有意无意的愚民们给毁灭的。最后追问，鲁四老爷们在现实生活中消逝了吗？祥林嫂的悲剧绝迹了吗？作者把这个悲剧过程展示给人看的目的何在？教材编写者为什么在当今还要将20世纪初的文章选入教材？就这样，通过一个主问题，通过抽丝剥茧、层层深入地追问，学生最终悟出了鲁迅一以贯之的创作意图——改造国民性，也悟出了教材编写者在新世纪仍然编选鲁迅文章的良苦用心。

感悟重点需要教师深入研读文本，切实把握文章主旨，优化教学环节，找到最恰当的切入点。

（二）感悟难点

阅读中的难点，是作者独特的人生感悟与思想认识，是文中的情趣或"理趣"。学生们限于知识、阅历，理解不准或理解不透。要突破这种文本解读中的难点，教师就要善于引导，借鉴知人论世的做法，在作者身世背景和文本中的重要信息综合分析基础上获得顿悟。比如，《兰亭集序》描述兰亭雅集的盛况：前一部分叙写良辰、美景、赏心、乐事，文辞优美，内容单纯，学生容易理解；后一部分侧重议论与抒情，表达作者对人生的思考，话题转为对生与死的认识，认为"一死生为虚诞，齐彭殇为妄作"，情感基调侧重于悲伤惆怅。如何理解作者的生死观，如何理解全文乐中生痛又由痛而悲的情感，成为深度解读的难点。要想突破此难点，一是论世，让学生了解东晋名士崇尚老庄，大谈玄理，不务实际，"一死生"的时代风流；二是知人，让学生了解作者虽也善清谈，却与一般谈玄文人不同，他驳斥"一死生——齐彭殇"，直面生死，标志着中国文人生命意识的觉醒；三是分析文中"乐"与"悲"之联系，如乐时令、乐群贤、乐山水、乐酒诗，悲兴尽悲来而良辰不再，悲追求欢乐而转瞬厌倦，悲新旧易变而生命渺小。教师通过引进背景资料和对文本信息的追索，从而让学生明白文章叙"乐"而张扬生命意趣和自由个性，叹"悲"进而追寻人生命运和宇宙天道。叙"乐"是尽情尽兴讴歌生之欢快，叹"悲"是庄重严肃地阐发生之意义。一乐一悲，亦乐亦悲，相得益彰而各尽其妙。在破解该难点过程中，学生获得了中国文人对生命终极价值求索的顿悟。

感悟难点需要教师有深厚的学养，有循循善诱的耐心，方能引导学生寻幽探胜，有所发现，并在鉴赏过程中享受探究的快乐。

（三）感悟疑点

读书一深入，就会产生许多疑点，这时学生正处在有所发现的关键时刻。一旦突破这一疑点，往往会取得"柳暗花明又一村"的惊喜。笔者曾参加一次考评课，课题是《边城》，而上课班级是一个文科实验班，学生思维活跃。一位执教者在引导学生鉴赏选文结构、人物形象、风俗描写后，给五分钟让学生自由提问。前几个学生的问题显然都在老师的预料之中，很轻松地解决了。最后一个学生提出了两个问题，其一是，课文开头说"这些人，除了家中死了牛，翻了船，或发生别的死亡大变，为一种不幸所绊倒，觉得十分伤心外，中国其他地方正在如何不幸挣扎中的情形，似乎就还不曾为这边城人民所感到"，这句话有什么作用？其二是，选文中翠翠不止一次地想到爷爷死了，这样写有什么言外之意？听到这样的问题，听课老师不由暗暗叫绝，这两个问题切中了小说深层意蕴。前一个问题关乎作者写作初衷，"边城"远离"中国其他地方"，是作者心目中的桃花源，"中国其他地方正在如何不幸挣扎中"的情形也很快会波及边城，因此《边城》实际上是一曲封闭而美好的农耕社会的挽歌。后一个问题则与文章情节有关，起着暗示情节发展和结尾的作用，小说中宿命的阴影贯穿始终。但很可惜，执教者可能备课不深入，自己也不清楚，于是以时间不够为由敷衍过去，一个突破难点的契机，一个师生共同演绎精彩课堂的机遇和他擦肩而过了。学生没有能解决疑惑，教师也没能提升自我，文本解读浅尝辄止，非常可惜。

感悟疑点需要教师敏锐的思考力，有开阔的眼界，有探索问题的兴趣，方能引导学生破解难点。当然更多的时候需要于无疑处生疑。宋代著名学者陆九渊说过："为学患无疑，疑则有进；小疑则小进，大疑则大进。"这就要求我们在解读文本时，不能人云亦云，要有质疑意识，哪怕前人对某个问题早有定论，我们也不妨斟酌一番。也许，就在我们有意无意地咂摸中，就能咂出一番新意和深意来。

（四）感悟美点

高中语文教材中有许多经典名篇，它们或富有情趣，是作者美好感情的真实流露；或富有理趣，给人以理性的启迪；或写景状物传神，给人以美的享受。感悟这些，能够陶冶我们的情操，悟出为人为文的道理。

我偏爱《项脊轩志》这篇写凡人小事的美文，朴素的文字背后贮满深情，非咀嚼不能悟其妙，故教学时必须设身处地感悟美点。文中回忆先母与先大母的细节感人至深，我常常和学生们一起咀嚼。我特别喜欢文中先大母看望"我"的场面：那语气亲切诙谐的语言流露的对孙儿的疼爱与关心，那轻轻的关门和"持一象笏至"的动作，那几句喃喃自语，那对孙子的赞许和期望，是多么深沉啊！这些动作和日常语言具有形象鲜明、个性特征突出的意味，读来如在眼前，感人至深，能唤起我们淡忘在内心深处的相似情感。仔细品味，文字的背后，还隐含着流年逝水、怀才不遇的欷歔和沉痛，更让人低回不已。

而读苏轼的《赤壁赋》，既陶醉于"白露横江，水光接天，纵一苇之所如，凌万顷之茫然"的优美风光，又能品出苏子在浩渺宇宙间茫然不知所之的感受；读庄子的《逍遥游》，既为鲲鹏扶摇直上九万里的壮志和气势而感染，也会因此反思个体之人汲汲于名利的狭隘与可笑；读毛泽东《沁园春·长沙》，不仅为绚丽多姿、生机勃勃的秋景而陶醉，更为"指点江山，激扬文字"以天下为己任的豪情而感染。……感悟美点，就是足不出户的旅行，就是让美的泉水沐浴身心，就是在享受一道道精美的精神小吃或者是满汉全席的精神盛宴，就是穿越时空与大师们进行心灵的对话。

感悟美点需要师生有一颗敏感的心，有丰富的感情，有情趣，才能发现美，感受美，进而创造美。

二、感悟的途径

感悟的方法很多。针对不同的文体，不同的学生，感悟式教学的方法也有所不同。教师要善于创设各种情境，因势利导，让学生在感悟中习得。

（一）通过诵读感悟文本意味

古诗文鉴赏离不开诵读。学习古文，首先要过语言关，这就需要反复朗读。举凡字音、句读、语气、感情都须通过朗读掌握。我在执教《烛之武退秦师》一文时，先布置学生早读时结合注释结合预习提纲读通原文，上课时用大屏幕投影略去标点后的原文，再让学生读，及时点评并予以点拨。这种方法有效地检查了学生文本预习效果，提高了学生把握句读的能力，也为深入解读文意扫清了障碍。学习《陈情表》时，我干脆让学生读几遍就尝试背诵，学生背不下来时偷着看课本，然后再读时就会更加用心，既提高了背诵效率，又在背诵中把握了文章思路，理解了作者感情起伏。

《滕王阁序》属于那种文辞华美、内容简单但情感复杂的文章，掌握文辞难度很大，因此不能把文章"掰碎了"分析。于漪老师说，七宝楼台，拆下来就成了碎片。为了让学生能整体把握文章精髓，我鼓励学生反复诵读文章。读第一遍后，学生们只觉得文章写出了优美的风光，文辞优美，朗朗上口，真可谓"余香满口，词句警人"。读第二遍后，学生们感到了作者一种淡淡的忧伤，一种掩饰不住的怀才不遇。读第三遍后，学生真正感受到了诗人有志难伸的无奈与不甘沉沦的倔强交织的复杂情感。懂得了文章的深刻涵义，也能够背诵其中的精彩段落。整体把握，名著才能真正化为学生的营养。

鉴赏戏剧语言离不开品读。话剧主要靠台词，分角色读台词有助于把握人物内心，便于学生进入剧本创设的情境。越是简短的台词，越是要反复揣摩人物心理，读出应有的语气、语调，让人能感受到内心感情的起伏。如《雷雨》中周朴园从怀疑鲁侍萍到相认前后，一连10次用了"哦"这个语气词，传神地表现了周朴园从惊讶、怀想、好奇、苦痛、紧张、吃惊、释然、再次吃惊、难以置信到不得不信的复杂心理。读准了这10个不同语气的"哦"，学生自然能够把握周朴园此时的心路历程，能收到事半功倍之效。

抒情味浓重的散文离不开诵读。教学马丁·路德·金《我有一个梦想》时，我基本上以诵读为主。有学生自主读，教师示范读，跟着录音读，齐读9—14段……一边读一边评，一边读一边谈感受。在这激情洋溢的诵读中，学生自然领悟了蕴涵在文中的感情，自然理解了马丁·路德·金的伟大，自然理解了作为黑人民权运动领袖却被美国政府和人民纪念，自然理解了他被授予诺贝尔和平奖的原因。诗词是高度凝练的语言，更需要诵读，兹不赘述。

带着感情的诵读能够调动人的情感，使之积聚、发酵，教师此时适当点拨便能使学生将文本的意思与自己的情感结合起来，产生自己独到的理解。尽管我普通话不好，但我喜欢朗读，喜欢在朗读中融入我的理解，注入自己的感情。两年下来，我的学生因为我喜欢朗读，养成了读书投入的习惯，哪怕有很多人听课。

（二）借助联想和想象感悟文本隐含细节

经典课文，往往文字简约意蕴深厚，仅凭浅表性的阅读无法理解作者渗透在字里行间的形象与情感，学生们对形象的认识肤浅零碎，达不到深度解读的效果。要突破这一难点，可以从细节入手，借助联想与想象，在生活真实与艺术真实中把握形象与情感。

例如《项脊轩志》中有这样一段文字：

"余既为此志，后五年，吾妻来归，时至轩中，从余问古事，或凭几学书。"

这段文字用语平淡，却深情有致，体现了作者的写作风格，但学生对文中表达的情感总是缺少切身体验。教学中可以引导学生抓住"从余问古事"和"凭几学书"这两个细节入手，展开联想与想象，想象人物的衣着打扮与举止动作、欣赏的眼光和困惑的神情，说话的内容和说话的语气以及内心那种娇嗔与甜蜜，等等。将文字背后的东西充分地挖掘出来，让学生深入地理解归有光记忆中温馨浪漫和现实中萧条冷落，悟出归有光平淡文字背后掩藏着的悲情。

再如《湘夫人》"帝子降兮北渚，目眇眇兮愁予。袅袅兮秋风，洞庭波兮木叶下"，学生能感受这四句写得好，但文句高度浓缩，他们很难把握这场景的意味。这就需要教师调动学生想象，还原诗歌压缩的情景，启发学生以散文化的语言将它描述出来，以感悟情景交融的妙处。借用谢冕先生话，此谓之"泡"。

（三）通过品味语言感悟言外之意

经典诗文，内容博大精深，非咀嚼不能得其味。

鲁迅的《祝福》博大精深，有的句子乍一看很平常，但再三品味，会有更深体会。陈日亮老师对下面几句作了评点：

"……我一清早起来就开了门，拿小篮盛了一篮豆，叫我们的阿毛坐在门槛上剥豆去。……我叫阿毛，没有应，出去一看，只见豆撒得一地，没有我们的阿毛了。……

倘一看见两三岁的小孩子，她就说：'唉唉，我们的阿毛如果在，也就有这么大了……'

'祥林嫂，你们的阿毛如果还在，不是也就有这么大了么？'"

为什么说"我们的阿毛"而不是"我的阿毛"呢？祥林嫂口中的"我们"就是指的她丈夫、儿子和她自己。丈夫已经死了，"我们"就只剩下她和阿毛，现在阿毛被狼吃了，表面上是"没有我们的阿毛了"，但实际上已经"没有'我们'了"！这看似寻常的话里，传达的是失去相依为命的唯一亲人的无比孤独与悲苦。而鲁镇的男男女女，集体无意识地把不幸的祥林嫂看做"你们"，而以咀嚼鉴赏"你们"的不幸为乐，在麻木中体验着自我满足。这是多么令人感慨的悲哀啊！

《祝福》乃至鲁迅小说、杂文中这样含义隽永的词句不胜枚举，经典文章中这样的句子也比比皆是。而学习语文，从本质上说来就是学习使用语言文字。如果我们教师能时常这样咀嚼文字，并引导学生品味文字，不但能加深对文本理解，更能悟出文字运用之妙，提升我们审美能力。

（四）借助知人论世感悟文本深意

对于那些具有鲜明时代特色的经典，联系时代背景和作者思想境遇，运用知人论世法能解得更加透彻。

知人论世是孟子最早提出的一种解读方法，后成为鉴赏古代文学作品的一种传统方法，即在欣赏古人的诗歌散文时，也深入探究他们的生平和为人，了解他们生活的环境和时代，与作者心灵相通。这种研究方法，对于我们穿越时空阻隔，正确理解古代文学作品具有独特作用。

但是，长期以来，不少老师在运用这种方法教学时往往存在误区。他们或满足于仅仅依据时代背景给作者、作品贴标签，或机械套用作家流派给作品定性，或将相关资料糅合在一起，人云亦云。这种做法，如徐江副教授所说，是一种"坚硬的"、传统的、糟糕的解读方法。这种做法，缺少的是对材料的搜集、占有、筛选、分析，缺少的是自己的思考和见解；这样的知人论世不是实事求是的解读，是低效或无效的，甚至有可能误导学生。

2010年4月，应安庆市教研室指派，我在石化一中上了一节展示课，篇目为苏轼《定风波》。为提高课堂效率，我尝试运用"在思辨中知人论世"方法来指导学生鉴赏古诗词。鉴于此，这节课我组织了三个活动。

第一个活动是从《定风波》入手，引导学生诵读诗词，品味语言，真正读懂作品，初步了解作者是如何表达情感的，这就避免了先入为主贴标签式的僵硬的评价。在理解词作感情基调之后，激发学生于无疑处质疑。通过对"吟啸风雨"这一似乎反常的行为，把握了词人内心深处的郁闷以及率性而为的性格。

第二个活动是引进了对苏轼《西江月》和《浣溪沙》这两首词的比较鉴赏。这一环节，既可以让学生运用从鉴赏《定风波》中学到的方法来解读文本，又能从一个更大的时段内了解作者在黄州几年的创作概况，使学生初步把握苏轼黄州诗文乃至后期诗文的情感变化及其原因，将知人论世推进一步。

第三个活动是从林语堂的《苏东坡传》《中国古代文学作品选》《宋词鉴赏辞典》中选取了一些资料，帮助学生了解苏轼这三首词的创作背景和思想性格，即把其词其人放在特定的历史阶段去观照去把握，了解作品喜怒哀乐的内在和外在原因。经过分析思辨，学生能较深刻全面地理解了作品、作者，并初步理解了知人论世法的应用。

这种"在思辨中知人论世"法，我经常在鉴赏古诗词以及富有鲜明时代色彩的散文中使用，课堂容量大，学生感悟的东西多。

（五）借鉴文本结构感悟作文构思

毋庸讳言，现行教材中写作部分有严重缺憾，基本上没有系统的有步骤的教程，议论文写作更是缺乏有效指导，故利用现行教材为写作示例就成为必须举措。教材中有些名家名篇，构思精巧，堪为写作模板。议论文方面，如《游褒禅山记》叙议结合、借事明理的构思，《劝学》提出问题、分析论证的方法，《六国论》借古讽今的构思与开宗明义、层层深入的结构，《师说》典范的论述架构、缜密的句间联系，《伶官传序》运用论据的繁简之妙，钱钟书《谈中国诗》的比较立场、深入浅出的分析，均可以为学生议论文写作提供借鉴。记叙文方面，《记梁任公先生的一次演讲》《项脊轩志》传神的细节、绘形绘神的技法，《囚绿记》的象征手法以及一线串珠式结构……如果我们教师能在教学时注意引导学生揣摩这些经典名篇的结构，从模仿到创造，何愁写不出结构严谨、论据繁简得宜、气势充沛的议论文，何愁写不出血肉饱满、感情真挚的记叙文或散文！

（六）通过语文活动感悟文化的多元性

这里说的语文活动是带有研究性质的语文学习途径。选修课《语言文字应用》《演讲与辩论》《中国民俗文化》等，必修课本中"梳理探究""名著导读"，仅靠课堂阅读是无法开展的，主要靠课外活动才能有所习得、感悟。如必修1的"新词新语与流行文化"，必修2"姓氏源流与文化寻根"，必修3"交际中的语言运用"等，都需要语文活动来落实知识。在学习必修4的"影视文化"时，课前，我让学生搜集资料，联系自己观看感受，分析国产动画片与日本、欧美动画片的短长，同一剧目电影和电视的短长，国产贺岁片与美国大片的短长，然后写成小论文，在班上交流，并通过校刊《浪花》《三人行》在同年级交流。虽然他们囿于见识短浅，分析稚嫩，但借此整合了零散的影视文化知识，获益匪浅。高一年级，我校各班开展课前三分钟演讲的活动，语文组和校团委每年合作举行全校性的演讲比赛，择其精品结集出版，极大地调动了学生参与热情。2009年，我带一个班高一。寒假期间，我布置学生查阅资料，走访亲戚，了解自家的姓氏由来和家族名人，尽管花费时间不少，但学生对探索家族源流兴致勃勃，写了许多有收藏价值的文章。更重要的是，他们接触了书本上学不到的地方文化，初步尝试了研究问题的方法，真正认识到语文是有用的，更重要的是借活动感受"大语文观"，让语文学习真正与生活相通。

感悟式教学只是一种语文学习模式，但它为成功或高效课堂提供了诸多可能。而要将这"可能"变成现实，则需要教师对语文教学的炽热情怀，对学生的了解呵护尊重，需要教师有博览群书的爱好，有关心时事、思考问题的习惯，有寻幽探胜的好奇心、循循善诱的耐心，这样，师生才能时时品尝到顿悟的欣喜，享受成功的快乐。

感悟教学浅探

桐城师范专科学校　刘连成

感悟是有所感触而领悟。新大纲要求语文教学"重视感悟、积累、熏陶和培养语感，致力于语文素养的整体提高"。新版中学《语文》也对感悟教学提出了特别的要求。它要求教学立足整体，通过学生的活动，整体感知，获得感悟。近年的中高考也都加强了对感悟能力的考查。然而，长时间以来，感悟教学并没有引起人们足够的重视，其操作也缺乏科学性。为此，我们有必要对其意义及教师在感悟教学中的作用作些探讨。

一、感悟教学在教育教学中的作用

（一）感悟教学是一种创新教育

"学而不思则罔，思而不学则殆。"感悟是学后之思，思而有得。它是感知的事物、知识在头脑中的重新组合、选择和建构，是主体对外部知识、信息的深层次的内化。它形成的是"精髓"式的认识。对知识创造性地接受，其过程本身就是带有创新性。语文的外延与生活相等。如何将语文教学与生活结合起来，在有限的时间里，通过课堂教学和一定的社会实践活动，使学生得到发展？感悟教学可以说是最好的途径。它通过知识的学习而懂得生活，又因为生活而获得更多的知识，举一反三，使学生终身受益。

（二）感悟教学是人的智慧与品格发展最重要的方式之一，是一种优化的学习之道

教学是对人的培育，是为了人的全面发展。教育心理学认为：人的学习的一个显著特点是他的积极主动性。这也就是说，学生的积极活动是他们获得知识、经验的前提条件。感悟教学中，学生通过自身活动对知识进行领悟，主体的功能得到了最大发掘，学生创造性地对知识接受、运用、转化，其思维处于异常活跃的状态。在活动中，他们的知识得以巩固，能力得以加强，品格得以提高，个性也得以发展。而传统的教育教学，由于片面强调知识的传授和能力的训练，教师处于主导地位，但学生主体的地位却常常得不到尊重。在被动地接受状态下，学生个体精神长期被压抑、被忽视，学习的积极性得不到充分的发挥，教学效果因此也往往并不理想。

（三）感悟教学伴随着愉快的体验，它是学生进一步发展的内在动力

感悟教学，学生因感触而获得感悟，因此而拥有成就感，享受着学习的乐趣、求知的乐趣、思考的乐趣、创造的乐趣，体验着生命的快乐。"每有会意，便欣然忘食。"这一种兴奋感、愉悦感会让他们最大限度地把握知识，提高学习效率，使自己得到发展的同时，长久地保持一种积极求知的心态和学习语文的激情。情绪高，兴趣浓，求知欲望强烈，参与主动，这也就为他们进行更广泛、更深入地学习，从而获得新的感悟，使自身素质得到更进一步的提高提供了潜在的动力。

二、教师在感悟教学中的作用

（一）提供感悟条件，注重感悟指导

感悟是主体生命的功能，它不可替代，但教师在感悟教学中的作用却不可小视。感悟虽然可以不自觉地获得，但更多的却是来自于生命主体对事物的留意。因此，教师在感悟教学中应当注意教学的引导，要尽量促使学生感悟的发生。教师要发挥主导作用，引导他们观察、活动、阅读、思考；要注意通过民主和谐的教学氛围、教学情境的创设、学生情感的激励等为他们的感悟提供条件，提供触发点。同时，感悟也是一种全方位的辐射。教师还应在价值判断、价值选择、是非观念、审美情趣等方面为学生作指引，使感悟朝着有利于他们健康成长的方向发展。

（二）丰富学生的知识量，突出基础知识的教学

感悟不是"无米之炊"，它应当有一定的知识积累。"感"是"悟"的基础，"悟"是"感"的提升。知识越丰厚，产生感悟的可能性就越大。因此，教师在教学中应教给学生一定的基础性的知识，让他们掌握学科中那些最具有迁移性、适应性、概括性和对了解与掌握一门知识所必需的适应。对进入教育教学内容的新知识，教师也应把握其特性，作相应地处理。

（三）注重思维开发，发展学生思维

知识的富有并不自然带来智力的发展，并不意味着感悟的发生。教学中，教师应对学生进行思维的训练。从某种程度上说，思维的开发更为重要。思维的训练与基础知识的教学并不能完全剥离。为此，教师在基础知识的教学过程中，应把知识的习得与思维的训练紧密地结合起来，始终注意促进学生思维的发展：要培养他们正确的思维方法、良好的思维习惯和优秀的思维品质，使他们在知识量增长的同时，思维也更为活跃。

（四）尊重学生感悟，重视情感激励

感悟具有不同的形式、不同的层次。不同的人，由于其知识水平、人生经历、价值观念等不同，他们对事物的感悟不会相同；同一个人在不同的学习阶段，其感悟的层次也会有所差异。因此，在教育教学活动中，教师应考虑学生的个性差异，充分尊重学生的感悟；要善于发现他们的闪光点，保护他们感悟的积极性。

感悟来自积累与熔炼

桐城师范专科学校　李 飞

"重视积累、感悟、熏陶和培养语感，致力于语文素养的整体提高"，是语文教学大纲对语文教学提出的、要特别重视的问题。其中的感悟能力与积累相辅相成，是语文教学有效的着力点。尤其在学生作文教学中，培养学生对生活敏锐的感悟，是提高学生作文素质的必经之路。敏于感悟的学生，作文自会独有情致，意蕴深长。

所谓感悟，是有所感触、有所领悟之意。具体说，"感"是对具体形象的捕捉和留存，是学生对材料的占有；"悟"是思维对事物精髓的提炼和升华，是学生对材料独到而深刻的见解。感悟的过程，是由表及里，由浅入深，由感性认识上升到理性的过程。只有既"深感"又"透悟"，才能使思想走向成熟，趋于深邃。如何充分培养学生的感悟能力呢？

一、调动积累诱发感悟

生活——无论是以直接还是以间接的方式，都凭借其中丰富的人文意蕴成为哺育学生感知能力的温床，而充分准确地占有源于生活的材料，则是感悟启动的必要准备。茅盾先生的《白杨礼赞》，因有对白杨树形象的仔细观察和准确把握，才有白杨品格和北方军民精神的形象再现。老舍先生的《济南的冬天》，因有对济南城、山等的充分了解，才有山如摇篮、城如娃的形象比喻……这些承载着人类精神的文章，都离不开作者丰富的生活积累；也正是一番生活风雨历程的沉淀，才触发出一篇篇感人至深的佳作。而学生的作文实际呢？有的学生面对写一种动物、一种植物，甚至写自己熟悉的一个人这类十分贴近生活的作文时，竟也无从下笔，无奈中去拾人牙慧、人云亦云，甚或凭空捏造。武汉市2002年初三年级部分学校语文调研考试中，作文以透视中学生的消费现象为写作范围，本是一道能调动学生直面周围生活的好题目，而有的考生视消费为不曾谋面之物，构思里胸无点"物"，行文空泛。这其中，学生缺少的显然不是生活，而是不善于及时调动起生活的积累有感而发，作文教学的首要一环，就是要调动学生积累，诱发出对话题的独到感悟。说起悲伤，曾经的凄风苦雨再现眼前；畅谈幸福，曾经的联欢喜庆记忆犹新。运用教学的开启之效，使学生的心思与曾经的一切发生撞击，正是感悟产生的重要诱因。

调动的途径有很多，但无不以调动学生情、思为内线。成功的作文指导课，无不让学生情飞万里，思接千秋。调动的结果是学生有真切的体验要表达。面对一个作文题，学生习惯思考题目要"我"写什么，借助教师的一番调动，学生应产生"我要借文题说出我内心……"的强烈欲望。

二、借助熔炼催化感悟

一个生活经验丰富的人未必就是一位作家，即使他多愁善感，这不仅因其文字功底，还因为拥有素材的多少是决定写作的唯一前提。作文教学中，激发出学生丰富的联想后，还要培养学生对作文素材熔炼为钢、化形象为抽象的能力。学生能够对素材进行熔炼，也就是学生感悟能力走向深刻、成熟的征象。

熔炼，就是将拥有的材料放在思维的大熔炉中分析、疏理、琢磨、品味，进而从材料中提炼出睿智的哲理，挖掘出深邃的情感，创造出新颖的构思，推敲出精到的语言。这一过程进行得越深入，感悟就催生得越快，心与物的交融程度就越深。

熔炼有对事的熔炼，有对情的熔炼。前者"熔"事生情，因情立意；后者"熔"情感事，因事见意；两者的共同之处是于熔炼之中顿生感悟，得感悟后成就真心真意的表达、真知真谛的求索。王国维在《人间词话》中写道："客观之诗人，不可不多阅世。阅世愈深，则材料愈丰富，愈变化。《水浒传》《红楼梦》之作者是也。主观之诗人，不必多阅世。阅世愈浅，则性情愈真，李后主是也。"阅世深，材料丰富，成就了施耐庵、曹雪芹；性情率真，成就了李后主。他们的共同点是对人生有一番刻骨铭心的体验，感悟出了人生、社会的真谛。

对于学生来说，熔事和熔情的过程就是反复品味的过程。这种品味非一般的浅尝辄止，而是要吃深吃透。对"一件事""一份情"，横向品析晓其特质，纵向品析领悟况味，反面品析得其教益，正面品析现其精神，放在现实中品析感知时代，放在过去和未来的历史长河中品析知其意义，品析它的积极意义给人振奋，品析它的消极之处给人警醒。品出其中理，品出个中情，品出人生味。熔炼就是要让学生的心与物彻底交融，达到心所想即是理所藏、物中意即是心之感的境地。

熔炼也可以是对别人作品的品味，选择适合学生特点的文质兼文章，师生一起"奇文共欣赏"，学生也会在"锤炼"别人的文章时催化自身的感悟。

总之，积累是感悟赖以生发的基础，是诱发感悟的物质条件；熔炼是对素材加工、锤炼、升华的手段，是催生感悟的重要途径。着力培养学生调动积累和熔炼素材的习惯和能力，学生的感悟能力一定会增强。有了对人、事、物、景的感悟，作文时逼人的灵气就会荡漾在字里行间，清新的文风就会扑面而来。

中学语文感悟式教学研究浅谈

桐城二中　　黄　荣

所谓感悟，是语文学习的一种具有普遍意义的心理意识活动，是学习者对语文材料的积极反映，联想、想象和理解得以展开、跃进，情感体验得以加深，才性得以发挥，人格得以升华。它具有综合性、循序性、升华性等优点。将感悟引进运用到教学中来，即我们通常所说感悟式教学。

语文新课标特别注重对学生感悟能力的培养，指出：要"发展学生的感悟"，"重视积累、感悟、熏陶和培养语感"，"整体感知课文，体会作者的态度、观点、感情，理解课文的内容和思路，领会词句在语言环境中的意义和作用"，"对课文的内容、语言、写法有自己的心得"。

2002年，安徽省桐城市中学语文感悟式教学研究课题组正式成立，我有幸成为其中的一员。课题组目标明确：根据语文学习的特点和教育心理学的认知规律，贯彻以学生为主体的教学原则，培养学生感知作品、感知生活的能力，进而使其悟出作品的灵魂（技巧），悟出生活真谛，使学生养成良好的感悟习惯，养成较高的"悟"性，进而张扬其个性，培养健全的人格和高尚的审美趣味（人文关怀的具体表现）。在"本着由浅入深、循序渐进的学习原则，教给学生具体而又切实可行的感悟作品、感悟生活的方法，最终达到'教是为了不教'的目的"这一理论思想的指导下，我尝试着在教学实践中进行感悟式教学的探索。实践证明，这一教学模式是切实可行、行之有效的，下面就此浅谈拙见。

一、感悟式教学过程

（一）通览全文，整体感知

感悟感悟，有感有悟，由感到悟，先感后悟。人们对于事物的认识，总是从感知开始的，释迦牟尼感知人世终成正果，作家感知社会生活终写成优秀文学作品。除去对社会生活的感知，学生主要还是对作品的感知。该环节重在训练学生能用较快的速度通过自读整体感知全文的能力，对文章的内容、语言、中心、写法有一个笼统的感受。

"良好的开端是成功的一半，"在教学起始环节，教师宜做到：一是创设一定的情境，激起学生的兴趣，调动学生的积极因素，点燃学生急于求知的愿望。我曾在2001年举行过《〈乡愁〉诗两首》的公开课教学。如何引学生入境是我在编写教案时考虑的首要问题，几经斟酌，我最后决定在费翔《故乡的云》那熟悉的旋律中拉开公开课教学的帷幕。实践证明这一安排是正确的。伴随着费翔那深情的演唱，学生很自然地就进入乡愁的氛围，很自然地就想了解余光中、席慕蓉是如何用自己的语言来表达这种似乎只可意会不可言传的情感。二是对学生整体感知的方法加以指导。"工欲善其事，必先利其器"，为提高教学效率，在教学过程中，教师要重视对学生阅读方法的指导。例如在小说的初读感知时，告诉学生可通过抓住关键语句，概括情节来感知内容；通过分析表现手法，悟人物形象来体会中心。

（二）细读领悟，局部突破

南宋理学家朱熹说："读书无疑者，须教有疑，有疑者，却要无疑，到这里方是长进。"陆九渊也说："小疑则小进，大疑则大进。"感悟式教学法很重要的一点便是引导学生会思。"感"与"悟"是心理活动的两个阶段、两个方面，"感"以"悟"为归宿，靠"悟"来暗中牵引、规范，"悟"以"感"作升华的基础。细读领悟重在训练提高学生在整体感知的基础上，对语言文字的理解、领悟能力。通过通览全文的训练，学生已大体了解全文内容，在此基础上学生可以以课后思考题（或教师自设或学生在上一环节未解决的疑点）为目标，再次返回课文对具体语句进行仔细斟酌，在对语言领悟中加深对课文思想内容、观点态度的体会。例如在教学余秋雨的《道士塔》时，我就要求学生用心去思考"为什么说王道士是罪人，而要他担起文化重债是无聊"这一问题。通过此问题的探讨，学生了解到敦煌文物的流失这不仅是个人罪行，而且是一个民族悲剧，从而加深对课文主旨的理解。

（三）学练语言，迁移积累

《九年义务教育全日制初级中学语文教学大纲（试用修订版）》指出："在教学过程中，进一步培养学生的爱国主义精神，激发学生热爱祖国语文的感情，培养社会主义思想道德品质；努力开拓学生的视野，注意培养创新精神，提高文化品位和审美情趣，发展健康个性，逐步形成健全人格。"该环节重在训练学生积累和运用语言文字的能力，同时深化学生的人文素养，让学生主动发展。"教是为了不教"，学生通过感悟，有了真正属于自己的认识，教师要顺势而导，由课内向课外延伸，由读到写，从而达到积淀感悟、深化感悟、感悟外出的目的。教师可以在学生谈感受中相机引导学生欣赏文中的词句、精美的细节，并用文中的技巧当堂作文或说话，以提高欣赏和创造美的能力。

二、感悟式教学策略

（一）实施互动感悟

感悟式教学强调学生在阅读中的"自悟"，但并不排斥教师的引导。教师的作用应是激励、引导、评价学生的阅读活动。实施互动感悟除了"师—生"互动这单一的形式外，还要导进"生—生"互动形式。学生在自主阅读的基础上，通过交流互动，不断感悟新的思想观点，不断充实、完善自己的感悟。例如在教学朱自清先生的《荷塘月色》时，我先以对联"教学三十年，一面教一面学，向时代学向青年学，生能如斯，诚健者也；生存五一载，愈艰苦愈奋斗，与黑暗斗与丑恶斗，死而后已，我哭斯人"导入新课，与学生一起探寻朱自清先生的性格特征和他的文章特色，然后放手让学生自己去讨论、去体会美词佳句；让学生自己去感受"朦胧的月色"，"幽幽的荷香"，"斑驳的树影"，"渺茫的歌声"；让学生自己去感受"颇不宁静"的心思，去感受"独处的妙处"。在这一过程中，教师要对学生强调三点：一要认真读，讲究心定；二要仔细领会，讲究慧悟；三要寻根问底，讲究毅力。

（二）博采众长，兼收并蓄

学生感悟能力的形成需要阅读大量的语言材料，除课内文章外，教师还须选取、推荐许多文质优美的文章，让学生在反复揣摩中触发语感，积淀语感。教师须提醒在积累语言时，要充分地进行品味赏析，使语言积累不是单纯的、孤立的词句积累，而是文道统一的、内容和形式一体的成块语言的积累。引导学生积累，教师可建议他们采用"摘抄—品味—背诵"三步法。同时，依据材料内容感悟重点的不同，教师还可设置多种课型，共同提高学生的感悟能力。如感悟导读课（由仿到创，以感促写），自读点评课（学生自感自悟后，教师稍加点评），美文朗读课（出声朗读，品味赏析，积淀语感）等。

总　结

"随风潜入夜，润物细无声"，感悟式教学法的推行使学生大受裨益。我所执教的班级中考成绩斐然：2003 年中考人均成绩达 107.6 分；2004 年中考人均成绩达 115.2 分；其中李升同学更是取得了 140 分的优异成绩。中学语文感悟式教学研究博大精深，我只是略窥一二，不当之处，敬请方家批评指正。

初论中学语文阅读教学"四点"感悟

桐城市教育局教研室　程　钧

2000年秋季启用的《九年义务教育全日制初级中学语文教学大纲（试用修订版）》第一次指出："语文教学中，要加强综合，简化头绪，突出重点，注重知识之间、能力之间以及知识、能力、情意之间的联系，重视积累、感悟、熏陶和培养语感，致力于语文素养的整体提高。"同期颁发的《全日制普通高级中学语文教学大纲（试验修订版）》亦明确指出："要致力于学生语文素养的整体提高，重视积累、感悟和熏陶，重视语文运用能力和语感的培养。"从而将"感悟"列为语文教学的重要理念之一。这是吸收多年来语文教学研究成果的结晶，真正符合语文教学的认知规律。随着感悟理念的提出与全面实践，语文教学从此将会走上健康发展与良性循环的轨道。早在17世纪中叶，德国教育家赫尔巴特就指出："没有被悟性彻底领会的事项，都不可用熟记的方法去学习。"我国清初教育家陆世仪在《思辨录辑要》卷三指出："悟处皆出于思，不思无由得悟；思处皆缘于学，不学则无可思。学者所以求悟也，悟者思而得通也。"这段话正好道明了学、思、悟三者之间的关系。现代著名教育家王力先生在《中国语法理论》中也说："西洋的语言是法治的，中国的语言是人治的。惟其是'人治'的，所以必须重视人的体味、领悟。汉语具有重意义、重虚实、重具象等三个方面的特征，汉语的组合往往采取提取意义支点的方法，重意义、语义、语调的因素大于西方语言意义上的'句法'因素，因此汉语充满感受和体验的精神。……语文教育的任务之一就是要把文质兼美的课文言语通过移情对象化为学生的语感，培养以语感为核心的听说读写能力。所以汉语学习的特殊之处主要不是'知'的积累，而是'感'的积淀。"语文教学的理论研究发展到今天，感悟理念的正式提出并付诸全面实践可以说是必然趋势，历史使然。何谓感悟？简言之就是有所感触、有所领悟之意。何谓阅读教学中的感悟？就是通过对文学言语的表层意义的感触再到文本深层内涵的认识深化，是读者在已有的知识系统、情感体验、智力水平基础上的对作品的感受和领悟，扩展和想象，提高与创新。鉴于此，我们积极开展了对感悟式教学理论的研究和具有实用价值的探索。这是一个全新的大课题。本文想就在阅读教学中如何选择感悟点上谈一点认识与做法，以就教于大方之家。

过去的阅读教学，由于偏重"工具性"，而忽略了"人文性"，语文学科中的阅读教学基本上变成了字词名篇的条分缕析，绝大部分教师的教学流程只是把教参上别人感悟的现成结论硬塞给学生，理性的分析代替了感情丰富的体验，学生获得的认识绝大部分不是自己感悟得来的。作为语文老师，教学一篇课文，应该让学生感悟什么，笔者认为：在教学中我们要打破传统阅读教学程式化的模式，引导学生抓住文本的重点、难点、疑点和美点，激活学生思维，张扬阅读个性，从不同的侧面真正地理解文本。

一、感悟文本的重点

作为单元文选式阅读教材，选编者总是会按照一定的程序和规律确定不同课文的教学重点。这些应当着力感悟的教学重点，有的在教材的单元提示中出现。如初中语文第一册第一单元的单元提示"学习这个单元，可以把认读文字、语句作为重点。"第三册第三单元的单元提示的学习重点为"要以整体感受为主，领悟课文的思想内容，同时对记叙文中的描写、议论和抒情，对记叙文中的语言的运用，要有更深的体会。"有的出现在选文的"预习提示"或"自读提示"中。如《荔枝蜜》的教学重点就是在预习提示的疑问中"想一想，作者是怎样以对蜜蜂的感情变化为线索组织材料的？"有的课文的教学重点则出现在课后的"练习"题中，如海伦·凯勒《我的老师》的练习一中的两问：1.莎利文是怎样教育"我"认识具体事物的？2.莎利文又是怎样逐步引导"我"认识"爱"的？还有就是教学参考书在"教学建议"中给我们明示的。如《十三岁的际遇》的教学重点，教参在教学建议中就明确作了这样的提示：着重体味作品内含的情、理、意、味，即作者对北大的特殊感情。

如何确定每一课感悟的教学重点，除了从上述几个方面提取外，还可从文体特征中觅到基本规律。如散文的线索、"神"，诗歌的意境、意象、名句，小说、戏剧中的人物形象、环境描写等。

一篇课文，究竟确立什么对象作为感悟的重点，执教者还应当根据自己班级学生的年龄特征和生活体验以及认知心理来决定。如《夏天也是好天气》一文中提示的"课文是怎样写出夏天的闷热的？"这一教学重点，课文中回答这一重点问题的第二自然段最关键的文字"人似一团发酵的面粉，外烘内烤成一枚圆鼓鼓的面包，喷涌而出的汗珠，就是这面团蒸发的水汽"。对此，城市的孩子很容易理解，因为他们都吃过面包，不少学生还亲眼见过烤面包的经过；而大山里的孩子几乎很少吃过面包，更没有见过烤面包。对于教材提出的教学重点也就可因人因地而异了。对山里的孩子，那一段文字的理解不是教学重点，而是教学难点了。而对城里学生来说，那些文字也就算不上是什么教学重点了。近年来，教材选文和中高考试题中越来越多地选取一些科技小品文让学生来阅读理解，同样一个教学重点，城里的学生感悟较好，而乡村，尤其是贫困山区的学生感悟起来就较差，这也是城乡学生成绩悬殊的一个原因。

至于教学重点的感悟，教师还应先通过自己的感悟，找到最佳切入点，然后引导学生感悟。

二、感悟文本的难点

在阅读教学中，感悟教材的难点历来是最薄弱的一项，常见的现象主要有重难点不分，找不准难点，突破无方。至于什么是感悟的难点，我们也应当因文因人而异，我们也可依据文体特征归纳出一些共性，如：散文、诗歌采用的象征、反衬、反语、欲扬先抑、托物言志（抒情）、寄情于景、借景抒情、情景交融等表现手法；小说的精巧构思、独到的表现形式，人物形象的典型意义；戏剧的潜台词等。对于这些难点，教科书上大都没有明确提示，一般都是在教读课文的"预习提示"或自读课文的"自读提示"中笼统提出，如《荔枝蜜》的教学难点就出现在预习提示中"怎样借助联想托物抒情的？"再如《白杨礼赞》采用的象征手法，其中对白杨树和楠木的象征意义的理解就是感悟的难点。在我调研所听的同一课中，老师们几乎都只不过讲了它们分别象征什么，而没有讲清为什么分别选用这样的象征体。听课后，听课者与学生得到的一致印象是白杨树好，楠木不好，我们应当赞美白杨树，鄙视楠木。产生这样的局面就是没有真正让学生感悟这一教学难点。在现实生活中，白杨树和楠木本没有好坏之分，若论它的用途和价值，楠木远比白杨树好。又如教学高尔基的《海燕》，许多老师一节课喋喋不休数不清次讲了海燕、海鸥、海鸭、企鹅、大海、闪电等的象征义，学生也能识记它们分别象征什么，给听课者与学生的深刻印象是：海燕真的很勇敢，是英雄，了不起；而海鸥、海鸭、企鹅是胆小鬼、懦弱、愚蠢，似乎一时间对海燕肃然起敬，而对海鸭、企鹅等则嗤之以鼻，不屑一顾。为什么会产生这样的教学效果？究其原因就是没有让学生真正感悟本文象征手法这一教学难点。对于自然界中的海鸟，本没有好恶之分。然而由于一篇文章，老师的一番讲解，使得学习者大爱其海燕，而厌恶海鸥、企鹅等。这难道是作者的本意么？

由此看来，教师那种对难点不加感悟的教学，而只是将别人感悟的现成理念强加给学生的教法实在是不可取。

阅读教学的过程，应该是教师指导学生深入感悟作品的过程。善教者，名师者，无一不是先行整体感悟，找出重难点，再自我深入感悟，然后引导学生感悟。确立感悟的难点还可借助教学参考书中教学建议部分的提示。如《散步》一文中，"'我'对生活的使命感"是个难点，学生不容易理解，教师就要从中年人承担的承上启下的责任方面加以点拨，使学生领悟其内涵。

又如《我的空中楼阁》（高中语文第三册第14课）一文的教学难点也是出现在文章的表现手法上——托物言志，寄情于景。台湾作家李乐薇正是通过对自己生活中的第一件艺术品（小屋）及其周围环境的描写，寄寓对独立的、安静的生活向往以及他积极而坚实、乐观而执著的人生追求。

三、感悟文本的疑点

宋代理学家朱熹曾说："读书无疑者，须教有疑，有疑者，却要无疑，到这里方是长进。"（《朱子语类》卷十一）陆九渊亦说："为学患无疑，疑则有进。"（《陆九渊》卷三十五）在中学语文阅读教学中，对疑点的感悟历来显得十分苍白。我们绝大部分语文教师早已习惯了照本宣科，人云亦云。备课中，几乎很少去寻觅疑点并进行一番感悟。21世纪人才培养的目标要求具有创新精神，体现在阅读教学中就希望青少年学生"于不疑处有疑"。诸多教学实践证明："小疑则小进，大疑则大进。"

现代著名教育家，上海市著名特级教师于漪执教的学生就善于生疑。一次她在津津有味地讲解《木兰诗》这首乐府诗时，一个学生突然提出一个疑问：老师，木兰从军十二年，每天与男兵们在一起，据我所知，我国古代女子裹小脚，她洗脚时不就露了馅，被伙伴识破了吗？本文的诗句"同行十二年，不知木兰是女郎"是错误之说。提出这个疑问的学生可以说是个别善于感悟疑点者。面对这样一个问题，于老师事前备课也未考虑到，她本着"知之为知之，不知为不知"的原则，从容地肯定了学生这个问题提得好，并说自己查证后一定给同学们一个肯定的答复。课后，于老师查阅了大量的典籍文献，终于找到了答案。木兰所处的时代，女子是不裹小脚的。《木兰诗》的诗句没有漏洞。在阅读教学中，往往一次疑点的感悟便能极大地拓宽我们的认知视野，激活师生的思维。成功的阅读教学，教师应当巧妙而精要的设计一些疑点，并鼓励学生大胆地提出疑点，然后深入地感悟课文的语言文字，从而逐步释疑，以达到"小疑则小进，大疑则大进"的境界。例如，学习《金黄的大斗笠》这篇散文后，我们可以设置这样两个疑点：（1）本文共25个自然段，而文章1—10自然段都只字未写到"斗笠"，这是不是行文不严谨或详略不当？（2）本文写到在风雨来临时，弟弟却全然不觉，要不是姐姐及时送来大斗笠，弟弟准会淋个够。这是不是说弟弟傻而姐姐聪明呢？教学实践证明，学习《金黄的大斗笠》这一课，如果能围绕这两个疑点进行深入感悟，本文构思精巧这一特点以及姐弟的形象就会深深地烙在读者的心里。第一个问题使我们深切地感悟到：本文这种安排更体现了构思之精妙。文章第1自然段即全文第一大段，写风雨到来之前弟弟在山上放羊的悠闲情景，为下文风雨来临，姐姐冒雨送斗笠作准备。第二大段（2—10自然段）着力描写三幅风雨图，而且由小雨稀疏到风疾雨急，再到风雨交加，正是在风雨交加时，出现了姐姐送来的大斗笠。这样安排斗笠的出现，恰到好处。至此，我们感悟到：文章1—10自然段是作者为金黄的大斗笠的出现精心设计的背景。正是因为了有这样精彩的自然背景，才凸现出姐姐对弟弟的关爱之情。第2个疑点使读者感悟到：作者这样安排与描写，正好符合人物的生理、心理与生活经历，从而形象地表现出小弟弟的幼稚、天真与可爱；也恰到好处地写出姐姐心细、聪慧，她的社会生活经历比弟弟丰富，能观云识雨。一"傻"一聪，互为映衬，是多么的含蓄而富有情趣。

"感悟疑点"的"点"：大的可以是文章的主旨，全文构思，表现手法；小的可以是一个句子，一个词语。阅读一篇文章，如果能实实在在地感悟一两处疑点，那么日积月累，你发现问题、分析问题、解决问题的能力就会与日俱增，你的思维能力、创新精神就会得到很好的发展。

四、感悟文本的美点

《全日制义务教育语文课程标准（实验稿）》明确规定：语文课程还应重视提高学生的品德修养和审美情趣，使他们逐步形成良好的个性和健全的人格，促进德、智、体、美的和谐发展。这是重新界定的语文课程的性质所决定的。语文是最重要的交际工具，是人类文化的重要组成部分。工具性与人文性的统一，是语言课程的基本特点。过去很长一段时间，由于受单一"工具性"的影响，在阅读教学中，一篇篇美不胜收的文章被拆卸成枯燥的字词句的文字游戏，使本应最受学生欢迎的阅读课成为最乏味的机械训练。在实行新的课程标准的起始阶段，我们就应该还语文学习的美育功能。感悟文本，除了应感悟它的重点、难点、疑点外，一个很重要的方面就是潜心感悟选文的美点。新编初高中语文教材，在选文上十分注重作品的人文精神与色彩，每一篇课文，只要仔细感悟，都可以发掘出诸多美点。例如：《我儿子一家》（七年级上册第3课）就可以让我们列出如下美点：其一，本文不以作者为第一人称，而以儿子为第一人称，从儿子的视角写了自己一家人，这种人称错位美在哪里？其二，全文描绘了一个幸福美满的知识分子家庭和一位心灵美的母亲，这个美满幸福的家庭有什么特点？"母亲"的美好心灵又体现在哪些方面？带着这些美点去感悟全文，就使学生进入了美学的王国，读文悟情，身心得到净化与熏陶。在愉悦的阅读过程中，既能悟到这种人称的错位美——本文采用人称错位这种独特的叙述方式能给人一种新颖的感觉，不落俗套，又以儿童的视角和口吻给文章平添了可爱的童趣。另外，作者也借儿子之口委婉地表达了一些自己不愿意直接表达的内容，如作者的知名度，作者待人处世的原则等。此外，通过阅读全文，感悟到"儿子一家"是一个"相亲相爱、温馨和睦"的家庭，"母亲"（作者）是一位富有同情心和童心的人。她爱儿子、爱丈夫、爱家庭；她具有民主宽容的教育思想，崇尚自然纯真的生活方式，坚持真诚平等的处世原则等美德。如果不采用人称错位法，那只能写成传记体文，这样，文学色彩就大打折扣，"母亲"待人处世的美德亦不好言表，易于让人感到那是自我夸耀、自吹自擂。

再如，白居易的《钱塘湖春行》（七年级上册第25课）中，随处都是可感的美点。其一，"最爱湖东行不足，绿杨阴里白沙堤"有一种什么样的美？在仔细阅读和多方感悟中，读者不难发现：在《钱塘湖春行》里，这两句是很少被人提及的句子，因为它不像前几句，写得实，有让人触手可及的形象；它写得虚，而事实上，正因为这两句写得"虚"，才使它们显出一种含蓄之美，空灵之美。拿这首诗来说，全诗要告诉我们的是西湖是很美的。怎么美？作者由山写到水，由树木写到花草，由小鸟写到马蹄，一路写来，可以说是应有尽有了，它们给人以具体可感的形象，让人感悟到西湖的春光之美。然而，西湖最美的地方在哪里？有多美？作者没有正面回答这个问题，而是以"最爱湖东行不足，绿杨阴里白沙堤"这两句作为答案，给读者设置了一个美丽的美点。其实，作者要说的是西湖最美在湖中，说有多美有多美，你去想想吧！于是，他巧妙地留给读者一个想象的空间，而将一种含蓄和空灵美展现在我们眼前。

在阅读教学中，感悟美点可以说是无时无处不在。读《斑羚飞渡》让我们感悟到老斑羚那种为了种群生存，甘愿走向死亡的悲壮美；读《鲁提辖拳打镇关西》，人们会感悟到鲁提辖一类的梁山好汉那种路见不平、拔刀相助的行为美；读屈原的《离骚》，我们会深深感悟到伟大爱国诗人的人格美……

近年来，在中高考语文试卷中，文学鉴赏的试题分值呈逐年上升趋势。这就要求我们在语文阅读教学中加强对选文美点的感悟。教学散文，我们可努力去感悟作品的"神"美与形美；教学诗歌，我们可感悟它的意境美、韵律美；教学小说，我们可感悟它的形象美、情节美、环境美。文学作品和生活中处处有美。在教学过程中，"教师本身先要具备这种品质——能够领会和体验生活中和艺术中的美，才能在学生身上培养出这种品质。如果照着教学法指示办事，做得冷冰冰、干巴巴的，缺乏激昂的热情，那么未必有什么效果。"（赞科夫《和教师的谈话》）过去的阅读教学，学生感到枯燥乏味乃至厌学，我想与缺乏明确的美点感悟这一目标不无关系。

在阅读教学中，感悟应当成为重要的一环。就一篇课文而言，感悟的重点、难点、疑点与美点可因文因人而异，各有侧重，感悟的方法亦可多种多样。文章简易者，教师可少设感悟点，少花些时间；文章深邃者，可多设置感悟点，多花些时间。对于诗歌、古文言、优美的散文，可强化朗读感悟；对于那些重大主题，共性题材的作品，可通过比较法来促其深入感悟；对于那些难以言表的内容还可通过可感可视的声像来帮助感悟。

（本文发表于《安徽教育论坛》2002年第2期）

诗词曲教学与"感悟"

桐城中学　苏　凯

"头脑不是一个被填满的容器，而是一把需被点燃的火把"，这是古希腊生物学家普罗塔戈写于三千年以前的一句名言。语文教学说到底，是通过有效的途径，促进学生思维活动，达成最终的"感悟"。诗词曲尤其少不了"感悟"。对于这一点，大家是有共识的，古人提倡"书读百遍，其义自见"，强调的就是自我感悟。如今的语文课堂上，读诗（包括词、曲）的风气趋浓。许多人已经意识到，一味地"讲"不能解决问题，"语文乃口耳之学"，"读"才是语文教学的本原。能读能背了，差不多也就意味着已经理解了。

多读自然是不错的，但诗词曲毕竟是中华民族传统文化的瑰宝，是增加民族认同感和凝聚力的快捷方式，数量庞大，内容丰富，手法多样，艺术精妙，是其基本特征。以简单的讲解贯穿、起点于"读"、止步于"背"的诗词曲教学，恐怕存在着一个对"感悟"理解肤浅化、实施手段单一化的问题。

"感悟"，顾名思义，"有所感触而领悟"。可见，"悟"是结果，"感"是途径。"悟"有"顿悟"与"渐悟"之分。"顿悟"当然是我们向往的，佛祖拈花，迦叶微笑，多么和谐而诱人的境界！可惜，这种境界可遇不可求。而"渐悟"经过师生双方的主观努力可以实现，这与哲学上讲的"量的积累促成质的转变"是吻合的。诗词曲教学应着眼于通过既轻松有趣、丰富多彩，又快速而令人激动的授课方式调动学生的感官，引导、激活他们以最佳的学习状态步入诗词曲的殿堂，有目的、有方法、有步骤地去"感"，去"悟"。

一、征引，是调动学生感悟的重要手段

诗词曲是我国古典文学的代表，而选入课本的篇目又是其中的精华。它们要么是串起一部文学史的名家名作，要么是代表某个时代的声音，属于主旋律作品。南宋诗词都选择与"恢复故土"主题有关的，就是典型的例子。

这些作品经过时间的筛选，是精品中的精品。学习时不旁征博引，很难挖掘内里的精髓，更不能"窥一斑而见全豹"，了解古典文学的走向。走马观花、浅尝辄止式的讲读是对民族文化珍宝的漠视和亵渎。

征引有四种类型：

第一，征引同类作品来印证。杜甫的《登高》（767年）通过登高所见秋江景色，倾诉了诗人长年漂泊、老病孤愁的复杂感情，格律细密，节奏顿挫，声调铿锵，动人心弦，历来有"杜集七言律诗第一"（杨伦《杜诗镜铨》）、"古今七言律第一"（胡应麟《诗薮》）之誉。深究起来，此诗最打动人心处，是它表现了诗圣忧国伤时的情操。为了印证这一点，可以举同期的《九日》（767年）、《登岳阳楼》（768年）为例，"殊方日落玄猿哭，旧国霜前白雁来。弟妹萧条各何在，干戈衰谢两相催。""亲朋无一字，老病有孤舟。戎马关山北，凭轩涕泗流。"由这些充满感情的诗句，我们可以感受到，在诗人悲叹的背后，有一颗滚烫的爱国之心，进而更能领悟郭沫若对他的评价："世上疮痍，诗中圣哲；民间疾苦，笔底波澜。"讲解杜甫的另一首诗《蜀相》，可以征引他的《八阵图》《咏怀古迹五首》（其五）等，引导学生思考：为什么杜甫对诸葛亮有那么绵长的景仰之情？原因很简单：乱世呼唤忠臣良相，岌岌可危的大唐江山需要诸葛亮那样的超级救星来

匡复。

第二，征引相关作品来阐释。《念奴娇·赤壁怀古》是苏轼贬谪黄州游黄冈赤壁矶时之作。词中赞美了江山之胜，缅怀了建功立业的历史人物，并抒发了自己"四十五十而无闻焉"的感慨。词中"小乔初嫁了"一句与历史真相不合，实际上，周瑜在"赤壁之战"时34岁，与"小乔"结婚已有10年之久，博学的东坡居士对此不会不知，为什么要犯此诗家大忌？一般研究者认为，这是为了更好地表现周瑜的少年英俊，春风得意。美女配英雄，一手拥江山，一手抱美人，何等的踌躇满志！何等的风流潇洒！这种理解不能说不对，但过于皮相。联系杜牧的《赤壁》诗："春风不与周郎便，铜雀春深锁二乔。"原来，赤壁之战关系着大小二乔的归属，决定着吴国的存亡。就是这样一场举足轻重的生死决战，周瑜"谈笑间，樯橹灰飞烟灭"。周瑜真可谓胸藏丘壑，指挥若定，其才略，其胆识，让人钦慕。由此看来，"小乔初嫁了"五字，并非闲笔，更非误笔，实有深意。《望岳》是杜甫20多岁时的作品，由于全诗始终着眼于一个"望"字，人们多认为诗人并未登上泰山之巅，只在半山腰仰望而已。事实并非如此，诗人晚年所作《又上后园山脚》诗有句："昔我游山东，忆戏东岳阳。穷秋立日观，矫首望八荒。"这里说的"日观"，即泰山绝顶的"日观峰"。可知杜甫当年是登上岱顶了。明明登上却只说"望"，这是诗人选择创作立足点的自由，因为创作和经历，毕竟不是一回事。

第三，征引名家名评来归纳。《西厢记》是元曲文采派的代表，人称"王实甫之词如花间美人"，"词句警人，余香满口"。节选的《长亭送别》有曲牌十九支，每支都值得玩味。在师生共同赏析的基础上，征引名家名评，可重新"引爆"大家的思考。比如讲[脱布衫]可援引金圣叹《第六才子书西厢记》中的点评："其'风中''烟草'四句，非复写[端正好]中语，乃是特写双文（莺莺）眼中曾未见坐于如是之地也。[端正好]是写别景，此是写坐景也。"讲[一煞]和[收尾]可引用《闵遇五六幻西厢记五剧笺疑》中的一段文字："'青山隔送行'，言生已转过山坡也；'疏林不作美'，言生出疏林之外也；'淡烟暮霭相遮蔽'，在烟霞中也；'夕阳古道无人语'，悲己独立也；'禾黍秋风听马嘶'，不见所欢，但闻马嘶也；'为什么懒上车儿内'，言己宜归不宜归也；'四围山色中，一鞭残照里'，生已过前山，适因残照而见其扬鞭也。"还可援引陈维崧《才子西厢醉心篇》中的一段精彩议论："天地间最动人归思者，莫如山色，而最慰人悬望者，莫如残照。何则？天涯游子，触景增怀。对青山之无恙，久客而悲他乡；睹落日之无多，长策而归故里。人情往往然也，未有伤心特甚如今日也。"赏析杜甫《登高》诗的颈联，可引用罗大经《鹤林玉露》里的评论："万里，地之远也；秋，时之惨凄也；作客，羁旅也；常作客，久旅也；百年，暮齿也；多病，衰疾也；登台，迥处也；独登台，无亲朋也。十四字之间含八意，而对偶又精确。"此外，像仇兆鳌《杜诗详注》以远望之色、近望之势、细望之景、极望之情概括《望岳》的四联，浦起龙《读杜心解》称《闻官军收河南河北》为老杜"生平第一首快诗也"等，都属不易之论，大可启人心智。

第四，征引相关材料来深化。"狐眠败砌，兔走荒台，尽是当年歌舞之地；露冷黄花，烟迷衰草，悉属旧时争战之场。盛衰何常？强弱安在？念此，令人心灰！"这是明代洪应明《菜根谭》中的一段话，将它拿来作为李白《越中览古》《苏台览古》诗的读后感，不是十分熨帖吗？"《桃花扇》于种族之戚，不敢十分明言，盖生于专制政体之下，不得不尔也。然书中固往往不能自制，一读之，使人生故国之感。余尤爱诵者，如'莫过乌衣巷，是别姓人家新画梁'（《听稗》）、'……吴头楚尾路三千，尽归别姓，雨翻云变，寒涛东卷，万事付空烟'（《沉江》）、'……诌一套《哀江南》，放悲声唱到老'（《余韵》）。读此而不油然生民族之思想者，必其无人心者也。"这是国学大师、维新主将梁启超的《论〈桃花扇〉》中的一段文字。读了这段高屋建瓴的议论，我们会对《哀江南》所抒发的"黍离之悲"有更为深刻的理解。

记忆学里有一句话："如果你想记住什么，你要做的就是将它与已知或已记住的东西联系起来。"记忆是这样，感悟又何尝不是这样？当一定数量相关的材料积累在一起时，它们相互作用，必然会促进我们对学习内容的感悟。

二、实践，是巩固感悟成果的唯一方法

《学习的革命》一书中提到提高学习效率的七条原则，其中第三、第四、第五、第六条跟实践有关。它们分别是"创造性的和批判性的思考有助于'内在的信息处理'"，"用游戏和幽默小品表演来'激活'脑力，加强对材料的掌握"，"大量的练习机会"，"经常的练习和复习"。

背诵诗词曲固然可以巩固学习效果，但它是一种低水平的重复，就思维品质而言，较为初级。创造性的实践，至少有以下五种方式。

第一，尝试诗词曲写作。①运用诗词曲总结学习内容。比如，在学完杜甫的《登高》之后，我要求学生用诗句概括《登高》内容。有学生模仿顾宪成的名句，写出"风声猿声落木声，声声凄苦；家事友事国家事，事事堵心"；有学生写到"萧飒秋气满天地，时世艰难无穷期"。②运用诗词曲即事创作。对学生创作不可

抱过高期待，能写出一点诗味或诗境，就应该给予高度评价。

第二，为课文写评点。教学《长亭送别》时，我要求学生即兴评点，让学生就其中的十九支曲子提出一点个人意见。评点这种方式，从本质上讲，是一种短小化、个性化的激情鉴赏，可以让学生摆脱文体局限和写大块文章的畏难心理，自由发挥，一骋才情。结果，学生写出了许多有见地的评点。比如"一鞭残照，虚写也，此乃崔莺莺想象之词。她伫立高处，宜归不归，脑海中全是张生形象"。又如"封建婚姻，男女不对等。张生会不会始乱终弃，仿佛一柄达摩克利斯之剑高悬于崔莺莺头顶。自从她突破男女大防，便退缩为一个心事重重的守旧女子，与张生结合时是'此身皆托于足下，勿以他日见弃，使妾有白头之叹'，长亭送别时是'我只怕你"停妻再娶妻"'。也曾勇敢的崔莺莺变成患得患失的小妇人，可叹！可叹！"又如"'夕阳古道无人语'，此刻'无人语'，分明分手时有人语也；'禾黍秋风听马嘶'，远听也，翔立聆听，听远处之马嘶。'马嘶'者，张生踟蹰也。好一个'一种相思，两处闲愁'！问世间情为何物？若张生崔莺莺这般？此处明写崔莺莺，实写两人也。古人用笔之精，用情之深，令人叹为观止！"

第三，展开辩论。诗无达诂。诗有多解。诗词曲为我们留下了丰富的辩论素材，这是一块开展研究性学习的肥沃土壤。洪昇的《长生殿》第二十二出"密誓"化用了秦观的《鹊桥仙》。对于爱情，天孙织女、唐明皇、杨玉环、洪昇有不同的表达。织女唱道"天上留佳会，年年在斯，却笑他人世情缘顷刻间"，与秦观如出一辙；唐明皇反问杨玉环"问双星，朝朝暮暮，争似我和卿"；杨玉环则不苟同，她悲叹"妾想牛郎织女，虽则一年一见，却是地久天长。只恐陛下与妾的恩情，不能够似他长远"；洪昇以集唐人诗句的方式，将自己的看法表达为"莫言天上稀相见，没得心情送巧来"。联想起当代诗人舒婷在《神女峰》中有这样的声音："与其在悬崖上展览千年，不如在爱人肩头痛哭一晚。"可以以这些为素材，围绕秦观的爱情观展开辩论。又如杜甫《春望》中的名句"感时花溅泪，恨别鸟惊心"，素有两种理解：（我）感时（见）花溅泪，（我）恨别（闻）鸟惊心；感时花（因而）溅泪，恨别鸟（因而）惊心。孰是孰非？为什么姜夔《扬州慢》中的"废池乔木，犹厌言兵"却少有这种分歧？诸如此类，都有辨明清楚的必要。

第四，改写原作。比如将诗词曲改为现代诗歌、白话散文，将有一定情节的叙事作品改写成独幕或多幕剧等。

第五，排演话剧。《孔雀东南飞》《石壕吏》《窦娥冤》《长亭送别》《闺塾》《哀江南》等都可以改编为话剧，尝试进行演出。条件好的学校还可组织公演，为丰富校园文化、提高中学生艺术素养作贡献。

深度解读：再现语文的情趣和魅力

桐城市教育局教研室　朱正茂

共同的语文价值观。

深度解读文本，再现语文魅力，需要我们挖掘文本的深井，汲取文化的甘泉，以质疑深入探究，以探究有所发现；需要我们沉潜文字的河流，拾取语言的珍珠，以想象创设情境，借情境体验审美；更需要我们遨游历史的海洋，采撷时代的浪花，以适度尊重作者，以客观尊重文本，借此培养学生严谨的治学态度、初步的考据意识、严密的思维能力和形象的表达功底。

朱正茂：各位老师，大家好！今天我们谈的话题是语文的深度解读。语文是一门充满情趣和智慧的学科，语文教学要教出语文学科的特色，教出语文的魅力，就需要老师在教学过程中注意这几个方面的东西：一是哪些知识是该教的，哪些是不该教的；二是哪些是需要深教的，哪些只需要浅浅地一带而过的。综合以往的语文教学实际情况看，我们很多老师在教学过程中，还只是将教材上或教参上的东西交给学生了事，而这些东西，大多是不需要教师教学生也能弄明白的。因而，这样的语文课就很难激起学生学习语文的兴趣，语文对学生来说，无异于是一个鸡肋。如何改变这种现状，如何在语文课堂上重现语文的魅力，让学生在语文的关怀下健康成长，今天，大家就这个问题谈谈自己的看法。

深度解读当于无疑处寻疑

桐城中学　陶淑文

对文本的深度解读方法很多，我以为，善于于无疑处寻疑不失为一种方法。既是无疑，却又为什么要去寻疑呢？

其实，更多的时候，文本中看似明明白白清清楚楚的地方，却往往别有洞天。引导学生在此处寻疑，也许能解读出与众不同的意味来。

比如，课文《我有一个梦想》的注释中有这样一段文字："从1986年起，美国政府将每年一月的第三个星期一定为马丁·路德·金全国纪念日……"

马丁·路德·金是个黑人，可美国政府为什么要设"马丁·路德·金全国纪念日"呢？我们抓住这个问题一直思考下去，就会从这个极其平常的注释中，感悟出追求自由、民主、平等、幸福的权利，不仅仅是马丁·路德·金一个人的"梦想"，而且也是全体美国人的"梦想"，甚至也是我们人类共同的"梦想"。

我们从"马丁·路德·金全国纪念日"这里寻疑，就能解读出马丁·路德·金"梦想"的广度、高度和它的超越时空的魅力！如此解读，我们才会读出这篇文章的深层次的主题。

有时候，我们还可以在时间或空间等元素上寻疑，以解读出文本的另一番意味。

举例来说，《林教头风雪山神庙》一文中，作者为什么要将林冲怒杀陆虞侯等人的复仇行为安排在"山神庙"这个地方，而不是放在别的诸如镇上、酒店等处呢？从林冲后来将那三个贼人的头颅"结做一处"，"都摆在山神面前供桌上"祭神，以及后来上了梁山等行为看，林冲在山神庙里的所为，颇具"替天行道"的意味，这与《水浒》的主题是一致的。

因此，引导学生抓住"山神庙"这个空间元素展开探究，以此为突破口，便可解读出《林教头风雪山神庙》的这一层深意。

李清照的《一剪梅》中有这样的句子："云中谁寄锦书来？雁字回时，月满西楼。"课文对这句中的"雁字"是这样注释的："雁字"，指鸿雁飞行的队形，有时像"一"字，有时像"人"字。

这个解释是没有错误的，是可以说得过去的，看似是没有任何值得质疑的。

可是，如果我们能够细心地体味一下，这个看似无疑之处，其中却蕴含着许多值得我们推敲的东西。

我们不妨抓住"雁字"来做文章。女词人为什么写的是"雁字"，而不是"雁子"呢？

从字面上讲，"雁子"指的就是大雁，而"雁字"，不仅有大雁的意思，而且告诉我们大雁飞行时的姿态是呈"一"字形或"人"字形，其意义要比"雁子"更加丰富。

那么，在李清照的这首词中，这个"雁字"到底是"一"字形还是"人"字形呢？联系大雁飞行时的状态以及词人要表达的心情看，我们认为，这里的"雁字"应该以"人"字为宜。

以此推知，女词人李清照的"雁字回时，月满西楼"，我们也可以这样解释："那个人已经回来了，一轮圆月照在西楼。可是亲爱的你，现在何处呢？""那个人"，自然不是女词人翘首以待的丈夫，"他"也许只是一个过客，而不是"归人"。言外之意是，月已圆了，别人都已回家了，可是亲爱的"你"，为什么一去不回呢？——一种深切的相思和热恋便在这"雁字"中深藏不露！如果我们不能对"雁字"这个看似无疑的地方展开联想，进行深层解读，那么，我们便难以读出女词人对丈夫的热切思念以及思念不得时的悲叹和哀怨！

所谓作家的匠心独具，往往就在这些上面。因此，我们平时读书备课，就要在这些看似无疑之处探寻佳境，汗水就要洒在这些地方。

深度解读重在突破难点

桐城二中　　吴厚明

情境教学，可以训练学生联想想象的能力，可以帮助学生体悟文章的思想情感，可以训练语言表达的能力，增强语文教学的深度，突出语文教学的本色。我们认为，引导学生在情境中体验语文的深层内涵，是体现语文教学深度的一个很重要的方面。

一、情境教学的关键点：联想与想象

语文来源于生活，文字只不过是抽象的符号，教学中应该引导学生去联想与想象，将文字符号还原成活生生的画面。如《长恨歌》中写到马嵬兵变、贵妃之死，学生阅读之后感觉不错。其实，这是一种肤浅的认识，文字背后隐藏的东西并没有被发掘出来，教学中，我设计了三个层面的问题引导学生联想与想象，将阅读引向深入。

一是想象马嵬兵变的场景。有学生这样想象兵谏的情境："此时，天气突变，乌云滚滚，电闪雷鸣。不一会儿，寒风萧萧，将士冻得哆嗦，仍然坚定地跪在那里，齐声喊道'皇上！'"——这一个"跪"字，真实了得！

二是想象主要人物的言行。有位学生拿出一副苍老而又沙哑的嗓子即兴模拟："皇上，老臣有话说啊！"唐玄宗沉默好久，开口道："说吧！""可是臣不敢

说，除非皇上赦免臣之罪。"——一个"啊"字意味深长！

三是想象故事发展的情节。如有位同学这样描述"贵妃之死"：太监乙急匆匆赶来，"皇上，不好了！不好了！贵妃驾鹤西去了。"唐玄宗听后，神情凄恻。他木然地挥了挥手，似乎在说"知道了"。

通过联想与想象来设置情境，在情境体验的过程中来感悟文本深意，不失为深度解读文本，再现语文魅力的有效方法。

二、情境教学的着力点：感悟与领会

通过联想与想象，还原生活，创设情境，这是第一步。我们应该引导学生在此基础上进行感悟和领会，以更加准确地把握人物内心世界。

如《湘夫人》中有这两句话，"登白薠兮骋望，与佳期兮夕张"，对湘君等待湘夫人时复杂的心情，学生很难把握。如果我们创设情境，让学生在情境中感悟其中情感，也许就会事半功倍。

如"登白薠兮骋望"一句，可以这样描述：

湘君等啊等啊，始终没有见到湘夫人，内心不免万分惆怅，急切之中，他徘徊不定。可他坚信，湘夫人一定会来，可是还要等多久呢？他不知道！于是，他走上山冈。只见远处一个黑点，近了，近了，越来越近了！莫不是她？他心里暗暗高兴！眼光一直追寻过去，没想到那黑点却消失在迷茫之中。他再一次失望了，心里不由得骂道："好狠心的人啊！"

有了这样的情境基础，再适当点拨，湘君那种热切的期盼、极度的失望、无端的猜疑、甜蜜的怨恨等复杂情感一下子就出来了。如此解读，才有深度，才有趣味。

三、情境教学的拓展点：写作与表达

在课堂教学中，若是我们的阅读停留在"从文字到生活"这个层面上，那是不够深入的，有必要再进一步，即"从生活到语言"。这个环节，可训练口头表达或书面写作。如《项羽之死》一文中写到"垓下之围""四面楚歌""霸王别姬"等情节，教学中学生很容易进入情境。有学生这样精彩地描述：

寒风萧萧，楚歌阵阵。虞姬和项羽对坐帐中，无语。虞姬斟满酒，项羽接过一饮而尽；虞姬又满满地斟上一杯，项羽依然一饮而尽。外面喊杀声越来越近，可项羽注视着虞姬，一言不发。虞姬再也沉不住气了，晶莹的泪光中饱含着无限哀怨，"大王，你快走啊！"项羽坐在那儿，不吭声，仿佛一尊雕塑。外面的喊杀声越来越大，虞姬道："大王，你再不走，臣妾就死在你面前。"项羽仿佛没有听见，仍然坐在那里，一句话也没有说。虞姬说："大王，臣妾为你歌舞吧！"虞姬翩翩起舞。见此情景，项羽不禁唱道："力拔山兮气盖世，时不利兮骓不逝。骓不逝兮可奈何，虞兮虞兮奈若何！"突然，虞姬拔出项羽的佩剑，自刎，倒地！这一幕让项羽惊呆了，他猛地砸碎酒杯，抱起虞姬，一步，一步，走出帐外……

类似这种以写作来强化对文本理解的方法，是深度解读的另一形式。

语文学科的工具性，注定了语言训练的必要性。遗憾的是，多年来，我们的语言训练要么流于形式，要么支离破碎，实际效果并不佳。在阅读教学中有意识引导学生进行情境表达，倒是一种有效的训练。

深度解读而不过度

桐城二中　　占淑红

语文教学固然离不开深度解读，但任何事都是过犹不及。诸如奉劝愚公与其移山不如移民，谴责"父亲"爬月台是违反交通规则，其实都是误读；再如朱熹将《关雎》定为讴歌后妃之德便是过度解读的千古笑柄。教学中要做到解读有深度而不过度，应遵循以下两个原则：

一、深度解读是客观的，首先表现在解读要符合作者的本意，符合时代特征

比如对《长恨歌》主旨的理解，有学生认为白居易倡导"文章合为时而著，歌诗合为事而作"的文学主张，并写作了大量直面现实、讽喻时事的"讽喻诗"，因此，《长恨歌》的主旨是讽喻玄宗重色轻国。此论虽有"知人论世"的成分，却未免胶柱鼓瑟。须知诗歌开篇对"汉皇重色思倾国"的批评不能掩盖后来对二人忠贞不渝的真挚感情的赞颂。因为作者年轻时曾与一姑娘相爱，但碍于门第，不能携手。写此诗时，作者才35岁，可以想象流传民间的李、杨二人"上穷碧落下黄泉"的美丽传说，是如何深深打动有类似经历的作者，于是他借此来抒写真挚爱情，其实也是借这个故事为自己那段无果而终的爱情献上一曲缠绵的挽歌。

再如，《如梦令》中李清照问的"海棠"而非其他花草，不仅仅因为桃李之类没有绿肥红瘦的效果，不仅因为词作格律的需要，更因为词人喜欢晚唐韩偓，此词灵感来自韩氏《懒起》中的"昨夜三更雨，今朝一阵寒。海棠花在否，侧卧卷帘看"。所以深度解读要联系的不是作者简单的人生经历，而是特定的写作心境，

深度解读一定要让作者这个活生生的"人"的思想真实再现。

二、深度解读是客观的，还表现在符合文本的客观

文本一旦被创作出来，它就是独立存在的个体，它可以摆脱作者的阶级、地位、见识的种种束缚，在师生的个性化解读中获得新的生命。因此，深度解读也一定要契合文本的整体价值取向，而不是随意的解读。

如《林教头风雪山神庙》的结尾部分，写林冲手刃仇人之后，穿白布衫、吃冷酒的细节。深入思考这个"白"和"冷"字，可谓意味无穷："白"，即"白衣""白丁"，与之对应的是"朱绂""官宦"；穿"白衣"，表明从今往后，林冲脱下官袍，绝意仕途，不再受朝廷束缚，不再受上司欺压，走上一条与以前截然相反的人生之路。与"冷酒"对应的是"热酒"，热酒是林冲置身草料场的唯一的慰藉，但朋友的背信弃义，上司的赶尽杀绝，使林冲这个热血男儿赖以存身的友情、家庭、事业化为乌有，此时的他，一定冷彻心扉。在纷飞的白雪中，一身白衫的林冲，留给我们的是英雄末路的悲凉，走投无路的迷茫！这样的解读未必是作者的原意，但却符合《水浒传》中林冲性格的裂变和全书"官逼民反"的主旨。

由此看来，深度解读更多的时候是主观的，但这个主观应是有限的主观，是对文本作为一个独立个体这个客观的最起码的尊重。因此，我们提倡深度解读文本，但不提倡过度地去解读。深度而不过度，才是我们解读文本需要遵循的一个原则。

朱正茂：刚才，老师们就语文教学中对文本的深度解读问题各自谈了自己的意见。大家结合自己的教学实践，援引许多可圈可点的教学实例来谈这个问题，谈得很多也很好，对语文课堂教学具有一定的指导意义。综合大家的观点，我以为，深度解读文本首先需要我们具有智慧而敏锐的目光，善于于细微处甚至是无疑处发现文本中隐含的一些信息，而这些信息对我们正确而深刻地理解文本具有窥斑而知豹的作用。除了疑点之外，文本所有的创作空白即作者"笔所未到，意有所忽"之处，也都可成为我们质疑探究深度解读的抓手。我们盯住这一个"点"，就犹如打开一扇窗户，不仅能够将里面的东西看得更清，而且能够看得更深，看得更远。在这样一个引导学生探究的过程中，语文的情趣和魅力就会彰显出来。

深度解读文本方法很多。吴厚明老师提出让学生在情境中追求解读的深度也

不失为一个有效的办法。吴老师结合平时教学实例，谈得很多，有许多方法值得大家借鉴和尝试。譬如在具体的场景中去想象人物以及人物的心理、语言、行为等，去想象情节的过程、细节，并且用形象的文字来表述之。试想，如果不能深度解读，怎会有丰富的想象和生动形象的描述呢。在这里，尤其值得我们注意的是，这里不仅有一般性的解读，而且有表达能力这方面的训练，可谓一石二鸟！

这里我要提醒大家注意，文学类的文本是以超越现实功利和美的情感为其特征的，它本不是"真的知识""善的说教"，而是一种美的熏陶，文学类文本的深度解读离不开审美的体验、愉悦的享受，相信大家在教学中已经有所体会。

当然，我们提倡深度解读文本，以彰显语文的魅力，提高课堂教学效率，但是，凡事过犹不及。过度的"深"往往会走向事物的另一个方面，那就是这个"深度解读"的结果要么背离作者的本意，要么与文本自身的"个性"风马牛不相及。因此，深度解读不是无"度"，而是有"度"，怎样把握好这个度，这是我们语文教师在备课上课时都要引起注意的问题。清代词学家谭献在《复堂词录》中曾提出"作者之心未必然，而读者之心何必不然"，这种比较开放的阐释思路赋予了读者理解作品时可以超越作者意义的权利，极大地激发了读者的主观能动性。这里，我就深度解读如何把握"度"的问题提出自己的看法：一是要尊重作者，二是要尊重客观。在不违背这个基本原则的前提下，深度解读一定会给语文课堂带来活力，让语文在课堂大放异彩。

（本文发表于《中学语文教学》2010年第4期）

感悟琵琶女身世

——兼谈《琵琶行》感悟式教学

桐城二中　吴厚明

在教学《琵琶行》这篇文章时，不应该忽视文章对琵琶女的身世的描述，应该积极引导学生感悟她身世的不幸。通过对琵琶女坎坷不平的人生经历的感受，来理解琵琶女的演奏技艺，来领会作者的思想感情，更为合理而有效。

多数老师在教学《琵琶行》一课时，均将教学重点放在文章第二自然段音乐描写的鉴赏上，而对第三自然段有关琵琶女身世叙述也只是在整体感知阶段一带而过，并没有花费时间和精力引导学生深入地体会这部分内容和复杂的思想感情。这样设计有一定的道理，主要理由是这部分音乐描绘传神生动，充分表现了琵琶女高超的演奏技巧，也表现了她复杂的思想情感，但从对课文整体把握的角度看，这样做不能不说有失偏颇。事实上，从实际的教学效果看，由于学生对琵琶女命运的把握不够，所谓的同情与理解只能是概念化的东西，并没有丰富生动的感性认识。下面结合自己的教学体会来谈谈如何理解这一部分身世的叙述。

"沉吟放拨插弦中，整顿衣裳起敛容。自言本是京城女，家在虾蟆陵下住。十三学得琵琶成，名属教坊第一部。曲罢常教善才服，妆成每被秋娘妒。五陵年少争缠头，一曲红绡不知数。钿头银篦击节碎，血色罗裙翻酒污。今年欢笑复明年，秋月春风等闲度。弟走从军阿姨死，暮去朝来颜色故。门前冷落车马稀，老大嫁作商人妇。商人重利轻别离，前月浮梁买茶去。去来江口守空船，绕船月明江水寒。夜深忽梦少年事，梦啼妆泪红阑干。"

这段文字概述了琵琶女人生历程，用文中的话可以概述为"本是京城女"—"学得琵琶成"—"欢笑复明年"—"暮去朝来颜色故"—"嫁作商人妇"—"江口守空船"，对此学生都能粗线条地勾画出来。但诗歌毕竟是语言的艺术，是情感的艺术，字里行间包含了极其深挚的思想感情，仅仅满足于这种粗线条地阅读显然不够，必须调动师生的情感体验和生活积累，引导学生"披文入情"，只有这样才能读出诗歌的味道来。

先看"自言本是京城女，家在虾蟆陵下住"两句。"京城女"三个字有没有情感在里面？有，我们都有这样生活经验：到外地的北京人总是喜欢说自己是北京人，原因是北京人值得骄傲。琵琶女在表明自己身世时，说这话应该就有一种自豪感。但句中加上一个"本"字，味道就不同了，其中就饱含了一种颠沛流离后的辛酸和沧桑。再者如"家在虾蟆陵下住"一句，虾蟆陵在什么地方？典籍上有记载，是当时长安街中最繁华的商业区，然而琵琶女是不是就生活在繁华之中呢？从"十三学得琵琶成"一句看，她很小就进入教坊（估计在七八岁），说明她家庭情况并不好，说得夸张一些，她的居住环境很可能就相当于现代都市中的贫民窟。如此想来，我们会发现琵琶女家庭是不幸的，她的童年是贫寒是凄惨的，这一点就值得同情和品味。

再看"十三学得琵琶成，名属教坊第一部。曲罢常教善才服，妆成每被秋娘妒"。在古代诗文中，"十三"通常是虚指，未必是确切的年龄。但不管怎样，这个孩子很小就学业有成，可见她的聪明伶俐和活泼。同时我们还应该设身处地地想想，琵琶女自述时应该沉浸在对少年美好时光的追忆中，充满甜蜜、亲切、自信，充满对美好人生的热切期待。综观琵琶女这一生，可以说她最亮丽的地方就在此吧，此后似乎都不能与此相比。所以，在阅读这四句时一定要引导学生深入下去。为让学生领会该文，我上课时举了两个不太贴切的例子：一个是琵琶女学习进步时，教坊老师鼓励和表扬她，她的心情；另一个是经过苦苦追求，你拿到大学录取通知书（相当于"学得琵琶成"），身边一定有鲜花和掌声，突然有人告诉你通知书是假的，刹那间，你所有的愿望化为乌有，你又是什么感受？你理解这些，也就是说理解了当年琵琶女学业有成却步入青楼的痛苦。

"五陵年少争缠头，一曲红绡不知数。钿头银篦击节碎，血色罗裙翻酒污。今年欢笑复明年，秋月春风等闲度。"

文章叙述到这里，似乎起了一个高潮。琵琶女的命运突然有了历史性的改变，接触的是富贵人家，交往的是纨绔子弟，吃穿用度皆不同寻常。如果我们展开联想，眼前也许会出现一幅幅生活画面：古色古香的高楼，素淡朦胧的烛光，珠光宝气，或素手弹琴，或觥筹交错，琵琶女成了人见人慕的当红明星。其实这只是表面化的东西，要有深刻的理解就应该深入到她的内心世界：琵琶女为了生存，淹没了尊严，献出了肉体，和自己不喜欢的男人在一起，其内心是无可奈何和怆痛无比，其精神世界则是空虚孤独。"今年欢笑复明年，秋月春风等闲度"就是最深沉的感叹和惋惜。讲到这里，突然有学生问：她有没有自己的爱情？有没有自己的心上人？为此我抽出时间让学生讨论，大多数学生认为：应该有，是才子佳人的那种，但不可能成功，才子佳人不过是舞台上的戏，生活中才子不会和歌女走到一起。由此看来，"爱而不能"这就是琵琶女梦幻青春最大的遗憾。

"弟走从军阿姨死，暮去朝来颜色故。"

生活在红尘中的女子，内心一定有难言之痛，知心的话会和谁说呢？对琵琶女而言，可能只有他的弟弟和阿姨（老鸨）。因此，两位亲人相继离开，这对琵琶女来说，是一种无法弥补的伤痛。从此以后，不再有人问寒问暖，不再有人倾听衷肠。再者，亲人离开后的空白是什么滋味，也许只有她在青灯照壁的寒夜能够最沉痛地体会到，可借用《红楼梦》中的"青灯照壁人初睡，冷雨敲窗被未温"来概括。

"门前冷落车马稀，老大嫁作商人妇。商人重利轻别离，前月浮梁买茶去。去来江口守空船，绕船月明江水寒。夜深忽梦少年事，梦啼妆泪红阑干。"

这几句话疑点颇多，最耐人寻味，教学时不该一带而过，应该充分调动学生思考想象：第一，琵琶女嫁给商人是自觉自愿？第二，商人对她情有独钟？第三，商人离开后，她为什么不回到夫家？抑或商人压根就不想带她回老家，抑或商人老家根本就不能接受这样一个伤风败俗的歌伎呢？第四，从全文看，琵琶女具有很高的文艺修养，商人文化层次可能较低，两人有共同语言吗？第五，琵琶女将自己晚年托付给商人会幸福吗？上课时，学生围绕着上述问题，张开想象的翅膀，激烈地辩论，大胆地设想，在辩论与设想中对琵琶女未来的命运有更全面的认知。

在这节内容的教学中，我们就是运用联想和想象，充分调动师生的生活经验和知识积累，在主动积极的思维和情感活动中，引导学生来感悟琵琶女身世，让学生获得自己独特的感受和体验，得出自己心中琵琶女的形象和极为丰富的感性认识，"一千个读者就有一千个哈姆雷特"。这就是我们常说个性化的阅读，这种个性化阅读的中心就是感悟。从理论的角度看它有极其重要的三个环节：

（1）感知形象：即抓住语言文字描绘的画面的"表象"，运用知识经验和情感体验，对人物的外貌、活动细节及变化过程等进行形象的感知与整合，在脑海里形成如见其人，如临其境，如闻其声的立体画面。

（2）感知意境：感知意境比感知形象更进一层，要求体会出语言文字背后蕴涵着的语境和情调。叶圣陶先生早就有"作者胸有境，入境始与亲"的名句，可见，对语文的感悟最要紧的便是"披文入境"，进而便是"明象体情"。

（3）感知情感：感知情感是通过语言文字对作品所表达的情感进行感知，初步把握其特征。情感是一篇文章的精髓，也是教学中最不容易达到的境界，因此高中语文课程标准指出"高中语文课程应关注学生情感的发展"，应该"努力改进课堂教学，整体考虑知识与能力、情感与态度、过程与方法的综合"，"从'知识和能力''过程和方法''情感态度和价值观'三个方面出发设计课程目标"。

在《琵琶行》一诗中，琵琶女是被损害被侮辱的形象，作者对她寄予了最真挚的情感，这种同情与理解绝对不是居高临下的怜悯与叹惜，而是息息相通，但如果我们不"披文入境"，进而"明象体情"，就不可能理解这一点，这也是我在教学这篇文章时花费时间与精力的缘由。有了这种认识和体验的基础，我再带领学生回头阅读课文第二自然段，鉴赏琵琶女如此动人心弦的旋律和演奏技巧就容易理解得多。

应该指出的是，琵琶女演奏的内容是她悲惨人生的写照。为了讲清这一问题，我再次调动学生情感体验，讲到瞎子阿炳的凄惨人生和经典名曲《二泉映月》。指出《二泉映月》之所以具有如此震撼的力量，就在于旋律中，饱含了阿炳人生中幸福、辛酸、凄凉、苦闷和彷徨。琵琶女演奏的曲子也是这样："夜深忽梦少年事，梦啼妆泪红阑干。"正是告诉我们琵琶女人生失意而流浪江湖，因伤感往事而独奏哀曲。"大弦嘈嘈如急雨，小弦切切如私语。嘈嘈切切错杂弹，大珠小珠落玉盘。"四句表现的音乐繁复、粗重、轻切、清脆，听起来有一种欢快愉悦的感受，这是琵琶女在描述自己人生中的得意和轰轰烈烈；"间关莺语花底滑，幽咽泉流冰下难。冰泉冷涩弦凝绝，凝绝不通声暂歇。"乐声渐渐低沉下来，也不流畅，甚至受到一种强大力量的压制，显得沉闷。这段好像在叙述琵琶女人生中的挫折与不幸，而且这种挫折与不幸越来越大，大到无边无际铺天盖地的压抑程度。"别有幽愁暗恨生，此时无声胜有声。"无声的境界！是绝望是沉沦！也是不平与反抗！"银瓶乍破水浆迸，铁骑突出刀枪鸣。曲终收拨当心画，四弦一声如裂帛。"演奏之声极其壮观：有银瓶乍破的脆，有急流飞溅的烈，有铁骑突出的勇，有刀枪搏斗的惨。所有这些组合在一起，将乐曲推向高潮，也将琵琶女命运推向高潮，仿佛让人感受到压抑之后的大快人心，拼搏之后的轻松愉悦。

在以往的教学中，多数老师先鉴赏这段乐曲描写但实际效果却不好，学生理解上也有困难，主要原因在于或对琵琶女命运把握不够，或对琵琶女思想感情体会不深，极其缺乏直观的感性认识。

回过头来我们再看作者何以对琵琶女有如此深沉的感情。以往的教学中，多数教师在讲述这个问题时都采用比较阅读的方法，将琵琶女和作者放在一起作比较。如：均来自京城，均有盖世才华，均有流离的经历，均有共同的情感体验，均有人生的大起大落，等等。进而言之：同是天涯沦落人，相逢何必曾相识。这样的分析思路是对的，结论也是对的，问题是这样分析多是抽象的概念化的结论，学生没有感性认识，很难受到情感的熏陶与感染，致使语文教学失去了美感。我以为，作者对琵琶女的感情是与琵琶女的身世经历分不开的，是琵琶女在被生活抛弃后没有丧失对美好生活追求的信心，在污浊泥淖中能出淤泥而不染的情操有直接的关系。作者被琵琶女如此地感动，更多的是一份理解是一份赏识是一种认同。作者也从琵琶女身上感悟到人生失意中抗争和期望。事实上，作者反复感慨贬谪之地生活之艰苦，就在强调其精神的苦闷，而花朝秋月夜琵琶女的出场，无疑给他人生启迪和希望。

　　综上所述，琵琶女身世这一节，文字虽浅，但颇耐人寻味。教学中应该把它放在一个很重要的位置，应该围绕它来把握作者的思想感情，来鉴赏音乐描写，还原这首叙事抒情诗的生活本质，给学生一个形象化的认识，这才是最重要的。

　　后记：写本文后，有幸听一位老师《琵琶行》公开课教学。其整体教学设计很完美：音乐导入、整体感知、重点诵读、重点鉴赏、拓展迁移。然而课堂教学时间分配很不合理，主要的时间和精力都放在鉴赏音乐描写上，讲得很细致。用于阅读琵琶女身世的时间很少，学生并没有学出诗歌的味道来。由此而来，我想，诗歌教学很重要的就是引导学生感悟，通过对语文教材的感悟来体认其中的伦理意义、政治教化意义、美学意义和文学意义。

拓展精神自由的空间

——中学语文感悟式阅读教学初探

桐城二中　　桂　琴

　　"阅读是学生的个性化行为"，是"学生在主动积极的思维和情感活动中，加深理解和体验，有所感悟和思考，受到情感熏陶，获得思想启迪，享受审美乐趣"的过程。因此，阅读教学本质上是一个精神自由空间的拓展。

一

"感悟"一词作为语文阅读教学的一个核心词语出现在新大纲、新课标中，对阅读教学的影响已见端倪，而且还将日益显著而深远。

所谓"感悟"，是阅读教学的一种具有普遍意义的心理活动，是学习者对阅读材料的积极反应，联想、想象和理解得以展开、跃进，情感体验得以加深，才性得以发挥，人格得以升华。阅读教学的感悟具有综合性特点，它综合了多种心理意识的能力和品质（感觉、知觉、表象、意象……）。阅读教学的感悟具有循序性的特点，它依循心理意识发生发展的规律，表现为情感和思维由平缓推进到突发式跃进。阅读教学的感悟具有升华性的特点，从根本上说，它是学习者接受心智挑战的胜利，是人的本质力量的实现，从一个感悟到又一个感悟的积累，养成人的灵气、悟性和才华，乃至全面充实人的内在素质。

二

感悟是认知与情感相融合的心理意识活动。感悟感悟，有感有悟，又感又悟，不感不悟。感使悟成为有源之水，有本之木，悟使感得以进展、深化。感与悟的相辅相成、水乳交融，是认知性、体验性和感悟或感悟性的认知、体验的理想状态。因此，感悟式教学既要重视训练和发展学生的思维能力，又要重视增强和培养学生的情感、情趣，亦即在发展智商的同时又发展情商。

感悟是认知与情感相区别的心理意识活动。感悟感悟，有感有悟，由感到悟，先感后悟。如果我们把感当做以感性认识占优势的前一心理阶段，则直观性形象性特点较为明显；把悟当做以理性认识占优势的后一心理阶段，则抽象性理论性特点较为明显。感表现为心智的沉潜，悟表现为神思的飞跃。任何学习者在学习的任何时候，都要遵循由感到悟、先感后悟的规律。从教学策略来说，不过分执着于培养学生悟性思维的目标，而重视感性思维的训练和发展。在感性认识方面多多启发学生，感得充分了，悟也就获得了生成的基础，理性认识则应被视作水到渠成之事。然而教学过程中常见的却是感与悟相分离，即有悟无感或有悟少感，用"满堂灌"的方式将结论过早地告诉给学生，然后在结论的分析上絮叨不休，在学生那边悟已饱和而感已枯竭。

感悟是阅读作品（客体）呈现的确定性有限性与阅读者（主体）认知的不确定性无限性相结合的心理意识活动。教学中应充分利用这种感悟中的有限性与无限性的对立统一规律，实行教学民主化，采取"趋异避同"策略，在承认并遵循感悟材料的客观性、确定性，养成学生规范性思维品质的前提下，着力激发、鼓励学生求新求异思维，对同一语文材料采用不同的视角，尝试不同的体验，有勇气有能力质疑有关定论，努力避免循规蹈矩，株守成见，避免甘于平庸，丧失灵性。

感悟是求知学习与人生体验相一致的心理意识活动。陶渊明在《五柳先生传》中云："好读书，不求甚解；每有会意，便欣然忘食。"这里的因"会意"而"欣然"是感悟的集中体现。传统的中国语文教育历来注重通过对语文材料的感悟来认识其中的伦理意义、政治教化作用。诚如北大教授钱理群先生在《沉潜十年》中所云："我们传统的启蒙教育，发蒙时，老师不作任何解释，就让学生大声朗读经文，在抑扬顿挫之中，就自然领悟了经文中某些无法（无须）言说的神韵，然后再一遍一遍地背诵，把传统文化中的一些基本的观点，像钉子一样楔入学童几乎空白的脑子里，实际上就已经潜移默化地融入了读书人的心灵深处，然后老师再稍作解释，要言不凡地点拨，就自然'懂'了，即使暂不懂，已经牢记在心。随着年龄的增长，有了一定的阅历，是会不解自通的。"

感悟式阅读教学一方面讲求狭义语文的成效，即培养学生学习语文的感受力、悟性和灵气；另一方面又追求广义语文的成效，即本着树人、育人的精神，培养学生全部的智慧、全副的心灵和全面的素质，通过语文学习感受人生，悟出语文与人生的相通相融、相辅相成的道理。为达此目的，一方面强化语文与生活、学文与做人的联系，另一方面强化对读写听说的感悟力、对语文材料的感悟力。

三

阅读教学应该成为在教师指导下的学生自主学习与协作学习相结合的实践活动，成为充满思想活力的开放的动态思维过程，成为具有丰富的情感体验和深刻的理性思考的心理过程，成为培养能力、陶冶情操、激发创造的学习过程。

那么，如何引导学生感悟呢？

第一，以文为本，先感后悟，以学生的习惯、情趣和对课文的熟悉程度选择朗读、默读、全文阅读或是重点阅读，边读边想边记，获取初步印象——题材、内容、思想、情感、艺术手法。学生自己阅读课文应是他们感悟课文的基本途径。阅读就是感受的过程。注入式教学被人摒弃，练习式教学盲目，导游式的阅读也没有真正还学生以自由。而个性自由的整体感悟阅读教学以学生的先天素质和基础为底子，发挥学生的个性，尊重学生的创见，能够实现面向全体、因材施教、培养发展和创新精神的素质教育目标。

值得注意的是，不应以多媒体技术的运用而弱化学生的阅读，再就是不能只是教师一个紧接一个地提问，看似学生活动充分，课堂气氛热烈，实际上囫囵吞枣，望文生义。这都谈不上"感"而后"悟"。不让学生通过自己的阅读来"感"便让学生"悟"或接受别人的"悟"，都谈不上是"感悟"。

第二，咬文嚼字，感"语""悟"文。语言是信息的载体，文学是语言的艺术。阅读是从语言符号中获得意义的心路历程，无论社科类文章、科普类文章还是文学作品的阅读，对语言的细致感受、揣摩、推敲，以至咬文嚼字，都是阅读过程所必需的。咬文嚼字有助于语言表达能力的提高，同样也有助于语言感受能力的提高。字斟句酌是表达的需要也是理解的需要。在阅读过程中咬文嚼字，同样可以避免囫囵吞枣和望文生义。通过语言（包括诵读语言）理解作品的思想、观点和感情，无疑是阅读的基本要求和基本方法。鉴赏文学作品、感受文学形象也需要品味文学作品的语言，咬文嚼字就是一个品味的过程。

第三，瞻前顾后，整体感悟。阅读教学应当始终把课文看成一个整体系统，注重从整体上感受和领悟。对课文某一方面或某一个局部的感悟，都应放在整体中进行。例如对课文的形式、课文结构或表现手法的感悟，就不能离开课文内容的感悟。离开课文内容，孤立地就结构分析结构，就表现手法分析表现手法没有多大意义；反过来，离开课文的形式也不能感悟分析结构，课文的阅读感悟应当是整体的综合的感悟。

第四，先入后出，内感外悟。文章阅读要求眼到、心到、入情入理，要求阅读主体调动自己的生活积累、文化积淀、情感体验来获得对文章的感悟，阅读过程的身心投入，使得主体在阅读写景状物、叙事写人这一类文章中如临其境、如睹其物、如历其事、如见其人。此乃文章阅读中的"入"，"入"而方能潜心揣摩、细心感受。但犹如审美需要一定的高度，阅读和写作一样，都需要"文外"的功夫。"出"就是从"文外"审视而领悟文章，结合文内的具体感受，对文章的感悟才能全面而深刻。

透过《背影》的文字表象，人们可以感受到朱自清家境的窘困，悟到其中最真挚的情感，同样也能感悟到最真实的背景介绍，细致的情节安排才收到了真情流露、感人至深的效果，还会使不同的读者联想到自己的经历，加深对家庭亲情的理解，充满对人生的关爱。这样先入后出、内感外悟就拓展了作品的意境，升华了主题。

感悟，使所阅读作品的观点、美点、疑点最终消化成为阅读主体思想、精神的一部分，犹如人咀嚼吞咽的食物最终转化成奔流在自己血液之中的物质一样，从而有力地拓展学生的精神世界。特别是那些收录在课本中的优秀文学作品，更是社会的一面镜子和时代的良心。教学这些作品时，从诵读入手，体味文章的语言美；从品文着眼，挖掘作品的形象美；以"悟"文为要，领略作品的思想美。这个过程既是艺术享受也是美的熏陶，教师牵引着学生的灵魂沉浮于美妙的字里行间，让心灵在浸染着墨韵书香的思想森林中呼吸，使学生昂扬起率真灵动的生命激情，灵魂得以洗礼，思想得以升华，人格得以崇高。

（本文发表于《桐城教研》2004年第3期）

悟读，阅读的美好境界

桐城师范专科学校　程大立

　　"阅读不仅是学习和继承前人或他人的知识，它还将影响到人类社会现实和未来的生产、生活和科学技术的发展"①。张志公先生这番话不仅点明了阅读的重要作用，而且提醒语文教师，培养学生语文能力，应该"读"占鳌头。

　　研究近年来的阅读教学，已不难发现一些新的变化。这便是："变以训练为主为以积累为主，变深入分析为培养悟性，变被动阅读为主动阅读"②。这是阅读教学适应时代要求，更加尊重人性发展的体现。让学生主动阅读、注重积累，尤其是在自我感悟中体验阅读的美好境界，是学生持续、有效阅读的优良途径。

　　如何培养并发展学生的悟读能力？具体说来有以下方法：

一、整体感知，悟其意

　　以往的阅读，以课文分析和教师讲读为主，从字词句段到篇章结构，中心思想、写作特点，把学生的悟性和情感淹没在课文分析之中。这样的阅读，学生当然会感到索然无味。整体感知是阅读的起点和基础。只有学生懂得一篇文章是一

---

① 张志公：《传统文学初探》，教育科学出版社2001年版，第17—18页。

② 孙亚杰、徐云知：《近十年阅读教学研究综述》，《课程·教材·教法》2003年第6期，第36页。

个有机整体，将课文中字词句看作课文一部分，从整体中去理解部分，养成整体感知的习惯，才能为下一层次的悟读、美读做好准备。

就单篇文章来说，整体感悟就是在了解作品背景的基础上，领悟文章重要内容、作者的情感倾向、作品的风格特征、文章结构线索等。这样，便能产生"会当凌绝顶，一览众山小"的心理效应，而不至于"不识庐山真面目，只缘身在此山中"。

二、重点诵读，悟其情

诵读，是阅读的传统方法。"书读百遍，其义自见"，"熟读唐诗三百首，不会作诗也会吟"，都说明阅读之重要这个道理。近年来，"还琅琅读书声于课堂"的呼声越来越高，中学教材也选编了大量文字优美、学生乐读的典范文学作品。这是语文阅读返璞归真的表现。

诵读，以朗读为主。让学生自己选择文本中最动情的文段朗读。朗读要讲究字字到位、句句落实；朗读要调动自己的生活积累，激发生活经历的再体验，产生情感共鸣。"感人心者，莫先乎情"（《白居易·与元九书》），只有读者感情的投入，才能悟出文中之情，激越心中感动之情，且与作者情感之弦共振，才会奏出和弦之音，让人或心领神会，或如痴如醉，进入悟读的仙境。郁达夫散文名作《故都的秋》，在"冷""静""悲凉"的情感主题之下，有许多经典情节值得朗读。"清晨静观"的幽静与眷恋，"落蕊轻扫"的清闲与忧思，"秋蝉残声"的冷落与孤独，不通过倾情朗读，是难以感悟和体会的。

三、深层品析，悟其美

文学作品，以其崇高的主题、丰富的情感、精巧的构思和优美的语言感染人。阅读者要获得审美体验和愉悦，应在阅读经验积累的基础上，深层品析，感悟其语言的词藻美、结构美、理趣美。

对语言的品味，可从深浅两个层面上把握。浅层面上，分析语言结构，悟其含义；分析修辞手法，悟其情感；揣摩其用词，悟其精妙。而深层次的品读，则是要感悟语言隐含意义的表达艺术以及表达风格的独到之处。《林黛玉进贾府》中对贾宝玉的肖像描写是从林黛玉观察角度来的，通过"鬓若刀裁、眉如墨画、面如桃瓣、目若秋波"等，一组结构相同的四字短语写出贾宝玉清秀脱俗之气。这与黛玉母亲曾经的介绍及王夫人的评价大相径庭。读者细加品味不难悟出：林、贾追求自由的情感，使二人"心有灵犀一点通"。而文中两首《西江月》将宝玉描绘成腹中空虚、浪荡飘浮的废物又该如何理解？这里读者不仅要细读课文，还要与全书表达艺术联系起来方能彻悟其中奥妙：这是从封建正统观念角度对宝玉的评价，恰是这似贬实褒的手法，体现了作者对贾宝玉叛逆精神的赞扬之情。这样深入品读课文语言，领悟其"言外之意"，文学作品的美学意蕴才能展现在眼前。

四、想象创新，悟其韵

高尔基说"艺术是靠想象而存在的"。《文心雕龙》中有"思接千载，视通万里"的描写，说明阅读时，读者要珍视个性感悟与独特体验，还应借助想象把文章与当前现实生活成功对接。"余音绕梁，三日不绝"，这是悟读升华至崇高境界的艺术效果。

在阅读过程中，读者必须充分调动自己的全部生活积累和人生体验，为作品中人物、情节"悟"出一个或一串"像"来，让这些情节"动"起来，呈立体状显现在你面前。比如读《守财奴》，读者便要在头脑中"悟"出"死抱金匣子的葛朗台"，"花言巧语诱骗继承权的葛朗台"和"紧抓金十字架垂死的葛朗台"等形象。把这些情节摆在面前，进行反复的审视、玩味，多多追问几个"为什么"，就能理清前因后果了。然后，你才会在心中喟然长叹一口气："原来如此。"此时你会产生一种心理上的愉悦感、满足感。

文学作品蕴有深刻的社会意义，读者若能抓住重点，驰骋想象便会让作品主题的多解性，人物形象的层次性，情节的拓展与再造都产生无穷而美妙的感悟空间。《项链》是我国当代中学生都熟悉的一篇外国文学作品。受语文界权威观点影响，人们一直认为该文主题是尖锐讽刺小资产阶级虚荣心和享乐思想。近年来，随着时代的发展，价值观念的演进，人们不仅理解玛蒂尔德追求美丽、向往美好生活的合理性，更发现她身上的许多亮点。如她在丢失项链时，完全可以选择逃避债务、悄还假链、攀附权贵等途径以避免十年艰辛。她没有这样做，正是说明她诚实、守信、勤劳、坚韧。因此，对本文的主题便产生了诸多理解。无疑，这种打破传统思维定势的新的阅读感悟，会让《项链》的结尾有新的故事，续写本文，将会有更精彩的情节。

"自能读书"（叶圣陶语）是阅读教学终极目标，悟读的体验可以激发学生阅读兴趣，提高阅读效率。而悟读的前提是语感培养，这便需要一定的认识水平和生活积累。因此，更应指导学生学习生活中的语文。

（本文发表于《桐城教研》2004年第2期）

理论篇

试论创造性使用文本

桐城市实验中学　方捍东

《语文课程标准》要求教师"应创造性地理解和使用教材，积极开发课程资源，灵活运用多种教学策略，引导学生在实践中学习"。语文教材同时关注"三个维度"，因而具有极大的开放性，这就为教师创造性教学提供了广阔的空间。

手抚语文教材，我们有一种特别的感情，因为它是我们行走江湖的倚天屠龙，可是我们是否能像金庸笔下的大侠一般武功超群，所向披靡？而创造性使用文本，就是我们所依仗的武功秘籍，凭此我们可以笑傲江湖！

那么应该怎样创造性使用文本呢？

一、破常规，勇于另辟蹊径

面对教材，你有什么感觉呢？如果在你的眼中，它只是一本印有文字的书，那么它也会对你毫无感觉，也会以冰冷的面孔对待你；如果在你的心里，它是活的、有生命的物体，你可以对它倾注心血和情感，可以"为伊消得人憔悴，衣带渐宽终不悔"，那么它也会对你微笑，把最美的一面展示给你。正如有首诗所写的那样："我见青山多妩媚，料青山见我应如是"，这才是教者与作者、文本之间的心灵相通。

不同的文章，有不同的内涵；不同的文体，有各自的倩影；不同的你，有不同的体验与感悟。我们不能站在所有的山上，都唱同一首歌谣，无论什么文章，都是同样的套路，同样的步骤。长时间面对同样一个面孔，谁都会觉得索然寡味，何况那些青春活泼的学生？那些印刷出版的教学设计，固然可以借鉴、学习，但不一定适合每一位有不同教学个性的教师，"削足适履"的痛苦恐怕我们都曾有过这样无奈的体验，"邯郸学步"的最终结果是失去了自我的风格。所以，我们要先于学生与文本亲密的对话，产生自己独特的体验与感悟，创造性地解读文本。教师点亮了自己的心灯，才能照亮学生心灵之路。

在《蒲柳人家》的教学中，我根据文本的特点，模拟中国古典章回体小说，与学生一起给节选部分拟三个对联式的标题，第一副：一丈青济世救人妙手回春，大学问仗义疏财古道热肠；第二副：一丈青大战运河滩，大学问威镇古北口；第三副：疼孙儿千方百计保健康，请先生三餐一壶望成龙。三副对联或隐去人名，或隐去上联，或隐去下联，以不同的方式依次推出，从不同角度切入文本，比较全面地反映了以一丈青大娘、何大学问为代表的古运河两岸人民的爱恨情仇。这种教学形式，既符合刘绍棠小说浓郁的民族特色，又别开蹊径，引发了学生的好奇心和求知欲，使学生迅速感知了小说的内容，认识了主要人物一丈青大娘、何大学问的鲜明形象。

在《应有格物致知精神》的教学中，我同样打破常规，引导学生分别与作者、文本、老师和编者对话，从各个方面引导学生由浅入深地感悟文意，认识实验精神在科学研究上的重要作用。在课堂教学中，让学生根据对课文的理解分别扮演丁肇中和王阳明"格竹"，教师充当记者分别采访两位先生，使学生直观形象地了解古今格物致知的不同，又理解了举例论证的作用，避免了议论文教学的枯燥单调，课堂上不时发出轻松的笑声，很好地取得了夸美纽斯所主张的"在和蔼可亲和愉悦的气氛中喝下科学的饮料"的教学效果。

新课标指出，教师"应该根据不同的教学内容采取合适的教学策略，促进学生语文素养的整体提高"。教师要敢于打破常规，追求创新设计，这是使课堂始终充满新鲜活力的必要保证。"请君莫奏前朝曲，听唱新翻杨柳枝。"教师要能深入钻研文本，用心灵去感知文本，根据不同课文的特点，寻找到适合自己个性特点的教学设计，这样在教学中我们才能从容大方，挥洒自如。一篇有一篇的教法，一课有一课的创造，就可以汇成一条奔涌激荡的河流。清风作歌吟，明月来入画，一路风景一路歌，这是多么美好的境界啊！

二、重体悟，激励标新立异

学生是阅读的主体，是作品的再创造者，教师是课堂阅读活动的组织者，学生阅读的促进者，也是阅读的对话者之一，教师对语文篇章的分析和讲解，绝不能取代学生主体性接受。语文课程标准关注学生的自主阅读，鼓励学生对阅读内容作出有个性的反应，可以"横看成岭侧成峰，远近高低各不同"，而我们往往根据教参解读文本，然后再向学生灌输，以为这是最有权威的解读，是帮助学生理解作品的捷径。这样使用文本，教师就成了教参的传声筒，学生就成了人云亦云的听众。教师应该引导学生在主动积极的思维和情感活动中，加深理解和体验，有所感悟和思考，从而获得发现和创造的快乐。

如朱自清的写景散文《春》，学生在讨论的过程中发现"一切都像刚睡醒的样子，欣欣然张开了眼"具有总领全文的作用，但是，不是只限于这种抽象的认识，他们还有更细腻的体会，有自己更新奇的发现。他们惊喜地告诉老师，这"一切"当然包括那"花"、那"草"、那"风"、那"雨"、那"人"，它们一个个都张开了眼，欣赏着这美好的春光。那么，这活泼的"春草图"、绚丽的"春花图"、温馨的"春风图"、清新的"春雨图"、热闹的"迎春图"，也是它们在互相观察、互相欣赏中发现的，如此一想，全篇皆活，全篇都用了拟人的手法。这样独特的体验，让这生机勃发的春天又增添了多少生气和活力啊！也许朱自清先生在创作这篇文章时并未考虑到这些，但形象大于思维，读者完全可以有自己的体验，可以对作品进行再创造，挖掘出更美的内涵。当然有时学生的体验需要老师唤醒，如《春》中，我问学生作者如何把无形的花香变成有形的，学生很茫然。当我讲了"踏花归去马蹄香"的故事后，学生高兴地读起了"花下成千成百的蜜蜂嗡嗡地闹着，大小的蝴蝶飞来飞去"，还有的学生夸张地抽动着鼻子，我问他们嗅到了什么，他们兴奋地说：嗅到了花香，浓郁的花香！看到他们陶醉的表情，我知道他们正在享受着审美的愉悦。

教读《范进中举》，我不能阻止学生对范进执着追求的一点赞叹；探讨《我的叔叔于勒》，我不能压制学生对菲利普夫妇这对过着拮据生活的小人物的些许同情；阅读《故乡》，我不能遮挡学生对闰土是否偷了碗碟的一丝怀疑的目光；评读《谈生命》，我不能反对学生要给这"一片文"分段以使条理更清楚的建议；学习《曹刿论战》，我不能扼杀学生要求全面概括长勺之战取胜原因的冲动。因为阅读就是读者与作品、作者的对话过程，是探索与创造的过程，教师不能拘泥于现成的观点，甘心让自己的头脑成为别人思想的跑马场，更不能因为学生的见解不符合"标准答案"而无端的否定。学生完全可以有自己的独立见解，我们要呵护那时时绽放的智慧火花，包括那些合理的看似偏激之语。因为它们都是创造力的星星之火，教师的责任就是"煽风点火"，使它们能形成燎原之势。如果每一位学生都具有了创造力，那么把我国建成创新型国家就会在不久的将来成为美好的现实。

不知昨夜西风是否凋尽传统教学的碧树，我们要在新课程标准的照耀下尊重学生的个性化体验，鼓励他们敢于发表自己的见解和主张，让他们时时感受到发现和创造的快乐。我们"独上高楼，望尽天涯路"，如此深情瞩望的不就是那充满生机和活力的课堂吗？不就是那一群富有创造力、鲜活的不断发展的学生个体吗？

三、求机变，能够推波助澜

教学设计是教学蓝图，但不是一成不变的。教师要能在教学的过程中，根据课堂具体的情境，随时调整教案，调控课堂的教学气氛，不断激活学生的思维，引导学生的认识不断深入，如果只知步步为营，层层推进，忽视了那些鲜活的生命个体，不能发现课堂上产生的有价值的信息，那么课文即使教得圆满，也存在着重大的缺憾，因为真正的课堂充满了发现、质疑、思考和探究，存在着许多不确定的因素，教师应具有随机应变的教学机智，及时地因势利导，扩大学生思维战果。

今年教读海伦·凯勒的《我的老师》，当学生速读完课文之后，我问学生的初读印象，一位学生冷不丁地说了两个字"开门"。我问他想表达什么意思，他有些迟疑地说："我觉得沙利文老师为海伦·凯勒开启了一扇扇大门。"我的头脑里仿佛灵光一闪，敏锐地发现这个问题的价值，就丢掉原有的教学设计，表扬了这位同学看书的独特视角，又趁热打铁，进一步追问同学们："沙利文老师为海伦·凯勒打开了哪几扇大门？她又是怎样打开这一扇扇大门的？"我让学生再读课文，然后与学生一起讨论、交流，很快有了这样的发现：沙利文老师教海伦识字，为她打开了知识的大门；带海伦先后走进美好和恶劣的大自然，为她推开了自然的大门；让海伦体验爱，懂得爱，为她敲开了人生的大门。这样，教师无须多讲，学生不仅对课文的结构了然于心，而且对沙利文老师独特的教育艺术和博大的爱心也有了深刻的体会。教学相长，在这一节课里，我与学生一起走上探究的幽径，一起享受着发现和创造的快乐。

教师要充分认识到学生的创造能力，尽可能地引导学生自主学习，做学生学习的促进者。学生自主悟出一言，甚于教师讲解百句。教师不能越俎代庖，要让学生真正成为学习的主人。苏联教育家苏霍姆林斯基说过，学生课堂学习的兴趣来自于"学生在学习中能够意识和感受到自己的智慧和力量，体验到创造的快乐"。教师要能够根据课堂情境，捕捉学生智慧的火花，敢于舍弃既有的教学设计，因势利导，推波助澜，这既是对学生学习能力的一种尊重，也最能激发学生学习的兴趣和探究的热情。

创造力并不是天上的彩虹，可望而不可即，我们"众里寻她千百度"，然而她总是藏在学生头脑中的某个角落，一旦把学习的主动权交给学生，便开启了那扇创造之门，"蓦然回首，那人却在灯火阑珊处"，我们会惊喜地发现学生们人人都具有创造力，那一个个新颖的见解，那一个个鲜活的体验，正向我们微笑着走来。

当然我们在课堂教学时，还要时时想到课外的实践活动，使两者有机结合起来，不断探索，积极投身于语文教学研究，把自己塑造成为研究型的优秀教师。

新课程已推开了一个清新明朗的世界，我们面对的是一个万象更新的江湖，瞩望前途，任重道远。

江湖滔滔，谁能乘舟仗剑走天涯？

教海茫茫，如何踏波履浪抵海角？

创造性地使用文本，是我们走向华山论剑的必修武功！

（本文获2005年安庆市中学语文教研论文一等奖）

标点也有情感的温度

——《亲爱的爸爸妈妈》标点的妙用

桐城市实验中学　　方捍东

聂华苓的《亲爱的爸爸妈妈》（八年级上册第5课），是一篇控诉德国法西斯残害无辜平民的罪恶、呼唤和平的文章，在与学生合作探究过程中，发现作者在使用标点符号时别具匠心。

"凄风。苦雨。天昏。地暗。"四个句号，两字一顿，独词成句，强烈地渲染了一种凄怆的环境，使全文笼罩着沉重而悲哀的氛围，仿佛天地亦与人同哀。

"中国人侵略过日本吗？中国人屠杀过日本老百姓吗？美国在日本进攻珍珠港之前扔过炸弹吗？他们先发动战争！他们先杀人！"这里三个"？"、两个"！"，学生在探讨时，发现带有很强的感情色彩，是对那个日本人自私狡辩、为日本法西斯开脱罪责的愤怒的谴责。

"世世代代'人'的声音，在诗和音乐的韵律中，响彻云霄，唱遍山谷。"这里作者在"人"上加了引号，有强调作用，强调了人的价值，强调了生命的美好，强调了和平的可贵。

"没有仇恨，没有愤怒；只有悲哀，只有记忆——世间永远不能再有战争和屠杀了。"前面的分号，使得两个"没有"、两个"只有"句构成鲜明的对比，世界各国人民来到南斯拉夫的克拉库耶伐次参加纪念活动，不是宣扬民族仇恨，而是通过悼念那些被纳粹杀害的无辜平民的活动，告诉人们要记住历史教训，反对不正义的战争。这里的破折号，既表示意思的递进，也表示感情的爆发，强调了后一句"世间永远不能再有战争和屠杀了"，这是人们在祭奠活动中发自肺腑的共同心声。这时有学生提问，在这篇文章里多处使用了感叹号，作者喜欢运用感叹号来表达强烈的情感，为什么在这一句的结尾却用了句号？换成感叹号是不是更能表达作者的激动之情？我把皮球踢给了学生，让学生自己讨论解决，学生在探究中发现，作者在本文中使用标点符号极为讲究，不会随意为之的，"世间永远不能再有战争和屠杀了"是发自作者心灵的呐喊，按照作者使用标点的习惯，是应该使用感叹号的，但是却用了句号，是有一番深意的，是希望战争和屠杀能画上句号，这样反而更能表达出作者反对战争、向往和平的美好愿望。

另外文章多处使用省略号，在引用迪桑卡的诗、西德作家和日本人的发言、安格尔在餐桌上写的诗等地方都使用了省略号，学生在品味中感悟到：使用省略号是对材料的取舍，从而筛选出有价值的材料，突出主题。如安格尔的诗只引用了一句："黑色在这儿太明亮了……"就达到了"删繁就简三秋树"的艺术效果，凸显出作家座谈会上回顾历史时的沉重而悲哀的氛围。

还有文章的最后，直接引用那些被德国法西斯残杀的人留下的片言只字——死者的遗言，大部分没有标点，如最后一处："亲爱的包瑞卡好好照顾美莎给她找个好丈夫问爸爸好请他也找爱你的包季达"，没有一处标点，却有震撼人心的力量，他们在被杀害前，来不及从容地交代后事，在极短的时间内尽可能多地把自己所想到的写到纸上，从这没有标点的片言只字中我们可以想象当时的恐怖气息，以及他们对亲人的爱，毅然赴死的英勇。他们在这里展现的是美丽的人性，人间的真情，可是德国纳粹却残忍地把他们杀害了，这没有标点的遗言，就是对德国纳粹暴行强烈的控诉，鲜明地表达了反对战争、渴望和平的主题。

在这样的语文活动中，学生深刻地认识到，标点符号也有温度，有情感，有很强的表情达意功能，写作文再也不能一逗到底，要重视标点符号的使用。

（本文发表于《语文学习》2012年第3期）

怎样引导学生阅读名著

桐城市实验中学　方捍东

名著如海，浩浩汤汤；

名著如山，巍巍峨峨。

作为教师，应该引领学生泛舟名著之海，领略它的"朝晖夕阴，气象万千"；支持学生攀登名著之山，体会"欲穷千里目，更上一层楼"的意境。

每本名著，都是一座丰富的文化宝藏，蕴藏着丰富的教育资源，可是我们总是有意无意地忘记了芝麻开门的咒语。我们在忙些什么呢？忙着指导学生应试，醉心于教给学生解题的思路和方法。只要学生的考试成绩提高了，教师就陶陶然，欣欣然，犹如凯旋的将军。这种急功近利的行为，忽视了培养学生的语文素养，使学生只愿意在题海中遨游，只关心自己的考试成绩，无暇阅读名著，无心丰富自己的文化积淀，提高自己的人文修养。因而思想缺钙，精神贫血，行为浅薄，染上时代的浮躁病。如此培养出来的学生，如何在未来的社会自处！

青少年学生风华正茂，精力充沛，记忆力强，智慧之门洞开，正是读书求知的大好时机，如果语文老师不能引导学生读几本真正的名著，那真是莫大的罪过。更何况现在的九年级学业考试也增加了对名著的考查。语文课程标准要求"让学生更多地接触语文材料"。阅读名著，你好，我好，大家好。

那么怎样引导学生与名著结缘呢？

一、引读

（一）创造舆论氛围

名著蕴藏丰富，内涵深邃，包容广阔，但是要让现在的学生耐心读名著，并不是一件容易的事情。一是因为影视文化的冲击，许多名著都被改编，纷纷搬上了荧屏，看音像作品比阅读名著更为直观；二是因为图书市场非常发达，"快餐文化"更受欢迎，明星轶事、花边新闻更受学生青睐。更为严重的是，各种书籍质量参差不齐，一些思想不健康的书籍对缺少辨别能力的学生，有很大的诱惑力。所以激发学生阅读名著的兴趣尤为重要。

在教学过程中，我着重从以下方面加以引导。

1.创建"每日名言"

组织全班同学搜集有关读书的名言，每天按座位顺序让学生把名言写在黑板报的一角，使每个同学都有参与的机会。因为有时老师的说教缺少说服力，而让学生接触名言，与名人对话，倾听他们读书的经验之谈，效果更好。如"读一本好书，就是和高尚的人谈话"（歌德）；"读书愈多，精神就愈健壮而勇敢"（高尔基）；"智慧里没有书籍，就好像鸟儿没有翅膀"（莎士比亚）；"书犹药也，善读之可以医愚"（刘向）。不少学生把它们记在名著的扉页上，以此激励自己。

2.介绍读书方法

教师要结合名人故事，多介绍一些读书方法，供学生参考选择。如毛泽东"不动笔墨不读书"，他在青年时代读书时就养成了"读得多，想得多，写得多，问得多"的习惯，重要的地方划上圈、杠、点等符号，作批注以及写读书日记、在原书上改错纠谬。鲁迅在博览群籍的基础上，形成了有自己特色的读书方法。一是泛览，在消闲的时候"随便翻翻"。二是硬看，对较难懂的必读书，硬着头皮读下去，直到读懂钻透为止。三是专精，选择自己喜爱的一门或几门，深入地研究下去。四是活读，主张读书要独立思考，注意观察并重视实践。宋朝的著名学者朱熹，遍注典籍，对经学、史学、文学、乐律以及自然科学，均有研究。他在读书方法上，总结归纳"二十四字"阅读法，该法是由"循序渐进、熟读精思、虚心涵泳、切己体察、着紧用力、居敬持志"组成的。钱钟书主张先博后约，由博返约，即先广泛涉猎，博览群书，然后再在此基础提炼吸收，形成自己的知识结构。这种科学的学习方法不仅使他成为一代学术泰斗，也为后学者指出了正确的成功之路。还有杨振宁的"渗透"读书法，冯亦代的"入戏"法，余秋雨的"畏友"读书法，王梓坤的抄读法和慢中求快法，杰克·伦敦的"百宝囊"法，田中角荣的"撕书"读书法，爱因斯坦的"总、分、合"三步读书法等等。另外，还让学生讲一些关于读书的故事，如茹志鹃"煮书"，王亚楠"绑读书"，袁枚"吃书"……教师不间断地讲一讲读书的故事和方法，会给学生以精神上的鼓励和支持，使学生深受启发。

（二）导读引路

现在的语文教材，不论哪种版本，在附录部分都安排了"名著导读"。教师切不可将它们作为一种附带，蜻蜓点水，打马过桥，而是要给予充分的关注。"导读"是对作者的创作风格和全书概貌的介绍，对学生理解名著大有裨益。教师要巧设问题，引导学生积极地看，有重点地掌握。教师还可以指导学生阅读"精彩片段"，在课上安排学生朗读、品味，教给学生阅读名著的方法，激起学生阅读名著的兴趣，以此为火种，点燃学生阅读名著的热情。

二、促读

学生是学习的主人，教师要成为学生学习的促进者。在学生阅读名著的过程中，教师要积极地引导，认真地组织，使学生在名著的大观园里不断地访胜探幽。如果放任不管，会影响阅读的质量。

（一）专设名著交流课

每周安排一节课，用于学生读名著，讲名著。教师不要狭隘地认为，让学生自由阅读，耽误了教学时间。其实不然，有了这一节课，就为学生搭建了一段阅读名著的引桥，学生纷纷捧读名著，无疑营造了一种阅读氛围，把学生渐渐引入阅读的佳境。有时安排学生相互交流读书感受，能形成一种心理动力，学生互相较劲，互相启发，深入思考，使阅读不断深化。教师加以鼓励性评价，对他们阅读作适当的肯定，使他们产生情感上的愉悦而能兴致勃勃地阅读名著。同时教师可以根据学生交流的情况，适当地予以引导，提高他们阅读的品位。

（二）丰富读书笔记

为了使学生不只是注重情节的发展，因此要求学生养成"不动笔墨不读书"的习惯，手自笔录，摘抄精彩词句、语段，将名著的精华浓缩在摘抄本中，经常朗读、记诵、体会。在名著的空白处旁批，写上自己的心得和随想，三言两语，皆是富有个性化的体验，是那一闪即逝的灵感火花。教师要时常加以关注，让学生对自己最为欣赏的语句和片段加以赏析；或抄写在黑板报上，奇文共欣赏，疑义相与析，让全班同学分享自己的阅读成果。

（三）制定阅读计划

《义务教育语文课程标准（2011年版）》要求七到九年级学生"学会制定自己的阅读计划，广泛阅读各种类型的读物，课外阅读总量不少于260万字，每学年阅读两三部名著"。教师要引导学生安排好读书计划。阅读名著，主要在课余时间完成的。教师可以根据每册语文课本的教学内容，安排学生阅读名著。如教读《鲁提辖拳打镇关西》，可在拓展迁移部分，引导学生读附录，介绍有关情节，进而安排好学生阅读《水浒传》。教师要帮助学生安排好阅读的进度，给予他们一定的时间和空间，使他们有序地推进阅读，同时又能不影响其他学科的学习。

（四）因材施教读名著

培根说："人之才智但有滞碍，无不可读适当之书使之顺畅。"读书可以矫正行为、弥补缺陷，如有些学生语言拖沓，不干净，可建议读读三毛、海明威；有些学生短于抽象说理，建议读读刘墉、培根；有些学生拙于描写，可让其读读冰心、朱自清、郁达夫的散文；有些学生语言了无生气，可让其读读毕淑敏、王小波的散文；有些学生语言缺少深度，可让其读读泰戈尔、纪伯伦的诗歌……"如此头脑中凡有缺陷，皆有特药可医。"让学生汲取名著的营养，滋补自己的心灵。

三、评读

如何让学生保持阅读名著的浓厚兴趣，给予他们足够的心理支持，评价至关重要。

教师要关注学生的阅读过程，帮助他们排忧解难，对于他们在阅读过程中产生的新颖的见解和体验，探索出来的阅读方法，教师要及时发现并加以肯定和推广。如有学生在阅读《巨人三传》时写了一段关于贝多芬的似散文诗般的读后感："你是一个震撼世界的强音。耳朵不过是迷人的摆设，最上乘的音乐不需要耳朵。心与心的碰撞点燃火炬，驱除阴霾，直面痛苦的人生。给懦弱者以鼓励，给失望者以希望，给垂死者以新生。'扼住命运的咽喉'，声音犹如巨石落地。"看完《水浒传》有学生以快板形式写感受："说各位，听周详，读'水浒'，去糟粕，取精华，生动语言要鉴赏，精彩描写不可忘。扶困济危是榜样，正直忠义真好汉。滥杀无辜要摒弃，歧视妇女要不得。路见不平可以吼，该出手时慎出手。那同学，又要问，别人欺负怎么办？坏人坏事还管不管？忍气吞声使不得，以暴易暴万不能。打伤别人要制裁，打死别人坐牢房。那鲁达，在古代，打死镇关西，尚且要，亡命江湖，东躲西藏。这不得，那不能，你说我该怎么办？怎么办？哎，同学们，听我言，法律是利剑，紧握在手中，人权要维护，正义要伸张，邪恶要惩治，和谐社会要争创！要争创！"读罢《三国演义》，有学生从名著中取材，将《三国演义》的前后内容融会贯通，以文言形式，模仿诸葛亮的语气，给刘备写信，分析伐吴之弊。先劝慰刘备保重身体，再纵论天下形势，又忆隆中对策，后进言战略安排，情辞恳切。可谓活学活用的典范……我惊异于学生的创造力，在课堂上大力褒扬这些作品，不吝赞美之词。又摘选其中的文字，将它们展示在黑板报上，引领学生分享、品味，这无疑是对学生思维成果的最好尊重，同时也使其他学生得到借鉴和启发。

每学期还要组织同学们评价他们的阅读成果，分别评出"读书最多的人"，"摘抄最具特色的人"，"最能学以致用的人"，"旁批写得最精彩的人"，"乐于帮助别人读书的人"，"读后感写得最深刻的人"……让学生们开展自评和互评，保证四分之一到三分之一的学生能够获奖，以此鼓励他们，使他们既能看到自己的优点，又了解了别人的长处，从而能够取长补短，不断完善自己的阅读行为。

引导学生阅读名著，使他们能够以书为友，经常打开心灵的窗户，与作者进行真正地交流，从而使心灵得到陶冶，灵魂得到洗礼；更可以得到人生的启迪，感悟生活的真谛。教师要做好引路人，做好播种者，使学生的精神后花园一片繁茂，心灵的天空一片蔚蓝。

体现个性自由的整体感悟阅读教学

桐城师范专科学校　孙茂响

阅读本应是人生得意之事。高尔基形容自己对书本的喜爱"就像饥饿的人扑在面包上一样"。的确，没有一个学生不喜爱阅读，但有很多学生不爱上语文课，这对于每位热爱阅读的语文教师来说无疑是个悲哀。

如果有时间静下心来反思一下阅读教学过程，如果能抛开急功近利的教学思想，相信每位教师都承认：语文课缺乏学生的个性自由。素质教育是促进个性发展的教育，个体的兴趣爱好得不到满足，个性的领悟得不到承认，创造能力就会受压抑，这既有悖于人的天性，也与时代精神不合。

阅读的主体是学生。可是很长时间以来，教师或以自己的心得强加于学生；或用教参的答案固定了教学的方向，限制了学生的自由；或强调阅读技法，而忽视个体的情感体验；或以群体阅读代替个性阅读；或以作者的感受来人为提升学生的领悟。这种不从接受者的角度引导学生阅读的教学造成了主体错位，使学生认为阅读就是应付教师的提问，就是琢磨作品的答案，而与自己无关，以致迷失了自己，丧失了阅读的渴望。

语文课堂模式的单调僵化也是妨碍个性自由发展的一个方面。有的教师孜孜于从文字结构到内容主题的指导，亦步亦趋。但阅读主体往往是披文入情，论世察己，能透过文字表象触摸到一定的深层内涵，然后才可能研究其表达手段，来领悟其形式与内容的和谐统一。从文字本身来说，它具有两个层面：所指与能指。其所指的表层意义毕竟有限，而其能指则内容广阔，连作者自己都未必料全。"仁者见仁，智者见智"，阅读主体各人所见不同，其未为作品所涵盖的，就是个性创见，是个体在自己知识、情感、经历、智能系统上的新的意义建构，同时也使作品的内涵更加丰富，影响更深远。历经百多年的研究而无定论的博大精深的古典名著《红楼梦》，恐怕不会有人要限定对它应怎样教、怎样读吧。

个性化的阅读，是阅读主体与阅读材料的和谐自由的统一。

从阅读主体来说，他每时每刻对自然和社会的感受都在变化着（在某一时段或某一层面上是相对固定的），或因自己的需求（知识或情感）而变化着、重复着、深化着、提高着，而且每位主体的感受和别人都是有差别的。当眼前的阅读材料能触动他自己的某种感受时，就能调动他的兴趣，当他此时需要某种信息时，他对这种刺激特别敏感。每一次阅读都不一样，每一次阅读都有新感悟，目的不同，重点不同，阅读的方式、对材料的解读必然不同，所感所悟也不会一样。

从阅读材料来说，它所表达的是个性的情感思想，所采用的"字词句篇语修逻文"也都是这种个性表达的材料和手段。当阅读主体的个性与作品全部或部分相契合时，个性与个性的碰撞就会闪烁出耀眼的智慧火花。

所以从自由的个性阅读出发，阅读教学应鼓励学生在先认知的基础上建构有个性特征的理解和感悟。

感悟是个性阅读的灵魂。感悟是由文字所指到能指的升华，是表层意义到深层内涵的认识深化，是读者在已有的知识系统、情感体验、智力水平基础上的对作品的感受和领悟、扩展和想象、提高与创新。感悟的两个层面为：对作品内涵、技法、艺术境界的正确理解，对作品的再创作和提高。感悟的内容：意义、技巧以及意义与技巧的有机统一。感悟的方式：局部—整体，整体—局部，整体—局部—整体，以及相应的思维方式。感悟应达到的目的：既能正确感受各部分的意义联系，又能悟到语言、表达方式等效果，最终能从整体上把握文与质的和谐统一。透过《背影》的文字表象，人们可以感受到朱自清家境的窘困，悟到世间最真挚的情感，同样也能够感悟到是真实的背景介绍、细致的情节安排才收到了真情流露、感人至深的效果；还会使不同的读者联想到自己的经历，加深对家庭亲情的理解，充满对人生的关爱，这样就拓展了作品的意境，升华了主题。

个性阅读、整体感悟，也就是引导学生遵循基本的阅读方法，尊重他们的阅读习惯、思维方式，允许感悟有深浅和多寡的自由，最大限度地发挥他们积极思维的主动性，在生生互动、师生互动中实现认知教学、智能训练、人格教育三位一体的阅读功能。

有的学生习惯整体感受，有的学生善于细部推敲，有的能管中窥豹，有的能由浅入深，有的会边读边思，有的喜欢掩卷遐思……孔子云："导而弗牵。"教师的任务就是能根据阅读材料的性质和阅读主体的情趣、心理创造机会和气氛，提供条件和环境，让学生把自己的最先的感知、最深的感受表达出来，让他们享受到表达的快感——成功的幸福，一吐为快的轻松，挑战和被挑战的紧张与兴奋。

教师在整体感悟指导中的另一项工作是引导或帮助学生整理零散知识，将各种感知条理化、系统化，让学生亲历信息破解的流程，让学生惊奇地发现自己的才华，从而促使学生学会阅读，主动阅读，达到"知之者不如好之者，好之者不如乐之者"的境界。

填鸭式的阅读教学不好，练习式的阅读教学盲目，导游式的阅读也没有真正还学生以自由，而个性自由的整体感悟阅读教学以学生的先天素质和基础为底子，发挥学生的个性，尊重学生的创见，能够实现面向全体、因材施教、培养发展和创新精神的素质教育目标。

个性阅读整体感悟教学法没有固定的模式，只强调基本阅读方法的自由选择和灵活多变的指导方法。在具体的课堂操作过程中，可以采用"通览全文、初步感知—互动感悟—局部突破—学练语言"的策略步骤。其基本形式如下：

通览全文，初步感知：以学生的习惯、情趣和对课文的熟悉程度选择朗读、默读、全文阅读或是重点阅读，边读边想边记，获取初步印象——题材、内容、思想情感、艺术手法。

互动感悟：把阅读所得以及产生的联想和想象在课前或课始向大家宣示，生生、师生之间相互补充，相互提高，形成对文章内容、结构等比较全面深刻的认识，同时要能通过复读印证别人的见解，完善自己的认识，或提出更新更深的感悟。

局部突破：教师总结学生的感受后，针对学生的异议或重难点，对解决问题的关键和突破口进行引导分析，可以抓住时机，灵活采用多种方法。这既是阅读技巧的指导，也是阅读能力的练习。

学练语言：教师可以在学生谈感受当中随时抓住机会或集中在局部突破里引导学生欣赏文中的词句、精美的细节，进行联想和想象，并用文中的技巧当堂作文或说话，以提高欣赏和创造美的能力。

几点说明：（1）强调个性自由，意在突破群体培养的模式，倡导自主阅读，发展个性。在个性化的阅读中使注意的中心由作者作品转移到自己身上，超越文本，建构新意，培养思维，激发创造力；在个性化的阅读当中，获得由个性化到社会化的经验技能；在个性化的阅读中感受民族文化的精华，民族文化与世界文化的冲撞、融会与发展，塑造自己完美的人格。（2）强调整体感悟，即强调了"整体观照—系统解构—整体综合"的阅读方法和过程，不破坏选文的整体性，也反映了人们整体—局部—整体、概括—分析、模糊—清晰的认识规律。（3）强调互动感悟，就是要在师生的互动中，面向全体，保证个性阅读发现和创建的思维流程正常进行，这是局部感悟上升到整体顿悟的必要措施。

总结：个性阅读、整体感悟教学是对传统教学模式一定程度上的突破，它反映了素质教育的要求，是增强语文教学的科学性、人文性的可操作性很强的方法，是主动迎接新世纪，促进学生学会思考、学会学习、可持续发展的充满个性关爱的教学方法。

感悟语言：提高阅读水平的关键

桐城师范专科学校　杨　波

阅读，是语文学习中的重点和难点。学生之所以阅读水平不高，主要原因之一在于缺少感悟语言的能力：既不能根据语言文字来理解语段所包含的意义，也不能根据对意义的理解反推出语言表达的特点，从而陷入了一个肤浅、片面、刻板的解题怪圈。语段作为作者思想感情表达的外在形式，它以文字的形式负载着复杂的内涵，不理解文字就无法理解意义，而理解文字又不能是工具书式的，因此，阅读既是知识与能力的体现，也是读者与作者在情感上的联系与共鸣，感悟语言正是上述二者的融会，所以它是提高阅读水平的关键。

一、感悟语言所表达的基本意义

意义是通过完整的语句来表达的，因此，感悟语言意义的实质，就是从整体上感知句子及语段，弄清究竟说了什么：是在叙述一件事情么，什么事情；是在描摹一个事物么，表现了什么情状；是在抒发一种情感么，什么情感等等。通过这样的"问和答"理解文字所表达的意义，即所谓据言得意，这是阅读最基本的目的。达到这一目的，可以从三方面进行：首先看写了什么，其次看用了哪种表达方式，再次从局部到整体联系起来，看作者想以此造成什么效果，达到什么目的。如对《我的叔叔于勒》中的"我们上了轮船，离开栈桥，在一片平静的好似绿色大理石桌面的海上驶向远处"这句话的理解，判断一：这是在写我们乘船出海；判断二：运用了叙述加描写的方法；判断三：作者在以大海的美丽景色衬托出菲利普全家出游时的愉悦心情。再联系上下文思考一下，就会明白：这种愉悦心情的产生并非真正来自二姐的婚事，而是来自于勒的"福音书"以及他将要带来的钱财和富贵的生活，那么，因为于勒而产生的兴奋、憧憬的心情就不言而喻了。可见，感悟意义有字面和字里两个层面，理解表层是基础，理解内涵才是核心，这些，都需要从言内意思开始，深入挖掘，最后破译言外之意，这样，阅读才达到了真正的目的。

二、感悟语言所包含的感情

文章是作者感情的寄托，只不过在文字表现上存在着或明或暗，或多或少，或直接或间接等区别罢了。这种感情通常情况下是需要读者去揣摩、体会的，这样才能弄清"什么感情，如何表现的，这种感情表明了作者的什么态度观点"等等。如《荔枝蜜》中的这样一段："我不禁一颤：多可爱的小生灵啊！对人无所求，给人的却是极好的东西。蜜蜂是在酿蜜，又是在酿造生活；不是为自己，而是为人类酿造最甜的生活。蜜蜂是渺小的，蜜蜂却又多么高尚啊！"这句话给我们的第一感觉就是作者在赞美蜜蜂的劳动和奉献，但这仅仅是表面；联系上下文，可以看到作者赞美蜜蜂是虚，赞美劳动人民才是实，表明了作者热爱劳动和对劳动人民的感情态度。不是所有的文章都直接展示出作者的思想感情，更多的是含蓄的、内隐的。所以，感悟感情要努力做到以情体会情，以情解悟情，达到情景交融。因为阅读不仅是一种理性的思维活动，更是一种具有强烈自主性的情感活动：首先由阅读而产生某种情感，然后再以这种情感去支配更加深入的阅读。因此，认真细致地体味作者所表达的情感，以自身真挚的感情去解悟文章的感情真谛，理解这种情的实质与来源，是高质量完成阅读任务的基础。例如"东京也无非是这样"一句话，表面看是写作者对东京的淡漠，实质上却蕴含了丰富的感情，这是作者对在东京所见清国留学生种种表现的失望与反感，而这种感情又来自于作者爱国主义的思想内涵。把自己的感情和文章的感情融会在一起，喜者我喜，悲者我悲，爱之我爱，恨之我恨，达到真切而全部地投入，而不是一般地"看看"，泛泛地"读读"。这样，阅读时就会切实地把握住作品的感情基调和作者的心理状态，才会从静寂的文字中听到感情波澜的咆哮，从平常的语句中看出感情火焰的燃烧，阅读也才会达到"独上高楼，望尽天涯路"的境界。否则，就很难深入理解作者的情感，阅读也就失去了应有的意义。

三、感悟语言呈现出的构成形态

为了写好不同的事物，表达独特的情感，作者运用的语言是千变万化的，这使文章生动形象、准确严密，同时又成了阅读时的"困难与障碍"。理解它们，就要注意解析其组合构成方式，看词语是按什么顺序排列的，有什么修饰限制，表达的重心在哪儿，然后再到句子，看其句式、语调、修辞手法的运用，再扩大到句群看其组合情况，是如何衔接连贯的，如何布设先后次序等。当然，也可以与上述的从局部到整体的顺序相反，即从整体到局部认知，这样就可以深入挖掘出语句表达的核心以及作者的用意，进而解悟出精妙所在。如《〈还乡梦〉自序》中"没有新中国，便没有长江大桥，黄浦江中便没有自造的军舰；没有新中国，乡村里便没有电灯，农民便没有独立自尊的人格；没有新中国，便没有核子弹，更没有今天中国在国际上的地位"，对结构形态的感悟是：句子采用了否定式，以加强语气力度；内容上从工业到农业再到国防，层层深入；句群组合上采用排比修辞法，一气呵成，以增强表达效果。再如《孔乙己》中的一段，开头用概括的语句写道："孔乙己是站着喝酒而穿长衫的唯一的人。"句中把"喝酒而穿长衫"并列，反映孔乙己身份的特殊，又以"唯一"来限制，表明在这里仅此一人，一下就把孔乙己的形象特征凸现了出来，接下来的内容是详细描写他的外貌、说话特点、名字来历以及众人对他的取笑等，步步加深，组成一个精彩的片段，不仅揭示了人物的性格特征，而且展现了人物所处的环境、蒙受的遭遇以及这种情况产生的主客观因素。这种对语言构成形态的感悟不仅抓住了语言组合的本质线索，更重要的是由此理解了语言表达与意义体现的关系，使阅读从形式到内容呈现出有机的统一。当然，对结构形态的感悟要靠语法修辞等知识，但更要靠自身的语感素养，靠语感带来的形象化认识以及在此基础上产生的理性概括。因此，这种感情既是知识与生活体验的结合，也是语言运用的普遍性规律与个性化特点的结合。

四、感悟语言表达的主要特色

特色是对语言的总体印象与评价。作者针对不同事物所采用的不同表达方法，决定了语言的特色，反过来，这个特色又丰满了所要表现的人和事物，展示作者的态度观点、思想感情，因此，特色是作者驾驭语言并以此反映生活的客观表现。《竞选州长》的语言特色是讽刺和夸张，《人类的语言》的语言特色是平实、缜密，《春》的语言特色是生动、形象、亲切，如此等等，也说明好文章的语言皆是各具特色的。写同样的事物，由于需要不同，也会表现为不同的特色。如同样是写刮风下雨，《在烈日和暴雨下》与《七根火柴》就截然不同：前者重在客观描绘，语言朴实明了，着力表现雨大、雨急的特点；后者重在从人物主观感受的角度描写，语言细腻形象，重在表现雨的多变、寒冷。同样是写老师，《我的老师》的语言自然亲切，充满了孩子的天真烂漫；《藤野先生》的语言则凝重深沉，饱含了对老师的敬重与怀念。对特色的认定，首先来自于读者对词、句、段的推敲品味，来自推敲品味基础上的总结概括。另一方面，这种概括又离不开对文段的整体认知和领会，只有把整体和局部结合起来理解，才能真正总结出特色来，而总结出的特色又将促进和加深对作品的理解。因此，感悟语言的表达特色，实质上也是在感悟作者所表达的事物及其所流露的感情，感悟表达上的风格倾向，并由此弄清为什么这么表达，进而达到对表达手段的理解与认同，否则，语言特色就很难概括出来，阅读理解也就只能流于表面，达不到由表入里的境界。

怎样深层次地悟读文章

桐城师范专科学院　陈　俊

一、领悟作者的创作心情

读书贵在"悟"，领悟就是阅读时读者与作者思想相照、感情相契的一种状态。"缀文者情动而辞发，观文者披文以入情。"（刘勰《文心雕龙》）文章是作者思想感情的结晶，读者只有透过文字而深入到作者的内心世界，才算是把文章真正读懂了。有的文章比较容易领悟，有的文章则不然。比如朱自清的《荷塘月色》："这一片天地好像是我的；我也像超出了平常的自己，到了另一个世界里。……我且受用这无边的荷香月色好了。""这时候最热闹的，要数树上的蝉声和水里的蛙声；但热闹是他们的，我什么也没有。"这些话蕴涵的意思是什么，不容易领悟。当然，情动于中而形于外，作者既然把文章写出来了，总是希望能得到社会的认可和读者的共鸣。所以，不管文章用了什么表现手法，不管作者的思想观点隐藏得多深，只要我们潜心涵泳，细心体察，总能够领会或接近作者的初衷。当然，领悟的程度是和读者具有的经历、常识、修养分不开的。有的文章，暂悟不透，过了一段时间，甚至过了若干年，由于阅历的增长，会豁然开朗。

二、品味文章的思想火花

优秀的作品，就像上等佳茗，要仔细地分辨、品尝、回味，才能读出它的妙处来；而且越是好文章，就越值得品味，也越经得起品味。读这样的文章，其中每一朵思想的火花，每一片感情的涟漪，都会给人们以审美的快感。"都云作者痴，谁解个中味？"痴心的作者盼望有更多的知音，有心的读者是能解其中味的。品味是阅读过程中主动的有创造性的心理活动。品味以读者原有的思想修养、文学修养为基础，同时离不开对作品的认同和钻研。"涵泳工夫兴味长"，有的文章只读一两遍是品不出味儿的，要反复吟咏，慢慢咀嚼，才能渐入佳境；有的文章当时读了觉得不过尔尔，过了一段时间重温却会有新的感受。

三、揣摩文章的语言特色

言为心声，文如其人，文章是作者思想认识水平和人格修养的体现。不同的作者，生活在各自的时代和社会环境中，各人的先天禀赋有别，后天阅历不同，因此才识、性情、气质就有高低、深浅、刚柔、雅俗、文野、曲直等等区别，写出来的文章就形成了不同的风格特点。语言表达的特色，就是这种风格特点的一个重要标志。例如，同是现代散文，鲁迅的深沉洗练，茅盾的沉稳劲健，朱自清的温静典雅，叶绍钧的质朴练达，老舍的清新明快，林语堂的闲适从容，钱钟书的幽默旷达，徐志摩的纤秾华美……风格各异，精彩纷呈。阅读中辨析文章语言表达的特点，揣摩不同的语言风格，品味其中的意蕴，那是一种美的享受。

揣摩语言特色涉及文章的立意、构思、选材、布局、遣词、造句、修辞表达等多方面的因素，是一种综合的能力要求。平时，我们要多阅读，多比较，多品味，逐步提高揣摩文章语言特色的水平。

四、评价文章的优劣得失

"人们对于进入视野的几乎所有东西，难免总要加以评价、判断、评估或估价，看来这好像是人的天性。"（布卢姆《教育目标分类学》）我们读了一篇文章，也会有这样的情况：如果不满意，会作出否定的判断，发表批评的意见；读到一篇好的作品，不仅自己欣赏备至，获得了美的享受，而且会情不自禁地向其他人推荐、宣传。这就涉及对文章的评价。

浅谈中学语文教学中的情感调动

桐城市望溪职校　袁晓敏

我们都知道语文是人类最重要的交际工具，是人类文化的重要组成部分。各项知识技能的学习都离不开听说读写，离不开语言和思维。学好语文，无疑对任何知识技能的学习都产生很大影响和发挥重要的作用。要学好语文，除要求学生有一定的智力水平外，同时要求学生具有良好的非智力因素，如思想因素、情感因素、审美因素等。因此，要教好语文，语文教师除了在教学中注意培养学生的智力因素外，还要注意调动和培养学生的非智力因素。而非智力因素中的情感调动若发挥得恰如其分，其教学效果将会不同凡响。

一、情感以及中学生情感活动的特点

教学过程是教师和学生的双边活动过程，教师要调动学生的情感，首先要明白什么是情感，中学生情感与儿童、成年人的情感有何不同之处，这样才有的放矢。本文从对中学生情感活动的特点分析入手，探讨课堂教学过程中调动学生情感的各种途径，以期能对以后教学有所裨益。

（一）情感的内涵

心理学教程中言：情感是种随着认识过程而产生的心理过程，是人对客观事物是否符合我们主观需要而产生的态度的体验。情感中有人的心境，高兴、悲伤、苦闷，所谓"人逢喜事精神爽""感时花溅泪，恨别鸟惊心"，就是心境的绝好写照；还有人的激情，暴怒、狂喜、恐怖等都是激情的表现，作家没有激情就难以写出激动人心的作品。情感中的道德感、美感、理智感被认为是高级的社会性情感，它们成为情感教育的研究对象。情感具有两极性：积极的一面在于如果外界的事物能够满足人们的需要，符合人们的愿望和观点，就会使人们对之产生肯定的态度和引起满意、愉快、喜爱、羡慕等积极的内心体验；否则就会使人们对之产生否定的态度和引起不满、烦闷、厌恶、轻蔑等消极的内心体验。学生没有积极的情感，也就没有兴趣，更谈不上学好语文。

（二）中学生情感的特点

中学教师要面对的是中学生。学生是人，人是有感情、有思想、有人格的，如果不把学生当人，而是当成任意摆布的没有独立人格的东西，对学生的基本认识就把握不住。心理学认为，儿童和青少年是人生中感情最丰富最热烈的黄金时期。中学生处在少年和青年初期，当然富有炽热强烈的感情，只是相对于儿童而言，中学生的情感内倾性和稳定性增强，出现了所谓"情感闭锁"现象。也就是说，中学生身上虽然蕴藏着十分丰富的感情，却不轻易动情或表达感情，正如埋藏在地球内部的岩浆，不到火山爆发时是不会喷涌而出的。因此，中学语文教学的关键在于让他们"情有所动"（叶圣陶语），要想方设法将埋藏在他们心灵深处的热情激发出来。所以，教师对他们施出相应的影响会产生良好的效果，力争创造出学习语文的艺术境界，使学生置于激昂的情感之中，感受学有所得的喜悦。

二、中学语文教学中情感调动的意义

情感调动有其必要性和可能性，这与语文教材的特点，语文教学的目的要求及教育对象是分不开的。

前面谈到的中学生心理状态表现出语文教学调动着情感的必要性，事实上，文艺作品本身就是智能与情感的载体。

"情者文之经"，情是课文的主要内容。中学语文课本中有许多文情并茂的名篇佳作，人世间许多美好的感情在课文中充分表现出来。语文教学并非是枯燥的文学常识的累积，教师就是要让自己与学生一起接受艺术作品思想与情感的熏陶。例如：学习朱自清的《绿》，应与朱自清一道去领略梅雨潭的风光和可爱独特的令人惊诧的"奇异的绿"，去饮醇"女儿红"的绿酒，去吻如少女脸庞的绿的精灵，从而激发热爱生活、热爱祖国山河的美好情怀。

三、语文情感调动的途径和方法

情感调动的途径和方法形式多样，随着教学硬件的提高和发展，方式层出不穷。我想可以按照上课时间来安排，分阶段进行适宜的情感调动，即课文的导入、整体感知、分析鉴赏、总结结论、延展写作五个阶段。

当然，各阶段都会融入"课堂"这样一个整体，课堂教学需要一个和谐的氛围，这需要教师和学生的共同努力，其中师生关系成为关键。苏霍姆林斯基指出："课堂上一切困惑和失败的根子，在绝大多数场合下都在于教师忘了上课这是儿童和教师的共同劳动，这种劳动的成功，首先是由师生间的相互关系决定的。"（苏霍姆林斯基《教育的艺术》）中国传统教学中注重师谊师情，健康良好、融洽深厚的师生关系是开展教育教学活动、提高教学质量的重要保证。学生对教师产生一种依恋和信任，产生情感互动，没有抵斥反叛，才会有情感呼应，才有动机和兴趣，才有"亲其师而信其道"的情感。

要做到这一点，教师要从自身出发。一堂课是教师与学生共同情感美的流动过程。教师要在备课阶段设计全部环节，要有饱满的激情、清澈的思路、优美的语言、丰富的知识、出色的技巧，这些便是导师素质。特级教师于漪便提出：语文教师要拎出一个"情"字，"寓教于情，声情并茂"，教出趣味，活而有致。教师的情感在教学系统中始终影响学生。一个好教师在一堂优质课中，始终充满情感，常常用优美语言把它准确传达出来，学生被老师如珠妙语所感动、所激动，便有"这堂课是一首诗，一篇散文"的美誉。那么，语文课堂中，民主开放的氛围有了，优秀的教师有了，充满情感的学生有了，我们将放心进入教学阶段。由于这五个阶段处于课堂教学的不同时间，担任不同的情感状态，教师所采取的措施自然不同，下面将详细叙述。

（一）导入阶段

1.运用插图，导入课文

一堂语文课上得如何，与导入密切相关，而运用插图导入课文，往往能收到独特的效果，它既能使学生触景生情，迸发情感，又能因势利导，引人入胜。如果课文是一个浏览参观的景点，那么插图就是一个优秀的导游。如《春》，这是初一学生初次接触朱自清的散文，他们对作者不甚了解。导入时引用课本前的插图，让学生仔细观察朱自清的画像，熟悉他的外貌特征，进而介绍朱自清的文学成就和"饿死也不向反动派屈服的民族英雄气概"。学生对"现代散文家、诗人、学者、坚强的民主战士"朱自清有了一定的认识，就容易激发学习《春》的热情和兴味。再如学习《人民英雄永垂不朽》，可以运用人民英雄纪念碑的插图，让学生认真吟诵毛泽东的题词，辨认纪念碑的组成部分，如碑身、碑座、碑顶、浮雕等，了解纪念碑的位置、建设背景。这样学生如临其境，如见其形，感悟到课文的基本框架，容易激发出他们对人民英雄无比崇敬的感情。这样水到渠成，课堂上有关教学目标的实现也就不再是一件很难的事了。当然，图片是静止的，我们如果运用多媒体，岂不更佳？

2.音乐熏陶，渐入佳境

托尔斯泰曾说："音乐的魔力，足以使一个人对未能感受的事有所感受，对理解不了的事有所理解。"如柯岩的《周总理，你在哪里》，教师可能会见到学生读这课文时，读到三个"在这里""在一起"时，竟笑起来，他们无法理解这简单三个字和许多省略号的反复运用是什么意思。这时就需要以情感人，才能再现周总理的伟大形象。教师在上课前五分钟播放歌曲《歌唱敬爱的周总理》，借助音乐的效应，调动学生的听觉感官，让学生从歌声中了解到总理"鞠躬尽瘁几十年，终身为革命，功比泰山高，英名万古存"的丰功伟绩。听完这首歌，教室也许会顿时鸦雀无声，为讲课创造了氛围，在调动学生情感的同时，本次教学无疑增添了他们学习语言的兴趣。

3.讲好故事，自我教育

上课后，让学生们将事先找好的有关课文的故事讲一讲。例如，学习《再别康桥》时，可讲徐志摩一生的感情历程，可讲电视剧《人间四月天》的剧情，偶像演员黄磊的精湛表演可将学生带入徐志摩的世界。

4.设计导语

老师在学习新课之前，用优美而精湛的语言导入，是激发学生情感的契机。这正是叶圣陶所提倡的"美读"法。一个好的老师，三言两语就会使学生情绪高涨。如钱梦龙以自己的名字为题来打字谜，"发了财梦想成才——钱梦龙"，作为课堂开头，一下子使自己与学生缩短距离，使学生在以后"习得"过程中情绪激昂，投入充分。导语也可以以"拉家常"的方式出现，也就是"唠嗑"。如学生学了《季氏将伐颛臾》一文转而学《子路、曾晳、冉有、公西华侍坐》，两文都写孔子。老师为激发学生情趣，可如下过渡："孔老夫子一向温文尔雅，而面对冉有的口是心非，耍两面派，他勃然大怒，多次教导，那么冉有是否一无是处呢？孔子是不是劈头盖脸的训斥，而令人生畏呢？我们一起来听听他和他的四个学生聊了什么？"

（二）整体感知阶段

整体感知阶段是指对文章的框架、感情基调和思想内容有个整体把握。这个阶段主要是读，但并不是那种单调、枯燥地"天地玄黄喊一年"式的死读、傻读。其实读书的方式很多，如朗读、朗诵、默读，精读、略读、速读，范读、试读、复读，分组读、接力读……灵活适当地选择和运用，可以调动学生对课文的兴趣。美学家王朝文指出"只有诉诸感觉的东西，才能引起强烈的感动"，这对于看似枯燥的读书同样适用。

1.范读现情

学生的耳朵是录音机。教师要"据文定情，因文传情"，以欣赏之情读《绿》，能让学生融入作者热爱生活、积极向上的精神之中；用淡淡的喜悦中夹杂着淡淡的忧愁之情朗读《荷塘月色》，能让学生感悟到作者不满现实，想超脱现实而又无法超脱的苦痛心理；以豪迈乐观之情读《海燕》；以深婉绵长之情读《背影》。特级教师徐振雄讲授《背影》时，用生动低沉的语调读"父亲攀爬月台"情景，并且自己在讲台上非常逼真地演示，使学生热泪盈眶；特级教师欧阳代娜读《最后一课》课文收尾阶段，用生动语言描述韩麦儿先生沉重地离开学生的情景，使学生泪流满面，她还不失时机地出了一个作文《望着韩麦儿先生的身影》，学生迫不及待，奋笔疾书。

2.学生自己读

目前阅读教学中存在的问题很多，而其中最根本的问题就是学生"欠读"。鲁迅描述的那种"人声鼎沸"的读书场面很难看到，沈德潜提倡的"密咏恬吟"的读书方式更不多见。不少教师能让学生在课堂把课文读一遍，或者在课中读一两个片断，就算不错了。过去的"满堂灌"尚未绝迹，而新兴的"满堂问"和形式上的"讨论式""练习式"等又几乎占据整个语文课堂，以致有的学生一堂课完了还不知道那些生字、新词在什么地方，这种"打隔山炮"式的阅读教学必须改变。对此，高万祥先生评价说："我们认为对于语文教学方法而言，没有最好只有更好，更好的语文教学方法就是简单、再简单。"（《语文学习》1998年第9期）让学生自己读书，不仅有利于获得语感，更有利于对文中情感的感悟自得，通过自读来由"感"而"悟"。这也就是所谓的"书读百遍，其义自见"（《古今图书集成·学行典·训学斋规》）。许多教师已经进行了非常有益的尝试，并取得了成功的经验。如魏书生的"四遍八步读书法"：第一遍跳读，第二遍速读，第三遍细读，第四遍精读。

（三）分析鉴赏阶段

1.讲解激情

课文中语言的情和义是息息相关的，学生不解语义也就不领语情。教师要通过充满激情的讲解分析，引导学生在理解语义的基础上，体会作者的情思、情怀。教师讲课的语言要避免平铺直叙、繁琐抽象，而要以情出声，同时要注意表情、动作的密切配合，即用体态语。美国心理学家艾帕尔·梅拉别斯通过实验证明，信息传递的效果，词语的作用只占百分之七，声音的作用占百分之三十八，面部表情的作用占百分之五十五，而在传递情感时表情的作用最大。人的喜怒哀乐，爱憎离愁，通过姿态、语声和面部表情表现出来，以感染别人。成功的老师总是善于利用体态语，如洪镇涛老师讲解《最后一次讲演》，请看镜头：我再读一遍，同学们仔细听，"反动派暗杀李先生的消息传出以后……不知他们是怎样感想，他们心里是什么状态，他们的心是怎么长——的（同时猛捶桌子）"这简直就是闻一多在讲演，最后一个"长"字是从从肺腑里发出的，那落在桌子上的拳头似霹雳，这一体态语的恰当运用，使闻一多疾恶如仇、大义凛然的高大形象一下子浮现在学生眼前。

2.设境引情

情与境关系十分密切。吴乔说："情能移境，境能移情。"王夫之说："景中生情……情者景之情也。"教师一方面可以利用实物、实景构造实境，如教师可在讲台上放几束鲜花，创设一个"红杏枝头春意闹"的意境。钱梦龙老师教《苏州园林》，将课堂搬到公园，让学生一边读文一边赏景，大大调动了学生的审美情趣。另一方面，可以借助录像、广播、电影、电视、投影等产生的视听效果设置情境。鲁迅先生曾言："用活动的电影来教学生，一定比教员的讲义好。"

3.课堂语言的幽默技巧

这种幽默来源于生活，又受教学的特殊性制约。幽默是一种态度，一种拈花一笑的人生态度，一种同情宽容理解的态度，一种身处境中又跳出境外的超然态度。教师教学偶尔幽默，可以使学生获取一种内在的自由和精神的平衡，获取一种创造的动机和情感的愉悦。幽默使教与学成为一种快乐无比的事，渐渐激发学生强烈上进的激情、求知的欲望，但不可添一些笑料来哗众取宠。

（四）总结阶段

讨论总结阶段教师的鼓励和适度评价，对于学生情感调动有至关重要的作用。近代教育家第斯多惠说得好："我们认为教学的艺术不在于传授的本领，而在于鼓励、唤醒和鼓舞，而没有兴奋的情绪怎么能激励人，没有主动性怎么能唤醒沉睡的人，没有生气勃勃的精神怎么能鼓舞人？"讨论中，学生们都有参与此项活动的愿望，希望被某一群体所接受，成为该群体中的一员，他们的表现也迫切希望能得到教师和同学们的认可和赞扬，所以教师的鼓励和评价可调动学生们学习语文的热情，让学生在喜形于色中体验到自身价值的存在。

（五）延展写作阶段

写作是语文教学中的重头大戏，在作文教学中，有相当一部分中学生的作文缺乏真情实感，或移花接木，抄袭套用；或凭空捏造，为文造情。要想改变这种情况，针对中学生的心理特点，进行激发、调动，可以从以下几个方面入手：

1.命题诱情

叶圣陶曾中肯地指出："作文命题……须认定作文者为学生，即以学生为本位。"命题应该从学生的情感需要和生活、学习的实际出发。如特级教师魏书生要学生写《站在月球上想到的》《宇宙人会》等作文题，既有时代气息又别具匠心，使学生感到新奇有趣，写起来情感汩汩不绝地流向笔端。

2.设境引情

在作文指导中创造一定的意境，使景中生情。一种方法是设置实境，将实物实景搬入课堂，或组织学生当堂表演节目，开展某项活动。例如，教师在作文指导课上，将小鸟放于鸟笼，带进教室，命题为《笼中的小鸟》。另一种方法是设置虚境，即借助图片、录音、录像、电视、电影等，如放一段轻松的音乐，在音乐中写《我想了……》。

除了上面两种，还可以讨论动情。中学生的心是相通的，情也是相融的，一旦他们找到情感共同点时，情感的闸门会打开，写作时的紧张压抑就会一扫而空，笔下自然有东西可写。

四、语文教学中情感调动应该注意的问题

凡事过犹不及，也讲究个趁热打铁，在课堂情感调动中，学生的情一旦激起之后，并不会长久不息，往往会随着时间流逝而渐渐消失。趁热打铁至关重要，

情不可"乱"，不要使课堂氛围散乱无章，一发不可收拾，反而弄巧成拙。

教学又讲究个"因材施教"。对于后进生要多给鼓励，把握好最佳机会与后进生交流。注意消除他们的揣测心理、防御心理、恐惧心理，以情感人，创造良好的课堂氛围，以配合课堂教学的情感调动。

学习负担过重，长久了，任何学生都会有厌学心理，所以在语文教学中尽量减负生效。教师要课前精心准备，反对满堂灌；讲清知识点之间的联系，帮助学生建立起知识的网络，以有利于学生的记忆；采用多媒体，寓教于乐，学生才学得愉，记得牢；注意从"量的迁移"训练转移到"质的迁移"训练上来，教师进题海，学生出题海，教师精选例题，力求举一反三。

语文教学的特殊性决定了我们教师有必要也有可能去调动学生的情感，贯穿全文的设计让学生如沐春风，它不仅仅只有记忆的过程，还有情动之处。课堂上，教师要抓住契机调动学生与课文相应的情感。在日常生活中，教师还要注意培养这种呼之即出的师生默契。这样万事俱备，语文教学自然成为每位学生心中的一首小诗，一篇散文。

（本文获得2011年桐城市教育教学论文评比一等奖）

作文教学要着重引导学生感悟生活

桐城市教育局教研室　朱正茂

中学语文感悟式教学研究

作文教学和写作训练是长期困扰中小学师生的难题。作文，作为语文教学的重要内容之一，全体语文教师十分重视；作文，又是中高考语文学科试卷的重要内容之一，广大学生岂敢忽视。可在具体的作文教学实践中，教师和学生都感到头痛、棘手，作文训练往往成为大多数学生敷衍教师的一种枯燥练习。学生虽然每周都进行作文训练，经年累月，从不间断，但许多学生直到高中毕业也不能体会到"我手写我心"的写作之乐，中高考作文常常被动的依赖"临场发挥"。在作文教学环节中，师生投入的精力和时间同获得的效果之间形成了很大的反差。因此，我们语文教师了解作文训练的性质，加强作文教学科学性的研究，探索作文教学与训练的规律，对于提高作文教学效果尤显重要。刚刚颁布的《语文课程标准》明确指出："写作能力是语文素养的综合体现。写作教学应贴近学生实际，让学生易于动笔，乐于表达，应引导学生关注现实，热爱生活，表达真情实感。"仔细学习，揣摩这段话，我们深深地感受到：作文教学要打破重知识传授的老框框，要贴近学生的生活实际，追本求源，要着重引导学生感悟生活。

一、作文的关键是"作"，是创造

学生写出文章，是创造性劳动，《语文课程标准》指出："写作是运用语言文字进行表达和交流的重要方式，是学生认识世界、认识自我，进行创造性表述的过程。"文贵创新，文贵真情。教师的任务就是教育学生熟练运用祖国语言文字，恰当运用多种表达方式，"我手录我心"，根据特定的情境和要求，创作出文质兼美、情真意切的文章来。同时，教师要反思平时的作文教学，如我们在作文知识传授上下的功夫较多，常常是先将作文教学定"格"，将各种文体的知识和写作要求传授给学生，让学生知道文章"有法"，写文章并非难事，无论什么样的文体的文章均有一些规律性的章法可依，再反复进行写作训练，使绝大多数的学生基本上掌握其中的章法，达到了这个标准后，再鼓励学生大胆破"格"，进入"文无定法""文无成法"的境界。这样教学的结果，学生的作文是"有规有矩"了，但千人一面，千篇一律的情况也就不可避免地出现了，好的优秀的作文就只能是凤毛麟角。久而久之，作文的灵性被扼杀了，学生写作的积极性也被打消了。因此，作文教学要突破知识传授的惯性，在求新求真上做文章，在培养学生创造性思维上做文章。

二、作文教学的关键是引导学生感悟生活

因为作文教学的任务，不仅是使学生从不会作文到会作文，而且要使学生写出有个性，有创见的好文章，创造的源泉是生活，离开了生活的积累、感悟，作文教学也就成了无本之术。《语文课程标准》指出"在写作教学中，应注重培养观察、思考、表现、评价的能力"，"让学生在写作实践中学会写作"，确实为作文教学指明了方向。

（一）观察生活，积累材料

积累材料是写作的前提，材料来源于生活。学生在写作训练中为什么总发怵？总写不好，总觉得无话可写？排除命题的因素，一个更重要的原因是学生阅读面太窄，接触社会实践少，每天家庭—学校—家庭，生活单调，缺新鲜话语。同时，也正由于他们对客观世界的了解大多来自于课本，来自于家中长辈的言传身教，他们对客观事物的认识常常是肤浅的，易停留在表象上，对客观世界缺少独特的感悟、体验，在这种情况下写的文章就只能是对客观事物的简单再现和摹写，议论分析常常流于表面，落于俗套。一句话，要让学生乐于写作，写出真情，就必须引导学生观察生活，积累写作材料。首先，我们要培养学生的观察能力。古人说得好，读万卷书，行万里路。在现实社会中，我们必须做生活的热心人，通过观察来了解社会，认识自然。我们要指导学生在观察的同时，写观察日记，日积月累，占有了材料，就不会出现"巧妇难为无米之炊"的情况了。如蒲松龄通过二十多年的积累素材，写出了《聊斋志异》。我们的学生走出课堂，到自然中去，到社会中去，面对名山大川，文化圣地，置身于森林田野、草地水边，直观感受大自然的神奇美妙和多姿多彩，怎能不怦然心动，情动于衷呢？其次，我们要培养学生的阅读习惯，所谓"熟读唐诗三百首，不会作诗也会吟"，正是阐明了读书对写作的重要作用。除观察外，中学生还应利用一切时间去有计划有目的地阅读，教科书上的选文只是浩瀚知识海洋中一滴小水球，要想获取更多的知识，占有更多的材料，就必须将眼光投向课外。我们要指导学生选择好书，用科

学的方法和态度去阅读。书籍是人类进步的阶梯，好的阅读习惯，可以使学生突破时空限制，获得丰富的第二手资料。"读书破万卷，下笔如有神"，说的正是这个道理。

（二）思考生活，感悟生活

生活是平凡的，日常生活的许多现象也是普普通通、平平常常的，大自然的草木虫鱼更是纯客观的外在事物，似乎无情义可言，那为什么有"感时花溅泪，恨别鸟惊心"之绝唱呢？原来这里面包含了诗人对生活的感悟和诗人的独特体验！新版初中教材收入了沈复《闲情记趣》一文，试想如果是一个对生活感受迟钝的人，他能不能对蚊蝇、蛤蟆产生情感？还会不会有"童稚之趣"？著名学者朱光潜先生说，"写文章是一种修养，不是一种知识"。作文同学生的生活阅历、思维能力、文化积淀和情感表达等能力是正相关的。正如毛泽东同志说的那样，文章"是一定的社会生活在人类头脑中反映的产物"，教师在作文教学中首要任务就是培养学生的思考能力，引导学生感悟生活。

1.引导学生热爱自然，让学生到大自然中接受熏陶

在不同的时令，安排学生利用节假日郊游，让山川风光、田园美景陶冶学生的情操，唤起学生对大自然的热爱之情，特别是适时引导学生用发展的眼光看待自然与人、自然与社会的关系，利用自然景观和人文景观的教育、启迪功能，引领学生进入深层次的思考，达到兴味盎然、意趣横生的境界时，乘兴作文，肯定会有得意之作。

2.引导学生关注现实，让学生从身边生活中受到感染

一方面，社会生活中时刻都有重大事件发生，热点、焦点问题常常吸引众人的目光，引起人们深深的思索，教师要尽可能地创设情境，引导学生参与社会问题的评议。天下兴亡，匹夫有责，引导学生树立远大理想，培养爱国爱人民的情操，时时刻刻，"祖国在我心中"，将学生的思想和笔触真正引向社会生活，只有这样，学生作文才能立意高远，境界开阔。另一方面，学生日常的学习生活又是平凡的，有些情境又是司空见惯的，同学们经常遇到，如果老师不提出让他们注意，启发他们思考，诱动他们真情，也就如过眼烟云了。如国庆节前夕，我带的高三班大部分学生住校，同学们在学校已住了一个月了，又是毕业年级，学习任务重，既想回家，又怕回家。我把握到这种心理后，在指导学生作文时，出了一道命题作文《回家》，结果不少同学写出了富有真情实感的好作文！

总之，教师是学生学习的引导者、参与者，在作文教学实践中，写作知识的传授，作文方法的指导，当然是不可少的，但我们不能为了作文而作文，一味硬

写。在作文教学中，重要的是想方设法创设适宜的作文情境，引导学生对客观外在世界去"感"、去"悟"、去"有所思"。学生的内心世界一旦获得了独特的情感体验，形成了强烈的表达欲望，那么学生作文的积极性就会大大地提高，作文教学求新求真的目标也就能达到了。让我们记住法国教育家第惠多斯的话："教育的艺术不在于传授的本领，而在于激动、唤醒、鼓舞。"

音乐激发，拨动真情

桐城二中　朱新敏

　　作文教学的关键在于激发学生的兴趣，启发其想象力，以调动其知识储备、生活感悟、情绪体验，使之思维展翅高翔，使之笔下生花。

　　亲情，是人类感情中崇高温馨的部分，因此历来是文学作品（也包括学生习作）的永恒主题。于是，我曾让学生写一篇表现亲情的文章，以感悟父母的关爱，促进亲人之间更好的交流。但结果如何呢？不少同学或老生常谈、乏味至极，或胡编乱造、无病呻吟，甚或搜索枯肠、不知所云。

　　一个本是人人有话写、写来能感人的题材何以令大多数同学如此犯难呢？究其原因，主要是他们学业负担繁重，成天埋首作业堆中，与朝夕相处的父母亲人缺少交流，对父母的关爱则是"入芝兰之室，久而不闻其香"，兼以两代人之间对社会、人生的看法颇有不同之处，甚至对父母过多地干涉自己而厌烦、反感，表现在作文上，就成了这种缺乏情感、内容干瘪的应付之作了。

107

　　如何激发学生的写作兴趣，启发他们的想象力，使他们笔下灵动起来呢？针对年轻人喜爱新鲜事物的特点，我想，何不选用大家熟悉的抒情歌曲激发他们的兴趣，何不用音乐电视中那内涵丰富、感人至深的画面拨动他们的心弦呢。

　　于是，在重新写作前，我先播放了有关以母爱为主题的乐曲，让同学们体味一下其中蕴含的深情。在时而低沉、时而高亢、时而如泣如诉的旋律声中，同学们神情由兴奋到专注到若有所思，逐渐进入了歌曲营造的意境。接着，我又播放了一些表达母爱的视频。画面上，母亲在风雪之中蹒跚地背柴，在孩子们睡熟之后独自在灯下为他们缝补衣裳，在孩子们吃完饭上学后自己却舐食他们的碗底，在孩子们成年离去后孤独地站在铁轨边……这些再平常不过却蕴含着人间至情的细节深深震撼着同学们的心灵。"……把爱全给了我，把世界给了我……多想告诉你，你的寂寞我的心痛在一起"，那催人泪下的歌声在教室里回荡着，不少同学已泪眼迷离，情难自已。

我抓住这一启迪他们心智的契机，适时点拨："听了这首歌，同学们一定心潮难平。确实，亲情是人间最美好的感情，它无处不在、无时不有，它'润物细无声'。我们每个人都生活在亲情的包容之中，在爱的滋润下健康成长。父母为我们倾注了多少心血、汗水。为我们作出了多大牺牲，他们日渐苍老的容颜、日益增多的白发便是明证。《九香》这部影片所表现的博大无私的母爱，在我们身边同样有，只不过表现形式不同而已。同学们扪心自问，平时注意过父母亲人对自己的关爱了吗？自己主动关心亲人又有几次？爱是相互的，我们不能因为亲情不求回报就漠视它的存在，不能因为司空见惯就觉得理所当然。那样，不仅愧对亲人的关怀，也愧对自己的良心，当你为人父母回首往事的时候，你也会追悔莫及的。现在，让我们借此机会，抛开纷扰，回想一下与父母相处的情景，静静地感悟一下亲情，体验这一份真情，并把它倾诉出来，就作为一份礼物献给亲人吧。"

环视全班，看得出同学们多处在一种激动的氛围中，有的凝神思考，有的低首与同学交流，有的已奋笔疾书，大家都进入了写作的境界。

文以情动人，本次作文真正做到了这一点，佳作满目皆是。如张淑英的《满院的春天等着我》，写出了心情抑郁回家后母亲给自己的抚慰使自己一扫心中阴霾的心路历程；郑玲玲的《亲情无价》叙述父母平时节衣缩食含辛茹苦而为了自己学美术不惜一切代价的感人故事；胡欣的《别样的母爱》另辟蹊径，写出了母亲用特别的方式教育孩子自强的良苦用心。批阅时，我不禁陶醉于同学们的文章中，为他们文章的立意深刻新颖、内容丰富多彩、感情真挚动人而击节赞赏。评讲时，我让几位同学谈谈自己的体会，他们深有感触地说，第一次发现父母对自己付出了太多太多，父母真的不容易，自己以往怎么那么粗心、那么自私、那么不理解人。有两篇一致叫好的优秀之作，荣光全的《亲情》、朱萍的《爱如茉莉》，被登载在我校文学社刊物《浪花》上。

运用有效手段，激发学生兴趣，启发他们的想象力，就能充分调动他们的知识储备、生活感悟、情绪体验，就能使他们的思维展翅高翔，使他们笔下生花。

例文：

爱如茉莉

高三 朱萍

记忆中的母亲是不爱多说话的，她总是默默地帮我做好她认定我做不好的事，在平凡中给我温暖，散发着茉莉似的温馨。

以前，我感受不到这种平凡而无私的爱。于是，便坚定地认为母亲不爱我。当同学们谈论她们的母亲是多么地爱唠叨，多么地喜欢告诫这、告诫那时，我羡慕她们有一个慈爱的母亲，所以我就更不喜欢母亲的少言寡语。

我不喜欢和母亲谈心，却常常和父亲为一个问题而辩得面红耳赤。母亲只是边做家务边在旁边听，并时时露出微笑。当母亲有事问我的时候，我有时耐着性子给她讲完，有时就一句"不知道"。要是她又追问，我便喊道："不知道，就是不知道，我要写作业，别烦我。"母亲便失望地走去，有时还偷偷拭去眼角的泪水。每当此时，我也很内疚，但我不知如何去安慰她。母亲虽然介意我对她的大喊大叫，但她从不表现出来，仍然默默地做家务和为我准备需要的东西。我常常发现，已用完的圆珠笔芯不知何时换上了新的，脏衣服不知何时被洗干净放在衣橱里，随着季节的变换，被子在不知不觉由厚变薄，由薄变厚。

母亲关心我所说的每一句话，当我不经意地说什么菜好吃，第二天桌子上就会发现这种菜；当我不经意地说什么衣服好看，过不了多久就会在衣橱里看见它。了解了母亲这种性格，我常常不说我喜欢什么，讨厌什么。有时她会问我："你想吃什么？"我便连忙摇头说："什么都好，什么都好。"生怕她第二天从市场弄来一大堆的菜。

母亲喜欢茉莉，据说以前外婆家的一株茉莉是母亲的至爱。也许是因为我长大了，渐渐了解母亲对我平凡中的爱，我觉得似乎应该送点什么给母亲。我用我所仅有的20元钱，给母亲挑了一盆小小的茉莉，当她接到这盆茉莉的时候，我真切地瞧见了她眼角的泪光。我顿觉不好意思地一溜烟跑开。

一日放学后，被眼前一幅和谐的画面深深震撼，母亲正在阳台上给我送她的那盆茉莉浇水，夕阳的余晖洒满了她的全身，母亲平静而祥和地沉浸在那柔和的光中，她温和的笑颜一如花枝上那星星点点的小花，虽平凡却幽远。夕阳晚景，我从未像今天这样注意到其中的安宁与美丽，母亲唇边的那朵微笑让我感到安全与温馨。我忽然想起了母亲给我的这份爱，在平凡普通中默默散发着芬芳，久入芝兰之室而不觉其香，我是多么傻，在被这份爱滋润了20年以后，我方才明白，哦，爱如茉莉！

深刻透彻求创新，生动形象有文采
——例谈高考作文的发展等级

桐城二中　朱新敏

2000年高考语文《考试说明》首次在写作部分提出了"发展等级"这个概念。这是鼓励写作尖子脱颖而出的重要举措，是高校选拔人才的重要举措，适应了新世纪鼓励创新的形势。

发展等级共有四个考点：深刻透彻；生动形象；有文采；有创新。下面拟结合高考及其他优秀作文范例，谈谈这四个考点的具体内涵应如何落实，以便有的放矢地进行训练，有助于我们在高考作文中稳操胜券。

先说深刻透彻。它是指能够透过现象深入本质，揭示问题产生的原因，预感事物发展的趋向和结果。也就是说，在问题的思考上，要测量出考生的思考能力强不强，思考程度深不深，对人对事，能不能多问几个为什么，多追问几个为什么，多问一问到底为什么。

譬如2000年的高考作文：以"答案是丰富多彩的"为话题写一篇文章。若写成议论文，通常立即想到以下命题：

从"标准答案"谈起

"答案"面面观

永远寻求新的答案

这三个题目都有"答案"二字，在学习生活中，"答案"与学业成功与否密切相关，围绕此作文，可以以自己的经历，谈追求答案的唯一性而忽视其多元性，

110

力求刻板的"标准"而扼杀求新求异思维。这正是旧教育的弊端之一。倡导为学生提供宽松的思维空间，任其阐述自己的感悟，驰骋自己的想象，不可使其在某种规范的约束之下一味地求同和盲目地从众。以上所谈，皆是一般考生容易想得到的问题。

若深入一层想下去，便可由"答案是丰富多彩的"这个话题联想到思维的品质：

> 鼓励多角度看问题
> 想象需要有胆识
> 创新源于思路开阔与灵活

这几个命题，都超出了学习的范畴，涉及了思维方法。思维方法比知识更加重要，正是它们构成了现代人的重要素质。思想的单一化、平面化、墨守成规、亦步亦趋，只会使人变成因循守旧的平庸之辈。我们平时所说的"才智"与上述命题所提到的优秀思维品质是密不可分的。诸如奇迹的创造、难题的攻克、发明的诞生以及各种领域的制胜之道，可以说都是优秀思维品质的产物——这就比前三个命题大大地深入一步。

继续深入思考，还可想到以下角度：

> 多样化与独创性
> 不拘一格与百花争艳
> 尊重个性
> 正确认识丰富多彩的客观世界

我们与其说"答案是丰富多彩的"，还不如说"世界是丰富多彩的"。在许多领域和行业中，只有坚持多样化的原则，才会有独创的东西出现；而只有坚持自己的特色，才会在多样化的世界中拥有坚实的立足之地。树立正确的人才观，恐怕也要坚持"不拘一格"和"多样化"。用一种固定的模式和僵死的标准去衡量和选拔人才，很可能会发出"天下没有千里马"的慨叹。江泽民主席在与克林顿总统谈及人格问题时曾对他说过，世界是丰富多彩的，由于历史文化和价值观念的不同，不可把自己的思维方式和价值标准强加于人。这话说得真是太好了！

若还想把文章写得再深刻些，还要注意辩证地看待"答案是丰富多彩的"这句话。世界是丰富多彩的，但又不是无序的、无规律的。"盲人摸象"，其答案不可谓不丰富，但都无一正确。故既要承认世界的多样化，又要承认它的统一性；既要承认事物表现形式的丰富性，又要洞悉其本质。

由上可知，文章的深刻是由思维的深刻决定的。写议论文要能透过纷繁的表象看清本质，学会由浅入深、由实而虚、由自己到他人到社会地看问题，学会换个角度，一分为二地看问题，这样，才能使文章思想层次丰富，见解深刻，议论透辟。

再说生动形象。它多指在写记叙性文章时，形象丰满生动，叙事曲折有致，描写具体逼真，抒情真挚感人，象征贴切意义深远。这就要求我们，善于捕捉感人的细节，灵活运用各种表达方式，创造出生动感人的形象。

笔者曾以"色彩的联想"为话题让学生当堂作文，题材不限，主题不限，题目自拟，借以训练学生的想象力和语言表达能力。在众多的作文中，下面一篇个性鲜明，具有较强的艺术感染力。

紫丁香
桐城二中高三（7）班　张淑英

说不清是何时走出了那粉红色的城堡，不再一心一意搭那永远住不下公主和王子的城堡。也是从那时起，所有粉红色的梦都被遗落在那里。

灰姑娘没有变成白雪公主，于是不再痴迷于童话，正如许多书中描述的那样。我从一片晴朗的天空走进蒙蒙雨季，读着戴望舒的《雨巷》，我是如此震撼，不曾见过紫丁香的我却从此把它深藏于心底。我自己也说不清紫色何以让我心动。

虽然钟爱着紫色，却不曾拥有一方紫色的手帕或纱巾。我一直固执地认为，真正的紫色是不可以制造的，她应该永远属于紫丁香，永远只存在于我的心底。就像麦琪的"玫瑰灰色"一样，这只有她自己才能理解，别人怎么也不能想象那"玫瑰灰色"究竟是怎样的动人心魄。我的紫色也仅仅属于我。我可以在无人顾及的雨夜，想那紫色的忧伤萦绕在每个朝代的女子心头，直到今夜来到我的心头。这紫色已成为心中的一个意象，我可以静静地品赏：若把自己喜爱的东西都蒙上一层淡淡的紫色，该又是怎样的一番景象？

一直深爱紫丁香，却至今也不曾见过一株真正的紫丁香。于是在梦境里不时出现那同一朵紫丁香，而且每次，她都在那空蒙烟雨中静静地站立着，似在忧伤地悼念着什么。没有荷花的婀娜飘逸，没有梅花的高洁淡雅，有的只是全身笼着的那股伤感。那淡淡的紫色在细细的雨帘中，若隐若现。欲启还合的花瓣似乎不愿把心底的伤痛说给别人，就这样矜持地站立在细雨中，唯有这雨丝能和她保持心灵的默契。

每次从梦中回来，都觉得自己仿佛淋了一场雨，全身心都感到点点凉意。忽然突发奇想，莫非我就是梦中的紫丁香，那紫丁香莫非就是我自己？难道这就是庄周梦蝴蝶的新传说么？

渐渐地，当我知道忧伤的人都喜欢紫色，都深爱紫丁香时，我才明白，我不过是千万个忧伤人中之一人时，便才笑自己的痴，笑自己哪是什么庄周梦蝴蝶或是蝴蝶梦庄周。

随着年龄的增长，忧伤也会离我而去，紫丁香也会如当年粉红色的城堡一样，会被我遗失。但我知道我永远不会忘记她，就如现在我也未曾忘记那城堡。

毕竟，她曾经诉说着一个个忧伤的故事。

张淑英同学的这篇作文，从戴望舒的《雨巷》中撷取"紫丁香"这一鲜明的意象，作为少女情怀的象征，形象地抒写了正处于花季雨季交替之际成长的迷惘，描画出由忧伤到摆脱的心路历程。文章联想自然而丰富，心理描写细腻传神，很能引起同龄人的思索与共鸣。颇见作者知识面之广，表达方法之熟练，语言表现力之强。

其三，有文采。要求在语言通顺的基础上用词生动，词语丰富，句式灵活；善于运用修辞方法，文句有意蕴。也就是说，考生的语言运用要有闪光的地方，要有特点，乃至逐步形成自己的语言风格。

具体地说，文章中应尽可能多地用比喻以增强其形象性，多引用诗歌名言以增强其感染力，多用设问以启人深思，多用排比以增强气势。另外，整句散句相结合可使文章整齐之中有变化，人称的变换可增强亲切感，语言的幽默更可显其机智，这些手段，都能使文章生色。

请看1998年高考的一篇优秀作文：

坚韧——我追求的品格

坚忍不拔，是我追求的品格。

在很小的时候，我的脑海中已经有了保尔·柯察金、张海迪、海伦·凯勒的形象，但在那般少年无知的岁月中，他们只是英雄，对我而言，是天边

113

那颗遥不可及的星辰，我只是一个观星人。那时的我不奢望成为那样坚韧的人。

现在我已经长大了，成长使我懂得了保尔回顾生命时的无怨无悔；张海迪承受病痛，埋头苦读时的就就业业；海伦生活在没有色彩，没有声音的世界里，辗转于春天来了却永远看不见的悲哀中，却能用笔尖流淌出一段又一段美妙的文字。终于懂得，活着就是一种幸福，我们又怎么能逃避生活的考验，去愧对生活呢？

我和所有的同龄人一样，生活在父母羽翼下，如同温室里的花朵，娇艳却难以抵挡风雨，一帆风顺的生活使我们的心理堤岸常常面临决堤的危险。所以有人称我们是迷惘的一代，是被宠坏了的一代，多了些霸气，少了些勇气。

从前，我觉得自己如同屠格涅夫笔下的罗亭，纵然心中有宏图大志但往往遇到困难而退，如同无根的浮萍，缺少了一种坚持到底的信念。正在这时，一次演讲彻底改变了我。那是高二时学校举行的一次学生干部选举，要求每人都要有四分钟演讲，这对平时说话都脸红的我来说，实在是有些勉为其难。而妈妈却一直在我耳边鼓励我。甚至为我唱起几句歌："把握生命的每一分钟，全力以赴我们心中的梦，不经历风雨，怎么见彩虹，没有人能随随便便成功。"就是这几句话，成为我竞选的口号，更成为我一生不能忘怀的座右铭。讲台上的我意气风发，眉宇间一扫往日的阴霾。

现在我也许就是海边那拾贝壳的孩子，尽管伙伴都已散去，远方的暮色已漫入天空，我依然执着地寻找着我心目中的贝壳，即使它只有七分真实，还有三分是虚幻的美丽。尽管我不敢说自己已经很坚强，但我选择坚忍不拔。

这是一篇极富文采的抒情散文。作者借助丰富而自然的联想，以饱含感情的笔触，抒写出自己所追求的品格所在，贴切比喻的巧妙采用，构成一系列内蕴丰富的意象，如遥不可及的星辰，父母的羽翼，心理堤岸，温室的花朵，无根的浮萍，心目中的贝壳等。文章饱含诗意，耐人寻味。语言如流水行云，清新活泼，情感流露自然亲切，感人至深。堪称不可多得的佳作。

冰冻三尺非一日之寒，语言运用并非一朝一夕之功，应在多读多品味多练笔的基础上形成。故平时就要养成铸炼语言的好习惯，厚积才能薄发。

其四，有创新。这是发展等级的最高要求，也是新时代的要求，更是新世纪教育形成的拉力。有创新，就是要构思精巧，推理想象有独到之处，材料新鲜，见解新颖，有个性特征。在作文训练中，凡是能体现创造精神和创造能力的尝试都应给予肯定与鼓励。

请看2000年高考作文中颇富有创意的一篇：

四幕剧

我是中文系的学生，教授布置了一份特殊的作业，看四幕短剧，写篇论文，明天交。

打开投影仪，开始。

第一幕：情景对话

背景：一条泥泞的乡间小路，一条小溪静静地流，几块零乱的石头。

A：这有什么风景好看？暴雨，小路，溪流，石头！

B：这有许多东西。小路边长着青草，溪流里藏着歌谣，石头边花朵在欢笑，暴雨后挂着彩虹……

全剧终。

我凝神思考，在笔记本上写道：其实生活中的任何情景都是美丽的，能发现这一美丽的就是敏锐的眼睛，敏感的思维，更重要的是一颗充满爱与希望的心。正如：生活不是缺少美，而是缺少发现。

第二幕：半个甜面圈

背景：一个小餐馆中，一张桌子，面对面坐着两个人，他们面前的盘子里各有半个甜面圈。

A：唉！天哪！只剩下半个甜面圈。（A一脸的无奈）

B：上帝！真是太好了，还有半个甜面圈。（B一脸快乐状）

全剧终。

笔记本上留下了我清晰的字迹：乐观和悲观其实是两种生活状态。乐观者看到的永远是希望，而悲观者看到的永远是失望。在人生旅程中，乐观者永远向前看，向前走，大步流星，悲观者永远向后看，原地停留甚至向后走，惊慌失措。正如：乐观的人在被玫瑰刺伤后仍会说多美的花，悲观的人在看到刺时就会说多糟啊。我选择玫瑰的美丽，因此我选择前者。

第三幕：世界上什么东西最亮

背景：上山下乡刚回乡的老三届在听一位哲学老师上课。黑板上一行字——世界上什么东西最亮？

有人说太阳，有人说原子弹爆炸时的光，有人说激光……教室里充满着七嘴八舌的议论。一位知青站起来：是在雨夜中漆黑的泥泞小路上走了很久，突然看见的远方路上的如豆灯火。全场一片寂静。

全剧终。

心中有一些东西在涌动，我想起了巴金的名篇《灯》，似乎当时不能体会的温暖渐渐真实起来。世间最亮的其实是人性之光，一如那小小的心灯，一如那如豆的灯火。温暖是无处不在的，温暖着自己，也温暖着别人。正如哲人所说：送人玫瑰，手有余香。

可是第四幕却没有看到。够了，这三幕的感动让我一夜无眠。清晨，我交上论文，提出了自己的疑问。儒雅的教授笑了：看了三幕剧的感受是多种多样的，答案是丰富多彩的，在你下笔的同时，第四幕已经上演，你的答案就在第四幕——真实的人生。

我大悟，生活有许多精彩的诠释，我的答案只有八个字：热爱，乐观，感悟，付出。

本文的构思可谓巧妙之极，展现的三个不同的画面，从不同侧面演绎出"生活有许多精彩"的哲理。尽管第四幕并未展现，但是"答案""真实的人生"却已隐含到其中，以虚衬实的笔法怎不令人叫好。三个画面在内涵方面逐层推进，渐入高潮，尤其是最后的点睛之笔，将文章一下子提升到一个更高的层次。

用"四幕剧"的形式展示一个深刻的命题可谓大胆的创造。但这创造并非脱离实际的空中楼阁，亦非心血来潮的凭空杜撰，它是建立在事实基础上的再创造。

创新，靠的是一双认识生活的慧眼，靠的是对生活的感悟，靠的是敢于打破陈规陋俗的勇气，靠的是永不满足现状的不懈探索。它与人云亦云无缘，与浅尝辄止相悖。正是有了创新的精神，才能使我们的思维摆脱束缚而展翅高翔，才能使我们笔下生花！

（本文发表于《语文月刊》2001年第5期）

热爱生活，善待生命

桐城二中　朱新敏

材料：

古今中外，许多作家写过关于生命的文章，启迪人们热爱生活、善待生命。去年，上海人陆幼青在与癌症搏斗的过程中，更是以超乎常人的毅力，写下了感人至深的《死亡日记》，表达了热爱生活的坚强信念。然而，我们也看到，一些中学生乃至大学生，因种种原因而轻生，社会上此类现象也时有发生。那么，你是怎样看待这些现象的？你是怎样对待生活、对待生命的？它将引发你怎样的思考呢？

请以"热爱生活，善待生命"为话题，写一篇800字左右的文章。

要求：

1.内容充实，感情真挚。

2.文体不限，标题自拟。

命题意图：

生命本身乃是一个奇迹，是地球亿万年进化的结晶。人类作为万物之灵长，理应更珍爱生命。新版的初中语文第二册就选入了两篇意蕴深刻、警策动人的美文：法国作家蒙田的《热爱生命》，台湾作家张晓风的《敬畏生命》。高中语文第二册课本上选入的中国当代作家史铁生的《我与地坛》，也写了对生活对生命意义的思考。不言而喻，这将启示中学生们热爱生活，珍惜生命。

但现实往往不能令人乐观：因学业受挫、升学压力、感情纠葛，因与师长同学的矛盾而轻生的学子实在不少。今年春节，因受"法轮功"蛊惑而自焚致死的花季少女刘思影更是让人震惊、痛惜不已。人们有理由大声疾呼：要热爱生活，善待生命。

例文：

生命1+1

桐城二中高三(6)班　胡旻雯

一

"骄傲些吧，小草，只有你普遍地装点了世界。"冰心如是说。于是小草挺直了腰杆，因为它懂得了再卑微的灵魂也应拥有高贵的头颅。

四年在黑暗中苦苦地等待，只换来四个星期阳光下的精彩。法布尔把蝉的一生这样总结给我们。怪不得这些夏练三伏的勇士们在引吭高歌中感谢，感谢骄阳所赋予它们的一切。

自然界中的生灵尚且如此，更何况我们这些自称为造物主的人呢？生命是美好的，懂得生命美好是可贵的。当新的生命随着产房里那动人心弦的呱呱声诞生时，就好像小草萌出大地，夏蝉钻出泥土一样，告别了隐性的存在，开始了生的延续。所以，我们不能辜负生的权利。

二

如果说小草和夏蝉在走向新生时，本体总是历尽艰辛；那么人类本体的新生则是建立在母亲的艰辛之上。世界所给予我们最初的生命是一块白色的布，其余的色彩则需要自己在成长过程中慢慢填补。我们所需要的是认真地对待、仔细地描绘，尽量使它趋于完美，而不是信笔涂鸦，或者失去了继续调色的勇气，把一幅不堪或不完整的图画留于世间。

一颗沙粒要想长成珍珠，必须告别温暖的阳光、新鲜的空气，在阴湿寂寞的蚌中呆上很长的时间，这也是它不被海吹得烟消云散、无法复寻的唯一出路。

生命的过程原本就要经过深深的苦难和长长的黑暗，只有这样，平凡如沙粒的我们才能长成又大又圆的珍珠，去实现人生的饱满。所以，在成长过程中，我们要尽力实现人生的完善。

三

人生本来就是苦乐参半的，只是乐时不在意，苦时记在心而已。这就是苦乐的法则。从生命最初的到不断完善的过程中，我们不可能不经历挫折，这就需要我们以一颗平常心去对待。宠辱不惊，闲看庭前花开花落；去留无意，漫随天外云卷云舒。因为生命的小蛇总是冷不丁咬你一口，让你痛上半天。人生的完美境界就是在受伤与恢复中体现出来。倘若一点点的打击就让我们悲观失望，甚至走上奈何桥，踏上不归路，那么，这样的生命本体就不具备排毒功能，这并非母体没有给予我们，而是我们自己缺乏自信自立自强的三合一维生素，肌体免疫能力太差，这是健康成长的大敌，要想防患于未然也并非难事，但要想根除自身的惰性却并非易事。所以，这要求我们，要一边受伤，一边学会坚强。

四

《镜花缘》中写道：人生能活多少年，一辈子就该有多少烦。正因为人生苦短，在历史浩瀚长河中不过是白驹过隙，所以我们就更应该善待生命。从生命的开始到生命的成长，再到生命不断修复、完善，每个人都有权利，也有义务好好地把握。

当然，最重要的是我们要不断地挖掘生命，不断地感悟生命，用自己的心去触摸生命的实体，用自己的眼睛解读生命的真正意味。

【评析】

初读此文，如饮春茶，一股芳醇沁人心脾，久而弥笃。文章以饱含感情的笔触，形象地描画了生命的萌生、成长、磨难、感悟的历程，深刻地阐述了善待生命的道理。作品结构精巧，视野广阔，材料新鲜，比喻贴切，推理想象有独到之处，显示了小作者善感的心灵和过人的才气。

（本文发表于《语文学习》2002年第5期）

例谈作文立意创新的策略

桐城市吕亭初级中学　陈社教

正如古人所说：文章成败由立意。

立意是文章的关键，是文章的灵魂，即文章所要表达的基本思想。清代学者王夫之的论述则更为精辟，他说："意犹帅也。无帅之兵，谓之乌合。"新颖别致的立意，不仅可使文章熠熠生辉，意蕴隽永，还可以帮助学生树立正确的人生观、价值观。要想做到立意新颖，笔者认为在作文指导时，教师要想方设法，让学生各种思维都能积极参与其中，同时注意"合时而著"，这样才会出现"领异标新二月花"的境界。

一、多向思维，广泛搜索——追求"广"

多向思维是发散思维的一种，要求从尽可能多的方面来考虑同一问题，即发挥思维的活力，使思维不要局限于一种模式、一个方面。它之于作文，旨在训练学生在思维时，要学会对同一问题、同一题目有不同的处理，或者是角度的不同、立意的不同，或者是构思的不同、手法的不同。所谓"以我观物，故物皆着我之色彩"（王国维），讲的就是这个道理。①学生面对一道文题，往往囿于习惯思维，只能看到事物的一个方面，这时，教师就要引导学生多方位思考，深入挖掘题目的含义，多向立意，然后对各个立意进行筛选，力求做到"言他人之所未言，发他人之所未发"。

如《一路有你，真好》这一文题，我首先让学生明白题眼"你"的含义。既可以指人，也可以指物；既可以是具体事物，也可以是抽象概念。同时还要注意"一路"这一词语，它表明有一段历程。为此，我让学生要多向思维，联想到几个领域的情景——家庭、学校、社会、自然、人生，进行立意。

家庭类：可以写亲朋（父母、兄弟姐妹、幼时伙伴等）对自己成长的影响；也可以写自己心仪的一件物品（如书桌上的那盏台灯）给自己的帮助；还可以是亲人一句经典的话语一直激励着自己等。

学校类：可以写老师、同学对自己的爱；也可以写学校经常开展的有益活动（如演讲活动、作文比赛活动、出黑板报等）对自己积极的影响；还可以写学校一处人文风景对自己的启示等。

社会类：可以写心中崇拜的明星（如姚明、郭晶晶等）对自己的影响；也可以写一次爱心传递对自己的震撼，时时激励着自己；还可以是某个公共场所出现的精彩场景等。

自然类：可以写一株植物（如青松、鸢尾花等）给自己的启示、力量；也可以写门前的小河、屋后的小山一年四季给自己带来的愉悦；还可以写动物那精彩的瞬间（如斑羚飞渡、大雁南飞、老牛护犊等）给自己的震撼等。

人生类：可以写古今中外那些精彩的人生对自己的影响；也可以写音乐、书籍、绘画、舞蹈等对自己的帮助；还可以写自信、坚强、恒心、感恩等成就了

---

① 程红兵：《发散思维创新、收敛思维创新与作文》，《中学语文教学参考》2000年第1-2期，第39页。

自己。

以上是多向思维的成果，注意从不同的领域来立意。但还可以指导学生再次多向思维，将几个不同领域的材料放在一起来表现主题。如表现"爱"的主题：写母亲爱护你，写老师关心你，写同学帮助你。将这三个不同领域的材料放在一起构思文章，也是一种很好的构思立意。再如表现"美对自己陶冶"的主题：可以写自然美、人情美、社会美等。

二、横向思维，用心比较——追求"新"

横向思维是把事物放到普遍联系和相互作用的过程中，在"关系"的展开过程中，去观察事物运动的特点和它的本质。它之于作文，就是横向比较，能使学生迅速地把握事物各自的特点，进而了解事物的本质，从而作出准确地分析论断。[①]

上面要求学生面对一道作文题目，要从多方面打开思维，掌握丰富的第一手材料，让自己有广阔的选择空间，这里老师还应该要求学生运用横向思维，不妨联系生活实际作类比联想，这样学生往往受到启迪，发现新意，表现出新颖的主题。例如，《一路有你，真好》可选择表现感悟自然景观的主题。如写某一自然景观让自己怦然心动的感觉：如校园一棵柳树与一棵紫藤树在一起和谐相处的情景，自然联想到和谐就是美，人类也应如此。这种立意通过描写自然景观，有所感悟，是托物言志的写法，也能反映出新颖的主题——人类也要和谐相处。还可选择表现父母尊老爱幼、相亲相爱对自己的积极影响的主题。如选取三个生活场景：父母孝敬爷爷奶奶；父母关心子女；父母之间和睦相处。这一立意能以小见大，反映出社会和谐的大主题。社会要和谐，就需要每个家庭的和谐，而家庭的和谐，就需要父母具有尊老爱幼、相亲相爱的品质，这对年轻的我们的成长是很好的教科书。

三、纵向思维，深处发力——追求"深"

纵向思维是一种历时性的比较思维。它是把事物放在自己的过去、现在和将来的对比分析中，发现事物在不同阶段上的特点和前后联系，以此来把握事物及其本质的思维过程。它之于作文，能够抓住事物的特征，看出事物的变化，把握事物的规律。使文章有时间跨度，有历史的纵深感。纵向深入剖析使文章叙事说

---

① 程红兵：《发散思维创新、收敛思维创新与作文》，《中学语文教学参考》2000年第1—2期，第42—43页。

理更有力度，给人一个完整的概念。[①]

如一道材料作文：蝴蝶是这样诞生的，起初它是一条蠕动的毛虫，为了能飞起来，它先结一个茧，把自己禁闭在内，它得从茧中挣脱出来，成为一只美丽的蝴蝶，自由地翱翔于空中。根据这则材料，请学生以蝴蝶比喻某种人，写出他的成长过程。

老师这时就要请学生运用纵向思维，来构思立意：

可以把一位企业家比作蝴蝶，茧子可以表示企业家在早期必须接受的磨炼和教育。

可以把一位精彩的人生比作蝴蝶，如"舞出我人生"的舞者廖智的经历。

可以写一篇童话，写一粒种子追梦的经历，来影射人类。

……

老师要强调，面对这一题目，就要运用纵向思维，写出一个人的成长经历，而且类比对象要确定好，这样立意也会高远、深刻。

再看《一路有你，真好》这一文题，也可以运用纵向思维来立意，可以选取童真、简单、乐观、宽容、善解人意、懂得感恩等抽象概念来写。向深处发力，追求深刻。

如一位考生选择了人生的三段历程来逐一演绎：一路有安徒生的童谣，便有了梦想的童年；一路有史铁生的精神，便有了直面挫折的勇气；一路有母亲的大爱，人生便不再孤单寂寞。篇末以三毛语作结，有思想深度、有内涵韵味。全文单线延伸，缓缓道来，颇见功力。

四、反向思维，特立独行——追求"异"

反向思维就是逆向思维、求异思维，指与人们惯常思维方式相反的一种思维方式，也是发散思维的一种。它之于作文，即古人所谓的"翻案法"。[②]如"开卷有益"这一成语，反向思维就可得出：开卷未必有益。这种反向立意，往往容易出人意料，可使文章熠熠生辉，意蕴深刻。运用反向思维的方式，再看看《一路有你，真好》这一文题，还可以如何去立意。

可选择，一次失败的经历。如写一次失败，让自己受到一次历练，获得了人生的启示。这种失败，珍藏起来，能时时警醒自己，反而更有意义。

---

① 程红兵：《发散思维创新、收敛思维创新与作文》，《中学语文教学参考》2000年第1—2期，第41—42页。

② 程红兵：《发散思维创新、收敛思维创新与作文》，《中学语文教学参考》2000年第1—2期，第39页。

可选择，众多的唠叨。如写三个生活情景：早上妈妈的唠叨、中午奶奶的唠叨、晚上爸爸的唠叨。这些唠叨声都充满着爱，能催人进步、帮人成长。

可选择，经历的苦难。如写一个贫困家庭的孩子，经历了种种苦难，磨炼了自己的意志，最终成就了梦想。这种苦难就是财富，能激励莘莘学子健康成长。

……

人们总是喜欢一些美好的东西，如果能够反弹琵琶，往往能够推陈出新，让人生"平添"了多少财富与珍宝。

五、侧向思维，变换角度——追求"鲜"

侧向思维是发散思维的又一种形式，它与正向思维相对。正向思维是局限于本领域内考虑问题、寻找解决问题的答案的思维方式；侧向思维要求把自己的领域与其他的领域交叉起来考虑问题，在写作上就是不同领域不同思路交汇，在交汇处获得新的观点，找到新的解决问题的办法。我们常说的旁敲侧击，就是运用侧向思维来解决问题。[1]

例如，学习《邹忌讽齐王纳谏》写一篇读后感，学生通常从"提建议要讲究艺术"这一角度来立意。若能展开侧向思维，可以从齐威王的角度确定"领导要虚心的接受下属建议""领导要知错就改，放下架子"等角度立意，那岂不更好。再如以"在____中走过"为题，大部分学生写"在爱中走过""在芳草萋萋中走过"等美好的情、景中走过，其实也可写"在诱惑中走过""在逆境中走过"，这样文章就给人以新鲜感了。

再看看《一路有你，真好》这一文题，也可以运用侧向思维来立意，如有些同学不写美好的人、情、景、物、理，选择写一路有"语文"的陪伴，真好；一路有"音乐"的陪伴，真好。其立意角度让人出其不意。

北宋文人苏轼曾说过"横看成岭侧成峰，远近高低各不同"。可见角度不同可以产生不同的效果，使学生的作文达到"柳暗花明"的境界。

六、聚焦时代，合时而著——追求"热"

白居易说："文章合为时而著。"意思是说：写文章要把闪耀时代新思想光辉的观念及时吸收、溶入意向之中，要抓热门话题。学生正处在心理、生理的成长期，他们对周围的事物有着特殊的兴趣。一部电影、一首歌曲、一场比赛、一个

---

① 程红兵：《发散思维创新、收敛思维创新与作文》，《中学语文教学参考》2000年第1—2期，第39页。

事件等等，都可以成为他们关注的焦点。如果教师稍加留意并加以适当的引导，这些都可以成为触发学生灵感，激发学生兴趣的很好素材。针对这一文题，我让学生再想想立意时能否注意到这一点。

你，可以写勤俭节约的习惯。如写学校为了响应习主席的号召，最近发起一次又一次的倡议"弘扬勤俭节约的优良传统"的活动，选择三个勤俭节约的生活场景来表现主题。

你，可以写民族自豪感。如写秋季的某日，全家人高高兴兴去参加登山比赛，支持全民健身运动。由此感受到了民族的活力，充满了民族自豪感。在这种自豪感地滋润下我倍感幸福、倍感有力量。

你，可以写人们对生活的热爱。如写老人们早上积极参加晨练、妇女们傍晚在广场载歌载舞、姑娘小伙在卡拉OK尽情歌唱的场景。这样自然让我也成了一位热爱生活的青年。

......

立意在追求"新""深"的基础上，如能再触摸时代的脉搏，注入时代的活水，那就会更令人为之拍案叫绝。

总之，面对一道作文题目，教师要指导学生立意，要有各种思维的参与，要注意抓住时代热点，这样眼界就开阔了，就会出现立意"新颖、深刻、高远"的效果，受中考阅卷老师的青睐。

（本文获得2012年安庆市教育教学论文评比一等奖）

半命题作文写作指导例谈

桐城市吕亭初级中学　陈社教

文题：

校园生活如一首诗，应该多一些悠扬的抒情，少一些愁苦的叹息。校园生活如一幅画，应该多一些亮丽的色彩，少一些灰色的基调。校园生活如一支歌，应该多一些昂扬的吟唱，少一些哀婉的咏叹。

请以"如_____的校园生活"为题，写一篇文章。

提示与要求：

先把题目补充完整。

1.可以大胆选择你最能驾驭的文体进行写作。

2.文中不要出现真实的地名、校名、人名等，否则会被扣分。

3.抄袭是一种不良行为，相信你不会照搬别人的文章，否则会影响你的成绩。

4.考虑到内容的充实，文章不要少于500字。

引子：

学校在2013—2014学年第二学期开学初，就对学生进行了一次考试，以了解学生寒假在家复习情况，作文就是上面的题目，批改结束后，发现问题多多：

1.拟题时没有用比喻的修辞手法。

2.主体部分不知如何展开，层次不清。

3.没有注意到提示语，立意不够积极向上。

4.开头、结尾没有用心打造，出现头重脚轻现象。

为此，我针对上述问题，从以下几个方面对学生进行了作文升格指导。

升格指导：

一、用心立意、追求高远

立意是文章的灵魂。立意创新就是打破传统作文束缚，做到写我心、抒我情。新颖别致、含意深刻的立意，不仅可使文章熠熠生辉，意蕴隽永，还可以帮助学生树立正确的人生观、价值观。须知，立意是评判文章价值的主要依据之一，一篇文章质量之高低，价值之大小，衡量的一个关键尺度在于"意"。著名特级教师于漪老师说过："文章的光彩首先在于思想发光。"为此，我们要想写好一篇文章，动笔之前必须考虑好立意，教师要想方设法让学生发散思维，展开想象。平时我经常告诉学生，无论是什么文题，都要打开思维，多向立意，联想到几个领域——家庭、学校、社会、自然、人生的情形。在我经常性地指导下，学生的思维每次都能得到很好地发散，每个领域学生都能想到多种立意，各有特色：有的做到立意要避"俗"；有的做到要合"时"；有的做到要融"我"；有的做到要反弹琵琶；有的做到要变角等，甚至不停留在一个领域，而是将几个领域的情景放在一起构思，越到后来越想到有别于其他人的立意，如表现"美"的主题：可以写自然美、人情美、社会美……人人都注意追求"言他人之所未言，发他人之所未发"的境界。这次作文题目不需要联想到几个领域，仅仅锁定在校园领域，但也要用心立意，要注意提示语，要把校园生活那种积极向上、昂扬奋发、勇于拼搏、充满爱心等风貌表现出来。一篇高质量的作文，立意至关重要，这次获高分的作文，立意都新颖、深刻、高远。

二、发散思维、精心拟题

"题好一半文"，半命题作文拟题就是关键的一步。所补题目必须是自己熟悉的，能够抒发自己真情实感的题目。尤其这道半命题作文补题时必须用上比喻的修辞，找出"校园生活"的喻体来。那么学生在拟题之前就要思考一下自己平时的生活积累，有针对性地补题，便于主体部分展开，提炼出几幅典型的生活图景，看看用什么比喻恰当，从而使文章构思独特、立意新颖。我首先让学生根据自己独特的视角、个人的生活体验，来想想"校园生活"的喻体是什么？学生们众说纷纭，此时，我都一一写在黑板上：阳光、梦、咖啡、交响乐、向日葵、茶、酒、草莓、彩虹、四季、五味瓶、三叶草等。学生在互动中思维活跃，展示出了良好的流畅性，注意到比喻的新颖、独特，使文章有内容可写。

此时，教师再次要求学生拟题时要尽量避免与别人雷同，要拟出富有个性的题目，这样就会让阅卷老师眼前为之一亮。

三、板块构思、分解喻体

确定喻体只是写作构思的第一步，这时的喻体对于学生来说还只是一个大的概念，因此下面就要思考如何列出提纲，展开主体部分。基于初中生的认知特质，笔者给出了一些范例，以便学生学习。我首先以"如'歌'的校园生活"为例，采用板块式构思形式，引导学生分解喻体。

（一）歌从旋律上说，可以分为欢快地、悠闲地、昂扬地

开头点题。

歌有欢快地旋律。

歌有悠扬地旋律。

歌有昂扬地旋律。

结尾收束。

（二）歌从影响上说，可以分为愉快地、感动地、温暖地

开头点题。

歌有令人愉快地。

歌有令人感动地。

歌有令人温暖地。

结尾收束。

当然，每一组分类里不止上面列出的三项，想得越多，表明思维的流畅性越好。鉴于中考作文的篇幅，只选取三项就可以了。学生这时也明白了主体构思同样也需要发散思维。一个学生在构思过程中列出的分类标准越多，说明学生发散思维的变通性越好，那么他在行文前就有更多的选择，也为行文的创新提供了可能。

随后，我让学生尝试练习，对如"阳光、梦、咖啡、交响乐、向日葵、茶、酒"的题目也进行发散性构思。同时让学生认识到，主体各段之间要么是并列关系，要么是递进关系，各段内容要相对独立，而不能互相交叉。

四、内容发散、精选素材

作文的框架搭好了，具体内容的选择同样离不开发散性思维。

仍以"如歌的校园生活"为例。教师注意引导学生回顾校园生活，根据上面分解的喻体为每一点罗列出至少三个例子。

（一）歌从旋律上说，可以分为欢快地、悠闲地、激昂地

欢快地旋律：可以选择课间同学们的活动生活；可以选择活动课上欢快的一瞬；可以选择运动场的欢快图景。

悠扬地旋律：可以选择活泼轻松的课间生活；可以选择课堂上悠扬的瞬间；可以选择元旦联欢会的精彩场面。

昂扬地旋律：可以选择广播操比赛的场景；可以选择运动会激烈拼搏的场景；可以选择演讲比赛的场景。

（二）歌从影响上说，可以分为愉快地、感动地、温暖地

令人愉快地：一次讲演；一次游戏；一次春游。

令人感动地：同学学习的劲头；同学的关爱；教师的敬业。

令人温暖地：同学之间的关爱；师生之间的情谊；集体的关爱。

我们不难发现，立足任意一点，运用发散思维都可以在校园生活的海洋里寻找到材料，生活就是作文的源头活水，只要用心去发现：一个生动的场景，一句温暖的话语，一个精彩的瞬间，一个善意的微笑……就会激起我们心灵的涟漪，成为写作的材料。同学们还要注意，作文构思时完全可以灵活多变，例如：上面的主体部分有三点，每一点又列出三条材料，行文时可以就一点中的三则材料来

构思；但如果主体部分每一点只列出了一条材料，那就可以将三点构思成文。

例文：

如茶的校园生活

桐城市吕亭初中906班　余金瑶

似水流年，如花美眷，时间就这样匆匆从指间滑过。夜晚，坐在微黄的灯光下，望着那杯茶水，有一股想喝下它的冲动，于是，端起杯盏，细细品味一口。入口时，它甘甜可口；弥留时，它香中带涩；咽下时，它回味无穷。刹那间，校园生活的点点滴滴在我的脑海中慢慢浮现……

一

初一时，我们刚刚告别了童年时的懵懂，就纷纷走入了青春的花季。记得第一次踏进这所校园时，面对一张张陌生的面孔，心里很害怕、胆怯地走进我的班级，但映入眼帘的是同学们满脸的笑容，顿时，我的不适早已烟消云散了。同学们之间互相帮助，相处融洽，丝毫没有隔阂，到处都充满着我们银铃般的欢声笑语。

那时的我们单纯活泼，怀揣着对未来的向往与憧憬，就像那刚入口的茶水般，甘甜可口。

二

初二时，同学们彼此之间都渐渐熟知了起来，初一时的那点矜持也没有了，朝夕相处使我们的交流变得更加轻松自在，更加无拘无束了。尽管有小中考的日益临近，但这丝毫不影响我们的欢乐，教室里，走廊上，操场中，紫藤树下，都有我们在一起嬉戏玩乐的身影。但是到了晚上，没有了同学们的陪伴，我们就会挑灯夜战，安安分分地学习，玩归玩，学也总该要学的，于是我们学会了努力。

那时的我们天真可爱，我们虽玩乐无限，却谨记学习，就像那弥留在口中之际的茶水般，香中带涩。

三

初三时，我们似乎少了几分童真，多了几分成熟，我们懂得了自己总会慢慢长大的。于是，中考的迫在眉睫使我们减少了很多娱乐的时间，就连上个厕所也要小跑着去。每天，大部分时间都被充实在书海中，虽然身心很劳累，但为了我们的未来，我们的前途，这点苦不算什么。夜深人静之时，我们便会对着满天的星斗，悄悄许下埋藏在心底的愿景。其实，那时的辛苦也是值得的，它让人感到温暖。

那时的我们坚强乐观，对自己的人生有了更多的期盼与幻想，就像那被咽下的茶水般，回味无穷。

夜空中，一颗流星划过天际，我对着它，再次许下那个美好的愿望——愿这如茶的校园生活永远相伴！

如画的校园生活

桐城市吕亭初中906班　　秦　雷

漫长的校园生活，五彩缤纷。岁月的脚印仍是清晰可见，那难忘的时光，拥有的点滴都渲染成一幅隽永的画卷——永存心中。

水彩画——生动

迈进初中校园的门槛，我心汹涌澎湃，满怀期待。新的同学，新的老师，一切都是崭新的。渐渐地，时光带领着我有条不紊地适应了这一切。初一的生活丰富多彩，充满了生机活力。一个个带着稚气的学生在这个大环境中，开始了初中的学习生涯。面对着增加着的学习科目，多种多样的知识，多姿多彩的课外活动，让我们感到了前所未有的新鲜感。课堂上，那积极的氛围，课后，那活泼的身影，凝聚在一起，绘成一幅五彩斑斓，富有生机的水彩画。

油画——凝重

渐渐地，随着那525600分钟的走过，我已升到初二，褪去了初一时的青涩。初二是关键的一年，是升入初三学习的转折点，也是体现小中考成绩优劣的年份。每个午日，静悄悄的教室里流淌着笔尖与纸沙沙的摩擦声和讲解题目的低语；每个夜晚，如水般幽静轻柔的月光缓缓地泻进窗户，只见那写字台上发奋学习的身影，桌上那厚厚的地理、生物书在灯光下显得愈加沉重……没办法，学习就是这样。初二的学习生活在小中考的压力下，显得那么凝重，那忙碌的身影，映射出一幅庄重、沉稳的油画。

水墨画——淡雅

在那片安静中，我把记忆中属于初三的年段细细重温了一次。每天都在那一张一张接踵而来的卷子上冥思苦想，偶尔与同桌相视一笑，心中有种暖暖的感觉。每个清晨，大家带着黑眼圈互相打着招呼，有时拍拍对方的肩膀说："别累坏了，身体是革命的本钱哦！"两人的脸上都会浮现出一种幸福的微笑……那些如夏日树叶般翠绿的时光，在那片本以忙碌的时光中，我却以坦然的心态等待着中考的来临。也许，我长大了，连心态都变得那么沉稳。初三的点点滴滴为我们展现了一幅淡雅、舒适的水墨画！

那些我们曾经哭过、笑过并努力过的初中校园时光渐渐离去，但美好却渲染成多种多样的画卷永驻心中，绽放属于青春的色彩！

如三叶草一样的校园生活

桐城市吕亭初中906班　　汪子雅

传说，上古时代有一种奇草，它拥有三片心形叶子，它们代表什么呢？

——题记

校园生活像诗般精韵而含蓄；如画般灿烂而多彩；似歌般悠扬而婉转。但我却觉得，我的校园生活像上古时的三叶草那三片不同的叶子，那是三种不同的精彩！

我三叶草般的校园生活，第一片代表新奇。

"看那儿，那是什么！"朋友激动的喊叫，让我以为她发现了新大陆。我随她来到校园一角，一探究竟。这是一株很娇小的草儿，全身嫩绿通透，惹人爱怜，我不禁用手碰了碰它。它的叶片竟然全部合拢，身上的颜色也慢慢变深。朋友又一声喊叫"哇，这不会是传说中的含羞草吧！"我玩性大起，便又用手碰了碰，它居然抱得更合拢了，这是多么新奇呀！

我三叶草般的校园生活，第二片代表热闹。

这是一堂自习课，没有老师的站堂，我们这群"猴学生"自然乐极了！于是，我们这一小组四人，便玩起了猜谜大会。我问："前滚翻"打一字。他们一听就蒙了，我反复提示他们就是回答不出。我急了，就说："这不就是'潘'嘛，这么笨，猜不出。"他们一听就乐了，说是'潘'是'潘'，早就知道了，只是不告诉我。我说："切，笨就算了，皮还那么厚。"他们听了摸着自己的脸对我说："你看，这多薄的皮呀，都可以包饺子了！"我"扑"的一声笑了，他们也呵呵笑了，这多么热闹啊！

我三叶草般的校园生活，第三片代表追求。

随着上课铃声响起，老师捧上书走上三尺讲台，我便摊开书开始听讲。

虽然有时思绪会像断了线的风筝跑向远方，但我会立时回神，认真跟上老师的思维。下课后我会把一些没听懂的问题和同学讨论，虽然大家在一起也不是很懂，但这是一份追求，一份对知识的追求！

校园生活如诗似歌像画，更恰如那三叶草儿，三片不同的叶子，三份不同的精彩。于是，便形成了我那专属的一份三叶草般的校园生活！

如向日葵的校园生活

桐城市吕亭初中906班　吴　燕

向日葵般的校园生活——阳光、绚烂、生机勃勃。

——题记

蔚蓝的天空下，一株株向日葵迎着朝阳成长，我们的校园生活也在一天天地向前推进。回忆那美好的校园生活，正恰似一株株向日葵，任凭时间如何流逝，在我们的记忆里，它总是那么阳光、美好和生机勃勃……

如向日葵的校园生活，是阳光的。

老师、同学们一起，一起坐在教室里，阳光透过透明的窗户，直射进我们的课桌上。一抹阳光射入我们的眸子里，出于本能的反应我们用双手遮住眼睛，却在地上发现了另外的世界。课堂上变得闹哄哄的，我们注视着地上的影子，一起玩起"影子游戏"。那一束束阳光似乎将我们的生活变得如阳光一般了，它们直射入我们的校园生活，让我们感到快乐与幸福。

如向日葵的校园生活，是绚烂的。

课堂上，我们认真倾听老师讲课；课下，我们迎着微风嬉戏。即使已步入初三，我们这些学生也会将我们的那颗童心毫无保留地释放出来；我们无所顾虑地学习、玩耍，即使被老师批评，我们也会嬉皮笑脸地向老师一个劲地认错。似乎在我们的眼里，校园生活总是那么充实、绚烂。

如向日葵的校园生活，是生机勃勃的。

正如早晨的朝阳一般，我们总是富有生机与活力。初三的我们，早晨迎着朝阳在学校的跑道上勤奋地锻炼；上午放学后我们在肚子的"奏鸣曲"下冲出教室，一路狂奔到食堂；晚上，窗外的星星闪闪，灯下的我们依旧在挑灯夜战。似乎校园的生活将这么没完没了地延续下去，同时我们也不得不赞叹校园生活的生机勃勃。

如向日葵的校园生活，是阳光、绚烂的，更是生机勃勃的。我们坚信：即使风雨再大，这些"向日葵"都能给予我们无限的希望；即使时间流逝，我们也会将这份美好永久珍藏。

创设情境，轻松作文

桐城市石南初中　　汪劲松

作为一名农村中学的语文教师，我深切感受到在作文教学中，农村中学处于明显的劣势。农村中学生在这方面显得"先天不足"。这是因为绝大多数农村孩子很少接触外面精彩的世界，有很多家庭连一本课外书都没有，更不用提读什么文学名著，优美散文了。现实的情况使农村学生作文词汇极其贫乏，一到作文课，他们就会提笔妄言，提笔无言，抓耳挠腮，焦躁不安，痛苦无奈。对此，我急其所急，在教学中，逐步摸索出一些方法。作文指导时，我都尽量创设符合学生心理特征、认识水平的生活情境，让学生在情境中体验情趣，激发习作兴趣，轻松作文。

就作文本身而言，从广义上说，总是带有情境性的。以前的命题作文，就是确定某一个范围，创设一个具体情境，让学生用恰当的语言记下特定情境中的人、物、事、理、情；而半命题作文，每个文题前总有一段叙述，其实就是引导学生进入某些具体的情境；现在流行的话题作文，可以说完全是情境作文的一种设计形式。古人所谓"登山则情满于山，观海则意溢于海"，也就是情境作文的具体写照。为真正实现学生能轻松作文，通过日常生物学实践的探索，我总结出以下几种创设情境的方法：

一、生活寻趣，展现场景

生活是文章的源泉，文章是生活的反映，真实是文章的生命。引导学生在作文中表达自己的真心发现、真实感受、真情体验、真正乐趣，鼓励学生写出原汁原味的社会生活、人物形象，是作文的坦途大道。我总是鼓励学生写自己看到的、听到的、想到的内容，写轻松快乐的事。我引导学生走向社会，走向大自然，从丰富多彩的生活中摄取某一典型场景，感悟后写。春天让学生走近自然，走进田野，看碧绿湖水，吹温柔春风，闻春天气息，触春天花草；夏天即兴观察暴雨将至，黑云压城之势，并作即景提示：暴风初来你有何感受，暴雨来临的过程怎样，雨中景物的样子如何……秋景中，让学生观察雾中"仙山楼阁"，注意去发现大雾从"牛奶"状变得薄如蝉翼，直到烟消云散的过程，探寻朦胧的美；冬天的雪花，令学生产生无尽的情趣和遐思，让学生在飘逸的雪花中寻求灵感和写作激情。自然、生活、社会是广阔而富有情趣的天地，是学生习作取之不尽，用之不竭的源泉。教师根据创设的情境，可以让学生拥有一双发现美的眼睛。

二、语含真情，描绘情境

语言是第二信号，能唤起人的表象，有利于培养学生丰富的想象力，激发学生强烈的求知欲，引起他们的情感共鸣。特别是生活中真实的故事情节是富有情境感染力的，即使有时不用情绪化表达，人们的情感从故事本身中也可得到最大化体现。语文课上，我曾用沉重的语调给学生介绍了"3·15"晚会上一个真实故事——一个孩子因在3岁时出了医疗事故，失去了听力，可那家医院却推卸责任，不肯赔偿。他父亲用了8年的时间到处奔走，记下了一百多万字的日记，承受了一次又一次绝望的打击，只为还儿子一个公道。故事说得每一个学生都心情沉重，为这个孩子的不幸而伤感而悲愤。这时，我趁热打铁，紧抓时机，引导学生认识到是什么造成了这个孩子的悲剧，又是什么支撑着这位父亲的行动，使他如此顽强坚毅。在饱含情感的语言创设情境的感染下，学生笔下诞生了有情有理的议论文。

运用教学语言创设情境，教师的语言要做到：讲普通话，注重语气语调，把握真情实感；绘景如在眼前，描物形象灵动；说人突出品格精神，叙事绘声绘色，表情能撞击出心灵的火花。

三、扮演角色，体会情境

在课堂教学活动中，为结合语文实践课活动课开展，我常请学生扮演各样角色，按角色的身份和处境，进行情感体验，再形成构思，写成作文。如初一上学期《皇帝的新装》那个骗子和出丑的皇帝，请学生先模拟课本中情境，结合对课文的理解，为扮演角色，自编课本剧，并准备创设一个联欢会的教学情境。让学生以班长的身份写海报，以文娱班委身份编排节目单，以主持人身份编写主持串讲词等。教学《丑小鸭》时，我让学生在理解课文内容基础上进行拓展延伸，让学生展开富有个性的想象，围绕丑小鸭变成白天鹅后的情形，写想象作文，让学生把自己当作就是那只丑小鸭，设身处地设想它成功后的种种新的经历或新的遭遇及新的感叹和思考……

这样的作文情境深受学生欢迎，学生的作文形式得以创新，习作热情得以提高，而习作也文质兼美，有的很有才情。当然，这些角色设定和安排要注意合乎情理，特别要符合学生的心理特点和认知水平，习作要求也可在此基础上做适当提高。

四、借助实物，演示情境

俗话说"百闻不如一见"。学生看到某种个体实物，然后以这一实物为写作对象，边看边想，边想边写，自然不会产生"巧妇难为无米之炊"的感慨的，取而代之的是照物写形，言之有物。比如写校园环境，选择某一角落，或抓住整体特征，让学生进行实地观察、发现美点、抓住特点、综观整体、留意细部，这样写来，作文就有了内容，也能注意质量。比如写某一具体物体，让学生注意观察，了解其外部形状、整体特征等，再逐一分项介绍，抓住逻辑顺序，进行恰当描述。这种方法对说明文写作最有利，但在具体实施过程中，要求学生抓住事物关键特征，把握写作顺序，合理安排详略，不能眉毛胡子一把抓。

五、播放音乐，渲染情境

音乐是人类心灵的倾诉，是人们情感的流淌，音乐可以抚慰人的心灵，也最能调动人们的情感。贝多芬的《命运交响曲》会使人感到悲壮的力量和与命运抗争搏斗的勇气；《欢乐颂》则令人的心灵随着音乐的升华激荡；《二泉映月》让人倍感人生的辛酸和身世的凄凉。通过对音乐的欣赏，可以使学生受到情境感染，得到情感熏陶，陶冶个人性情，激发内在情趣。训练学生用心聆听自然的各种声音，倾听各种优美的曲调，感受各种风格不同的音乐，体会音乐的意蕴，感悟音乐中寄予的思想感情，做到心领神会，在此基础上学会用恰当的语言把听到的感受描述下来。

这里所讲的几种方法，在教学中，可单独运用，也可任意组合运用，面对不同的教学对象和不同的教学任务及要求，要作出相应的选择和整合。通过一定的实践摸索，我感觉到这些方法，对开启农村中学生的思路，激发他们的写作兴趣，提高他们的写作热情和写作能力都很有作用，这也使学生们感到有事可写、有话可说、有情可抒，写作起来也有轻松快乐之感。

（本文获得2011年桐城市教育教学论文评比一等奖）

眷眷恋母情，铮铮叛逆言

——《大堰河——我的保姆》读悟

桐城市教育局教研室　程　钧

　　《大堰河——我的保姆》是诗集《大堰河》中的名篇，也是体现现代著名诗人艾青早期民主主义思想和艺术风格纯熟的力作。它于1933年6月在反动派的监狱中写成，1934年5月发表在上海《春光》月刊第1卷第3期上，署名艾青。诗篇的面世立即轰动了当时的文坛，从而奠定了艾青在中国现代文学史上的地位。

　　这首诗之所以蜚声文坛，广为传诵，主要得力于它深邃的主题和圆熟流畅的表现形式。

　　《大堰河——我的保姆》是一首烙上作者生活印记，具有自传性质的抒情长诗。作者幼年的生活境遇和他与农民之间所结成的纽带，成为贯穿这首诗的一根红线。这首诗虽然写了个人的生活和感情，但却是属于社会和时代的诗。作者背叛了他所出身的地主阶级，把自己的思想感情完全呈献给了勤劳朴实、受苦受难的广大农民，而诗篇咏唱的主旋律就是大堰河的颂歌。在诗中，大堰河是作为旧中国农村妇女的一种典型代表出现的，也是诗人着力刻画和全力赞颂的典型形象。她出身贫苦，"是个童养媳"。她没有名字，她的名字就是生她的村庄的名字——大堰河——系"大叶荷"的谐音。她是"我的保姆"，"与我息息相关"。幼年时期的寄养生活境遇，尤其是大堰河无私伟大的母爱和全身心养育之恩使他和农民之间结下了深厚的感情。在二十世纪初叶的中国，地主和贫农是两大对抗阶级。按照契约，当时的大堰河是"以养育我而养育她的家"，即大堰河的全家是靠她出卖乳汁而维持生计，但在养育孩子这方面，她并没有把这看作是乳汁与钱粮的置换，而是尽心尽力尽了慈母的职责，是心与心的交流。她家务繁重，生活艰辛，可在劳动间歇，就"用厚大的手掌把我抱在怀里，抚摸我"。她并没有把"我"当地主的儿子看待，而把"我"当成她亲生儿子一样抚养。在寄养的日子里，"我"始终处在拳拳母爱的氛围里，而在"我"离开她家的时候，她像与亲子离别一样难过地哭了。这依依惜别的舐犊深情是何等真挚！即使别后，她仍一如既往地关怀"我"。"在她流尽了她的乳汁之后"，"为了生活"，为地主家做饭、喂猪、晒粮，虽然整日劳碌，但她仍深爱乳儿，即使不做乳母，也仍惦念着乳儿，像平常的母亲一样愿意孩子亲近她，叫她一声"妈"。为了乳儿，过年时她"忙着切那冬米'糖'"，"把她画的大红大绿的关云长贴在灶边的墙上"，"对她的邻居赞美她的乳儿，甚至梦想乳儿光辉的未来"，"吃着她的乳儿的婚酒"，谛听"娇美媳妇亲切地叫她'婆婆'……"，总之大堰河把乳儿的成长，乳儿的幸福当成是自己的幸福。就是在"她死时"，仍不忘"轻轻地呼唤她的乳儿的命字"。这真是不是亲娘胜似亲娘。在中国封建社会里，地主的儿子请乳母的比比皆是，但诗人却从这众多生活现象中塑造了大堰河的形象，鲜明生动描绘大堰河的善良、勤劳、慈爱，虽然受尽了生活的凌辱却仍然坚强乐观的优良品质，她的身上集中体现了中国贫苦劳动妇女传统品德。诗篇把对保姆心灵的赞美和保姆悲惨遭遇的描写结合在一起，通过塑造保姆的形象，开拓意境，表达了深邃的内涵。诗篇不仅仅是对大堰河一个人的怀念和赞美，而是把大堰河作为千千万万中国劳动妇女的化身。大堰河的崇高品质是广大劳动人民精神品质的结晶，大堰河的悲惨命运又是旧中国农民被奴役的生活缩影。

这首诗主题深刻的第二个方面就在于真实地刻画了诗人自我的抒情形象：地主的儿子—大堰河的乳儿—进步的知识分子—剥削阶级家庭的彻底叛逆者的形象。

"我"之所以很迅速地成长为一名进步的知识分子，与剥削阶级家庭决裂，首先有着坚实的生活基础。"我"虽"是地主的儿子"，但基于封建迷信思想，地主父母唯恐"命硬"的儿子会克死他们，而厌弃他、疏远他。"我"真正的母亲是"大堰河"，他们之间有着真正母子情谊，是大堰河把"我"养大。她那勤劳、善良、慈爱、无私、淳朴的高尚品质深深地烙印在"我"幼小的心灵上。最早教给"我"做人道理的是贫农家庭，是大堰河！贫农家庭的日常的生活，大堰河的崇高美德对幼年的"我"起着耳濡目染、潜移默化的作用。在悲凉岁月里结下的母子之情，才显得格外动人、珍贵和难忘。这段特殊的经历对"我"以后的人生道路和文学创作均产生深刻影响。当"我"吃光了"大堰河的奶，被生我的父母领回"之后，只是认为这是"做了生我的父母家里的新客"，摸着"红漆雕花的家具""睡床上的金色花纹""衣服的丝的和贝壳的纽扣"，坐着"油漆过的安了火钵的炕凳"，吃着"碾了三番的白米的饭"，甚至见到同胞妹妹，"我"反倒忸怩不安。地主家庭那些吃、穿、用的华贵富厚与大堰河家的衣、食、住相比，无异于天堂与地狱。但豪华富裕的生活丝毫吸引不了"我"，因为"我"过惯了贫苦人家的日子，最重要的是缺乏爱抚的生活是没有乐趣的。这些充分表明"我"已从生活习惯和感情，真正成了大堰河的儿子。"我"的叛逆性格就是根植在这片沃土上的，并从这里萌生和发展。正因为如此，"我"能及早地投身于革命的洪流。1932年7月，艾青因参加左翼文艺运动被反动政府投入监狱。翌年一日，他在牢房的窗口，望着满天的大雪，不禁浮想联翩。此时，他想起家乡，想起童年，想起乳母大堰河，由此写下了这首激情澎湃的诗篇。无疑，他是用这首长诗表达对像大堰河那样的千千万万中国劳动妇女的怀念和赞美，并郑重宣告与地主家庭彻底决裂。诗中诗人一再直抒胸臆，"我是吃了你的奶而长大的你的儿子"，这种直率地坦露心曲的铮铮叛逆宣言，在当时实为罕见，其决心和勇气又是多么的难能可贵啊！而形成这首诗篇内在旋律的正是这种地主阶级的逆子和劳动人民深厚感情的联结、起伏和变化。诗人以自我感情形象，喊出了当时不少背叛剥削阶级家庭的进步知识分子的共同心声，从而深化了诗篇的主题。

《大堰河——我的保姆》之所以那样撼人心魄、脍炙人口，除了主题的深邃外，首先还得力于完美恰当的艺术形式——这就是"不受拘束"的"自由诗体"。

诗人艾青当年剖白自己"曾尝试了许多诗体，较多的是采用'自由诗体'，努力把自己所感受到的世界不受拘束地表达出来"。（《艾青选集·自序》）《大堰河——我的保姆》便是进行这种尝试的成功先导。她恰到好处地表达了作者既定的创作主旨，成为"革命政治内容和尽可能完美的艺术形式的统一"的杰作。

其次，行云流水般的散文美的语言特色。诗篇话真言、抒真情，诗句亦随作者思想感情的波澜跌宕起伏，或整或散，骈散结合，相得益彰。遣词造句自然流畅，如话家常，娓娓叙来，质朴、诚挚，具有纯真的亲切性。对地主与农民生活的细腻描写，对比强烈，褒贬分明形象生动。排比与复沓的巧妙结合和联用，使韵律前后呼应，节奏有规律地发展，加之言辞明丽，色彩和谐，音响的选择，更使诗篇产生了盘旋回荡和铿锵激越的音乐美。总之，语言的亲切性、形象性和音乐性的有机统一，构成了诗篇独特的艺术风格。

（本文发表于《语文教学与研究》2006年第11期）

理论篇

《杜十娘怒沉百宝箱》教学感悟

桐城二中　朱新敏

《杜十娘怒沉百宝箱》借助一波三折的情节、富于特征的细节，塑造了杜十娘这个文学史上极具光彩的人物形象，深刻地反映了明代社会生活的一个侧面。其中，"百宝箱"这一线索，如草蛇灰线般若隐若现，贯穿始终，意义深远。如果抓住了这个"牛鼻子"，正确而全面地解读"百宝箱"的内蕴，我们就能轻松地把握小说的深刻含义，领悟作者的艺术匠心，洞察杜十娘的悲剧原因所在。

首先，"百宝箱"是杜十娘备受凌辱生涯的记录，多年烟花血泪生活的见证。十娘是个冰雪聪明，有着"国色天香"般美貌的女子，但不幸处于被蹂躏被损害的地位。无论怎样的"臭男人"，只要"撒漫使钱"，就可以占有她。用小说中老鸨的话来说："我们行户人家，吃客穿客，前门送旧，后门迎新，门庭闹如火，钱帛堆成垛。""别人家养的女儿便是摇钱树，千生万活。"妓女的血泪钱养肥了老鸨，自己能留下一点"小费"，一定少得可怜。而杜十娘凭着这"小费"，居然积攒了不下万金的百宝箱。不难想象，为了这个百宝箱，十娘用了多少年时间，受了多少屈辱，流了多少心酸的泪水啊！

其次，"百宝箱"是杜十娘跳出火坑，追求自由爱情、幸福的寄托，是对理想未来的憧憬。"十娘因见鸨儿贪财无义，久有从良之志"，而她深知沉迷烟花的公子哥儿们由于挥霍无度，经常难以归见父母。十娘又深知世态炎凉，谁愿意慷慨解囊资助这些落魄的纨绔子弟呢？后来李甲为了替十娘赎身到处借钱，但"并没有个慷慨丈夫，肯统口许他一二十两……一连奔走了三日，分毫无获"，这就证明了十娘的担心不是多余的。如果仅仅指望李甲，是绝难跳出火坑的。只能依靠自己的力量，于是"风尘数年，私有所积，本为终身之计"，苦心孤诣地积攒了百宝箱，收藏在行院中的姐妹们那里，希望将来"润色郎君之装，归见父母"，或许公婆能够理解自己的一片痴情、诚心，发慈悲成就自己的姻缘。因此，可以说"百宝箱"是十娘痴情、智慧的结晶，是她争取幸福的希望所在。

再次，"百宝箱"也是杜十娘不幸遭遇的象征与见证。小说开始时，李甲以"忠厚志诚"的君子形象出现。"那十娘与李公子真情相好，见他手头愈短，心头愈热。"因为爱李甲，所以她要考验他，便不肯告诉他自己有价值万金的百宝箱。更重要的是，她不愿在"生死无憾"的真情上加上金钱的砝码，她追求的是一种与利害无关的正常的人际关系，是人与人之间的相互理解、相互欣赏和相互吸引。谁知李甲经不住种种诱惑，在孙富一片说辞之下，竟把十娘以千金之价卖了。"妾椟中有玉，恨郎眼内无珠。"杜十娘真正绝望了，她千方百计跳出了火坑，谁知还是逃脱不了当成烟花被卖的下场。绝望的十娘让李甲一层一层地看清百宝箱内的珠宝，一件件将它们投入江中。珠宝抛光了，十娘的心也死了。最后，"十娘抱持宝匣，向江心一跳"，浩荡的江水，吞噬了十娘无数血泪换来的百宝箱，吞噬了天生丽质的杜十娘，吞噬了杜十娘苦苦追求的美好愿望。百宝箱的下场不就是其主人的下场吗？这凝聚着十娘无数血泪的百宝箱，就这样见证了十娘那无限悲惨的命运。

最后，百宝箱是情节发展的原动力，是高潮到来的标志。为了从良后能过上普通人的生活，十娘用多年血泪积攒了百宝箱；赎身离京前，众姊妹送来了百宝箱；为了帮助李甲摆脱路途无着的尴尬，十娘开箱拿出了五十两银子；凭借着这笔钱，李甲得以别雇民船，以致将船靠在了孙富船旁；正是因为"独据一舟，更无避忌"，十娘"开喉顿嗓"，才招致了孙富的注意，垂涎三尺，顿起歹意。在百宝箱这只无形之手推动之下，情节一步一步趋向高潮。到了孙富说动李甲，将十娘以千金之价卖出时，百宝箱谜底揭开，悲剧不可避免地发生了。十娘打开百宝箱，展示宝物，投诸江中，倾诉悲愤，指斥薄幸汉，痛骂离间人。这浓墨重彩的一笔，使悲剧达到了最高潮，完成了对人物形象最后的刻画。

百宝箱同时也是杜十娘性格的一个象征。十娘虽是京师名妓，"国色天香"，可在我看来，更是秀外慧中。这就像是这百宝箱一样，打开看之，才见珍宝；而且越往里看，越是夺目，越是珍奇。其实，十娘岂止是个美女子，更是个奇女子。她的"奇"就奇在她不动声色地私下积蓄日后"从良"之资，奇就奇在她不动声色地考察李甲，看他究竟是不是自己可依靠的郎君，奇就奇在她完全绝望时才向李甲和世人揭开百宝箱之谜。当我们看到一件又一件珠宝翠钿在十娘的苦笑中付诸东流的时候，我们同时看到的不仅是十娘的人生悲剧，而且也看到了十娘的完全的、更是真正的性格：宁为玉碎，不为瓦全——理想可以破灭，但不可更改。这才是杜十娘的性格，如她的百宝箱一样，只有在关键的时候，才会向世人展现，而且，越往里看，越见美丽；越往里看，越见质地。

《我愿意是急流》悟读

桐城二中　朱新敏

我愿意是急流，
是山里的小河，
在崎岖的路上，
岩石上经过……
只要我的爱人
是一条小鱼，
在我的浪花中，
快乐地游来游去。

我愿意是荒林，
在河流的两岸，
对一阵阵的狂风，
勇敢地作战……
只要我的爱人是一只小鸟，
在我稠密的树枝间做窠、鸣叫。

我愿意是废墟，
在峻峭的山岩上，
这静默的毁灭并不使我懊丧……
只要我的爱人是青青的常春藤，
沿着我荒凉的额，
亲密地攀援上升。

我愿意是草屋，
在深深的山谷底，

草屋的顶上，

饱受风雨的打击……

只要我的爱人是可爱的火焰，

在我的炉子里，愉快地缓缓闪现。

我愿意是云朵，

是灰色的破旗，

在广漠的空中，

懒懒地飘来荡去，

只要我的爱人是珊瑚似的夕阳，

傍着我苍白的脸，

显出鲜艳的辉煌。

品读：

这是一首爱情诗。诗人借助一系列鲜明的意象，表达了对理想爱情一往情深的追求。此诗的妙处在于对每组意象的抒情主体与客体的精心选择。比如，山里小河的急流之于游来游去的小鱼，河流两岸的荒林之于树枝间做窠、鸣叫的小鸟，峻峭山岩上的废墟之于攀援上升的青青的常春藤，深深谷底的草屋之于炉子里可爱的火焰，灰色破旗似的云朵之于珊瑚似的夕阳，这就形象地描绘了相爱双方相伴相随的亲密关系。值得注意的是，作为抒情客体的小鱼、小鸟、常春藤等意象，在自然界中本来是依附于其他事物而存在的，但在本诗中，正是有了这些富有生命力的物象存在，抒情主体"我"才"愿意"成为急流，在崎岖的路上、岩石上经过，成为荒林与一阵阵的狂风作战，甚至成为废墟在山岩上毁灭，成为草屋饱受风雨的打击，成为云朵在空中飘荡。为了爱情，为了长相厮守，"我"可以献出一切，这就形象地写出了爱情伟大的感召力量，表达了诗人的爱情观。

爱情是文学作品历久弥新的主题。但不同的国度、不同的时代、不同的文化背景的诗人对爱情的观照方式往往也不同。中国当代诗人舒婷在其成名之作《致橡树》中就表达了与之迥异的对爱的理解。她否定了小鸟依人似的爱情观，也否定了默默奉献的爱情观。她所追求的爱，是双方的彼此平等："我必须是你近旁的一株木棉，/作为树的形象和你站立在一起。"这个平等的基础，是彼此的人格独立。形象可以迥异："你有你的铜枝铁杆，/像刀，像剑，/也像戟"。"我有我红硕的花朵，/像沉重的叹息，/又像英勇的火炬"。但重要的它们都必须是"树的形象"："根，紧握在地下"；"叶，相触在云里"。在舒婷看来，只有在这样的人格价值的各自独立上，才能有真正平等基础上的互相理解，"这才是伟大的爱情"。再回看一下裴诗中的相关描写吧："在我的浪花中，/快乐地游来游去。/……沿着我荒凉的额，/亲密地攀援上升。/……傍着我苍白的脸，/显出鲜艳的辉煌。"这里爱侣双方的相伴相随、生死相依，较之木棉之于橡树的独立平等，别具一番意味吧。

（本文发表于《语文教学通讯》2001年第10期）

幽美的景，悠美的歌，优美的人性
——说《云南的歌会》的教学策略

桐城二中　　汪玉清

说教材：

　　《云南的歌会》所在的单元以"民俗文化"为主题，该课文又是该单元的首篇，它对本单元教学目标的完成有奠基作用，所以内容上要引导学生关注民俗，热爱民俗文化，从而加深对我们民族的了解。

　　课文出自现代作家沈从文之手，他是我国具有独特风格的小说家，他用诚实、质朴、宽厚的审美情感，为现代文坛构建了一个独具特色的乡土世界，更似一曲乡野牧歌。本文也体现了沈从文一贯的审美观点：醉心人性之美，认为"美在生命"。所以在本文的学习中要通过熏陶感染、潜移默化，培养学生去感受美，感受乡土气息。至于沈从文的文化思想，考虑到初二下学生的学情，对文化积累、沈从文其人的了解尚且有限，所以教师要做到心中有数但不可过度深教。本文的描写方法甚为精彩，但作为一课时，教学上要有取舍，根据课堂学生学习情况，尽量地突出对人物的刻画和环境描写的体味。

说教学目标：

　　1.把握云南的歌会的三种不同形式所创设的不同情境，感受云南浓郁的民族风情。

2.品味重点段落，感受作者对歌会中所表现出人与景的欣赏以及对民俗文化的赞美。

说教学重难点：

1.揣摩语言，品味文中人物描写和环境描写的精彩。

2.在字里行间感悟这位乡土文学大师笔下健康优美的人性美、人情美。

说教法学法：

本文读来很有情趣，语言也生动富有表现力，我设想"以读贯之，活动充分，方法引路"。所以，一是用朗读感悟法，二是在充分解读文本后以"幽美的景，悠美的歌，优美的人性"为点，精心设计主问题，运用启发式教学法，激发学生的想象力。

教学用时：一课时

说教学过程：

一、导入

播放云南民歌《姑娘我生来爱唱歌》，再齐读文章标题——"云南的歌会"。

（设计意图：情境创设法，让学生从云南姑娘的服饰、具有民族特色的歌曲中给他们以视觉和听觉上的冲击，把学生带进"彩云之南"。这里是歌声的世界，这里是歌声的海洋。为后面的学习做个铺垫）

二、默读中感知内容

（一）词语积累

过渡语：学文总是从词开始的。本课教学学生已经预习，有些词语课随文学习。但教师自己昏昏岂能使学生昭昭，因此我对一些词语有自己的解读和准备。如：四字词语的积累：

易读错的词：情歌酬和　头顶花冠

结合语境来理解的词语：龙吟凤哕

能帮助学生体味人物性格的关键词：平梁（指荡秋千的高度可以和上面横梁平齐。三丈来长的秋千条要平梁大概要荡到相当于三层楼的高度才可以。这样帮助学生理解云南年轻女人健康活力，大胆率真，甚至是沈从文文章中所彰显着的一种原始朴素的野性美）

（二）本文写到了云南的哪三个"歌会"，默读课文，用四字词语概括

提示：把握文章的关键句，如开头、结尾；根据歌会地点或形式的不同来分层；概括时可从文中提取字或词。

明确：（板书）山野对歌　山路漫歌　村寨传歌

这三个场景侧重点各有不同，分别是写人、写景、写场面。

（设计意图：明确提出课文描写了三个场景，并"授之以渔"引导学生在默读中理清脉络、提取信息，训练学生在阅读理解中的概括能力。同时尊重学生的说法，激励学生自由表达，言之正确即可）

三、研读中感悟情感

其一，主问题一：（以文中第四段末尾句为抓手）云南的歌会肯定离不开云南的姑娘们，但在"山路漫歌"这个场面中只有后面三句写到了赶马女孩，这会不会冲淡主题？"在这种环境气氛里"，"这种环境"又是指什么样的环境？

（一）学生自由诵读第四段，再思考交流，注重引导学生从语言的品味中去理解内容

如："忽然出现个花茸茸的戴胜鸟，蠡起头顶花冠，瞪着个油亮亮的眼睛，好像对于唱歌也发生了兴趣，经赶马女孩一喝，才扑着翅膀掠地飞去。"

赏析：修饰词写出了鸟儿的可爱美丽；连续性的动词生动传神地写出了鸟儿的外表姿态以及敏捷身姿；尤其这个"喝"，似乎是调皮可爱的赶马女孩与鸟在逗趣、在嬉戏一样。这样的场景真是天人合一。

通过赏读明确：这里有山鸟齐鸣的天籁之音，有开满杂花的小山坡。也正是沈从文先生所说："产生这种山歌实有原因。如没有一种特殊环境作为土壤，这些歌不会那么素朴、真挚而美妙感人。"环境的大量着墨不但没有冲淡主题，而且烘托了优美的人，悠美的歌声。在这样美好环境的触发下人的心情自然轻松悠闲，自然情不自禁地要歌唱，不论唱什么，随心所欲，想唱就唱，即兴而歌，正是应了这"漫"歌！

（二）老师即兴诗一首赞幽美的景

野花烂漫林鸟唱，赶马女孩歌声扬。

山歌悦耳总动听，幽幽树林天籁响。

"一方水土养育了一方人"，在这种环境里长大的女人除了赶马女孩，还写到了谁？找出对这些女人描写最多的段落。（过渡）

其二，主问题二：（以第三段首句"这种年轻女人在昆明附近村子中多的是"为抓手）"这种年轻女人"有什么样的特点，读一读，品一品，体味人物描写的方法。

1.请一同学美读第二、三段，其他同学听读，然后思考，交流。

明确：

描写方法：外貌描写　动作描写　用词技巧

人物特点：服饰具有民族风情；精明干练，健康活力，自然率真；唱词随性而来，富有才情。

对歌的这些年轻女人散发着浓浓的泥土气息，有别于城市的浓妆艳抹，彰显着一种原始朴素的野性美。她们就是云南山野间一道风景，装点了这场才情四溢的演唱盛宴。

2.齐读精彩的描写句段，感受扑面而来的健康活力的人性美。

（设计意图：这个板块是本课的教学重点，用时大约25分钟。这两个主问题就是我对本课探寻的阅读教学的"支点"，以此激起整个课堂的学习氛围，从而达到振起全篇，达到纲举目张的作用。同时紧扣文本，注重语言的品味）

（三）小结：老师即兴诗一首总体把握云南歌会的特点、魅力以及作者的情感

> 山野对歌比才情，山路漫歌最随性。
>
> 村寨传歌气势壮，云南歌会醉人心。

四、从"传歌"中拓展

（一）从"传歌"中感受云南民族文化的传承

老师认为"村寨传歌气势壮"，岂止是"姑娘我生来爱唱歌"，不分职业不分老幼不分男女，百多人，每个人都是歌手，"唱和相续，一连三天才散场"。其作用就是为传歌。云南的民俗文化靠的就是这些朴素的百姓来传承的！没有这些草根们，就没有前面可以一连唱败三个对手的年轻妇女，还有那随心所欲想唱就唱的赶马女孩。所以，我想说——

> 云南人传的不是歌，
>
> 是民俗，是文化，
>
> 是幸福，是快乐，
>
> 是人生，是生活。

（二）从实践中传承桐城文化

同学们，沈从文不是云南人，去了一次云南看了几场歌会，就把他行文推荐给我们。我们是桐城的孩子，我们生于斯长于斯，深谙我们桐城的文化，我们桐城有很多民风民俗的谚语和歌谣，有动听的黄梅戏……这里是我们生活的家园，也将成为我们精神的家园，那我们又该为传承我们桐城文化做点什么呢？

（设计意图：扣住本单元民风民俗的这样一个主题，也是让学生从生活中学习语文，培养他们热爱我们本土的文化）

五、作业布置

重读老师曾编辑的乡土教材《聚焦桐城经典文化》，积累一些谚语和桐城典故。

说板书设计：

云南的歌会

沈从文

（人）山野对歌——才智比拼

（景）山路漫歌——即兴而歌

（场面）村寨传歌——传承文化

（设计意图：板书基本是课堂教学内容的浓缩，也呈现了教学的重难点）

无处安放的乡愁成就失落的美

——读《春酒》之感悟

桐城二中　　汪玉清

"究竟不是道地的家乡味啊。可是叫我到哪儿去找真正的家醅呢？"这是台湾作家琦君写的《春酒》一文的结尾。

造不出这家乡的春酒？春酒原料很简单，它由黑枣、桂圆、荔枝、杏仁、陈皮、枸杞子、薏仁米和两粒橄榄八种原料酿成。地道的家乡春酒也许能克服时空的限制而酿造，但春酒里承载的童年的欢乐与纯情，那温馨温暖的母爱，那浓得化不开的淳朴、和谐的人情，那充满年味醇厚的民风无法炮制。新年迎神拜佛，家家邀请喝春酒，村子里有人需钱急用，就集会筹钱……正月里，会首总要置酒表酬谢，母亲乐意把花厅"供人请客"，并捧出自己泡的"八宝酒"为人助兴。灯火明亮，人人兴高采烈。宴席间，邻里谈笑风生、觥筹交错、期在必醉。孩子们兴奋着、快乐着。几多怀想几多思念，想在炮制中一解愁肠，但终因无法炮制而让这惆怅"才下眉头，却上心头"。于是自然发出一声叹息："可是叫我到哪里去找真正的家醅呢？"慈爱善良的母亲已辞世，纯真的童年也早已成了遥远的梦，淳厚的乡情也已遗失在彼岸，取而代之的是现代文明的浸润，拥挤中的孤独，热闹中的冷漠。长期蜗居蛰伏在美国、中国台湾的琦君，在严严密密覆盖的环境中，春酒自然勾起了她回归的渴望。但回得去吗？故乡成了异乡，童年也成为岁月的倒影，年俗民风成为历史的烟云，于是，无处安放的乡愁且在思念中体味那说不清道不明的家乡味……

琦君、席慕蓉、余光中们，处在异国他乡的游子——所有的寻寻觅觅真的仅仅是思念故乡吗？故乡的一草一木，故乡的风情，故乡的人，还是记忆中的一切吗？或许，思念更多是来自现实生活的失落，道出的是现代文明的一种失落，寻觅的是一方心灵的家园罢了！那春酒在思念的酝酿中，在岁月的累积下，已经不知不觉演变成一种情感载体——故乡情结。这故乡怕早已不是一个地域概念，而是一种精神向往，是一种希望、憧憬，只因成年后的回忆和想念而多了一份美好，因失落而更加美丽和温暖，并随思念的加深遥远成了一个美丽的梦吧。

这种失落，这回忆的追寻，我们在文学作品中读到很多。且从学生学过的鲁迅的《社戏》举隅，文末深情的慨叹恰如这杯"春酒"撩人追恋。

《社戏》结尾："真的，一直到现在，我实在再没有吃到那夜似的好豆，——也不再看到那夜似的好戏了。"其实，那夜的戏，看得叫人"打呵欠""破口喃喃地骂"；那夜的豆，第二天吃起来也实在平常。但从修饰词"真的""一直到现在""实在再没有吃到""也不再看到"，字里行间足见鲁迅对故乡、对童年的深情怀恋！是什么让他魂牵梦萦？因为看戏行程中有宁静优美的月下水乡，清新、幽远，自然纯朴，是一方"净土"；与伙伴们划船，在浪花里"窜"，归航中可"偷"罗汉豆烧着吃，这里也是我的"乐土"；有淳厚的人情，"小村里，一家的客，几乎都是公共的"。伙伴们因为要陪我玩可以从父母那得到减少工作的许可，阿发因为自家的罗汉豆大便让摘自己家的，六一公公知道大家"偷"吃了他的罗汉豆，非但不生气，还特地送了些给"我"吃。质朴的人情如春酒中醇厚的口感，散发着泥土的芬芳，令人沉醉、感动！但这些记忆已随着童年的天真、烂漫、自由而"灰飞烟灭"。鲁迅《朝花夕拾·小引》中说道："我有一时，曾经屡次忆起儿时在故乡所吃的蔬果：菱角、罗汉豆、茭白、香瓜。凡这些，都是极其鲜美可口的；都曾是使我思乡的蛊惑。后来，我在久别之后尝到了，也不过如此；惟独在记忆上，还有旧来的意味留存。他们也许要哄骗我一生，使我时时反顾。"无处安放的思恋和惆怅惟有寄寓在文字里、回忆里。故乡的美好已不可再现，儿时的游戏和情趣只能沉在心底，写下此文的鲁迅已是一个饱经世事沧桑的都市人，迫于生计辗转奔波，对时世常怀忧患，生命难以承受之重，怀旧来温暖自己，给自己御寒。于是在寂寞中的一场精神返乡，在追寻中生出失落的美感，在怀恋中给它镀上金色的光泽，那儿时直接的生活哲学就如水墨画一般浓淡相宜了。

故乡已回不去，或回到故乡时现实会把美好的记忆一一击碎，"到乡翻似烂柯人"或是"儿童相见不相识，笑问客从何处来"，都是件让人悲哀、叫人尴尬的事，以致常使人"近乡情更怯"。所以李白一边写着"举头望明月，低头思故乡"的诗句，一边不停地游走，而不愿踏进故乡一步，他宁愿选择把故乡挂在心头作为永远的疗伤的良药。"乡愁越浓越不敢回去，越不敢回去越愿意把自己和故乡连在一起——简直成了一种可怖的循环，一生都避着故乡旅行，避一路，想一路。"有时或许会在某个清晨或黄昏问自己：我的家在哪里？抬眼望去，但见"烟波江上使人愁"。故乡默默地守在遥远的山脚下或小河边，守望的身影恒久不变。一条乡愁的诗路，就这样从《诗经》的"杨柳依依"走到席慕蓉的那棵"没有年轮的树"，并一直走下去，没有尽头。

一份思念，一缕芳魂，"春酒""社戏"，让我们觉得美好的东西仿佛成为过往，其实一直存留在心底。琦君、鲁迅，甚至我们每个成年人，又何尝不是"大地上的异乡者"？为了心中的橄榄树，走向远方。但即便外面的世界再精彩，也不抵故乡那熟稔到骨子里的一草一木。无处安放的乡愁使他们浅吟低唱，在失落惆怅中去握住那永远刻在心底的风景，成为生命中一段最本色最温暖的记忆。这样看来，他们思念的已不仅仅是遥远的故乡，而是古老醇正的文化，淳朴的人情，是一种渴望内心的纯净，渴望悠远的温情，于是他们心中便渐渐地垒起一座丰饶博大的城堡，她的名字叫乡愁！

（本文发表于《中学课程辅导·教师通讯》2011年第2期）

柳宗元与山水的情怀
——《小石潭记》说课稿

桐城二中　汪玉清

一、说教材

本文为人教版语文八年级上册第六单元课文。该单元所选课文，以写景记游的古代散文为主，多是文人寄情于山水之作。结构精巧，富有优美的意境，别具清丽格调，在我国古代文学作品中确是不可多得的精品。本文是柳宗元被贬为永州司马时写的，虽为偶得一方清静之景而乐，但这种快乐最终被忧伤替代。学生经过了一年多的中学语文学习，已形成了一定的文言文学习积累，但要真正涵泳精美的文言语言，走进古代文学大师的内心世界，并非易事。所以本文的教学目标初步定为：

教学目标：

1.进一步积累文言词汇，提高阅读文言文的能力。

2.品读中体会文中所描写的幽美意境。

3.知人论世，走近作者，感悟作者在贬居生活中孤独凄凉的心境。

4.扩展阅读有关作者的资料，读懂、读透一个人，读出作者与山水的情怀。

教学重点：

读懂文意，体会作者对景物细致入微的观察和描写，激发学生想象，感受意境美。

教学难点：

理解作者寄情于山水的思想感情。这一处将进行着力引导，让学生获得有益的精神营养。

二、说教法

在揣摩文本后，设计一个切入点，作为该节课的核心，拎起全文，展开教学，统揽课堂，即围绕一个"清"字，以高屋建瓴地拎起作者的思路，从各个角度品味到小石潭优美的景致，以及作者的心境，姑且把这种方法叫做"整体品读法"。既使教学重点突出，又可突破难点，还使教学结构简洁明快，学生易于接受，应该能达到理想的教学效果。

教学千法，朗读为本。要在读懂的基础上指导学生读出意思来，要提升到能读出文中人物的精神内涵来。对重点的突破主要采用诵读法、质疑法和讨论法。在难点的突破上，引导学生通过知人论世，透过作品的表面语境，触摸作者的思想情感。

三、说学法

自主阅读，圈点勾画法：新课标提出学生能"阅读浅易文言文，能借助注释和工具书理解基本内容"。因此文意的疏通可让学生在预习中自主完成，引导学生对照注释及借助工具书学习，通过圈点勾画法带着问题到课堂上来。

探究阅读，知人论世法：为"充分激发学生的主动意识和进取精神，倡导自主、合作、探究的学习方法"，对文章内容的把握和理解采用品读中质疑探究法；在人物内心情感的理解上采用组内合作，用知人论世法走进人物的内心世界。

四、说教学流程

（一）导入新课

（以谈话的方式导入，拉近和学生的距离，也是提醒学生关注作者的心情）

同学们，相信你们一定喜欢旅游吧。当你随着父母游览了一些名山大川时，你的心情是怎样的呢？那些好山好水一定会让你欣喜，让你激动。今天我们也一起去欣赏一处美景，那里有明朗的日光、青翠的竹林、透明的潭水，但游览者的心情又是怎样的呢？下面就让我们一起走进小石潭，走近柳宗元。

（板书：小石潭记，柳宗元）

（二）诵读，读懂句意

1.范读。提醒学生注意字词的读音，句子的节奏。

2.学生自由朗读课文，要求字音准确，停顿恰当。

3.指名朗读课文，师生共同点评。强调几个字的读音：参差、斗、悄。

4.以小组为单位，借助工具书、注释自读课文，通过师生、生生合作解决学习中的问题。

5.学生提出自读过程中未能解决的问题，师生合作答疑。重点强调：蒙络摇缀、可百许头、斗折蛇行、犬牙差互。

6.学生在理解课文内容的基础上齐读课文，力求读出些韵味。

（三）品读，读懂内容

1.由问题带出课文内容，以加深对语句及内容的理解，进而走进作者的内心世界。

读完这篇游记后，你认为小石潭水最大的特点是什么？何以见得？

潭水最大的特点是清澈。首先可从文中"水尤清冽"看出。其次，从课文第二段可看出。（在学生回答中相机检查学生对语句的理解情况）

点拨：前者是正面描写水清，后者是侧面烘托水清。引导学生想象画面，体会作者是如何借写游鱼的一静一动来表现水的清澈。

2.探究一下，小石潭水为什么这么清澈？试从文中找出些依据。

小组讨论，结合课文内容回答。师点拨：

（1）人迹罕至：如"伐竹取道"可知这里从没来过人，未受到过人为的破坏与污染。

（2）水中少泥沙污染：如"全石以为底……"这是小石潭得名的原因，也是其一大特色。

（3）植被好，无水土流失，无风沙袭击：如"青树翠蔓"

（4）有源头活水：如"潭西南而望……"

3.小石潭的环境怎样？给人什么感觉？

"四面竹树环合，寂寥无人……"给人清幽之感。

（四）研读，读懂作者

1.主问题：作者开头说"心乐之"，（两处写到乐为什么在第四段又写到"悄怆幽邃"？）作者的处境真的值得"乐"吗？你读出了怎样的心境？

用多媒体展示柳宗元图片及有关介绍，尤其要提醒学生注意作者当时被贬的处境。

柳宗元（773—819），字子厚。河东人，世称柳河东。唐代著名文学家、思想家，唐宋八大家之一。永贞元年，柳宗元积极参与王叔文为首的政治革新活动，但遭到保守势力的反对。革新运动失败，柳宗元被贬到永州，永州之贬，一贬就是十年。在这期间他写下的《永州八记》成为我国古代山水游记名作。这些山水游记，融合了作者的身世遭遇、思想感情，寄予自己的不幸遭遇，倾注怨愤抑郁的心情。

思考：乐从何来？忧从何来？

探究、明确："一切景语皆情语"，柳宗元因政治原因被贬到永州，一贬就是十年，政治的失意使他不得不寄情山水，但眼前的景色即使再美，也不能真正解除他心中的忧愁，因为他是一个有强烈社会责任感的、忧国忧民的伟大的文人。他怎能有心情来尽享这大自然的美景呢？所以尽管文章前半部分有"心乐之""似与游者相乐"的句子，但这种快乐是那样的短暂。透过这些写景语句，我们揣测到的是作者清寂的内心世界。

（对作品的思想感情倾向，让学生能联系文化背景作出自己的评价）

2.比较本文与作者的《江雪》诗中冷清孤寂的意境，让学生更深入地走进柳宗元的内心世界，并获得一定的审美体验。

（五）美读，读出情韵

1.美读，读出文章清凉、清幽之意境。

2.小结：今天，我们围绕一个"清"字，从各个角度品味到小石潭优美的景致，以及作者的心境，我们把这种方法叫做"整体品读法"。请大家课后依照这种方法，去寻找、发现、品味美，试着扣紧小石潭优美景致中的某一个美点，细细品味，以品出作品中蕴涵的情感，以品出作者独有的人品。

五、布置作业

（一）"仁者乐山，智者乐水"

课下把学过的古诗文，或借助网络查找柳宗元的其他诗文，找出其中描写山水的句子，借助整体品读法再次走进作者，感悟他与山水的情怀。

可以把自己写的片段发到博客上，通过"博客交流展示法"与大家共享。

（二）背诵课文

六、板书设计

小石潭记

柳宗元（唐）

中学语文感悟式教学研究

| 清寂 |

| 清澈 | | 清幽 |

《扬州慢》之"黍离"

桐城二中　朱仲莉

"黍离"一词，最早出自于《诗经》：

"彼黍离离，彼稷之苗。行迈靡靡，中心摇摇。知我者，谓我心忧；不知我者，谓我何求。悠悠苍天，此何人哉？"

两千多年前的一个夏天，周大夫行役路过镐京，看到埋没在荒草中的旧时宗庙遗址，有感于周朝王室被颠覆，悲伤而作《黍离》。时光流转，这份沉重潜入南宋词人姜夔的心中，面对着旧日繁华而今疮痍满目的故都，他写下了那首著名的《扬州慢》：

"……予怀怆然，感慨今昔，因自度此曲，千岩老人以为有黍离之悲也。

"淮左名都，竹西佳处，解鞍少驻初程。过春风十里，尽荠麦青青。自胡马窥江去后，废池乔木，犹厌言兵。渐黄昏，清角吹寒，都在空城。

"杜郎俊赏，算而今、重到须惊。纵豆蔻词工，青楼梦好，难赋深情。二十四桥仍在，波心荡、冷月无声。念桥边红药，年年知为谁生！"

扬州自古以来就是旅游胜地，早在六朝时，就有"腰缠十万贯，骑鹤上扬州"之说，自从隋代开凿运河之后，更是商贾云集，珠帘十里。而南宋王朝南渡后，金人屡次渡淮，扬州因之变得残破不堪。公元1161年，金人十万铁骑破扬州，大肆掳掠，"横尸二十里"，破坏更是极其惨重。时隔十五年，作者经过扬州时荠麦依然青青，但战火洗劫后扬州的萧条景象，让诗人不由悲叹昔日的繁华，发为吟咏，写下此词，以寄托对扬州往昔的怀念和对今日山河破碎的哀思。

这首词上片由"名都""佳处"起笔，却以"空城"作结，一切景物在空间上来说都统一在这座"空城"里，其昔盛今衰之感一目了然。"过春风十里，尽荠麦青青"，自虚处传神，城池荒芜、人烟稀少、屋宇倾颓的凄凉情景不言自明。"春风十里"，并非实指一路春风拂面，而是化用杜牧诗意，联想当年楼阁参差、珠帘掩映的盛况，反照今日的衰败。词的下片，作者进一步从怀古中展开联想：晚唐诗人杜牧的扬州诗历来脍炙人口，但如果他重临此地，必定再也吟不出深情缱绻的诗句，因为眼下只有一弯冷月、一泓寒水与他徜徉过的二十四桥相伴；桥边的芍药虽然风姿依旧，却是花开无主，不免落寞。尤其"二十四桥"二句，愈工致，愈显惨淡。萧德藻认为此词"有黍离之悲"，的确深中肯綮。

眼睁睁地看见心中理想的大厦坍塌埋没于荒草之间，姜夔的那种铭心刻骨之痛是无法言传的。两千年来《黍离》被不断传唱着，人们把这种发自心底的对国家昔盛今衰的感慨称作"黍离之悲"，经历了国破家亡之痛，它便不招自来，挥之不去。

《桃花扇》中，孔尚任就借曲中人苏昆生之口，唱出了饱蘸血泪的黍离之悲歌，尤其是煞尾曲，字字听来皆是泪，句句悲苦不寻常："俺曾见金陵玉殿春啼晓，秦淮水榭花开早，谁知容易冰消！眼看他起朱楼，眼看他宴宾客，眼看他楼塌了！这青苔碧瓦堆，俺曾睡风流觉，将五十年兴亡看饱。那乌衣巷不姓王，莫愁湖鬼夜哭，凤凰台栖枭鸟。残山梦最真，旧境丢难掉。不信这舆图换稿。"

语言在不断的发展变化，黍离之悲在后来的一些文章中也不仅局限于抒写吊古伤今之情和国破家亡之恨了，有时也用来表达一种物是人非的感慨，因此这首黍离之歌，不同的人唱出来，不同的情境唱出来，便有了不同的用意。然而大多数的文人，却是希望高高在上的君王能用心倾听他们的心声，居安思危，防患未然，懂得"忧劳可以兴国，逸豫可以亡身"的深刻道理，从而走出盛极而衰的历史怪圈，姜夔写作《扬州慢》，用意也就在这里吧！

感悟《永州八记》的审美意义

桐城师范专科学校　黄应秋

艺术是一种生命形态的审美表现，柳宗元谪贬永州期间写的山水散文《永州八记》等，便是其中最为典型的例证。通过这组山水散文，我们可以看出柳宗元生活在永州时期如泣如诉的心路历程，同时也是他谪贬受辱的生命形态的艺术写照。读这样的山水散文，仿佛是看山水画，牢笼百态，诡怪多姿；又似看一幅风俗画，当时社会生活的某些侧面，形象逼真地呈现在我们面前。柳宗元用精湛的语言艺术，将蕴藉的题旨及其审美意义，融入山川草木、奇花怪石等点点滴滴的山水刻画之中，所以这组山水游记，历来脍炙人口，百读不厌。尽管时代已进入二十一世纪，但我们研读和审视它，文章感人的艺术魅力，摹山绘水的为文技巧，同样能于潜移默化中给我们以熏陶、启迪和愉悦。为响应弘扬主旋律的倡议，彰显祖国文化瑰宝的魅力，笔者就这组山水散文的审美意义，写点自己的阅读体会。

投迹山水　心着灵犀

根据历史记载，我们能清楚地看出，柳宗元因参加革新政治的王叔文集团，遭到顽固派打击，后来一再遭谪贬。自唐顺宗永贞元年至唐宪宗元和十年，仅在永州就度过了长达十年之久的禁锢生活。他在这期间虽然说过："投迹山水地，放情咏《离骚》"的话，其实，他并没有因政治抱负失败而气馁，也没有因小人恶意中伤毁誉而沉寂，所表现的态度是：官不做可以，良知不能泯灭。柳宗元在永州的大量实践活动告诉我们，居此期间，他生活的态度是积极的，执着的追求精神是热烈的，躬耕实践的进取心是崇高的。总之，在渗透永州山山水水的身心整体上，充分地表明，他没有因精神和肉体的双重折磨而丧失信念，乃至万念俱灰；反之，却从自身的生态和净化环境这一角度出发，展开了对永州山水自然美的寻觅与考察，直至美的山水的发现。这一实践活动，从一个重要侧面非常具体地说明，柳宗元由于对美的追求，所以才发现了永州山水的美之所在，并因此激发了新的生命活力，达到了崇高的心灵境界。

前面已经论及，柳宗元在永州的十年，尽管承受着精神和肉体的双重折磨，然而，当权者并没有能够如他们所想象的那样，摧毁柳宗元的意志。他的良知系统仍然完好，经世济民的那颗心，始终没有改变，而对于自己则是尽力地、也是痛苦地作着某些改变。比如，刚到永州不久，他便"日与其徒上高山，入深林，穷回谿，幽泉怪石，无远不到"，到则"披草而坐，倾壶而醉，醉则更相枕以卧，卧而梦"，"意有所极，梦亦同趣"。如此之类的描写，说明他已经在作着某些改变，尽力地改变自己的生存空间，改变自身的生态，以促进环境的净化，来焕发生命新的生机。我们认为，《永州八记》的内容意义，是柳宗元被贬永州并且是在饱览永州山水之后，对永州山水再作寻觅，反复认识，再作追求的一个结果，探寻到了永州山水自然美的精华，即一个以西山为坐标的有西山西的钻鉧潭、钻鉧潭西的小丘、小丘西的小石潭构成的景点，另一个是以袁家渴为中轴与石渠、石涧、小石城山等串成的景点。而且，他还把这些景点称之为是永州的"幽丽奇处"，是永州山水中最为美好的景致。故此，他又特地一一勾勒了各个景点别具一格的特色。比如描绘西山，主要是渲染它的高峻，替自己抒写"心凝形释，与万化冥合"的感受，正好找到了依托。《钴鉧潭记》，是刻画一个形如熨斗的潭水。通过小小水潭环境及其前后变化的描述，展示出一个大的气象，借以反映自己的心境，苦中有乐，乐中有悲的复杂心态。《钴鉧潭西小丘记》，主要是写它石多而怪的特点，如"若牛马之饮于溪"，"若熊罴之登于山"，形态各异，十分形象，还写了小丘前后不同的变化及慨叹。《至小丘西小石潭记》，描绘小石潭的风光景物，勾画的是一幅淡雅的山水画，并借此抒写自己孤寂凄凉的心情。《袁家渴记》，作者在作有关介绍后，主要是描绘风从四面吹下和树木摇动情景，姿态横生，幽香四溢。《石渠记》，依次写了石渠、石泓、小潭等，各有面貌，各显其神。《石涧记》，着重写了"全石以为底"的流水，突出了石涧特征。《小石城山记》，以简洁的笔触，突出了小石城山的特点并由此而引发议论。如此等等，不一而足，确实尽写了永州的"幽丽奇处"。

古人云："心有灵犀一点通。"柳宗元永州十年，面对的是穷山恶水，是几乎被人们遗忘了的"南荒"。而他笔下的"幽丽奇处"，显然是慧眼拾珠，是对永州山水自然美的具体发现。据此，我们有理由认为，《永州八记》的审美意义之一，就在于他发现了永州山水的美。永州山水美的被发现，也充分地反映出柳宗元有一颗追求美的心灵。

奋力创造　新美迭出

柳宗元在给他的友人信中曾这样写道："吾自度罪大，敢以是为欣且戚耶？但当把锄荷锸，决溪泉为圃以给茹，其隙则浚沟池，艺树木，行歌坐钓，望青天白云，以此为适，亦足老死无戚戚者。"（《与杨晦之第二书》）。由此可见，柳宗元在经历了永州山水与心灵的碰撞之后，生发了不尽的感悟，深深地体察到宇宙与人生关联的真谛。所以，他在"沉埋全死地"与"一遇和景，负墙搔摩，伸展支体，当此之时，亦以为适"。（《与李翰林书》）在两种迥然不同的情形之下，他作出了重要的选择，即不仅要追求美，而且还要去发现美，更重要的是要去创造美，唯其如此，才能够使自己在挣脱肉体折磨的同时，挣脱束缚在自己精神上的无形枷锁。

因此，柳宗元在荒僻的永州，分别于元和四年和七年，在游览永州的郊野时，发现了以西山和袁家渴为点的两个风景带，并且"浚沟池，艺树木"，进行美的开拓与创造，奋力着鞭，使之锦上再添新花，因而两处景点，从此显得更美。

《永州八记》中这类描写，随处可见，俯拾皆是，比如在《始得西山宴游记》中，记叙他发现西山情况后，"始指异之"，便"遂命仆人，过湘江，缘染溪，斫榛莽，焚茅茷，穷山之高而止，攀援而登，箕踞而遨"。如此之类的描述，读起来如闻其声，如见其人，集中而强烈地让人感受到作者超人的勇气和剪除榛莽、搜奇选胜、一往无前的创造美的精神。又比如，在《钻鉧潭记》中，他在记叙购田经过后，"则崇其台，延其槛，行其泉于高者而坠之潭。有声潈然，尤与中秋观月为宜。于以见天之高，气之迥"。对一个小小的景点，设想经过一番改造之后，能够展现出一番大景象，虽然这还是停留在想象与满心的期许中，但这种想象肯定是创造的前提与决心，既是艺术的追求，又是人生境界的向往，岂不明摆着是一种美的创造吗？还比如在《钻鉧潭西小丘记》中，作者着墨于小丘地貌，山石被写活了，突出了小丘的奇，喜得之余，"即更取器用，铲刈秽草，伐去恶木，烈火而焚之"；而经过他整理的小丘呢，则是另一番景象，"嘉木立，美竹露，奇石显。由其中以望，则山之高，云之浮，溪之流，鸟兽之遨游，举熙熙然回巧献技，以效兹丘之下"。读这样的文字，令人耳目为之一新，对原来的小丘必然产生另一番印象，高耸突兀的山势，游动变幻的浮云，奔腾跌宕的溪流，翱翔驰聚的鸟兽……笔笔多彩，处处入画，变化层出不穷，如诗如画。这是柳宗元及其同行的朋友们，共同地在一起创造的美。又如，在《至小丘西小石潭记》中，同样可以找到如此一类的描述。当他听到"如鸣佩环"的声音，就"伐竹取道"，努力地开拓，直至见到"水尤清冽"的石潭，其结果是潭石、游鱼、草木、岩石等等，构成一个美不胜收的幽静环境。在《永州八记》的后四篇，即《袁家渴记》《石渠记》《石涧记》《小石城山记》，许许多多的记叙和描写，都同样体现了柳宗元创造美的可贵精神。比如，为了寻得"风摇其颠，韵动崖谷，视之既静，其听始远"，"睨若无穷"的佳境，他就果断地采取"揽去翳朽，决疏土石，既崇而焚，既酾而盈"的措施；欲尽情地享受"古之人有乐乎此耶"的山水之乐，就"揭跣而往，折竹箭，扫陈叶，排腐木，可罗胡床十八九"。在这"得意"的山水畅游中，蕴涵着柳宗元创造美并且也享受着美的愉悦心情。

在文章开头，我们已经论及艺术是一种生命形态的审美表现。柳宗元的实践活动，反映了他对人生境界的追求，主体的生命精神在与万物有趣的融合中，充分地获得了自由。在《永州八记》这组山水散文里，通过作者韵味隽永、力透纸背的描述与刻画，我们能够看到一个追求执着，信念永不泯灭，燃烧着火一般热情，而且精力十分过人的人物形象来；那种因保持信念，设法改变自身生态的奋斗精神及其人格力量，跃然纸上，熠熠生辉；真挚的情感，鲜明的艺术形象和他所创造的美的佳境，形成一种特别的韵味和氛围，同样也能给我们带来审美的愉悦和享受。

文苑奇葩 俯视千古

千百年来，诗文豪杰的精美作品及崇高精神，都受到人们的崇敬和仰慕，其风采及恒久的艺术魅力，永远地感染人、鼓舞人，柳宗元及其作品便是这璀璨明星中的一颗。他的山水游记《永州八记》，充分地反映出柳宗元对永州山水从寻觅到积极开拓之后，在更高层次上创造出来的另一番山水，极具审美价值。生动、形象地记述这一实践活动的过程，即《永州八记》等篇章，便成了文学作品艺苑中的奇葩，溢彩流光，俯视千古。

经研读，我们认为，柳宗元的《永州八记》，不同于一般的山水散文，它别具一格的底蕴，使文章内容的思想意义，显得非常深刻。在这一艺术样式上，我们不仅可以观照到当时的历史背景，而且还可以观照到在这一背景下的人物、人物地位与心态等社会方面的诸多侧面。从我国山水散文发展的历史看，继郦道元之后，出现的画山绘水的能工巧匠，当然首推柳宗元。一方面，他继承前人山水散文写作的优良传统，对自然山水工笔描摹；另一方面，他又不满足于山水的单纯摹拟，把所要抒发的情感，寄托在特定具体的山水之中，凭借山水的形象抒写自己的胸臆。这是与柳宗元同时代的山水散文作者所不能相比的。他的山水散文，景是实地环境的描摹，情是自己真实情感的抒发。柳宗元笔下的山水，无论嘉树美箭，或者诡石奇花，都是有思想、有性格的，活灵活现，栩栩如生；而且作者的一切思维活动，都能从特定的山水描摹中得到展现，从情入景，借景抒情，山水、人物、性格浑然一体，水乳交融。通过他描摹的山水，即可洞察到他心灵深处的奥秘，沉郁而热烈的心绪，质朴而蕴藉的思想，委婉而动人的情感，涌动在字里行间，撩人意绪，拨人心弦。如在《始得西山宴游记》中，他用细腻的笔触渲染西山的高峻，并且以卓然特立的西山自比，将自己心中不愿同流合污的愤懑，溶注进巍峨的西山。"是山之特立，不与培塿为类"，这句话是景语，也是情语，无限愤慨，尽在不言之中。在《钴鉧潭记》和《钴鉧潭西小丘记》里，一方面揭露"官租私券"强加于老百姓身上的苛暴之政，一方面假借小丘被弃，隐喻自己是"弃人"，他的经世济民的思想，在这里也得到了反映。在《至小丘西小石潭记》里，反映出他认为寄情山水是暂时的，笼罩自己的仍然是冷酷的现实。所以在《小石城山记》里，便借小石城山美景埋没于"夷荻"的感叹，再次抒写自己遭贬受辱的不幸，不甘与世俗同流合污的斗争精神也更强烈地抒发了出来。柳宗元其实就是这样通过美的创造，来实现心灵自由的。比如对西山风貌的描述，仅仅用了四十多个字，就勾勒出一幅"四望如一"的壮阔景象，这显然是他追求山水，寻求慰藉的写照。在写小丘经过整理的心情时，他如此写道："枕席而卧，则清泠之状与目谋，潨潨之声与耳谋，悠然而虚者与神谋，渊然而静者与心谋。"这就反映出他的感官乃至精神与自然达到了相感应相谐和的境界。在《袁家渴记》《石渠记》《石涧记》等篇章中，也有这类描写。由此，我们可以看出，作者艺术追求的历程，实际也是作者不断创新、不断超越自我的历程，其生命精神在与永州山水的融合中得以实现，融情入景，借景抒情，这是柳宗元同时代散文家与之不能相比的。

　　总而言之，《永州八记》这组山水散文，之所以说是艺苑奇葩，俯视千古的，一方面，从内容意义上，反映出柳宗元尽管身处逆境，不只追求美，而且奋力地创造美；另一方面，从散文文体上看，他标新立异，独树一帜，这就决定了他散文创作的一代宗师地位。柳宗元不愧为是唐代散文运动的领袖。

（本文发表于《文学教育》2005年第5期）

感悟"小麻雀"的美

桐城师范专科学校　　张新村

　　前不久，一堂作文课上，同学们在一个"美的瞬间"（作文题）喜获一只"小麻雀"。这只"小麻雀"的出现，荡起每位同学心潭的涟漪，激活了同学们对生活的感悟。

　　这只"小麻雀"是初三耿文峰同学在作文中描写的一只小精灵。

　　　咦！在几步远的草堆里不是落着一只麻雀吗？我心里一动，随手捡起一块石头，向那儿掷去。"啪"，响声过后，那小家伙却只是上下扑腾几回。"呵，怎么，以为我抓不住你，别太看不起人。"我小声嚷着，起身便向前扑去。"乖乖，不对呀！"近处我才看清，那麻雀身上似乎有伤，顺眼望去乱糟糟的一团。它不断地扑腾着翅膀，努力向上跳着，一次又一次，一次次跳起又一次次落下……几次过后，早已是疲惫不堪，可那双黑亮的小眼睛，却又不时放射出一束束令人振奋的光芒，那分明是一种希望，一种渴望生存的希望，一种不屈不服的意志。我早已打消了捉鸟的念头，只是静静地站在那儿，许久许久，两眼痴痴地望着这可怜的小家伙一次又一次地挣扎……我转过身来，刚要离开，忽然，几声清脆的鸣叫之后，一只鸟儿腾空而起，从我的眼前盘旋飞过。我只觉心头猛地一震，目光紧紧地凝固在了这只小鸟身上……渐渐的，小鸟在我眼前变成了一个小小的黑点……

一位哲人说过："每一个生命，都拥有自己的骨气和自尊。"生活中能引发人们对生命思考的小事很多，小作者以一双慧眼，摄取小麻雀一次次跳起又一次次落下的这一瞬间，抒写了一曲震颤心灵、直面生命的壮丽之歌。课堂上，我一遍又一遍地朗读小麻雀向命运挑战及作者感悟的有关语句。学生们蛰伏的情感渐次活跃起来，心的律动也一次比一次强烈。其情也融融，其思也沉沉。感悟生活、体味人生这一教学主旨，因了这只可爱的小麻雀，得以充分的张扬。

众所周知，作文教学的目的在于解放人的精神和心灵，把写作主体潜藏着的想象力、创造力和表现力，即鲜活而强悍的生命力，都尽情地释放出来。作文是一种"精神"的个性创造，学生们的情感力、想象力其实很丰富，平常的生活里就有诗、就有美，关键是导引他们用心去感悟，用眼去发现。

当学生们的情感得到尽情地体验时，我顺势对这堂作文课做了总结：

昙花的美，不仅美在它长时间的沉默与怒放时的那一片辉煌，更在于它短暂而炫目的美丽与悲壮。

落叶的美，不仅美在它春日枝头含羞的嫩芽，更在于它"化作春泥更护花"的希望。

星星的美，不仅美在夏夜繁星的闪烁，而瞬间划过苍穹的流星也更能引人遐想。

当你捡起一张乱脚践踏的废纸，当你搀扶一位蹒跚的老人通过马路，当你把一句温馨的话语、一个灿烂的微笑留给他人……这瞬间的一切，永远是那么值得体会与珍藏。

师生一起朗读冰心老人的一首诗《成功的花》，用心去感悟"小麻雀"的美。

成功的花，

人们只惊美她现时的明艳！

然而当初她的芽儿，

浸透了奋斗的泪泉，

撒遍了牺牲的血雨。

借助想象和联想还原生活的本质

——对《石壕吏》的课例分析

桐城二中　　吴厚明

关键词：

　　在《石壕吏》一文教学过程中，我有意识地运用感悟教学理论在两个方面取得了突破：一是引导学生对作品的再创作；二是更加注重感觉、知觉、表象、意象等心理意识的整合以增强学生形象化认识。学生就有了这些形象化的感受，对文章中作者的思想感情、价值观念就有直观性的认识，应该说已经达到了预期的教学目标。

　　先看一则《石壕吏》教学实录：

一、导入

（一）背《春望》；《石壕吏》（板书课题）

（二）默读注释①，找出所要了解的信息

"创作了一组诗"，这就是著名的《三吏》《三别》。同学们看幻灯片，只做了解。（出示幻灯片）《石壕吏》，是《三吏》中最为著名的一篇。

二、课文的朗读

（一）自由读：注意字音、语气、停顿（咽：三个读音）

（二）自由朗读，划出生字词

（三）齐读：注意语气、停顿

三、整体感知

（一）结合课下注释，理解课文，先自己处理，然后小组内解决，最后提出疑问

（二）提问

1. "吏呼一何怒，妇啼一何苦？"

"吏呼一何怒，妇啼一何苦"：一"怒"，一"苦"，形成了鲜明的对照；两个"一何"，加强了感情色彩，既表现出"吏呼"咆哮如雷、"妇啼"悲伤凄苦，又体现了诗人强烈憎恶差吏、深刻同情老妇的感情。

2. "老翁逾墙走"，应该怎样理解？

表明差吏夜间抓人，连老翁也一样抓走，已经屡见不鲜，所以老翁夜间一闻捶门声音，就顾不得年迈体衰、腿脚不灵，赶紧爬墙逃走，而由老妇出门应付。这深刻地揭示出战祸连绵、差吏残酷抓人、人民睡卧不得安宁的情景，揭示了老妇一家悲惨遭遇的社会处境。

3. "夜久语声绝，如闻泣幽咽"，是谁在哭？

从寡媳低微悲苦的哭泣声中，暗示出老妇已被捉走。"夜久"，反映出差吏不满足于捉走老妇，百般威逼，老妇再三啼请自己应役的漫长过程；"如闻"，表现出诗人一直在关切倾听惨剧的发展，彻夜未能入睡，也有杜甫在哭的成分在里面。

4. 为什么不抓杜甫？

杜甫自己是一个小官；同时那时也是按户抓丁的，杜甫只是在此投宿。

（三）把文章翻译一遍

（四）你能复述文章吗

（五）整篇文章讲了一件什么事（官吏夜捉人）

为什么是夜捉人？"有吏夜捉人"是诗篇的关键句。是"捉人"，而不是"征兵""招兵"，已经表明差吏强抓老百姓当兵；前面又加上一个"夜"字，更表明差吏时常抓人，以致白天难以抓到，就趁夜深人睡来搞突然袭击，凶狠残酷。

四、重难点感悟

其一，老妇致词说了几件事？（分层：三层。学生说出层意）老妇的苦啼申诉包含三层意思，从中体现着老妇不断苦啼申诉，差吏不断怒呼咆哮的过程。

其二，"三男邺城戍，一男附书至，二男新战死。存者且偷生，死者长已矣"，表明老妇的三个儿子都上了战场，两个儿子已经战死，她家已为那场战争作出巨大牺牲，论理论情都不应再到她家捉人了。"且偷生"，表明"存者"也生命毫无保障，更无生趣；"长已矣"，表露了对死去亲人的无限哀思。老妇沉痛地申诉这些，意在唤起差吏的恻隐之心，高抬贵手。但是差吏不为所动，继续怒呼，逼着要人，逼出老妇进一步的苦啼申诉。"室中更无人，惟有乳下孙，有孙母未去，出入无完裙"，表明老妇家中只有个吃奶的小孙子，和因乳孙而未去的衣服破烂的一个寡媳，家庭情况倍极凄惨（板书：家庭凄惨）。老妇申诉这些，意在唤起差吏的怜悯之情，网开一面。但是凶狠差吏仍然不为所动，继续怒呼，逼着要人，甚至要捉走寡媳，逼得老妇说出下面的话。"老妪力虽衰，请从吏夜归，急应河阳役，犹得备晨炊"，表现出老妇为了避免年迈丈夫、乳孙寡媳被捉，被逼得只能挺身而出，自请应役了。

其三，有人说老妇的致词不是一口气说出的，而是被官吏一句一句的逼问出来的。（板书：吏，呼，妇，啼）看课后习题三，这种手法在文言文中经常见到，叫"藏问于答"（板书）请同学们把吏呼的过程补充出来。（注意语气）

五、总结

（一）放映中央台的《石壕吏》的讲解词

（二）评价："石壕村里夫妻别，泪比长生殿上多"（清袁枚）

六、背诵

齐背《石壕吏》。

七、作业

（一）背诵

（二）想象一下，从这天晚上，这一家人的命运会发生什么样的变化。

课例分析：

这是典型的教学设计，课堂教学步骤清楚，环节过度自然，突出重点，主要特色是注重词语教学、诗歌的诵读以及学生口头表达的训练。但这节课教学效果并不明显，主要原因是没有引导学生深入到诗歌的情境中去，也没有将诗歌中那种真挚的感情发掘出来感染学生。

我们知道，诗歌是语言的艺术，讲究炼字，往往"着一字而境界全出"、常见的例子有"春风又绿江南岸"的"绿"字，"鸟宿池边树，僧敲月下门"的"敲"字，"红杏枝头春意闹"的"闹"字等等。因此在诗歌鉴赏中，就必须引导学生咬文嚼字，在咬文嚼字过程中品味出诗歌的韵味来。《石壕吏》教学也必须紧紧扣住关键性的字，启发学生想象和联想以再现诗歌的情景。如文章开头一段：

"暮投石壕村，有吏夜捉人。老翁逾墙走，老妇出门看。"

其中"暮投""夜捉""逾墙走"三个词最耐人寻味。著名学者霍松林在《唐诗鉴赏辞典》中分析道：

首句"暮投石壕村"，单刀直入，直叙其事。"暮"字、"投"字、"村"字都需玩味，不宜轻易放过。在封建社会里，由于社会秩序混乱和旅途荒凉等原因，旅客们都"未晚先投宿"，更何况在兵祸连接的时代！而杜甫，却于暮色苍茫之时才匆匆忙忙地投奔到一个小村庄里借宿，这种异乎寻常的情景就富于暗示性。可以设想，他或者是压根儿不敢走大路；或者是附近的城镇已荡然一空，无处歇脚；或者……总之，寥寥五字，不仅点明了投宿的时间和地点，而且和盘托出了兵荒马乱、鸡犬不宁、一切脱出常轨的社会景象。

在课堂教学中我有意识地引导学生扣住这些字来展开联想和想象，最后得到三幅动人心弦的画面：荒凉萧瑟的乡村、鸡犬不宁的夜晚、慌作一团的家庭。为了进一步加强学生的形象化认识，我还积极设想老翁的形象和翻墙的动作，然后让学生用生动的语言表达出来。有学生这样描述：苍老的容颜，斑白的头发，佝偻的身躯。翻墙的动作这样描述：两手趴在墙上，两脚在半空中乱蹬，老太婆和媳妇抱着老翁的脚不断用力向上，嘴里还说着"来了，来了，开门来了"，没多久只听"轰"的一声，可能是老翁重重地摔在地上。有了这样的见识，学生直观地感受到抓丁之苦，激起强烈的爱憎之情。

为了更透彻地理解作者遣词造句的工夫，明白诗歌语言无限丰富的表现力，这段文字中"有吏夜捉人"一句还可以进一步引申。如，不说"征兵""点兵""招兵"而说"捉人"，已于如实描绘之中寓揭露、批判之意。再加上一个"夜"字，含意更丰富。第一，表明官府"捉人"之事时常发生，人们白天躲藏或者反抗，无法"捉"到；第二，表明差吏"捉人"的手段狠毒，于人们已经入睡的黑夜，来个突然袭击。

再看课文第三自然段：

"三男邺城戍。一男附书至，二男新战死。存者且偷生，死者长已矣！室中更无人，惟有乳下孙。有孙母未去，出入无完裙。老妪力虽衰，请从吏夜归。急应河阳役，犹得备晨炊。"

老妇人的哭诉是教学中的重点和难点，如何突破呢？只有一种办法，那就是引导学生设想情景，描述情景，在情景中深入体会。

情景一：

帮助学生理解品味"三男邺城戍。一男附书至，二男新战死。存者且偷生，死者长已矣！"

可以形象地描述：等到"老妇出门看"，便"扑"一声冲了进来，官差贼眼四处搜索，却找不到一个男人，扑了个空。于是怒吼道："你家的男人都到哪儿去了？快交出来！"老妇泣诉说："三个儿子都当兵守邺城去了。一个儿子刚刚捎来一封信，信中说，另外两个儿子已经牺牲了！……"泣诉的时候，也许差吏不相信，老妇还拿出信来交差吏看呢。

情景二：

帮助学生理解"室中更无人，惟有乳下孙。有孙母未去，出入无完裙"。

可以设想为：老妇先说了一句，"家里再没人了！"而在这当儿，被儿媳妇抱在怀里躲到什么地方的小孙儿，受了怒吼声的惊吓，哭了起来，掩口也不顶用。于是差吏抓到了把柄，威逼道："你竟敢撒谎！不是有个孩子哭吗？"老妇不得已，这才说："只有个孙子啊！还吃奶呢，小得很！""吃谁的奶？总有个母亲吧！还不把她交出来！"老妇担心的事情终于发生了！她只得硬着头皮解释："孙儿是有个母亲，她的丈夫在邺城战死了，因为要奶孩子，没有改嫁。可怜她衣服破破烂烂，怎么见人呀！还是行行好吧！"

情景三：

帮助学生理解"老妪力虽衰，请从吏夜归。急应河阳役，犹得备晨炊"。

可以这样想象：差吏仍不肯罢手。老妇生怕守寡的儿媳被抓，饿死孙子，只好挺身而出："我这把老骨头虽然没有什么用了，但还能够给你们做做饭，就让我和你们走吧，你们也好交差呀。"差吏实在没有办法只好勉强同意，不再"怒吼"了。

通过这些细致详尽而又合理的想象，在回头看"吏呼一何怒！妇啼一何苦！"两句，学生就极其容易地理解了一"呼"、一"啼"，一"怒"、一"苦"的确切含义和所表达的思想感情了，在他们眼前便真的出现了差吏那种骄横跋扈、张牙舞爪的凶恶脸孔。

　　有了上述教学准备，接下来，我就要求学生体会"夜久语声绝，如闻泣幽咽"这句话所描绘的意境。没有想到的是，有位学生竟然能够如此描述：一切归与死寂，萧瑟的秋风悠悠地吹着，远处的荒野中传来几声撕人心肺的狼嚎狗吠，家里偶尔听到一两声老鼠窸窸窣窣的声音，隐隐约约传来幽幽的抽咽声，一声声，一阵阵，摧人心肝……

　　《九年义务教育新课程标准（初中语文）》指出"语文学习具有重感情体验和感悟的特点"，而感悟就是语文学习的一种具有普遍意义的心理意识活动，是学习者对语文材料的积极反应，使联想、想象和理解得以展开、跃进，情感体验得以加深，才性得以发挥，人格得以升华。语文的感悟具有综合性特点，它综合了多种心理意识的能力和品质（感觉、知觉、表象、意象……）。（《论感悟——学习语文新大纲、课程标准的体会》）感悟是表层意义到深层内涵的认识深化，是读者在已有的知识系统、情感体验、智力水平基础上的对作品的感受和领悟，扩展和想象，提高与创新。感悟的两个层面为：对作品内涵、技法、艺术境界的正确理解；对作品的再创作和提高。感悟的内容：意义、技巧以及意义与技巧的有机统一。感悟的方式：局部—整体，整体—局部，整体—局部—整体，以及相应的思维方式。在《石壕吏》一文教学过程中，我就有意识地运用感悟教学理论在两个方面取得了突破：一是引导学生对作品的再创作和提高；二是更加注重感觉、知觉、表象、意象等心理意识的整合以增强学生形象化认识。学生就有了这些形象化的感受，对文章中作者的思想感情、价值观念就有了直观性的认识，应该说已经达到了预期的教学目标。由此再回头看前面提到的课堂教学实录，就会发现，这位老师最大的失误在于没有正确地引导学生进入诗歌所描绘的情景中，因而也不能把诗歌的真正魅力传达给学生，从这个意义上说，他的诗歌教学脱离了诗歌教学的本质。

《唐雎不辱使命》说课稿

桐城市石南中学　章亚玲

一、说教材

《唐雎不辱使命》节选自《战国策》，是人教版九年级上册第六单元的第二篇文章。这个单元一共有四篇文言文和五首诗词，大部分都是历史著作。

《唐雎不辱使命》一共有四个自然段，围绕"唐雎不辱使命"这一中心事件，先写唐雎出使的缘由，接着写针锋相对的舌战，再写挺剑而起，最后写出使胜利，这样层层紧扣，形成了"开端—发展—高潮—结局"的故事情节，自然而紧凑，严谨而完整。另外，全文以对话为主，在对话中塑造了唐雎、秦王、安陵君三个个性鲜明的人物形象。

二、说学情

知识基础：九年级学生经过七、八两个年级的强化学习，已经具备了一定的文言文学习基础，积累了一定的文言知识，培养了一些文言语感。

心理水平：现在的学生求知欲较强，从平时的阅读来看，他们对历史人物有着浓厚的兴趣。然而，他们生活在和平的环境中，与战国时代那种风云变幻、弱肉强食的环境相距较远，未必能理解唐雎当时的危险处境，更难以理解唐雎那种以死相拼的忠勇和爱国之心。

三、说教学目标

语文课程标准指出，"了解课文涉及的重要作家作品知识和文化常识"，"在通读课文的基础上，理清思路，理解、分析主要内容，体味和推敲重要词句在语言环境中的意义和作用"。单元提示中提到，"学习这些文章，不但能增长历史知识，还可以受到古人的智慧、勇气和节操方面的感染和激励"。因此，结合教学实际，我制定了如下教学目标：

（1）了解《战国策》，积累一些文言词汇和知识；

（2）理解文意，把握故事情节，理清行文思路；

（3）掌握本文运用对话、对比、衬托等刻画人物的方法；

（4）体会人物性格，感受并学习唐雎不畏强暴、机智勇敢的爱国精神。

教学重点：分析人物语言，体会人物性格。

教学难点：感受并学习唐雎不畏强暴、机智勇敢的爱国精神。

四、说教法学法

（一）说教法

1.朗读法

课程标准要求，"各个学段的阅读教学都要重视朗读和默读"。古人说："书读百遍，其义自见。"在教学文言文的过程中，更应该要求学生多读。我采用朗读法指导学生，以"读"贯穿教学始终：教师范读，学生自由朗读，分角色朗读，表演读，齐读。

2.点拨法

学生是学习的主体。课程标准指出，"教师应加强对学生阅读的指导、引领和点拨"，"阅读教学应注重培养学生感受、理解、欣赏和评价的能力"。在分析人物形象环节时，我采用了抓重点语句的方法来引导学生思考。

（二）说学法

1.勾画法

古人云："不动笔墨不读书。"勾画的过程，是"眼到，手到，心到"的过程，是调动思维的过程。

2.合作法

课程标准在"课程基本理念"中指出，"积极倡导自主、合作、探究的学习方式"。合作的过程，既是一个增进情感的过程，同时也是相互启发，推动对语文的理解、欣赏和品味的过程。

五、说教学过程

为完成教学目标，帮助学生掌握本节课的学习内容，我安排了如下教学环节：

（一）播放电影，情境导入

播放《我的1919》中顾维均拒绝在凡尔赛和约上签字的片断。

设计意图：吸引学生注意力，从视、听觉上调动学生感官，激发学生对维护民族正义事业和祖国主权完整的感情，为顺利进入《唐雎不辱使命》的学习作铺垫。

（二）揭题解题，检查预习

1.教师揭题解题，并简介《战国策》。

2.检查预习。

设计意图：从字音到词语解释再到句子翻译，由浅入深，引领学生学习，同时也检测了预习效果，帮助学生养成预习习惯。

（三）初读课文，理清思路

1.教师范读。

2.学生自由朗读。

思考交流：

（1）这篇课文讲了一个什么故事？请用一句话概括。

（2）故事是按什么顺序来讲的？

设计意图：由听读到自读，读后思考问题，练习用概括的语言简洁回答本文讲了一个什么故事，理清课文顺序，进而理清行文思路。

（四）研读课文，评析人物

1.课文写了哪几个人物？主要人物是谁？

2.分角色朗读课文。

3.抓重点语句，品人物性格。

（1）抓语气词，读出感情。

安陵君其许寡人

逆寡人者，轻寡人与？

布衣之怒，亦免冠徒跣，以头抢地耳

（2）抓数词，读出对比。

五百里　五十里

千　里　五百里

（3）抓句式，读出气势。

排比：夫专诸之刺王僚也，彗星袭月；聂政之刺韩傀也，白虹贯日；要离之刺庆忌也，仓鹰击于殿上。

四字短句：……若士必怒，伏尸二人，流血五步，天下缟素，今日是也。

（4）抓标点，读出力量。

虽然，受地于先王，愿终守之，弗敢易！

虽千里不敢易也，岂直五百里哉？

设计意图：通过问题1设置，引导学生把握本文是以刻画人物为主的；通过分角色朗读，体会本文以对话为主的特点；抓重点语句中的语气词、数词、句式、标点等，体会秦王、唐雎、安陵君三人不同的性格特点，进而体会本文对比、衬托的写作手法。

（五）演读课文，加深理解

1.本文除了运用语言刻画人物外，还用了哪些方法？请学生在书上勾画出相应语句。

2.请学生合作表演。一人扮秦王，一人扮唐雎，一人扮安陵君。

预设：唐雎能带剑进入秦廷吗？

设计意图：通过勾画法理解本文还运用了动作、表情等方法来刻画人物；引导学生发挥想象，添上合适的动作（如拂袖、拍桌子）和表情（如怒目圆睁），演出人物的神韵，演出自己对人物的理解。学生通过对课文的表演，可能有一些质疑。通过"预设"环节，消除学生疑惑，深化对文本的认识，以及对唐雎的再度认识。

六、教师总结，布置作业

（一）齐读课文

教师小结：唐雎是一弱国之臣，以自己的胆识和行动维护了一个国家的尊严，体现了他坚持正义、勇敢无畏的爱国精神。人常说，"弱国无外交"。梁启超说，"少年弱则国弱，少年强则国强"。爱国不应是一句空洞的口号，更应是具体的行动。爱国，从我做起，从现在做起。同学们，努力学习，将来才能建设好我们的国家。

（二）作业安排

课程标准指出，"有些诗文应要求学生诵读，以利于丰富积累，增强体验，培养语感"。单元提示中也要求"学习这个单元，熟读背诵课文，并将精彩的句、段摘抄在笔记本上，积累文言词语，培养良好的文言语感"。本文是以语言为主来刻画人物形象，为了达到学以致用的效果，同时也为了检测学生的写作水平，我设置了如下作业安排：

1.背诵《唐雎不辱使命》这篇课文。

2.片断描写：请以一位老师或同学为模特，运用语言描写，突出其性格特征。

设计意图：在学生慷慨激昂的齐读课文之后，教师满怀深情地总结课文，渗透对学生的情感教育，鼓励学生将爱国的意识落实到具体的行动。作业布置上读写结合，既有口头作业，又有书面作业，有利于操作和检查。

七、说板书设计

本文以人物为主，刻画了三个人物形象；人物的性格是在语言的交锋中推进和丰满的。人物之间又形成了对比和衬托的关系。这样的板书，直观鲜明，高度简洁，既有对学习内容的概括，又有对写作方法的指导，同时，易记易诵，便于学生掌握。

唐雎不辱使命

秦王　　　　　唐雎　　　　　安陵君

骄横跋扈 [对比] 不畏强暴 [衬托] 委婉坚决
虚伪狡诈　　　机智勇敢　　　不卑不亢

[语言]

（本文获得2015年安庆市初中语文优质课竞赛二等奖）

《荷花淀》说课稿

桐城二中　朱仲莉

《荷花淀》是高中语文第二册第一单元的课文。现就教材、教法、教学程序三个方面加以说明。

一、说教材

（一）教材在本单元所处的位置及课文特点

本单元课文包括《祝福》《边城》《荷花淀》《装在套子里的人》四篇小说。这是高中阶段语文学习小说开始的第一个单元。本单元的学习重点是欣赏我国现代小说和外国小说，训练重点是欣赏小说的人物形象和小说的语言。中国现代小说开创于五四时期，它既继承了我国古代小说的优良传统，又吸收了西方小说的创作经验，因此富于民族特色和现代意识。

《荷花淀》是一篇没有曲折离奇情节、没有尖锐深刻错综复杂的社会矛盾、没有夸张的描写的故事，作者用一种别样的方式来描写战争，他用充满诗意的笔调，把白洋淀人民保卫家乡所进行的可歌可泣的斗争，交织在白洋淀水乡如诗如画的背景上，展示人民群众爱家爱国的情操，并塑造了一群女性独具魅力的形象。在教学中应让学生重点掌握通过运用生动传神的对话描写来表现人物性格的写法。同时，体会景物描写对刻画人物、表达主题的作用。

（二）根据教学大纲的要求和本文的特点，本课的教学目标定为以下几点

1.了解作者孙犁及其作品的基本特点。

2.学习运用生动传神的对话描写表现人物性格的写法。

（三）根据本单元的教学目标，并结合高一学生的学习实际，确定教学重点难点

1.分析小说的景物描写，体会它在刻画人物、表达主题上的作用。

2.引导学生把握战火硝烟中的夫妻之情、家国之爱，体悟人物身上纯美的人性。

二、说教法

课堂上，教师的引导及教材是学生感知和观察的对象，学生正是通过教师所讲和教材所展示的内容经过思考获得对客观世界的认识的。这种观察与思考是有计划有目的的，它不是消极的注视，而是一种积极的思维过程，是一种"思维知觉"。从这一点出发，再结合本篇课文的实际特点，我采用以下方法进行教学：

1.多媒体教学手段创设情境。

2.通过改编课本剧感悟文章对话描写的精妙之处。

三、说教学程序

（一）导入新课、激发情趣：好的导语能营造适宜的课堂氛围，集中学生的注意力，使学生产生对学习内容的兴趣

我设计的导语是：先让学生在黑板上写几个关于战争的词语。

如：枪林弹雨、血雨腥风、硝烟弥漫、断壁残垣

通过这些词语告诉学生，战争是残酷的，或者是贾谊笔下"伏尸百万，流血漂橹"的触目惊心，或者是曹操笔下经过战争洗劫后"白骨露于野，千里无鸡鸣"的荒凉，也或许是杜甫笔下的"新鬼烦冤旧鬼哭，天阴雨湿声啾啾"的阴森恐怖。

然而，在有一位作家的笔下，战争并没有夺去自然景物的诗情画意，人们不仅看到的依然是明月、清风、银白的湖水、碧绿的稻田、粉色的荷花，更看到了在战争环境中成长起来一群女性的精神风貌和美好情操。

今天，我们一起来学习《荷花淀》，感受这一群不平凡的女性固有的勤劳纯朴、真挚善良以及那个特殊的年代赋予她们的机智和勇敢。

（二）由导语引出课题及对作家、作品的介绍，为后面的学习作铺垫

（三）教学新课

1.由于本课篇幅较长、为不影响教学目标的达成，只能让学生快速阅读一遍课文（2—3分钟），整体把握课文内容。用让学生给各小节内容拟小标题的形式

疏理课文情节。学生只有在对课文内容整体把握的基础上，才能去进一步欣赏小说。

2.孙犁小说的风格是"淡雅疏朗的诗情画意和朴素清新的泥土气息相融合"，这篇小说充分显示了他创作的艺术特色，所以感悟小说美点是教学的重点。

以提问的方式引导学生去鉴赏小说：小说中哪些描写给你印象非常深刻？是属于什么描写？请找出你喜欢的段落，朗读并说说你喜欢的理由。

学生讨论回答后，教师小结语言特色：

（1）简洁朴素的对话描写表现人物不同的性格特点；

（2）如诗如画的景物描写展现人物对家乡对生活的热爱；

（3）生动传神的细节描写展示人物丰富的内心世界。

以上两个内容的分析鉴赏是对教学目标的落实。

3.为进一步体会孙犁小说语言的特色，体会那个特殊的年代赋予人们之间的一种人情美，我让学生将课前编好的课本剧当堂表演。这是课堂的拓展延伸，也是一种能力的迁移，学生通过表演，既得到了锻炼，又对课文内容及语言的精妙传神有了更加深刻的感悟和理解。

（四）布置研究性练习

练习1：让学生更进一步理解小说的主题和艺术特色。

练习2：训练学生的想象力和写作能力。

练习3：积累写作素材。

《虞美人》课例分析

桐城二中　朱仲莉

一、课例背景

新课程标准提出"提高思想认识、道德修养、文化品位和审美能力，重视发展思维品质，重视知识与能力的整合，大力提倡自主、合作、探究的学习方式，重视师生之间平等对话和沟通"等崭新的教学理念。作为教师，应吃透新课标的精神，源活则水清，这样才能改变语文教学中"教师教无所成，学生学无兴趣"的尴尬局面。在教学实践中，我努力体现这种新课程的理念。如教授《虞美人》一课，我便作了大胆的尝试，实现老课新教，收到了良好的教学效果。

二、课例描述和分析

关于这一课，有很多成功的案例，在保留一些传统教学思路前提下，我设计了如下环节：

（一）情境导入

上课之前，请××同学为我们讲述一个故事，一个悲伤凄婉的故事。

（根据课下注释"这是他的绝笔词，相传七夕之夜，他在寓中命歌伎唱此词，宋太宗知道这件事后，赐酒将他毒死"改编而成。以学生讲故事代替教师介绍背景和作者情况，目的是一开始便调动学生主动参与课堂的积极性）

（二）诵读感知

请两位同学分别朗读，比较评价。读得好的，请学生指出好在哪里，读得不好的，教师鼓励并指出不足之处及改进的方法。教师范读，并作诵读指导，再配乐诵读，最后齐声背诵。

（这一环节强调"读"的作用，在"读"中体会情感，把握低沉凄迷的感情基调，也通过"读"领悟诗歌只可意会不可言传的美妙之处）

（三）揣摩领悟

提出问题，进一步把握文章的思想内容。

1.这首词哪些地方最能看出词人的故国之思？（生讨论、教师点拨，找出以下句子，并作简要分析）

（1）"小楼昨夜又东风""恰似一江春水向东流"

（2）"往事知多少"，有哪些往事？

（3）"故国不堪回首月明中""春花秋月何时了"

古诗中的意象往往有一些特定的意义，如柳、梅、草、月等。那么月的意象有什么样的沉淀意义呢？

2.这首词还有哪些地方有疑问？（生质疑，师生讨论，共同解决）

（这一环节旨在培养学生质疑探究的能力，通过质疑探究提出问题、分析问

题、解决问题，师生互动、生生互动，营造良好的课堂教学氛围）

（四）鉴赏熏陶

新课标重视思维品质的提高，对于诗歌便是要更深入地体会情感，学习诗歌多种表达技巧，所以这一环节设计如下问题：

1. 一首词要读出意味，必须把握全词的情感核心。这首词哪个字可概括情感呢？（愁）

2. 李煜的愁有哪些？（生讨论并回答，教师小结板书）

往事之叹、亡国之恨、离家之痛、思家之苦

3. 这层层叠叠的铺天盖地的"愁"接踵而至，词人在文中是如何表现出来的？找出运用不同手法写愁的句子，并分析。

4. 王国维说："后主之词，真可谓以血书者也。"在李煜的创作中，浸染着这种泣血之愁的词作还有很多，从课前印发的李煜的另外几首词中，找出你欣赏的句子，说说这些词是如何写愁的？

5. 你能试着用李煜这些写愁的方式表达你生活中的忧愁或烦恼吗？

（就这首词而言，也许可以说"形式大于思想"，所以教学中更应该突出它所蕴含的能激起人们共鸣的情感以及化抽象的情感为形象的表达方式。故而赏析时以一"愁"牵动全篇；同时这一环节中尽量让学生动口动手，用心感悟，并把感悟的内容用说和写的方式呈现出来，在课堂上共同分享）

（五）探究性练习

生配合表演，讲述《虞美人》词牌的由来。比较一下，同是末路之人写的绝笔之词，《垓下歌》与《虞美人》有什么不同？请结合项羽和李煜的经历及性格特点，写一段两三百字的评论性文字。

（这一环节仍然紧扣词情来设计，提到《虞美人》这个词牌的由来，提示学生注意词牌本身就有一种悲剧的色彩。同时也给学生多一个展示自我的机会，以参与表演的方式引出探究性作业，在既严肃又活泼的气氛中给这节课画上了圆满的句号）

三、教学反思

就目前语文教学的现状而言，学生一方面不太重视语文学习，另一方面对语文课的期望又越来越高。他们希望语文课能有更丰富多彩的内容，同时以更生动活泼的形式出现。这种愿望也正切合新课标倡导的"自主、合作、探究"的学习方式。所以本课在调动课堂气氛、让学生参与课堂方面也作了一些尝试，让学生真正感受到他们是课堂的主体，课堂是他们的用武之地。给学生一次机会，他们还给了我百倍的惊喜。从教学实际效果来看，这种尝试无疑给沉闷的课堂教学带来了生机和活力。

不过，这节课在实际的教学过程中，也有不尽如人意之处，预设有余而生成不足，学生在具体的课堂情境中，还显得有些被动，教师点拨效果明显，但没有充分体现教师在新课改课堂教学中的"平等中的首席"地位。我深知一节令人赏心悦目而学生又能真正有所收获的语文课应该是精心设计而又不露雕琢的痕迹。如何真正将课改新理念渗入教学每一环节当中，如何在有限的教学时间里激发学生创新的灵感，如何真正形成教师和学生之间情感的交流和思维的碰撞，这将是我今后教学始终追求的目标。

《大天而思之，孰与物畜而制之》说课稿

桐城中学　　吴世敏

一、说教材

本文是《先秦诸子选读》第四单元《〈荀子〉选读》中的一篇文章，主要涉及荀子对天人关系的思考。荀子认为，天地四时对人世间的安定与混乱没有决定性影响，真正可怕的是人祸，也就是由君上昏乱、政治险恶等人事导致的种种反常现象。文章反复论证了人通过一定努力可以掌握自己的命运这一观点，与其一味地迷信上天、屈从于命运，不如把它当成物来蓄养而控制它、利用它。

课标：选入《先秦诸子选读》的每一篇文章都承载着"传承文化、立德树人"的使命。它像一扇窗口，尺幅虽小，展示的却是风光旖旎的大千世界。

学情：高二学生有一定的文言基础，有较强的自主学习能力，单对先秦诸子散文接触不多，对于内容较深的文章更是领悟不透。

基于以上分析，我设定了以下教学目标：

1.夯实文言基础；

2.理清文章思路；

3.全面认识荀子的天人观。

177

教学重难点为全面认识荀子的天人观。

二、说教法、学法

高二学生有一定的文言基础，借助课下注释可以基本理解本文大意，但仅止步于此是不够的，文言文不只是文言材料，更是文章、文化载体，肩负着传播人文性的重任。作为儒家三圣之一的荀子，有其思想的独特性，只有在与他人的比较中，我们才能看清荀子的价值所在。课文较长，如果过多地纠缠于细节，只会让学生更加迷惑，化繁为简，突出主干，是我教授此课的中心策略。在教学中我打算运用讲授法、诵读感悟法、讨论法、合作探究法。

三、说教学过程

（一）导入新课

荀子生孟子后，倡法后王而尊君统，务反孟子民主之说，嗣同尝斥之为乡愿（指乡中貌似谨厚，而实与流俗合污的伪善者）矣。然荀子究天人之际，多发前人所未发，上可补孟子之阙，下则行于王仲任（东汉唯物主义哲学家、无神论者王充）之一派，此其可非乎？——谭嗣同《致唐才常第二书》。

在变法者谭嗣同眼里，荀子尽管不受待见，但其思想的独立性与理性批判精神是不可抹杀的。今天，我们学习他的《大天而思之，孰与物畜而制之》，近距离感受荀子"多发前人所未发"的独特魅力。

（之所以选择谭嗣同的话作为导语，是因为作为革命者的谭嗣同发现了荀子独特的价值，那就是独立精神与批判意识。这正是文章的突破口，授课的生发点）

（二）解读文本

1.检查预习字音、重要实词、虚词、特殊句式、翻译句子。

2.让学生解释课题"大天而思之，孰与物畜而制之"。

（题目是本篇文章的灵魂，集中体现了荀子的天人观，我从解读题目开始让学生获得一种基础性的认识，并以此引领学生诵读、翻译最后一段，进而总结出荀子的天人观）

教师：课题来自哪里？

学生：文章最后一段。

教师：为什么教材编者用最后一段中的一句话作为课题，而不像有的先秦文章取开头一句话作为课题？

学生：它可能是全文的观点，是文章画龙点睛之笔。

教师：回答得好，尤其好在"可能"二字上。它究竟是不是文章画龙点睛之笔，请大家细读最后一段。

3.集体朗读最后一段。

4.借助文下注解抽学生翻译最后一段。

5.互动交流：

教师：请同学们概括最后一段的中心内容。

学生：人不能一味尊天、迷天，而应掌握天的规律为己所用。

教师：下面有两幅图片，我的理解是，在天面前，人应该这样，而不应该那样。（图片展示略）不知道我的理解对不对？

学生：对。

教师：原来荀子是这样看待天人关系的：不要将天置于人之上，人应该居于天之上。

板书：

（好的板书能够用最直观的方式展示文章核心观点，在学生的互动交流后，我设计了这样的板书，此板书配合两幅图片，形象地揭示出：前者，人匍匐于天；后者，人昂首向天。天人关系出现了颠倒。这正是荀子对中国文化的杰出贡献）

教师：既然大家知道了荀子的观点，请大家探究课文，理清思路，梳理一下荀子的这种天人观是怎么演绎出来的。

通过学生们的交流发言，形成文章思路图：

第一自然段：国家治乱在人不在天

第二自然段：天有常道

第三自然段：敬己不慕天者日进，错己慕天者日退（对比）

第四、五自然段：天之异象可怪不可畏，人之乱政可畏不可怪（对比）

第六自然段：文天则吉，神天则凶（对比）

第七自然段：国之命在人不在天

（理清思路是读懂文章最简单又最有效的方法。在领会了荀子的天人观后，我

采用的是中心开花法，即围绕中心论点让学生推导论证过程，这种方法简洁明快，学生易入手，能互动，有助于提高课堂效率）

（三）合作探究

天人关系是中华文化永恒的话题，我们看看传统观念中人们对天的看法——

孟子：天将降大任于斯人也……仰不愧于天，俯不怍于人。

项羽：此天之亡我，非战之罪也。

欧阳修：呜呼！盛衰之理，虽曰天命，岂非人事哉？

司马迁：夫天者，人之始也；父母者，人之本也。人穷则反本，故劳苦倦极，未尝不呼天也；疾痛惨怛，未尝不呼父母也。

合作探究：比较荀子天人观与上述观点的差异。

显然，传统观念中，天是人的主宰，人是天的附庸。而荀子的观点与之相对，他认为人可以应天，胜天。这样，人的主体地位得到了空前提高。人在天面前，不再顺眉低眼，不再唯唯诺诺，而是理直气壮，堂堂正正。尼采说过：上帝死了，人活了。套用他的话，荀子这样说：天矮了，人高了。

让学生再次集体朗诵最后一段，体会关键动词"畜""制""用""使""化""勿失""所以成"。

（这是本课教学重点和难点。一方面进一步落实理解荀子的天人观，另一个方面在与众人的比较中寻找荀子的独特性，因为有了坐标，才能准确定位。再次集体朗读最后一段是本课教学的亮点之一。第一次朗读，是引出中心论点；这次朗读，是在学生有了整体感知之后进一步深入文本，体会荀子论证思维的缜密和优雅，六个排比句，一气呵成，看似平行，实则递进，将天人关系阐释得鞭辟入里，淋漓尽致）

（四）拓展延伸

经典作品可以照亮人类的心灵，好的作品总是会带给我们多方面的启迪。请结合本文内容，思考如下两个问题：

1."文革"期间有一句十分流行的口号"战天斗地闹革命"，知识青年围湖造田、焚林开荒，他们的"战天斗地"与荀子"大天而思之，孰与物畜而制之"是一回事吗？

（不是。荀子要求应天，胜天，而不是无法无天）

2.随着社会经济的发展，人类面临的难题越来越多，如全球气温升高问题、雾霾沙尘暴问题。读了荀子的这篇文章，你对改变当前现状有哪些好的意见和建议？

（克制人的私心与欲望，与自然互利共赢、和谐相处）

（两道探究题，是宏观，也是微观。看似大而无当，实际上还是紧扣文本。有人说，荀子的天人观直接导致"人定胜天"谬论的产生，其实，人不能胜天，人只能顺天。这种说法似是而非，人发挥主观能动性，能因地制宜，即是胜天，并非一味对抗，弄得两败俱伤。学以致用，永远是学好语文的不二法门，联系现实畅谈想法是检验学习成果的简便方式，虽然常规，但是有效）

（五）课堂小结

我们生活在同一片天空下，天是我们共同仰望的对象。正如荀子所言，"以为文则吉，以为神则凶"，我们可以敬畏天，不可以迷信天。我们可以掌握天的运行规律，很好地为自己与子孙后代创造更加美好的生存空间。我们不能视天为无物，我行我素，肆无忌惮，这样必然走向疯狂，走向自我毁灭。早在两千多年前，荀子以敏锐的目光，看穿纷繁复杂的世相，直击问题的核心，为我们揭示了人要应天、人能胜天的朴素真理。想想今天人类面临的许多困境，我们该不该冷静自己发热的大脑，向荀子致歉，致敬？古人不朽，思想长存！

（六）课后作业

1.找出文中有特殊句式的句子，并将它翻译成现代汉语。

2.课下读《荀子》，摘录一些你认为有教益的名句。

（课后作业，不求高大上，但求切实有效。寻找特殊句式并翻译成现代汉语，有助于夯实文言基础；摘录名句，目的在于引导学生通过自主阅读，进一步了解荀子的相关思想。课文只是冰山一角，没有课外阅读做保证，冰山难以稳固）

实践篇

《故都的秋》教学设计

桐城市教育局教研室　朱正茂

知识与能力目标：

1.领悟作者文中流露的情感及借景抒情的写法。

2.品味明白、晓畅、清丽的语言，提高语言鉴赏能力，掌握语言表达的一些技巧。

3.学习借鉴本文紧扣文眼的选材，理解散文"形散神不散"的特点。

过程与方法目标：

按诵读感悟、整体感知、重点突破、美点赏析几个步骤来完成本课的教学，运用诵读法、合作讨论法、圈点批注法，构建开放有序的和谐课堂。

情感态度与价值观目标：

体会本文景物描写中蕴含的情感，在品味鉴赏的过程中陶冶性情，获得审美的乐趣。

教学步骤：

一、导入新课

（以课后练习一为参照，检查课前阅读情况）

这篇文章选取了哪些平常景物来描写故都的秋？要求回答的时候，每个景物中带上秋字。找一生回答，其他学生补充。

教师板书：秋花　秋槐　秋蝉　秋雨　秋果

这些的确都是平常的景物，但为什么在郁达夫的笔下，它们散发着独特的魅力呢？

这节课，就让我们一起走进故都的秋的世界，去领略这份独特的秋味吧！

二、诵读感悟

1.师生共读。

教师读1、2自然段和结尾两段，其他安排学生诵读，一人读一景物。

2.诵读提示。

（1）本文感情深厚，意味隽永，文辞优美，诵读时宜快不宜慢，认真体会景物描写所蕴含的思想感情。

（2）直接抒怀部分要读得意味深长，准确表达出作者的心境、情怀。

三、整体感知

1.作者是如何描写这些景物的？从文中找出一个相关的词语来形容，并说说景物共同的特征是什么？

淡蓝的 ——————— 秋花

无声的 ——————— 秋蕊

衰弱的 ——————— 秋蝉

息列索落的 ——————— 秋雨

淡黄微绿的 ——————— 秋果

清、静、悲凉

2.写故都景物是从第3至11自然段，那么开头两段结尾两段各写什么？（生齐读）

明确：前两段，用对比手法写作者对北国与江南之秋的不同感受，表达对北国之秋的向往之情。后两段，南国之秋的色味比不上北国之秋，直接抒发对故都秋的眷念之情。

根据以上提示，列出结构框架图。

四、重点突破

其一，故都的秋应是多姿多彩的，作者为什么不写红叶似火的香山，游人如织的颐和园和明丽如镜的昆明湖，而只选取了表现"清、静、悲凉"的景物来写呢？联系《荷塘月色》，体会散文"形散神不散"的特点。

明确：《荷塘月色》突出心情不宁静后，来到荷塘作一番尽情地描绘，想借此排遣内心的烦闷，但努力失败，心内一团麻，剪不断，理还乱，于是又想起采莲的旧事，是为排遣内心苦闷再作努力，结果再次失败。

《故都的秋》一文中，先点出"清、静、悲凉"的特色，定下感情基调，接着分别选取能体现这三方面特点的景物，如白色、蓝色的冷色调的牵牛花，无声无息的槐蕊，透着凉意的秋雨，之所以要着力表现这些带着"清、静、悲凉"意味的景物，而不去描绘火一般的香山红叶，明镜似的昆明湖水，其主要目的也是借此抒发内心的苦闷、寂寞和忧愁。围绕要表达的思想感情来选材，这一点与《荷塘月色》有异曲同工之妙。

其二，本文是写景文，为什么要插入对写秋诗文的议论？

明确：创造一种文化氛围，于自然气息之外再添一重文化气息，与故都题旨暗合。纵横议论，显出深厚的文化底蕴和开阔的思路。

五、美点赏析

1.再读课文，圈出你喜欢的词语和句子。选一两个例子，说明你喜欢的原因。

学生示例1："我的不远千里，要从杭州赶上青岛，更要从青岛赶上北平来的理由，不过想饱尝一尝这秋，这故都的秋味。"从"饱尝"和"秋味"两词可以看出在作者眼中北国之秋就是一道特色美食，给人以独特的享受。

学生示例2："比起北国的秋天，正如黄酒之与白干，稀饭之与馍馍，鲈鱼之与大蟹，黄犬之与骆驼"，这组对比很通俗，将优美的事物用通俗的事物来表现更浅显易懂，且更将作者对北国秋的热爱表现得更强烈。

学生示例3："秋天，这北国的秋天，若留得住得话，我愿意把寿命的三分之二折去，换得一个三分之一的零头。"用"三分之二""三分之一"这样的数字将自己对北国秋的热爱更加具体鲜明地表现出来，使人立即想到北国的秋在他心中的分量，这种热爱的程度超过了生命本身。

学生示例4："像花又不是花的那种落蕊，早晨起来，会铺得满地，声音也没有，气味也没有，只能感觉出一点点极微细极柔软的触觉。"这些文字像轻轻飘浮在空中的云，读起来很清新，描写中充满了诗情画意，"无声胜有声，无味胜有味"，字里行间渗透了秋的意味。

学生示例5："不单是诗人，……不能自己的深情"，连囚犯都喜爱的秋天，怎么能不使人为之折腰？也说明了秋带给人的思想意境，让人回味往昔的岁月，品味着人生的百味。

2.语言训练。

《故都的秋》写得美吗？综合全文，选取一个恰当的角度，评价一下这篇文章。

如：《故都的秋》有一种音韵美——

《故都的秋》有一种结构美——

《故都的秋》有一种画面美——

《故都的秋》有一种语言美——

六、课后练习

其一，写秋诗文知多少？请课下搜集整理，并细细品味。

其二，以"秋"为中心词，（如报秋、品秋、颂秋）拟一个标题，并写一段话。

（本文参加2009年安徽省特级教师评审安庆市级考评课教学设计）

《在山的那边》教学设计

桐城市教育局教研室　程　钧

教学创意简介

《在山的那边》这首诗是学生进入初中阶段学习的第一篇课文，且又是一首新诗。根据文章特点与学生的生活实际，依据新课改的理念，我确定的教学目标为：

其一，感悟诗中歌咏对象的意境，探究其象征意义，从而获得积极而有价值的人生启示。

其二，让学生了解读诗的基本方法。

就教学过程而言，将它设计为相互衔接而又逐一递进的四个板块，即"走近文本""感悟文本""提升文本""拓展文本"。

在学生的能力培养上，重在启发学生大胆而丰富的想象，培养他们的想象能力。这一点，主要落实在"拓展迁移"这一板块。

全文教学设计

教学目标：

1.感悟诗中"山""海"的意象，领会其象征意义，获取有益的人生启示。

2.诵读全诗，了解学习诗歌的基本方法。

教学重难点：

1.感悟诗中"山""海"的意象，领会其象征意义，获取有益的人生启示。

2.反复诵读，逐步体会感悟这首诗的意蕴。

教学方法及设想：

1.尝试自主、合作、探究的学习方式。

2.运用感悟教学法。

3.借助多媒体辅助教学。

4.安排一课时完成教学任务。

5.布置课前预习。

教学步骤：

一、走近文本

1.利用早读时间学生自主朗读全诗。

2.读读写写并理解识记下列词语：

痴想　隐秘　诱惑　喧腾

3.抽查两三个学生，看能否有表情地朗读课文。

4.点评学生预习情况，着重从朗读的语气、语调、语速及节奏方面进行点评。

二、感悟文本

1.导入新课。

导语：童年的你，一定也有不少美好而又朦胧的梦想，一定也很精彩，是吗？今天我们一起来重温一下山里孩子童年的梦想——要爬上村边那座山的顶峰，看看妈妈常说的山的那边的"海"是啥模样。

（板书：课题、作者）

2.投影全诗，指导朗读。

（1）分别抽男、女学生朗读课文。

（2）教师范读课文。

（3）师生互评后，学生齐读。

3.理清文章脉络，感知全诗内容。

提问、思考、释疑（分组讨论、代表发言）

（1）诗分两节，首节是"我"什么时候的幻想？第二节又是"我"什么时候的感悟？

明确：小时候的幻想，认识是幼稚的。长大后，经历了许多困难，终于感悟了。

（2）"山那边的山啊，铁青着脸。"这句是写出的颜色，是用了拟人的手法，突出了"我"历经艰辛爬上山顶却没有见到向往已久的"海"的失望、沮丧的心理。

（3）"在山的那边，是海！是用信念凝成的海。"这句话是什么含义？

明确：此处的"海"的意象不只是自然界的"海，而是泛指理想的天地，只有坚定信念，执着追求，征服无数座困难之山才能达到的理想的天地"。

（4）"当我爬上那一座座诱惑着我的山顶"，"山顶"有啥诱惑？在现实生活中，哪些东西对你们有诱惑力？

明确：山顶对"我"有诱惑。因为"我"总是向往山那边的"海"，而要想见到理想的"海"，只有爬上一座座山顶。在现实生活中，有许多东西对我们有诱惑力，如电子游戏、上网、看电视、读书等，不过要正确区分这些。

4.重点感悟

（1）默读诗的第一节，探究下列问题：

"我"儿时的幻想是什么？实现了吗？

（先让学生自由发言，再归纳要点）

明确："我"小时候就有一颗不甘蛰居闭塞山区之心，一心想看看山外面的世界。所以历经几回艰险爬上那座山顶，看到的却仍是那一座座连绵无尽的山峰，总不见妈妈常说的那"海"的影子，几回总是失望而泣，"山那边的山啊，铁青着脸，给我的幻想打了一个零分！"

（2）读懂全诗，领会诗中"山""海"的象征意义。

（先分组讨论，集中回答，再分析归纳）

明确：诗中的"山""海"是诗人借用了大自然的"山""海"的形象来表达人生的信念，具有象征意义。

它让我们明白：只有征服那一座又一座的困难之"山"，才能看到山那边的"海"——理想的天地！它让我们领悟"海"就是"一个全新的世界"，无数座"山"就是通向这个全新世界的必由之路！

（3）开展联想，感悟获取怎样的人生启示？

（先小组讨论，再归纳明确）

明确：人生也就是这样，不征服一座困难之"山"，是不能达到理想境界，只能执着地追求，努力地征服无数座"山"，才能见到山那边的"海"！失望是因为对长期性、艰巨性估计不足。认识深化了，就可以战胜失望，能"一次次鼓起信心向前走去"。这首诗对人生是一个很好地艺术概括。当我们经历一番奋斗却不能实现理想而倍感沮丧时，读读这首诗，你也许就会抖擞精神，再树信心，继续奋斗。

三、提升文本

学生分组交流，归纳课文学习方法。

1.感悟诗歌的方法。（投影）

明确抒情对象，抓住关键词语；理清逻辑关系，体会优美意境；概括全文主旨，明了表达技巧。

2.了解诵读方法。

确定朗读重音，划分朗读节奏，把握感情基调。

四、拓展文本

其一，给出下列两个问题，让学生结合所学的知识，展开讨论，提出自己的见解。

1.当我们自己在学习上遇到困难时，你该如何克服它们？

（答案不限一个，有理有据均可）

（示例：重温这首诗，让自己真正明白"梅花香自苦寒来"———只有经历一番艰苦甚至痛苦的磨炼，才能实现理想的道理，并以古今中外许多名人历经艰辛方获成功的事例来激励自己）

2.当自己的朋友、亲人遇事不顺或遭受不测而失去生活的勇气时，你又该如何帮助他们呢？

（答案不限，合情合理均予以肯定）

（示例：除了给予他们力所能及的帮助外，主要从精神方面激励他们，让他们重新扬起生活的风帆，结合自己学习生活中遭遇的挫折而重新振作的经历，结合古今中外许多伟人经历苦难而不屈的事例去帮助他们渡过难关）

其二，布置练习，自主拓展。

1.以"小溪""河流""大江"为话题，创作一首小诗。

2.课外练笔，以"我终于见到大海"为题写一段话。

3.想象作文：山那边除了"海"以外，还可能是什么景象（提示：平原、森林、沙漠、湖泊等）可选择一点，作具体描写。

上述创作与练笔成果，安排在下一次语文活动中交流展示。

教学反思：

根据既定的教学设计，经过具体的课堂教学实践，总体来看，这一课的教学是成功的，效果让人满意。其成功之处主要有以下几点：

其一，选用的自主、合作、探究与"感悟式"教学法能较好地调动学生参与的积极性，符合新课改的理念和学习语文的实际。其中，"感悟文本"这一板块，学生活动充分，它有效地避免了教师的一言谈以及乏味的逐句分析。

其二，四大"教学板块"的安排，使得全文教学思路清晰，且相互衔接又逐层递进，符合学生的认知规律与知能的建构程序。其中"提升文本"板块的设置，使学生读诗从感悟认识上升到理性认识，起到了事半功倍和举一反三的效果。"拓展迁移"板块，极大地激发了学生大胆想象与创作的热情。从学生反馈的练笔来看，不少学生的习作令人欣喜。

不足之处与改进之处：

1."拓展迁移"板块还可在"积累"方面强化。如让学生搜集有关"山""海"的成语并交流。

2.想象作文"我终于见到了大海"以及设想"山那边"是"森林""沙漠""原野"等可安排在课内让学生做口头描述，教师适时地进行点评与写作指导，这样全班所有学生的课外练笔水平将会有一个整体提升。

《周庄水韵》教学设计

桐城二中　　汪玉清

教材分析：

本文作者用优美的文笔将水乡古镇的美景及韵致描绘得淋漓尽致，让人犹如欣赏了一幅有声有色、韵味十足的动态风景画。在今天这个喧嚣忙忙碌碌的现代社会，我们需要给自己的心灵留一方纯净的精神晴空，需要给那些疲于奔命的灵魂提供一处润湿的青草地，那么阅读本文应是让我们拥有了一份诗意审美的江南文化情怀。文中的"水韵"，蕴涵在长街曲巷、黛瓦粉墙、橹声灯影里的宁静、素雅与悠远的古典情韵和当代水乡的溢彩流光中……

教学目标：

  1.多角度感悟周庄水乡动人的情韵。

  2.品味清新优美的语言，学习多角度写景的方法。

  3.引发学生对周庄文化以及家乡历史人文的当代价值的思考，提高审美情趣和文化品位。

教学重点：

  品味清新优美的语言，欣赏周庄水韵，感受周庄文化。

教学难点：

  对周庄历史人文的当代价值做出正确的评价。

教学流程：

  一、创设情境，导入新课

  （课前播放关于周庄的视频，创设情境）

  教师语言导入：吴冠中曾赞叹"黄山集中国山川之美，周庄集中国水乡之美"。刚才同学们已经有了视觉上的欣赏，接下来让我们一起透过文字再次去走进周庄，回味这江南水乡的情韵。

  教师板书：周庄水韵 赵丽宏

  二、诵读，感受"水韵"

  1.从标题入手，说"韵"的含义。

  韵：神韵，韵味，情趣。

  2.默读勾画，说说周庄的"水韵"是什么样的（或具体体现在哪儿）？你从文中哪儿读到了？请学生朗读相应的地方，并作概括。

  预设：整体印象中有水中倒影的清幽；水上石桥古朴、诗意的美或营造一种和谐美；水傍古镇的古典如画。

  三次游历韵味各有不同：春天雨水朦胧缥缈；冬雪融化温情典雅万般柔情宁静古朴；春夜节日的夜晚河水如童话似梦境，多姿多彩，宁静，缤纷欢乐，梦幻般的现代美。

3.欣赏配乐的周庄幽美的一段视频，再次感悟水乡之美。

（视听资源创境法，给学生创造了虚拟的旅游情境）

4.投示总结周庄的"水韵"之美。

投示：整体印象　　山水画　　如诗如画

　　　　　　　　　水墨画　　朦胧飘忽

　　　三次游历　　版　画　　古朴柔情

　　　　　　　　　油　画　　欢乐缤纷

教师板书：古朴美　现代美

三、美读，品味"水韵"

作者是怎样描写周庄的"水韵"的？请同学们找出文中找出能表现水乡韵味和情趣的句子，反复朗读、品味。

温馨提示：可从描写的顺序、角度、方法、语言等方面来说。

学生美读相应的部分，说说自己的评点。教师也可投示几处，如：

在阳光下，积雪正在融化，到处可以听见滴水和流水的声音，小街的屋檐下在滴水，石拱桥的栏杆和桥洞在淌水，小河的石河沿上，往下流淌的雪水仿佛正从石缝中渗出来。细细谛听，水声重重叠叠，如诉如泣，仿佛神秘幽远的江南丝竹，裹着万般柔情，从地下袅袅回旋上升。

批注：滴、淌、渗，三个动词用得好，非常贴切生动。从听觉角度，运用联想的手法，将水声联想为"江南丝竹"，表现水声的轻婉和柔美，也体现水声悠扬的特点。

四、研读，道周庄

1.投示两幅画（一幅是"小桥流水人家"的古朴宁静之美；一幅是热闹缤纷的现代美，即文中的第三次游历所写的画面），让学生说说：在你的心中，真正的

周庄与哪幅画更吻合？

投示：

链接资料一：

"小桥流水情别有，粉墙黛瓦意自幽。桨声欸乃摇古韵，船歌互答惊岸柳。张氏园中泛扁舟，柳公佯醉寄迷楼。贞丰泽国烟雨梦，鱼翔蝶舞觅庄周。"（一传唱文字）

链接二：

"周庄正举办旅游节，古镇把这天当成一个盛大的节日。古老的楼房和曲折的

小街缀满了闪烁的彩灯……随这一声声清脆的爆炸声，小小的光点变成漫天盛开的缤纷礼花，天空和大地都被这满天焰火照得一片通明。……平静幽深的河水,顿时变成了一条摇曳生辉、光华四射的彩带。……这时，从四面八方传来惊喜的欢呼声……"（文中第三次游览时的文字）

目的：对文本的一种质疑，整体水韵的画图如"小桥流水人家"的恬静古朴，人们神往的周庄是一种典雅和柔情，而第三次游历这种缤纷活力与此似乎不吻合。学生各抒己见，可以说这个梦里水乡当属古典和静谧；也可以说周庄的经济发展和文化传承和谐统一。目的是让学生认识到古老的周庄，是一种精神上、文化上的东西，引发对周庄文化的思考。

2.比较阅读《远去的周庄》，思考：文章为何称周庄是"远去的"，谈谈你的看法。（生各抒己见）

参考要点：周庄原本是以它的清幽、别致、宁静、柔美的水乡神韵闻名于世的，是与外界尘嚣互不沾染，超尘脱俗的，如今匠气的装饰，喧哗的商贾，使清静的地方变成奢靡浮躁之所。一切都让"现代化"的色彩涂抹、淹没。周庄已"远去"，已日渐失去了它的宁静、它的灵魂，商业铁蹄粗暴地践踏着我们文明与文化的命脉。

教师也可补充自己到周庄的见闻和感受：这个如少女般秀气温婉的周庄已经被穿上艳俗的服装！诸多先师的墨迹楹联仍在，古桥古镇仍在，那方水仍在，但那嘈杂的人群、鳞次栉比的摊点商贩、林林总总的歌舞厅、把河水遮盖得严严实实的木船……周庄离我们远去了，而离我们远去的又何止是一座周庄？

五、探究性作业

我们桐城有"文城"之称，如富有文化底蕴的"文庙""文和园""六尺巷""北大街"等。在经济发展、城区扩建中，有很多非物质文化遗产已经或即将遭破坏，你对我们家乡的文化了解多少，我们又应该如何保护我们文明与文化的命脉？让我们从周庄思考，从身边行动。

作业：

综合性学习："感受文城底蕴，保护文化遗产"

1.本月末开展"家乡文化之旅"活动，请同学们借助网络查阅了解以下九个历史文化景点，然后选择自己最感兴趣的景点，拟出你要简介的景点文化内涵。

游览地点和活动路线：

紫来桥—北大街—姚莹故居—方以智故居—左公祠—半山阁、银杏树—桐城文庙—六尺巷—文和园

2.活动结束后召开"家乡文化行"汇报会，说说你对我们家乡的文化了解多少？我们又应该如何保护我们文明与文化的命脉？你有何见解与措施？

（本文发表于《语文教学通讯·初中版》2009第5期）

《蒲柳人家》教学设计

桐城市实验中学　　方捍东

教学目标：

1.感悟文中刻画的鲜明、丰满的人物形象，培养学生良好的审美情趣。

2.品味小说的语言特色。

教学重点：

感受人物形象，品味小说语言。

教学难点：

欣赏文中刻画的鲜明、丰满的人物形象。

教学设想：

1.教学方法：

拟题法：模仿章回体小说的形式引导学生给课文拟题，以对联的形式激发学生的学习兴趣，感知课文内容，感受人物形象。

诵读法、探究法：教学中引导学生朗读，仔细体会、感受小说语言的魅力。师生合作探究塑造人物的方法。

2.教学手段：

采用多媒体CAI课件辅助教学

3.课时安排：一课时。

教学步骤：

一、激趣导入

1.学生欣赏古运河图片。

2.教师导入课文。

让我们想象着北运河两岸恬美秀丽的风光，呼吸着瓜棚豆地的泥土气息，在运河淙淙流水的指引下，走进别具乡土风味的《蒲柳人家》。

3.简介作家作品。

二、明确教学目标

感受人物形象，品味小说语言。

三、整体感知文本

1.自主预习，积累字句。

擀(gǎn) 剜(wān) 筵(yán)席 捯(dáo)气 荣膺(yīng)

纤（xiān）_____ （qiàn）_____

一气呵成：比喻文章的气势首尾贯通；比喻整个工作过程中不间断、不松懈。

如坐针毡：形容心神不宁。

芒刺在背：形容坐立不安。

望眼欲穿：形容盼望殷切。

2.自主阅读，感受小说。（情节、人物）

师生合作完成对联，同时引导学生感知课文内容。

爱恨情仇

① 一丈青治病救人妙手回春	
大学问仗义疏财古道热肠	对乡邻、伙伴及弱者的友爱
② 一丈青大闹运河滩	
大学问威震古北口	对无理人、盗马贼的态度
③ 疼孙儿千方百计保平安	
请先生三餐一壶望成龙	对何满子的亲情

四、感悟人物形象，探究塑造方法

1.概括人物形象。（请用一句话概括出人物特征）

一丈青大娘：泼辣大胆　豪爽坦诚　口苦心甜　溺爱孙子

何大学问：仗义疏财　慷慨豁达　侠肝义胆　渴望子问　好说大话

　　　　　喜戴高帽子　爱讲排场　摆阔气

197

何满子：聪明机灵　活泼顽皮

2.探究塑造方法。

（1）了解人物描写方法：肖像描写、动作描写、语言描写（投影）。

（2）赏析人物精彩语言：

①一丈青大娘勃然大怒，老大一耳刮子抡圆了扇过去，那个年轻的纤夫就像风吹乍蓬，转了三转，拧了三圈儿，满脸开花，口鼻出血，一头栽倒在滚烫的白沙滩上，紧一口慢一口捯气，高一声低一声呻吟。

②一丈青大娘骂人，就像雨打芭蕉，长短句，四六体，鼓点似的骂一天，一气呵成，也不倒嗓子。

③何大学问人高马大，膀阔腰圆，面如重枣，浓眉朗目，一副关公相貌。

五、拓展迁移　学习实践

1.讲故事。

2.评人物。

3.模仿写作。

请你模仿课文刻画人物的方法，描写你的一位授课老师，力求传神，有文采。

《蒲柳人家》（节选）预习提纲

1.查字典词典，扫除字词障碍。

2.查阅资料，了解作家作品。

3.熟读课文，了解故事情节，感知人物形象的美好品德和高尚情操。

4.你能根据小说情节给课文拟几个精彩的对联吗？

5.你能分别用一句话概括文中的人物形象吗？

6.找出课文中精彩的肖像描写、动作描写、语言描写，反复朗读、体会塑造人物的方法，品味小说的语言特色。你能写几句赏析的话吗？请在空白处旁批。

请认真准备，谢谢合作！

（本文发表于《新课程探索》2007年第3期）

《山中避雨》教学设计

桐城市碧峰中心学校　陈　莉

教学目标：

1.引导学生真切感悟生活，善于发现生活中的美，从而善待生活。

2.品味文中生动感人的语段，体会音乐的趣味和作用。

3.培养学生读中悟写的模仿迁移能力。

教学重点：

引导学生真切感悟生活，善于发现生活中的美，从而善待生活。

教学难点：

体会音乐的趣味和作用，加深对"教以乐和"的感悟。

教学方法：

1.运用"感悟教学法"。通过感悟难点与美点，引导学生深入解读文本，丰富情感体验，培养形象思维能力。

2.通过"自主、合作、探究、体验"的学习方式理解课文内容，培养分析、理解、归纳、概括的能力。

教学设想：

1.课前预习，思考下列问题：

（1）文中人物思想感情发生了哪些变化？"三家村"的气氛发生了怎样的变化？产生变化的原因是什么？

（2）仔细品味文中作者拉琴、众人齐唱的语段。

（3）感受文中的美点。

2.让学生搜集山村农家大人与孩子开展娱乐活动的素材。

3.课时安排：一课时。

教学步骤：

一、教师启发引导，学生自由地导入新课

同学们，你们都有过避雨的经历吗？不知道大家当时的心情会怎样？

（学生们个个激情高涨，畅所欲言。有个学生说：记得那是夏天的一个下午，我放学回家，走到山坡的时候，天突然下起了大雨。当时我没有带伞，可是这儿又没有避雨的地方，只好硬着头皮往前跑。我知道在前面不远处住着几户人家，于是我飞快地跑到农户家避雨，此时我全身湿透了。有位大婶看见我衣服被雨淋湿了，便拿出衣服给我换上，还拿出正冒着热气的玉米棒给我吃，我当时真的特别感动……）

今天，让我们一起走进丰子恺先生的《山中避雨》，去欣赏那充满了诗情画意的"山色空蒙雨亦奇"的景色，去聆听那雨窗之下的悠悠的琴声和那伴着雨声的《梅花三弄》。

（多媒体展示课题、作者信息）

二、作者简介

（学生自由地读课文注释1后，教师运用多媒体作一较全面地介绍）

作者：丰子恺，生于1898年，卒于1975年，曾用名丰润、丰仁，号子恺，浙江桐乡人，我国现代著名的画家、文学家、翻译家、音乐家和美术教育家。因为他的漫画艺术造诣，有"中国漫画之父"的盛名。他集文学、音乐、美术于一身，可谓多才多艺。主要作品收集在《缘缘堂随笔》里，另外还出版了《护生画集》《子恺漫画集》《音乐入门》等作品。翻译作品有《猎人笔记》《源氏物语》《西洋画派十二讲》等。

三、整体感知

提问：现在请同学们自由朗读课文，并思考本文向我们讲述了一个怎样的故事？请用简洁的语言概述作者在山中避雨的全过程。

（让学生自由讨论，体现合作精神，然后找学生回答）

明确：

山中避雨的全过程：山中遇雨—作者与两个女孩的不同心境—借琴安慰女孩—"我"拉众唱—依依惜别。

四、合作探究，感悟难点

1.提问：作者与两个女孩的心境发生了怎样的变化？"三家村"的气氛又发生了怎样的变化？变化的原因是什么？

（学生分组讨论，共同解决问题，教师引导、归纳）

明确：

从人物思想感情发展变化的过程来看：

（1）作者：开始"因游山遇雨，觉得扫兴"，而感受到了一种"寂寥而深沉的趣味"，再往下因给山村青年拉琴，大家齐声歌唱，而尝到了有生以来从未尝过的"音乐的趣味"，最后对山村青年产生了难舍难分感情，又因为实证了"乐以教和"这句古语而产生了一种喜悦之情。

两个女孩：开始"怨天尤人，苦闷万状"，继而因作者借琴而转忧为喜，最后随琴声歌唱而无比兴奋。

（2）"三家村"气氛发生的变化。

先前："雨越落越大"，气氛寂寥而深沉，"顾客稀少"。

后来：作者拉琴两女孩歌唱，"引得三家村里的人都来看"。

继而："三家村里的青年们也齐唱起来，一时把这苦雨荒山闹得十分温暖"。

最后："我离去三家村时，村里的青年都送我上车"，充满依依惜别之情。

（3）变化的原因："乐以教和"。

音乐可以调节人的心绪，可以拉近人与人之间的距离，使彼此相处更和谐。

2.提问：作者将胡琴与钢琴、小提琴作比较，这样写有什么目的？（多媒体展示）

（同桌之间互相讨论、交流）

明确：突出了胡琴的优势，旨在说明音乐应走向大众化，让许多的普通人能享受到音乐的乐趣，得到艺术的陶冶，以便更好地发挥"乐以教和"的作用。

五、自主探究，感悟美点

1.感悟语言美：语言不加雕饰，句句显得自然平易，都是从作者内心里流淌出来的。然而，正是这种由情而发的文字，才更生动更形象，更富于表现力。

请同学们阅读课文的第四、五自然段，体味下列语言美。

示例：

（1）"三家村里的青年也齐唱起来，一时把这苦雨荒山闹得十分温暖。"

点评：这里强调了雨是"苦雨"，山是"荒山"。"温暖"二字，既是写环境的温暖，其实也是写作者内心的温暖。表达了他的欣喜之情。"闹"字，则写出了当时无拘无束的热烈气氛和作者发自内心的真挚感情。

（2）"这种乐器在我国民间很流行，剃头店里之，裁缝店里有之，江北船上有之，三家村里有之。"

点评：这里点出了具体地点，而且以排比的形式，使我们的视线跟着它一个一个地不断转移：剃头店里—裁缝店里—江北船上—三家村里，让我们具体地感受到了胡琴的确是处处可见。此外，连说四个"有之"，则又起到了强调的作用，语气显得更加肯定。

（3）"若没有胡琴的因缘，三家村里的青年对于我这路人有何惜别之情，而我又有何依依于这些萍水相逢的人呢？"

点评：这里不用陈述句，而是连用了两个反问句，显得更有力量，更加肯定，也更有情感，让我们对"乐以教和"的道理深信不疑，也让读者更加为之动心。

2.感悟音乐美：那伴着雨声的《梅花三弄》，那雨窗下悠悠的琴声，那伴着琴声的《渔光曲》，构成了独特的音乐美。

3.感悟绘图美：那静静的小茶店，那"山色空蒙雨亦奇"的景色等构成了一幅优美的画卷。

4.感悟真情美：那山村青年的齐声歌唱，以及在场的每一个人的歌唱都是发自内心，感情十分真挚。

5.感悟和谐美：琴声、歌声把这些素不相识的人结合在一起，体现出一种和谐之美。

在这篇文章中，处处闪烁着多种美的色彩，真是美不胜收。因此，我们要善于用自己的眼睛去发现美、欣赏美、体现美。

六、拓展迁移

1.让学生畅谈自己在山中避雨的趣闻逸事。

话音刚落，同学们激情高昂。有的学生说：下小雨的时候，用树藤扎成一顶小帽子往头上一戴，和同行的几个同学走到小河边，打起水仗，玩得衣服、鞋都湿了……

2.让学生展示自己的音乐才能。

口技表演。（模仿各种鸟鸣虫鸣）

有的学生用一片树叶或用嘴吹出各种鸟鸣、虫鸣的声音。

一学生走上讲台，用自制的竹笛吹奏《百鸟朝凤》。

3.请同学们说说在听上述音乐时产生的感受与联想。

有的学生说：听到刚才同学们表演的口技和笛子独奏，我仿佛置身于大自然，仿佛亲眼看到小鸟时而在枝头上跳来跳去，时而在天空中欢快飞翔的情景，那清脆婉转的歌声和着那带着泥土的芬芳，使我的整个身心感到非常的愉悦。

七、课堂小结

生活是美的，富有诗意的，生活是可以欣赏的。丰子恺先生将在山中避雨的一段生活场景赋予一种新奇的美感，充满了诗情画意，给读者无尽的美的享受。这篇文章又一次启示我们：生活中不是缺少美，而是缺少发现美的眼睛。同学们要做生活的有心人，用我们的明眸去发现生活中的真善美。

八、布置作业

请以"山中避雨"为题，写一篇同题作文。

附：板书设计

山中避雨
丰子恺

叙事		感情发展变化	主旨
山中遇雨		扫兴	乐
山中避雨	女孩心境	苦闷	以
	借琴安慰	欢喜	教
	我拉众唱	兴奋	和
离开	依依惋惜	难舍	

教学体验与反思：

丰子恺既是文学家、画家，又是美术家和音乐教育家，他有着诸多方面的艺术才华和艺术功底，在他的作品中必然闪烁着多种美的光彩。因此，我注意引导学生进行审美和情感体验，深入领会作者"乐以教和"的主旨。

在教学过程中，运用"感悟教学法"优化教学过程，积极尝试"自主、合作、探究"的学习方式，注重培养学生理解、分析概括和鉴赏的能力。每一个学生都积极参与，课堂气氛活跃，教学效果很好。

创造性地使用教学文本

——《山中避雨》教学设计点评

桐城市教育局教研室　程　钧

陈莉老师设计并执教的《山中避雨》一课，最大的亮点是因地制宜，创造性地使用教学文本，运用"感悟教学法"，优化教学过程，取得了很好的教学效果。全篇设计凸现了以下特色。

一、借助生活体验感悟文本

《山中避雨》是一位现代画家、文学家、音乐教育家、翻译家人生经历的一个小插曲。编者将这篇文章安排为七年级上册第一单元自读课文是很恰当的。由于陈老师所在的学校是一所山区的农村初中，大部分学生都有过在"山中避雨"的经历，所以同学们特别喜欢这篇文章，教学过程中极易产生情感共鸣。于是她便借助学生的生活体验来感悟文本，要求学生在上课之前说一段自己曾经在山中遇雨时的情景，作为导入语。

二、教学全文侧重感悟文本的难点和美点

1.感悟文本的难点。

这篇文章通过记叙在西湖山中避雨的经过和感触，揭示了"乐以教和"这一道理。本文的教学难点就在对"乐以教和"的理解和认知上。教学中，教师一方面巧妙地从课文所记叙的两个女孩的心境变化及"三家村"气氛的变化着手，引导学生感悟音乐的独特作用。另一方面，鼓励学生现场即兴表现模仿山中鸟鸣的口技，让学生上讲台表演笛子独奏《百鸟朝凤》，调动全班学生的情感体验，以加深对"乐以教和"的深切感悟，处处闪烁着美的色彩。整个教学过程中以感悟文本的难点和美点为主，从而突出了重点，突破了难点，优化了教学过程。

2.感悟文本的美点。

《山中避雨》是丰子恺先生的散文佳作，闪烁着多种美的光彩。陈老师注重引导学生从不同的角度感悟文本的美点。如一波三折的情感美，水到渠成的意蕴美，行云流水般的语言美等。

三、通过读写结合深化文本感悟

这是一篇记叙文，记叙了作者在山中避雨的全过程，于是教师让学生按照避雨过程（遇到雨—避雨—离开）仿写一篇同题作文，做到读写相结合，培养学生的迁移能力。这种因势利导的写作安排十分恰当。

教学有法，但教无定法。相信陈老师的《山中避雨》一课的教学设计会给我们一些有益的启示。

《再别康桥》教学设计

桐城中学　胡双全

总体构思：

1.不少同学对诗人徐志摩和英国的剑桥大学比较陌生，所以，在鉴赏本诗之前，应对诗人徐志摩和剑桥大学以及本诗的写作背景略作介绍。

2.由于《再别康桥》是一首优美的抒情诗，又是中国现代诗歌的代表作品，因此，教学此诗，以培养学生对新诗的兴趣为主要教学目标。

3.《再别康桥》的语言是美的，《再别康桥》的意境是美的，《再别康桥》的主题是既美而又朦胧的，因此，诵读和感悟是教学本诗的主要方法。

4.本着知人论世的教学思想，我们试图通过对本诗的教学以及对徐志摩的其他一些诗作（如《雪花的快乐》《沙扬娜拉》等）的了解，让学生愉快地走近徐志摩，走进徐志摩的诗歌世界。因此，教学内容将适当地拓展迁移。

5.因考虑到教学容量大，拟运用多媒体作为教学的辅助手段。

6.安排一课时。

教学流程：

一、播放音乐，导入新课

1.音乐、图片导入。

（轻音乐）

（大屏幕）英国剑桥大学图片。配文：剑桥大学，求学圣地；美丽校园，如诗如画；夕阳中的康河，微波荡漾……

2.作者介绍。

徐志摩（1897—1931）现代诗人、散文家，原名章垿，笔名南湖、云中鹤等，浙江海宁人。1915年毕业于杭州一中，先后就读于上海沪江大学、天津北洋大学和北京大学。1918年赴美国学习银行学。1921年赴英国留学，入伦敦剑桥大学当特别生，研究政治经济学。在剑桥两年深受西方教育的熏陶及欧美浪漫主义和唯美派诗人的影响。

有诗集《志摩的诗》《翡冷翠的一夜》《猛虎集》《云游》，散文集《落叶》《巴黎的鳞爪》《自剖》《秋》，小说散文集《轮盘》，戏剧《卞昆冈》（与陆小曼合写），日记《爱眉小札》《志摩日记》，译著《曼殊斐尔小说集》等。他的作品已编为《徐志摩文集》出版。徐诗字句清新，韵律谐和，比喻新奇，想象丰富，意境优美，神思飘逸，富于变化，并追求艺术形式的整饬、华美，具有鲜明的艺术个性，为新月派的代表诗人。

提问：这段文字中，哪些信息是主要信息，它对我们了解诗人徐志摩有何帮助？

（讨论、交流）

明确重要信息：现代诗人，散文家；有诗集《志摩的诗》《翡冷翠的一夜》《猛虎集》《云游》等；为新月派的代表诗人。

3.介绍写作背景。

《再别康桥》是徐志摩的代表作。写于他第二次欧游归来之时，实是回忆之作。"康桥"，今通译剑桥，是英国学术、文化中心，风景胜地，在伦敦北面八十公里左右，靠近康河（剑河），以剑桥大学驰名于世。1920年9月徐志摩因景仰罗素，放弃了他在美国即将获得的哥伦比亚大学的博士学位，前往英国，想成为罗素的弟子，但罗素因在欧战时力倡和平而被康桥的三一学院解聘，离开康桥。徐志摩只好当一名没有学籍的选修生，在康桥度过了一年（1921—1922），攻读经济学学位。本诗作于1928年秋再次访问母校后的归途中。

4.出示学习目标。

（1）鉴赏这首诗，感悟它的思想和情感。

（2）感悟这首诗的艺术美和意境美。

（3）走近诗人徐志摩，走进徐志摩的诗歌世界。

二、诵读诗歌，整体感知

1.范读（配乐）；自读。

2.问题：这首诗的基本内容是什么？

（讨论，交流）

明确：《再别康桥》的基本内容，即以离别康桥时的感情起伏为线索，抒发对康桥依依惜别的深情。

3.追问：诗人的感情是怎样起伏变化的？

（学生再读作品，讨论，交流）

明确：全诗七节，从第一节的"作别"开始，诗人的感情一下子就跌入对康桥的依恋之中。接下去，诗人选取那"河畔的金柳""软泥上的青荇""榆阴下的一潭"等意象，分别写出康桥的美丽、慈爱和浪漫，并逐步推进，将"我"对康桥的依恋、难忘等复杂的感情具体化、形象化。最后，诗人对康桥的感情在"寻梦"中达到高潮。"悄悄的我走了，正如我悄悄的来；我挥一挥衣袖，不带走一片云彩。"云彩在天，本来就是带不走的，可诗人为什么要这样说呢？其实，此时的康桥，已不仅仅是康河上的康桥了；它作为特殊的形象，一个完美的形象，永远留在诗人的心中！

三、品味语言，感悟重点

问题：徐志摩对康桥的感情是一种什么样的感情？

点拨：结合具体诗句和诗节进行品味，力求从诗歌语言中抓住作者跳动着的思想感情的脉搏。

（讨论，交流）

点拨：徐志摩在《吸烟与文化》一文中写道："我在康桥的日子可真是享福，生怕这辈子再也得不到那样蜜甜的机会了。我不敢说康桥给了我多少学问或是教会了我什么。我不敢说受了康桥的洗礼，一个人就会变气息，脱凡胎。我敢说的只是——就我个人说，我的眼是康桥教我睁的，我的求知欲是康桥给我拨动的，我的自我的意识是康桥给我胚胎的。"这段文字中，哪几句话对我们理解作者对康桥的感情有帮助？

明确：徐志摩对康桥的感情不是一般意义上的学生对母校的感情，也不是一般的朋友之间的感情，甚至也不是恋人之间的感情；他对康桥的感情之深之切，不是一句话就能概括得了的。康桥简直已经渗透到他的思想深处，沉淀在他的血液里、生命里。因此，徐志摩对康桥的感情可以概括为"徐志摩的康桥情结"。

四、揣摩分析，感悟美点

问题：《再别康桥》是一首美的乐章。它的美主要表现在哪些方面？

（讨论，交流）

明确：《再别康桥》的美是多方面的，主要表现在：1.在艺术上，构思别出心裁，不落俗套；2.在意境上，具有鲜明亮丽的特点，同时富有流动的画面美；3.在主题表达上，则表现出对个人自由天性的追求。

问题：《再别康桥》在艺术风格上有何特点？

点拨：可结合诗歌的意境加以分析。

（讨论，交流）

明确：《再别康桥》的艺术风格为空灵、飘逸、清新，如肖邦的小夜曲。

（播放肖邦的小夜曲，并表情范读，进一步感悟它的美）

五、拓展迁移，走近徐志摩

问题：你读过徐志摩的哪些诗？你对徐志摩其人其诗是怎样认识的？

（学生交流自己的认识）

大屏幕，配乐朗诵：

雪花的快乐

假如我是一朵雪花，
翩翩的在半空里潇洒，
我一定认清我的方向——
飞飏，飞飏，飞飏，——
这地面上有我的方向。

不去那冷寞的幽谷，
不去那凄清的山麓，
也不上荒街去惆怅——
飞飏，飞飏，飞飏，——
你看，我有我的方向！

在半空里娟娟地飞舞，
认明了那清幽的住处，
等着她来花园里探望——
飞飏，飞飏，飞飏，——
啊，她身上有朱砂梅的清香！

那时我凭借我的身轻，
盈盈地，沾住了她的衣襟，
贴近她柔波似的心胸——
消溶，消溶，消溶——
溶入了她柔波似的心胸！

评析：（略）

六、合作探究，走进徐志摩

徐志摩的诗是美的，犹如这快乐的雪花，轻盈、飘逸、自由。它飘动着灵性，充溢着激情，飞扬着个性，在中国新诗的王国里独领风骚，别具一格！那么，我们就一起走进徐志摩，走进他的诗歌世界吧！

课后研读徐志摩的诗歌和散文，然后以"我所认识的徐志摩"为话题，写一篇文章，可以是人物评论，也可以是文学鉴赏。

七、研究性作业

将徐志摩的《沙扬娜拉》改写成一篇散文。

附：

沙扬娜拉
——赠日本女郎

最是那一低头的温柔，
像一朵水莲花不胜凉风的娇羞。
道一声珍重，道一声珍重，
那一声珍重里有蜜甜的忧愁
——沙扬娜拉

《人生寓言》教学设计

桐城二中　汪玉清

总体构思

本文是现代寓言，共有二则。以《白兔和月亮》作为本课的教学重点，让学生从中获取学习寓言的方法，了解寓言的特点，再在课下自主学习《落难的王子》（为帮助学生，教师可设置几个具有启发性与可操作性的思考题），让学生学会阅读，以提高学生的语文素养。

在《白兔和月亮》的教学过程中，落实知识传授和能力训练的素质教育目标。关键是引导学生在诵读中感知内容，在提问、交流、探究中感悟寓意，并引导学生领悟寓言中丰富的人文内涵，对学生进行人文教育。

过程设计

教学目标：

1.在朗读中感知课文内容。

2.在探究中理解寓意。

3.在拓展中活跃思维，提高口语表达能力。

教学设想：

安排一课时。

让学生从朗读中感知课文内容；建立"成语栏"，有意识培养学生"点滴积累"的习惯；充分利用多媒体生动直观形象的优势来增大课堂教学容量，创设教学情境；让学生在"自主、合作、探究"的氛围中了解寓言，体验寓意，活跃思维；训练学生的想象能力和求异思维能力。

预习提示：

1.请大家阅读教科书后面的"名著导读"第200页《伊索寓言》，在享受寓言诙谐的同时，思考寓言的特点。

2.利用工具书掌握"读一读、写一写"中的词语、成语。（要求学生平时多利用工具书学会自己学习）

教学步骤：

一、导入新课

同学们，你们在小学都学过什么寓言？你们喜欢寓言吗？为什么？

（总结：有故事情节，还能给予人们深刻的教训）

今天我们学习现代寓言。

（显示第一屏：《人生寓言》周国平）

17世纪法国寓言诗人拉·封丹说过"一个寓言可分为身体和灵魂两部分：所述的故事好比身体，所给予人们的教训好比是灵魂"。"寓言"如同"人"吗？"灵魂"和"身体"是否缺一不可？带着这个疑问，我们一起来学习《白兔和月亮》。

（显示第二屏：课题《白兔和月亮》）

二、板块教学

板块一：识词语

请一学生朗读《白兔和月亮》。要求：朗读时声音要大而清楚，并抓住白兔的特征，进入角色。其他同学注意倾听，初步感知这则寓言的"身体"。

师生评价（注：褒扬为主，指出不足和读音错误）

（显示第三、四屏）

检查预习：

窖（jiào）　嬉（xī）戏　撤（chè）销

泯（mǐn）：灭、丧失。

审美：欣赏、领会事物或艺术品的美。

闲适：清闲安逸。

皎（jiǎo)洁：明亮而洁白。

慧心：原是佛教用语，指能够领悟佛理的心。指智慧。

成语栏：

无忧无虑：没有任何忧虑。形容心情安然舒畅。

心旷神怡（yí）：心境开阔，精神愉快。

举世无双：世上没有第二个。形容少有，独一无二。

心痛如割：心里痛苦得像刀割一样，形容十分痛苦。

险象迭生：形容危险的情况连续不断地出现。

得失之患：生怕失去个人利益的忧虑心情。

成语是中华文化的精髓。一个成语就是一个典故、一种文化、一个故事、一种人生哲理。

大家课下把这些成语摘录在你的摘抄本上，并加以解释，下一次课检查。因为某种程度上来说，从一个学生的字词成语掌握的多少可以衡量他的文化底蕴。

板块二：明思路

指名学生上台，以讲故事式的读，以读代讲，语气、语调、语速要试讲故事。听读课文，熟悉故事情节（"身体"），把握文章的思路。请学生似着用一句话概括本文的寓言故事内容。

学生各抒己见，言之有理即可。注意简明概括。

（显示第五屏，以动态的方式展示图片：在皎洁的月色下，一只"开心白兔"正在闲适地赏月）

板块三：品美点

让学生找出自己喜欢的语段，美读并试着说说你喜欢的原因。

学生可评点的美点提示如下：

1．"她爱大自然的美，尤爱皎洁的月色。"

递进句式，突出文章的主题——白兔爱月色。

2．"或是无忧无虑地嬉戏，或是心旷神怡地赏月。"

语言整齐匀称，节奏和谐，展示白兔的心态美。

3．"慧心、心旷神怡、闲适、绷……"

词语优美，找出关键词。

4．两次对比（句略）：前后心境的对比；白兔与人类的对比。

（显示第六屏：图片，以连续的方式，先展示一只"伤心的白兔"牢牢地盯着月亮，再展示月亮圆、缺）

板块四：悟寓意（问题激"趣"）

1．学生荐读。一生以想象式读，读出白兔因月的圆缺或紧张或闲适的神情。

其他学生闭目凝听，展开想象。（显示第六屏：图片，并配乐）

2.概括文章的主要内容，适时在屏幕上点击。（显示第七屏"身体"部分）

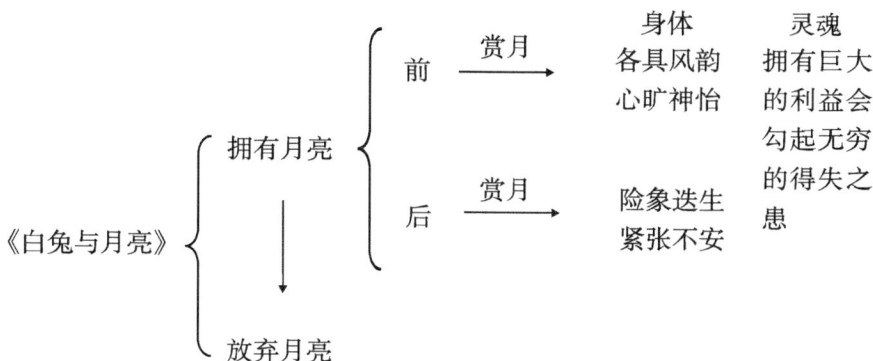

$$
《白兔与月亮》
\begin{cases}
拥有月亮
\begin{cases}
前 \xrightarrow{赏月} \begin{matrix}各具风韵\\心旷神怡\end{matrix}\\
\\
后 \xrightarrow{赏月} \begin{matrix}险象迭生\\紧张不安\end{matrix}
\end{cases}\\
\downarrow\\
放弃月亮
\end{cases}
\quad
\begin{matrix}身体\\\\\end{matrix}
\quad
\begin{matrix}灵魂\\拥有巨大\\的利益会\\勾起无穷\\的得失之\\患\end{matrix}
$$

3.合作探究，质疑、解疑。

让学生分组讨论，提出疑问。小组不能解决的疑问提出来，教师梳理概括疑点。全班探究，让学生畅所欲言，放开争论。

如：（1）白兔得到月亮最终又放弃月亮，这说明了什么？

（2）小白兔对月亮心态的变化，说明了什么人生哲理？

（3）这则寓言提到人类有什么含义？

4.让学生自行概括寓意，不要求标准答案，言之成理都给予肯定。

如：身份的改变对于心态的影响；占有欲在作祟；对人类贪婪的讽刺等。

这则寓言是我们人生中的一面镜子，给我们带来足够的警示。大凡做事就必然有得有失。追名逐利，患得患失，只会意乱心迷，生身受累。只要我们怀着一颗平常心，宠辱不惊，就一定能把握好人生的得失。

（显示第七屏："灵魂"部分）

板块五：拓展（活动生"趣"）

（显示第八屏：请充分展开想象，描绘一下白兔请求诸神之王撤销慷慨决定时的对话。字幕背景是白兔拜见大王的图片）

板块六：寓言的特点

（显示第九屏，依学生发言、总结适时点击）

寓言的特点

结　　构	短小精悍
内　　容	情节简单,哲理性强
主 人 公	或人或动植物
表现方法	借此喻彼,借小喻大,拟人,夸张

三、作业

白兔醒悟了，选择了弃权。落难的王子又是如何选择命运的呢？请同学们自主学习《落难的王子》，下节课交流、讨论阅读成果。

提示思考：

1.从文中找出反映王子落难前后不同的性格的句子。

2.王子为什么能够顽强地面对厄运？

3.概括出这则寓言的寓意，要求准确、贴切。

4.给《落难的王子》写一个续篇。

教学反思：

这一课的教学设计充分体现了新课改的教学理念：

1.巧妙地导入激发了学生的学习兴趣，使学生对寓言产生探究的欲望。

2.建立"词语栏"，有意识地培养学生"点滴积累"词语的习惯，注重基础知识。

3.在教学过程中多角度、多形式的灵活引导学生诵读，并放手让学生去讨论、质疑和解疑，有"动"有"思"，激发了学生的潜能，也激发了他们参与学习、发现问题的探究兴趣，充分体现了"以学生为本"的教学思想。

4.延伸拓展部分，训练了学生的想象能力和求异思维能力，并使学生的口语表达能力得到锻炼。

5."授人以鱼不如授之以渔"，在教学中注重阅读方法的指导，并进行必要的文体知识的教学，学以致用，自主学习第二则寓言，真正落实了对学生语文能力的培养与提升。

不足之处：在质疑与解疑的过程中，学生讨论的很多观点相似，不必过多纠缠于具体的意象内容，应扣住全篇。另外，应引导学生从中感悟生活，帮助学生树立正确的人生观和价值观。

《道士塔》教学设计

桐城二中　占淑红

教学目标：

　　1.了解有关敦煌文化的一般常识。

　　2.准确筛选信息，提高阅读学者散文的能力。

　　3.培养学生爱护中国文化遗产的意识和保护文化遗产的高度责任感。

教学重点：

　　1.理解文中含义深刻的语句。

　　2.把握作者的观点，体会作者的情感。

教学方法：

　　1.诵感悟法：通过反复诵读，体会作者的情感。

　　2.自主合作探究法：自己发现、解决问题，师相机点拨。

课时安排：

　　一课时。

教学步骤：

　　一、激情导入

　　公元336年，一个和尚云游四方，来到一片戈壁荒滩，此时正值傍晚时分，忽见眼前金光闪动，仿佛千佛跃动，背后五彩云霞，绚丽辉煌，于是心有所动，便广为化缘，在此建造佛像，遂使之成为佛教圣地。同时，历经千年的积聚，这里已成为宏伟瑰丽、举世无双的艺术博物馆。这片神奇的土地就是——敦煌！这里的每件艺术品都价值连城，现在就让我们来欣赏其中的几件。（幻灯1、2、3显示彩塑、壁画及书法作品）此时，我们深为老祖宗的聪明才智所折服。然而，谁能想到，20世纪初，敦煌的艺术品竟大量流失，散落于异国他乡。国宝流失，谁之过？今天，学者散文大师余秋雨将带领我们重温这段伤心岁月。

二、整体感知

1.在预习的基础上，给文章四个片段各拟一个小标题。

参考示例（幻灯4）

> 一个古老民族的伤口再滴血
> 一片惨白
> 中国的荣耀
> 敦煌在中国

2.重点突破：文中刻画了哪几类人？作者观点如何？（幻灯5）

王道士：
- 粉刷洞窟
- 砸碎雕像
- 塑造天师灵官
- 盗卖国宝

→ 愚昧无知的小丑

各级官员：见利忘义　没有赤肠

斯坦因等人：文化盗贼　卑鄙无耻

三、质疑探究（幻灯6）

1.王道士盗卖国宝，罪不可恕。可作者为什么说他是"这个巨大的民族悲剧中错步上前的小丑？"

师小结：说他是小丑，意即他不是元凶首恶、不是罪魁祸首，他的行为于国于民罪不可赦，但与割地卖国以保王位的统治者比较，不过是"小鬼见阎王"。

2.如果王道士没有发现洞窟内的宝物，或者不会盗卖国宝，结果会如何？

生分组讨论，推举代表回答问题。

如果假设成立，敦煌国宝依旧难改被劫的厄运。不信请看：1860年，英法联军火烧圆明园，对圆内四五十处殿堂进行空前的洗劫，自康熙以来历代帝王所藏纯金、镀银、玉雕、铜铸达十万件以上；1900年，八国联军在北京纵兵三日，紫禁城、南海、中海、北海、颐和园全部被劫，所失典章文物、珠玉奇珍不止十万……天子脚下的东西尚且不保，况边远的敦煌乎？敦煌文物流失，泱泱大国衰微破败可见一斑。所以，作者沉痛地说，这是一个巨大的民族悲剧。

四、美点感悟

找出文中最能体现作者感情的语句，同桌之间交流一下，体会作者的感情。

（幻灯7）

如：1.他们在沙漠中燃起了股股炊烟，而中国官员的客厅里，也正茶香缕缕。

——这里用对比的手法，刻画了中国官员无视国宝的流失，他们的麻木令人痛心疾首！

2.偌大的一个中国，竟存不下几卷经文！比之被官员大量糟蹋的情景，我有时甚至狠狠心说一句：宁肯放在伦敦博物馆里！这句话终究说得不太舒心。被我拦住的车队，究竟应该驶向哪里？这里也难，那里也难，我只能让它停驻在沙漠里，然后大哭一场。

——愤激、无奈之极。哀国家之不幸，怒国人之不争。

小结：天若有情天亦老。余秋雨是多情的，他以一个炎黄子孙的拳拳之心感受着敦煌的屈辱，把所有的情感都倾注在笔端，因而他的文章总有一股震撼人心的力量。

五、拓展延伸

1.读读下面的小诗。（幻灯8）

道士塔

冽风中，夕阳下

孑立着道士塔

塔中的道士

葬送了先人的牵挂

刷吧，一桶白灰抹平了历史的旧痕

敲吧，一把铁锤敲开了民族的伤疤

鲜血，自回头的残阳下流出

愚蠢，在掠夺的交易中孵化

我好恨

听见如雷的掌声在异国他乡爆发

我好恨

看着古老的民族在心碎的痛苦中挣扎

我好恨

恨，失落的文明被残忍的践踏

恨，祖先的功绩找不到恰当的说法

我好恨

恨——

道士塔

2.语言训练：请用对联的形式概括文章的内容或情感。（幻灯9）

示例：上联：王圆禄慕蝇头小利卖国宝留百代骂名

　　　下联：余秋雨哭华夏文明诉悲情铸千秋文章

六、探究练习（幻灯10）

1.斯坦因等人宣称，是他们保护了敦煌的文物，对此你有何看法？就这个问题查阅一点资料，写一篇研究性的文章。

2.课外阅读余秋雨的《文化苦旅》，体会学者散文的特点。

七、结束寄语（幻灯11）

敦煌的鸣沙山下，有一个秀美的月牙泉。有人说，湖泊是高山的眼泪。这月牙泉莫不是积贮了我们太多的屈辱的泪水？如今，长城的烽烟已经衰败，千年风沙呼啸，千年巨石无言，敦煌呼唤着一个强盛的中华，呼唤着更多的后来者。也许，从今天起，我们每个人的梦里，都会有一汪清澈的月牙泉，都会有翩翩飞翔的飞天……

《小溪流的歌》教学设计

桐城二中　　桂　琴

教学目标：

1.识记生字词，流畅有感情地诵读课文，感悟小溪流的形象。

2.品味生动活泼的语言，了解童话叙事形象、语言生动的特点。

3.理解"快乐成长"的主题，领悟小溪流永不停息、不断壮大的精神。

教学重难点：

1.有感情地朗读课文，感悟小溪流的形象，把握文章的主旨。

2.品读赏析，感知童话语言形象生动的特点。

教学方法：

1.诵读法。

2.情境感悟法。

3.自主、合作、探究法。

教学辅助：

多媒体CAI课件。

教学时间：

一课时。

教学过程：

一、创设情境，激趣导入

多媒体播放背景画面及音乐。

同学们，上课之前我们先来欣赏一首乐曲：李谷一的《泉水叮咚》。（师生共赏，进入情境）一曲美妙的音乐，让我们陶醉其中。但再美妙动听的乐曲，都有终了的时刻，可著名的童话作家严文井先生却说："小溪流有一个歌，是永远唱不完的。"那么小溪流唱的是一首什么样的歌呢？今天，就让我们一起来聆听、吟唱这首《小溪流的歌》。这首歌一共有四个乐章：小溪流——小河——大江——大海。（投影画面，板书课题）

（设计这一环节，旨在创设情境，激发学习兴趣，调动情感，让学生轻松愉快地进入课堂。讲"小溪流的歌"有四个篇章，也为下一环节分析小溪流成长经历的四个阶段作准备）

二、朗读课文，整体感知

1.检查预习，积累生字词。

2.走近作者严文井。

（这一环节，既要传授知识，又要注重学生学习行为习惯——课前预习的养成教育）

3.朗读课文，填写表格，理清思路。

成长阶段	歌声特点	力量表现	劝阻者	特　征
小　溪　流				
小　　河				
大　　江				
大　　海				

提示：第一部分1—3段个别读，4—9段分角色读；第二、三部分自由读；第四部分齐声读。

①指导朗读：要求正确、流利、有感情，读出欢快活泼的语调，读出童趣。

②抓住关键词句，填表。

③分析归纳本文结构特点。（板书）

（此环节旨在让学生流畅有感情地朗读课文，抓住要点，整体把握小溪流成长的四个阶段，教给学生筛选信息的技能，培养学生自主学习的能力）

三、研读课文，重点感悟

读了全文，你能找出每个阶段小溪流所说的最能体现它精神的一句话吗？说说它们在内容和形式上各起什么作用？

学生分组讨论，合作交流。教师适时点拨，小结。

提示：分男女生有感情地朗读四个阶段中表现小溪流精神的句子。

内容上，突出小溪流的精神：永不停步→冲破阻力→不断壮大→快乐成长。（板书）

形式上，线索明晰，串联全文。（板书）

（此环节旨在设疑、解疑，引导学生感知作品所塑造的形象，领会课文的内涵，领悟小溪流的精神，倡导合作、探究的学习方式，让学生真正成为学习的主人）

四、美点赏析，拓展训练

1.这篇童话充满童趣，语言生动活泼，你最喜欢哪几句？读出来，并说明理由。

温馨提示：（1）抓住童话特点，品味语言。

（2）运用拟人手法，动词、形容词形象传神，生动有趣。

示例："小溪流一边奔流，一边玩耍。他一会儿拍拍……一会儿摸摸……一会儿让那漂浮着的小树叶打个转儿，一会儿挠挠……小蝌蚪的痒痒。小树叶不害怕……小蝌蚪可有些怕痒……慌张地蹬开了腿。"

作者有意识地把小溪流当做一个欢快活泼的儿童来写，使文章充满了童趣。如"玩耍""拍拍""摸摸""挠挠……痒痒""小蝌蚪""怕痒"这些词语形象传神、生动有趣，极大地增强了这篇童话的吸引力和可读性。

2.请模仿文中的某一情节，运用下列词语，说一段童话（或编一段故事）。

小溪流　柳树　乌龟　……

（1）学生个别准备，小组间互相交流；推选代表上台展示，师生共评。

（2）教师投示自己的"下水作文"，学生点评。

阳春三月，北岸一排柳树在微风中梳理着它柔软的辫子。小溪流正在欢快地奔流。一只小乌龟懒洋洋地从树洞里爬出来，依在一节枝丫上，转着蓝宝石般的眼睛，面对不知疲倦的小溪流，不解地问：

"喂，伙计，停一停！你不累吗？歇会儿晒晒太阳吧，多舒服呀！"

小溪流笑了笑，说：

"谢谢你的美意，可我不能停！我要到前面去，许多同伴在等着我呢！"

小乌龟摇了摇头，叹了口气……

小溪流一路欢唱着，继续向前奔流。

（此环节旨在品味生动活泼的语言，感知童话语言的特点。顺势进行学法指导，并学以致用，模拟童话创作，借以训练学生丰富的想象力和语言表达能力）

五、一课一得

学了这篇童话，你能用最简洁的语言归纳出童话的主要特点吗？

温馨提示：齐读"单元说明"第二段；学生发言；教师归纳。

1.想象丰富，故事曲折。

2.形象鲜明，涵义深刻。

3.语言生动，多用拟人。

（此环节旨在引导学生将知识归类，感知童话这种文学样式）

六、质疑探究

学过这篇文章，同学们还有什么疑问？

学生可能会提出这个问题：课文在写小溪流成长中永不停息，是否意味着否定休闲和娱乐呢？我们应该怎样看待学习、工作和休息？

学生讨论，教师适时点拨。

221

课文在写小溪流成长中的不知疲倦的前进，是与前进中的欢快、成长中的欢乐构成有机整体的，文章并没有否定娱乐和休息的倾向。文中"永远不休息"的句子可作"永远不止息""永远不停顿"来理解。

七、课堂结语

再次欣赏《泉水叮咚》（跟唱），在优美的乐曲声中结束本节课。

同学们，今天的语文课就要结束了，希望大家在今后的学习生活中能真正发扬小溪流自强不息、永不停步的精神：勤奋学习、快乐成长！（多媒体播放画面，音乐，教师赠言）

八、课后作业

"小溪流的歌"是快乐之歌，成长之歌。试以"快乐成长"为话题，写一篇短文。

（设计此练习，旨在培养学生发散思维，展开丰富的联想和想象，有个性化独立见解，学以致用，寓教于乐）

附：板书设计

小溪流的歌

严文井

小溪流→冲过石块阻拦	快乐活泼	永 冲 不 快
小　河→冲过石滩阻止	精神旺盛	不 破 断 乐
大　江→掀起汹涌波涛	十分强壮	停 阻 壮 成
大　海→涌向四面八方	猛烈巨大	息 力 大 长

教学反思：

如何激发学生的学习兴趣，培养学生自主、合作、探究的精神，是我课堂教学的不懈追求，也是新课标对语文教学的具体要求。执教《小溪流的歌》一文，我设计了三个重要的教学环节：感情诵读，理清思路；重点感悟，把握主旨；美点赏析，品味语言。每个教学环节都尽可能地发挥学生的主观能动性。学生能自己完成的学习任务，教师尽量放手让学生主动探究，团结合作，自行解决。

"欣赏音乐，创设情境""模拟童话，编说故事"都注重激发学生兴趣，努力创设宽松民主的课堂氛围，引导学生轻松愉快地参与学习。学生也因此学得积极主动，思维活跃，课堂上时有极富个性的火花闪现。

新课标指出：阅读是学生的个性行为，应让学生在主动积极的思维和情感活动中，加深理解和体验，有所感悟和思考。通过这堂课教学，我对此有了更深的认识和体会。

《犟龟》教学设计

桐城二中　桂　琴

教学目标：

1.知识目标：掌握积累文中生字词，理解"犟"的深层含义及文章主题。

2.能力目标：在领悟、发现过程中，培养学生听、说、读、写、想象、理解、评价以及联系实际发散思维的能力。

3.情感目标：通过对课文主旨的理解与把握，培养学生认准目标、坚持不懈、不怕困难的情感态度与价值观。

教学重点：

弄清犟龟路上遇到的种种困难以及它是如何面对这些困难的。

教学难点：

感悟课文的主旨，即对"犟"的深层理解。

教学方法：

1.教法。采用情境感悟教学法、讨论法、师生互动法等，创设平等、民主的课堂氛围，引导学生感悟、质疑、探究。

2.学法。倡导学生在自主、合作、探究中学习，通过个性化阅读和合作交流，在研讨过程中进行情感体验、大胆创新。

教具准备：

多媒体CAI课件。

教学时间：

一课时。

教学过程：

一、创设情境，导入新课

（多媒体播放《龟兔赛跑》的动画片）

导入：同学们，龟兔赛跑的故事，可能大家都非常熟悉，乌龟凭着认准目标、坚持不懈的精神，最后取得了胜利。今天，让我们再来看看米切尔·恩德笔下"犟龟"的形象又是怎样的呢？

解题。（板书"犟龟"）

学生谈对"犟"字的初步理解。

二、初读课文，整体感知

配乐朗读。

1.请以"这篇童话讲述了一个……的故事"的句式概括课文主要内容。（配以画面）

2.再看看哪些语句能表现小乌龟的"犟"，将这样的语句画下来。（学生边读边画）

全班交流。

三、精读课文，合作探究（投影显示要点）

1.犟龟一路上遇到哪些小动物？它们各持什么态度？

请同学们分组找出相关语句，认真品味，表情朗读。

各组推选代表精彩朗读。师生共同评读。

2."原来这是一只只管向前，不听别人劝告的小乌龟。"大家同意这种看法吗？为什么？

交流明确。

3.请用一句话说说：我们今天认识了怎样的一只小乌龟？

评议小结。

4.质疑：同学们学到这儿，对文章内容的理解还有没有不懂的问题？学生互相质疑、解疑，教师适当引导。

如：小乌龟本想参加狮王二十八世的婚礼，然而最后它历尽艰辛参加的却是狮王二十九世的婚礼，这算不算成功？

四、拓展提升（投影）

1.试着讲出与本篇童话主旨相近的一两句名言、警句、成语、俗语，或自己创作一句含有类似道理的话。

2.你能用最简洁的语言归纳出童话的主要特点吗？

五、布置作业（投影）

今天，我们认识了一只倔强的小乌龟，你认为在平时的学习和生活中，什么时候也需要这般"犟"劲？请联系实际，谈谈自己的看法。

附：板书设计

```
           认准目标      坚持不懈
犟龟 ────────────────────────→ 婚礼（最美丽最盛大）
           勇往直前      择善而从
```

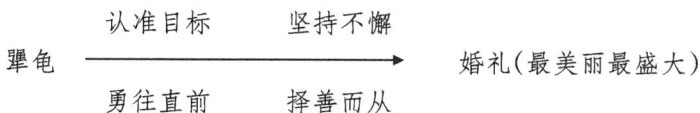

《珍珠鸟》教学设计

桐城二中　桂　琴

教学目标：

1.整体感知文章内容，理解人与动物之间充满爱和信赖的理想境界。

2.学习对动物的描写的方法。

3.培养学生爱护生命，善待动物的观念。

教学重难点：

1.人鸟之间信赖关系的建立过程。

2.观察细致，描写细腻，融喜爱之情于对小鸟的神态、动作的描写之中。

3.深入理解"信赖，往往创造出美好的境界"这句富有哲理性的话语。

教学设想：

1.借助多媒体视听材料，创设情境，激发学生的兴趣。

2.反复阅读，细细品味，在师生互动、对话交流中培养学生自主、合作、探究的学习能力。

3.一课时完成。

教学步骤：

一、情境导入

1.学生入题演讲。

2.教师点评导入，出示珍珠鸟的画面，配以鸟鸣的音乐。（投影）

清脆的鸟鸣是大自然馈赠给人类的珍贵礼物，而人类给予鸟类的却是顽劣的弹弓、限制自由的笼子和狰狞的枪口。曾几何时，我们已听不见小鸟悦耳的歌声。当你目睹小珍珠鸟优眠于"我"的肩头时，怎能不羡慕？让我们随着冯骥才先生一起走进那小鸟相依相赖、和谐自然的美好境界吧！

二、聆听感知

1.请两位同学朗读课文，（配乐）其他同学比较评价。教师点评，指导诵读。

2.再次听读课文，（放磁带）出示问题。（投影）

（1）课文讲了一个什么故事？抒发了作者怎样的感情？

（同桌合作完成，全班交流明确）

明确：文章按时间顺序叙述了"我"和珍珠鸟一家三口从相识、熟悉、亲近到相依、相伴的过程，表现了作者对珍珠鸟的喜爱之情。

（2）这篇课文词语很丰富，你认为值得积累的词语有哪些？请勾画下来。

（3）文章用生动的词句为我们描绘了一幅人鸟和谐相处的美好画面，请用自己的语言把你认为最美好的画面描摹出来。（试用"我认为最美好的画面是……"的句式说话。）

（小组交流后，请三、四位同学讲述。）

如：①夕阳西下，余晖洒进窗子，一只极小的珍珠鸟安然地睡在人的肩头，不在乎外界的风吹草动，显得格外的温馨。

②在绿色的垂蔓中，小雏鸟窜进窜出，时而飞出落在窗户上，时而又飞进去。……

三、悟读探究

1.学生再读课文，根据自己的理解和感受，就"人鸟和谐相处的美好境界"自主提出最有价值、最感兴趣的问题。

2.四人小组讨论交流，对提出的问题进行筛选整理，加深理解，回答不出的等全班交流时解决。

3.教师引导学生集体交流。（投影）

（1）文章开头写珍珠鸟是一种怕人的鸟，为什么后来却与作者成为了一对好朋友？（请同学们勾画出写"我"的举动的语句，你从中读出了一个怎样的"我"？）

明确：课文为我们描绘了诗一般的境界，完全归功于"我"的努力营建。因为"我"对小鸟的爱，使"我"与小鸟成为一对好朋友。……由此可见，"我"是一个爱鸟有情、养鸟有道之人！

（2）品味分析描写珍珠鸟神态、动作的语句，看看这些句子是怎样融入作者的喜爱之情的。

请学生举几例简要说明。

（3）"信赖，往往创造出美好的境界"，谈谈你对此话的理解。

学生回答，教师点评小结。并指出后面还将对此作延伸思考。

四、拓展延伸

1.因为关心，因为细致观察，作者才写出了珍珠鸟的众多"可爱"。生活中，同学们对自己喜爱的小动物往往也关怀备至。那么，请问：（投影）

（1）假如朋友送你一对珍珠鸟，或其他小动物，按你的性格和习惯，你会怎样对待它？（强调要说真话！）

（2）假如你遇到的是一个伤残的、外表丑陋的，可能还是有害的小生命，你又会怎样对待它？

（学生研讨交流，教师点评小结）

其实，有害无害是相对于人类而言的，他们都是生命，都有生存的权利。生命没有高下贵贱之分，都是大自然之子。对于生命，我们应多一份宽容和尊重，多一份信赖，这样世界才多一份温柔的色彩。

2.齐声朗读："信赖，往往创造出美好的境界。"提问：学了课文，大家对"信赖"及如何营造"信赖"有没有更多更深刻的理解？试以"信赖"为话题，说一句话，或写一首小诗，为我们的课堂作结。

学生回答，教师点评，投影：

·信赖，往往创造出美好的境界。

·信赖，需要付出自己的劳动。

·信赖，需要互相尊重。

·信赖，需要彼此关爱。

·信赖，是沟通的桥梁。

·信赖，是心与心的交流。

·信赖，营造出世界的温馨。

……

3.集体诵读小诗，结束课文。

五、课后作业

1.阅读《画眉》，思考相关问题，分发打印资料。

2.仿写片断。作者将自己对珍珠鸟的喜爱之情融于对珍珠鸟的描写之中，把人的性灵赋予无知的小鸟。仿照这种方式，写一个状物的片断。

附:板书设计

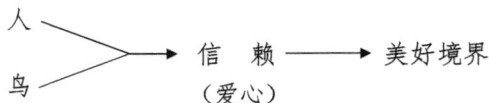

《致橡树》课堂教学实录

桐城二中　朱仲莉

课前准备:

1.诗歌朗诵角色分配。

2.搜集有关的爱情诗。

教学过程:

一、导入新课

师：在我国的民歌中，有许多传唱爱情的杰作。如：入山但见藤缠树，出山又见树缠藤，树生藤枯缠到死，树死藤生死也缠。这里"藤"和"树"分别代表什么？

生："藤"代表男性，"树"代表女性。

师：说得对。在这里，我们看到了女性对爱情的执着和追求。"树生藤枯缠到死，树死藤生死也缠"，你们如何看待女性对于爱情的这种态度？

生：我觉得民歌表达的爱情很热烈。

生：这是琼瑶笔下的死缠烂打式的爱情。（生笑）

生：敢爱敢恨，也没什么不对。

师：嗯，仁者见仁，智者见智。今天，我们不妨来听一听诗人舒婷对爱情的看法，听一听她代表女性所作的关于爱情的独立宣言。（板书课题《致橡树》）

二、诵读感悟

师：下面请一位同学朗读一下，在她朗读的时候，其他同学请注意，她有没有读得不准确的地方。（生读）

生：她没有读出感情，好像太平淡了。

师：你来示范一下。（生读）

师：读得很好，可以说是声情并茂。但也有一个小小的瑕疵。（订正字音：慰藉）

师：你们认为读这首诗应该注意什么？

（生讨论回答，师小结）

首先，要读准字音，如：慰藉、霹雳、流岚、虹霓等。其次，应把握感情基调，读出内在的感情节奏。这首诗不像民歌那样热烈奔放，它是理智而冷静，坦率而有个性的，没有求诉，没有矫情，读时要把握住感情的分寸。

师：下面，我们按上课之前的分配，一起来朗诵这首诗。

（男女生对读，教师参与。见附录）

三、整体感知

师：通过朗读，请同学们回答几个简单的问题。诗中主要塑造了哪两个形象？诗人是怎样描述的？各有什么特点？运用了什么样的表现手法？（学生回答，教师边小结边板书。见附录）

师：从这个意义上讲，我们不妨把诗题看做是女性对男性的表白。那么哪些句子表达了诗人的爱情观？

生：从"我必须是你近旁的一株木棉"到"足下的土地"。

师：这是一种什么样的爱情观？这种爱情观和传统的爱情观有什么不同？

（学生回答，教师小结板书。见附录）

四、美点感悟

师：欣赏诗歌最重要的是什么？

生：要体会情感。

师：对！这一点同学们刚才在朗读的时候做得很好。除了情感之外，我们还要学会品味诗歌优美的语言。你们认为这首诗哪些句子写得好？（生回答，并朗读）

师：其实，我们同学也能写出这样的句子，不信我们来做一个练习试试看。请以"日光、春雨"为描写对象，仿照前两种句式，扩充为两段话。

（生试写，教师巡回指导。5分钟后学生读仿句，教师评点）

生：我如果爱你，

绝不像那绵绵的春雨，

只为你的心田洒下徐徐清凉。

我如果爱你，

绝不像那强烈的日光，

只为你的明天影射璀璨的光芒。

生：也不止像如丝的细雨，只为滋润你干涸的心田；

也不止像灿烂的日光，只为你披上金色的盛装。

生：也不止像绵绵的春雨，敲响你虚掩的心门；

也不止像和煦的阳光，驱赶你冬日的严寒。

师：写得各有特色。诗的魅力是无穷的。多读诗，读好诗，你们内心也会充满诗情，诗意会在不经意间流淌于你们的笔端。

五、拓展迁移

师：十六七岁正是如花似玉的年龄，歌德说过："哪个少女不善怀春，哪个少男不善钟情？"能不能告诉老师，你们心目中理想的"白马王子"或"白雪公主"的形象？

（生窃笑，起先羞于启齿。一语文学习积极分子学生发言）

生：我希望她是一个温柔、美丽、大方、热情的女孩子，要有爱心，不爱哭，一定要孝顺，人要讲理。（生笑）

师：你的要求可真够高的，是一个既有传统美德又具有现代思想的女性。为什么还要她不爱哭？

生：现在的女孩都太娇气，所以加上这一条。（生笑，女生抗议）

生：我希望对方英俊潇洒，有男子汉气概，人长得帅，像周杰伦和刘德华的结合体。（生大笑）

师：这可难找了，但老师十分欣赏你的坦率。

生：对方做事干练、勤快、会相夫教子，是典型的贤妻良母型。

师：你这也太苛刻了，是不是平时就不爱打理自己的生活？

生：我希望我的白雪公主美丽贤惠，内在美和外在美并存，会讲故事，会哄我开心。（生笑）

师：欣赏玫瑰，更喜爱她包含的香味。即使不会讲故事，你也一样开心。

生：我希望我的白马王子会体贴关心我、会照顾我、不会骗我，要找就找个可靠的。

师：实在！同学们讲得都很好。也有些同学还没有发言，是不是觉得对这个问题还是"犹抱琵琶半遮面"比较好？不要紧，诗可以言志，请同学们选择你们所喜欢的爱情诗来进一步表达你们的爱情观吧。

（生念课前搜集的爱情诗）

实践篇

生：两情若是久长时，又岂在朝朝暮暮！

生：衣带渐宽终不悔，为伊消得人憔悴！

生：众里寻她千百度，蓦然回首，那人却在灯火阑珊处！

生：在天愿做比翼鸟，在地愿为连理枝！

生：上邪！我欲与君相知，长命无绝衰。山无棱，江水为竭，冬雷震震，夏雨雪，天地合，乃敢与君绝！

师：不错！但同学们提到的都是一些古代的诗词，难道说现代人就不善言情？

生：现代人也有刻骨铭心的爱情。比如："在爱里，在情里，痛苦幸福我呼唤着你。在歌里，在梦里，生死相依我苦念着你，纵然凄风苦雨，我也不会离你而去，当世界向你微笑，我就在你的泪光里。"

生：还有郑愁予的《错误》，刘半农的《叫我如何不想她？》

师：（惊讶地）连这都知道？

师：其实这一单元还有一个现成的例子，请大家把书翻到《我愿意是急流》这一课。（生齐读裴多菲的《我愿意是急流》）

师：刚才的发言，似乎女同学积极一些。下面老师想就地取材，给男同学一些表现的机会。《致橡树》是女性对男性的表白。我想请同学们站在男性的角度，将这首诗改为《致木棉》。

（教师提示，将一二人称互换，学生试改，并朗读）

师：是否有不妥的地方？

生："你如果爱我，绝不像攀缘的凌霄花"，这口气好像太严厉了，有点大男子主义。

师：那你说怎么改呢？

生：改成"不要像"好一些。（思索片刻）改成"不必像"更好些。

师：很好，你能注意到诗歌的微妙之处，十分难得。请你再朗读一遍，看效果如何。

师：果然是一首好诗。听说过这样一个故事吗？有一个人在沙漠中行走，忽然听到一个声音对他说："如果你捡一些石子和石块回去，到时候，你就会既高兴又后悔。"那人听了这话后就捡了些石子和石块装进了行囊。回家后，他打开行囊一看，那些石子和石块都变成了钻石和金子。写作也是这样。请同学们课下互通有无，将这些歌唱爱情的诗句包括你们仿写和改写的诗歌搜集整理好，写在你们的摘抄本上。也许有一天，它们也会变成美丽的宝石，闪耀在你们的作文中。

六、结束语

师：曾经和你们一样，我也有过对爱情的美好憧憬。即使现在，揭开了爱情神秘的面纱，我也依然会被那些吟唱爱情的诗句所打动。最后，就让老师带着你们再一次品味，再一次用心去感受木棉对橡树的深情独白吧！（师有感情朗读，生轻声跟读，沉浸于诗歌的意境中）

附录：

1.分角色朗读。

（女）我如果爱你——

　　　绝不像攀援的凌霄花

　　　借你的高枝炫耀自己；

（男）我如果爱你——

　　　绝不学痴情的鸟儿

　　　为绿荫重复单调的歌曲；

（女）也不止像泉源

　　　长年送来清凉的慰藉；

（男）也不止像险峰

　　　增加你的高度，衬托你的威仪。

（女）甚至日光。

（男）甚至春雨；

（合）不，这些都还不够！

（女）我必须是你近旁的一株木棉，

作为树的形象和你站在一起。

（合）根，紧握在地下

叶，相触在云里。

每一阵风过

我们都互相致意

（女）你有你的铜枝铁干

像刀、像剑，

也像戟；

（男）我有我红硕的花朵

像沉重的叹息

又像英勇的火炬。

（合）我们分担寒潮、风雷、霹雳；

我们共享雾霭、流岚、虹霓。

仿佛永远分离，

却又终生相依

（师）这才是伟大的爱情，

坚贞就在这里：

爱——

不仅爱你伟岸的身躯，

也爱你坚持的位置，足下的土地。

2.板书。

橡树：铜枝铁干　　充满阳刚之气　男性

木棉：红硕的花朵　富有阴柔之美　女性

运用了象征的手法。

传统的爱情观：攀附型、痴恋型、奉献型——不平等

诗人的爱情观：平等独立、相互依存、互相尊重

教学后记：

学生早就盼着上《致橡树》这一课了，爱情这个话题是高中生感兴趣但又是

犹抱琵琶半遮面的，老师会以什么样的方式来和他们探讨这个话题呢？

上这一课那天是二中的开放日，气氛一开始便异常活跃，处在这个年龄的孩子大约也有点人来疯吧，连平时不大发言的学生也跃跃欲试，回答问题的分贝超过了平时的两倍。用了二十分钟的时间进行诵读指导（领悟情感）和仿写训练（品味语言）后，便开始了关于爱情问题的对话，围绕未来的白马王子和白雪公主，学生展开了讨论，气氛之热烈，思维之活跃，连听课的老师也不禁颔首称许。

由此我想到，在高中阶段，爱情诗应该有一个正确的思想导向，通过学习这一课，学生收获的应该不仅仅是诗歌的知识和诗歌鉴赏的方法，在感受到爱情美好的同时，作为教师，也应该引导他们树立正确的爱情观和人生观，借这首诗，让木棉对橡树的独白也给年轻的心灵一次爱的启蒙和洗礼吧。

《再别康桥》教学设计

桐城二中　朱仲莉

教学目标：

　　1.品味诗歌语言，把握诗中意象，领会诗人思想感情。

　　2.培养学生感悟鉴赏现代诗的能力。

　　3.背诵全诗。

教学重点：

　　品味感悟作为"新月派"代表作家徐志摩诗中的"三美"，尤其是音乐美和绘画美。

教学方法设想：

　　1.采用自主、合作、探究的学习方式，运用多媒体手段进行教学，创设情境，提高学生学习的兴趣，增加课堂教学容量。

　　2.借助多种背诵提示，激活学生思维，当堂成诵。

3.一课时完成。

教学步骤：

一、导入新课

（大屏幕投影徐志摩照片）（幻灯1）

导语：大屏幕上是一位极富才情的诗人的形象，他面容清瘦，气质优雅，多情的双眼略带些梦幻，料想这文弱的外表下，隐藏的必是一颗善感的而细腻的心。你们知道他是谁吗？（学生回答）对，他就是被林语堂先生称作"情才"和"奇才"的诗人徐志摩。下面，我们简单地了解一下他的生平和创作的有关情况。（幻灯2）

可惜，这样的一位诗人英年早逝，给诗坛带来莫大的遗憾。这节课，让我们一起走进徐志摩为我们营造的诗的世界，去品读他的《再别康桥》。（幻灯3：康桥实景）

二、诵读感悟

1.找一生试读。读后略谈感受。（幻灯4：诗歌原文）

2.教师范背全诗。（配乐）

3.男女生对读。（女同学先读，尽量放慢节奏）

4.诵读提示。（幻灯5：诵读要点）

问：诗是美的艺术，如何读出意境？读出美感？（学生回答）

教师小结：

（1）把握诵读的节拍，根据诗意，随文切分。以第一节为例，学生演示其他几段。

（2）注意每节押韵，逐节换韵的特点。

问：七节共用了哪些韵脚？讲究用韵和节拍，体现了新月派"三美"主张的哪一点？

（3）关键词上找感觉。

如第一节，连用三个"轻轻的"，仿佛踮着脚尖在走路；最后一节，两个"悄悄的"增添了一种梦幻般的诗情。

5.生齐读。

6.同学们喜欢这首诗吗？我相信，因为喜欢，你们便能在课堂上创造奇迹。

（助学生一臂之力）出示三种背诵的提示。

（1）背诵提示一：提示上句，缺省下句。（幻灯6）

（2）背诵提示二：关键词语轻轻的、金柳、青荇、榆荫，寻梦、笙箫、悄悄的。（幻灯7）

（3）背诵提示三：重现康桥实景，画面联想记忆。

三、整体感知（幻灯8）

1.形式：诗行的排列有何特点？体现了"三美"中哪一美？

学生讨论交流后，教师小结：形式具有一种建筑美，四行一节，每一行诗节的排列错落有致，字数基本为六字，于参差变化中见整齐。

2.内容：概括每节诗的内容。

学生讨论交流后，教师小结：

（1）只身来到和离别康桥。

（2）河畔的金柳倒映康河。

（3）软泥上的青荇。

（4）榆荫下的清潭。

（5）诗人流连忘返，泛舟放歌。

（6）吹奏别离的笙箫。

（7）呼应开头。

四、美点感悟

徐志摩在《我所知道的康桥》一文中，曾这样说，"康桥的美全在一条河上，康河，我敢说它是全世界最美的一条河"。

的确，康桥的美是令人向往的。诗中选取了一系列特有的意象，如云彩、金柳、青荇、拜伦潭、星辉等，每一意象都像一幅流动的画面，给人以美的享受。

你最喜欢哪一幅画？请用自己的语言描述一下。

示例一：岸边柳树倒映康河的情景

河边金灿灿的柳树，倒映在康河里，像夕阳中的新娘撩开面纱，那么轻盈，那么羞涩。柳树的艳影，在我的脑海中久久荡漾。金柳遇康河，康河映金柳，美哉美哉！

示例二：康桥水草

在康河清浅的水底，在水底温软的泥沙上，那柔嫩、修长的水草绿油油的，在阳光折射下，轻轻地招摇着，那么悠闲，那么雅致。她有着与世隔绝的美，却又并不孤芳自赏，康桥因她而更美，她也因康桥而更妩媚。柔波荡漾，我多么希望自己也变成这样的一棵水草啊！

示例三：榆荫下的清潭

榆树树荫下有一潭清泉，不，那不是清泉，那是天上的赤橙黄绿青蓝紫般的彩虹。它辉映着水中的浮藻，忽明忽见，碎了一般，积聚着彩虹般多彩的梦想。哦，那便是我往日的愿望和理想！

示例四：泛舟放歌的情景

我在寻梦吗？独撑一支长篙，载满一船星辉，在微波上追寻，在星光中期盼，在柳影里徘徊。远处水波更清更静，清澈的波纹和这别离的夜在温柔地消融。呵！美丽的康桥，我不禁放开喉咙，高歌一曲，希望与憧憬充溢心中。

五、拓展迁移

在徐志摩的诗作中，还有一些玲珑精致的小诗，我们往往忽略了它存在的价值，这里我就提供一首徐志摩的小诗供大家欣赏品味。

（幻灯10：莎扬娜拉）

> 最是那一低头的温柔，
>
> 像一朵水莲花不胜凉风的娇羞。
>
> 道一声珍重，道一声珍重，
>
> 这一声珍重里有蜜甜的忧愁
>
> ———莎扬娜拉！

1. 请对这首诗作简要点评。

学生讨论交流后，推举代表作点评：这首诗只有短短五句，但既有语言，又有动作，更有绵绵的情意，非常耐人寻味。

2. 请同学们仔细品味这首诗中体现的"三美"，发挥想象，口头描绘一下诗中日本女郎的形态和内心活动。

学生口语实录示例：

美丽娴静的日本女郎啊！在这离别之际，你对我含情脉脉地低头鞠躬，柔媚的风致，恰似凉风吹拂下颤动的水莲花。你那含羞带笑的神情掩不住内心离别的伤痛。

温柔多情的日本女郎啊，此刻你想说什么呢？也许是在回忆我们共处的美好时光，那山间的明月，那水上的清风，那洒落樱花林中的欢声笑语。而今一别，天涯海角，不知何日相见。即使有相见之日，也要用长长的岁月去耐心等待，也许等到青春拭尽了铅华，等到双鬓爬满了白霜。

你心中的千言万语，如何倾吐？只化作声声祝福，祝福远行的人一路平安！

六、再现康桥美景和背景音乐，在齐声诵读中结束全文

（本文发表于《语文教学与研究·教师版》2004年第9期）

《兰亭集序》教学设计

桐城市教育局教研室　朱正茂

教学目标：

1.了解兰亭宴集的起因、经过，认识作者感情由乐转悲的原因以及在深沉的感喟中蕴涵的对人生的眷恋和热爱之情。

2.了解本文景情相生、情理相融的特点。

3.背诵这篇课文。

教学重点：

1.理清课文线索，了解文章内容，把握作者的感情。

2.学习本文在写景方面的特点，积累词语。

教学难点：

启发学生联系时代背景，理解文中流露出的有关生死的人生态度。

教学方法：

1.布置预习，扫清字词障碍，理清文章脉络。

2.指导诵读，理解作者感情，在把握思路的基础上当堂背诵课文。

3.讨论、点拨，把握文章作为书序的共同点及特点。

教学时间：

一课时。

教辅用具:

多媒体。

教学步骤:

一、导入,介绍作者

1.中国书法史上,有位被誉为"书圣"的书法家,其代表作品之一被后世书法家誉为"行书第一"。请看大屏幕:投影《兰亭序帖卷》摹本

这位书法家与他的作品叫什么?(学生回答)

投影:兰亭集序 王羲之

2.作者介绍:让学生先根据注解简介王羲之,教师补充。

二、诵读感知,整体把握

1.诵读。教师朗读。

要求:注意文章字音、节奏、语气。

学生齐读。(教师订正)

(1)朗读语调提示:"永和九年……修禊事也"以中速读。下文有关集会的文句应以清新明快的语调读出,特别重读"乐",以体现作者快乐的心境。

(2)朗读指导:"固知／一／死生／为／荒诞,齐／彭殇／为／妄作。"读出节拍,读出批判语气,"后之视今,亦由今之视昔,悲夫",缓缓吐出,重音为'悲',后面的句子以和缓低沉的语调读出。

2.整体把握。

问题一:按照行文思路,文章可以分成几个部分?每部分能否用一个单音节形容词概括其感情?(可分小组讨论,教师点拨)

明确: 第一部分:首叙宴集盛况——乐

第二部分:抒发人生感慨——痛

第三部分:交代作序目的——悲

完成课堂练习——概括式填空:兰亭之会,其时可谓(良)矣,其景可谓(美)矣,其人可谓(贤)矣,其事可谓(雅)矣,其心可谓(乐)矣,今之视昔,其情可谓(痛)矣,后之视今,其感可谓(悲)矣。

三、分组活动,赏析课文

将学生分成四个组,分别解读三段文章。事先设计好问题卡片,指定组长。每组自行研究五分钟时间,然后由组长上台汇报,其他同学可以补充。教师作适当点拨。

1.第一段（第一组）：

（1）全组学生齐读第一部分。

（2）问题二：本段按照怎样的顺序记叙兰亭盛会的？作者根据什么说这次盛会"信可乐也"？

明确：本段可分两层

投影：第一层侧重叙述活动的情形

时间：永和九年，暮春之初

地点：会稽山阴之兰亭

事由：修禊

人物：群贤毕至，少长咸集

环境：此地有……，又有……

活动：引以为流觞曲水……

感受：……信可乐也

第二层侧重写与会者感受。

感受：信可乐也（游目骋怀、极视听之娱）

写法：写景抒情，叙议结合

（3）问题三：本段语言优美，凝练传神。那么，你最喜欢哪些句子？说说你的看法。

可能有下列句子：

"……崇山峻岭，茂林修竹""……清流急湍，映带左右"

——形象传神。寥寥16字，就写尽兰亭周围的景色，渲染了清幽的气氛，令人心旷神怡。

"引以为流殇曲水，列坐其次，虽无丝竹管弦之盛，一觞一咏，亦足以畅叙幽情"

——言辞朴素，却尽显会中所有重要细节，凸现与会人士的高雅情怀。

（4）全体学生看大屏幕尝试背诵第一段。

2.解读第二段。（第二组）

（1）全组诵读本段。

（2）问题四：作者在本段议论的中心话题是什么？为什么人们在事后会"感慨系之"？（用文中句子回答）

"死生亦大矣"。

一是因为"向之所遇，俯仰之间，已为陈迹"，二是因为"修短随化，终期于尽"。

（3）问题五：人们"痛""悲"感情产生的根本原因是什么？（用文中句子回答）

明确：老之将至。（若回答成"修短随化，终期于尽"亦可）

（4）全体学生尝试背诵第二段。

3.学习第三自然段。（第三组）

（1）全组诵读本段。

（2）问题六："固知一死生为虚诞，齐彭殇为妄作"表达了作者怎样的生死观？

明确：作者认为生就是生，死就是死，二者不可等量齐观。暗含有生之年应当做点实事，不宜空谈玄理，委婉批评了魏晋人士空谈玄理的虚妄。

（3）问题七：作者凭什么判断"后之览者，亦将有感于斯文"？

明确：由自己览昔人之文的感受类推"后之视今，亦由今之视昔"，虽"世殊事异，所以兴怀，其致一也"。

（4）集体背诵本段。

4.了解本文作为序的特点。（第四组）

回答问题六：作为书序，本文与一般书序相比，有哪些异同？（可从文中找出有关句子予以简析）

同：介绍了作诗原由（因修禊而"群贤毕至"）、作诗情形（"一觞一咏"，"畅叙幽情"）、成书经过（"列坐其次"，"录其所述"）、本书意义（"后之览者，亦将有感于斯文"）。

异：由宴游谈到生死观，善于借题发挥，论及人生意义。

四、迁移训练

本文抒发了深沉的人生感慨。请用"情随事迁，感慨系之"写一段话，表达你的某种感受。不少于100字。

师示例：时间如白驹过隙，童年生活仍历历如昨。可是时光已悄无声息流逝了几十年，当年光洁的额头，已被无情的岁月印上了深深的痕迹，当年懵懂不知世事的顽童，如今已经"桃李满天下"。夜阑人静之时，回首儿时往事，想起少年轻狂的誓言，不禁哑然失笑。情随事迁，真是令人感慨系之。时间，我可敬的魔术师，生命因你而丰富多彩！

五、研究性作业（任选一题）

1.钱钟书先生评价《兰亭集序》说："识见不高""反杀风景"，认为王羲之"诋'一死生''齐彭殇'为虚妄，乃出于修神仙、求长寿之妄念虚想，以真贪痴而讥伪清净"。你同意这种看法吗？请结合时代背景和王羲之生平，作一点研究，写一篇不少于800字的文章，谈谈你的看法。

2. 2000年，上海人陆幼青忍着癌痛的折磨和死亡的恐惧，写下了感人至深的《死亡日记》。请对照《兰亭集序》，谈谈你对人生的看法，写一篇不少于800字的文章。

附：学生预习提纲

1.结合注释，解释下列加点词的意思。

映带左右（　　）　　列坐其次（　　）　或取诸怀抱（　　）　夫人之相与（　　）
晤言一室之内（　　）　放浪形骸之外（　　）　趣舍万殊（　　）　感慨系之（　　）
不能喻至于怀（　　）　向之所欣（　　）　修短随化（　　）　列序时人（　　）

2.了解下列加点词的用法。

足以极视听之娱（　　）　固知一生死为虚诞（　　），齐彭殇为妄作（　　）

3.比较下列多义词的意思。

$$
俯仰\begin{cases} 人之相与，俯仰一室之内 \\ 俯仰之间，已为陈迹 \end{cases}
$$

$$
由\begin{cases} 每览昔人兴感之由 \\ 后之视今，亦由今之视昔 \end{cases}
$$

$$
一\begin{cases} 其致一也 \\ 俯仰一世 \\ 一死生，齐彭殇 \end{cases}
$$

4.熟读课文，初步了解作者的思想感情。然后尝试划分层次并归纳各层大意。

5.分类摘抄课文中生动的词语。（景语、情语、叙事语等）

6.你最喜欢文中哪些句子？找出来作点分析？

（本文发表于《学语文》2015年第6期）

《我善养吾浩然之气》教学设计

桐城中学　　吴世敏

教学目标：

知识与能力目标：

1.识记和掌握文中文言实词、虚词及句式，夯实文言文语言知识基础。

2.理解"浩然之气"的内涵及特点。

3.认识"大丈夫"的形象及精神品格。

4.如何蓄养"浩然之气"。

过程与方法目标：

1.通过课前预习让学生扫除文字障碍，完成自主赏析。

2.通过诵读品味使学生通其意，咏其韵，味其情，达其理。

3.设置合作探究环节，把学习的主动权还给学生，教师做到导而不牵。

4.通过拓展延伸引导学生从文本联想现实，形成健康、崇高的人生价值观。

情感态度与价值观目标：

感受先贤大师的精神品格，实现传统文化对学生品质、人格的熏染。培养学生把握社会、人生问题的能力。

教学重难点：

教学难点：理解"浩然之气"的内涵及特点。

教学重点：如何蓄养"浩然之气"。

教学方法：

诵读感知法、合作探究法、生发联想法。

教具安排：

常规教具、多媒体。

课时安排：

一课时。

教学过程：

一、话题导入

男同学：你心目中的女神是什么样的？

女同学：你心目中的男神是什么样的？

（学生自由发言）

明确：大家有没有发现，时下年轻人的审美观为颜值高、小鲜肉、高富帅、白富美等多注重外表、家境、财富、权势因素，而对于一个人的内涵与精神品格有要求吗？如今处在传统价值观遭受严重冲击的时代，我们该如何形成自己的价值观呢？让我们共同从孟子的文章中来寻找答案吧。

二、初读课文，整体感知

1.请学生诵读文本，初步感知内容。

2.检查学生的预习情况。

字音：

恶（wū）乎长　　不慊（qiè）于心　　揠（yà）苗助长

重点字词：

以其外之也（把……看成外物）

丈夫之冠也（加冠）

富贵不能淫，贫贱不能移，威武不能屈（使动用法）

翻译句子：

以直养而无害

是集义所生者，非义袭而之也

居天下之广居，立天下之正位，行天下之大道

得志与民由之，不得志独行其道

所以动心忍性，曾益其所不能

3.自由诵读，老师释疑答惑。

三、合作探究，突破重难点

1.思考下列问题：

（1）提问：什么是浩然之气？它有什么特点？

明确："难言也。其为气也""至大至刚，塞于天地之间""配义与道"

联系文天祥《正气歌》体会浩然之气"至大至刚"的特点。

配义与道，何谓义？——"义，人之正路也"（《孟子·离娄上》）

何谓道？——道乃儒家之道，为人处世应遵循之规律、规则。

居天下之广居，立天下之正位，行天下之大道。——仁、礼、义（借文中孟子说张仪无浩然之气引导）

（2）提问：在孟子看来，什么样的人才是具有浩然之气的人呢？

明确：大丈夫，如文本中的舜、傅说、胶鬲、管夷吾、孙叔敖、百里奚。

（3）提问：什么样的人才能被称为"大丈夫"？

明确：得志与民由之，不得志独行其道；富贵不能淫，贫贱不能移，威武不能屈。

探究活动：历史上还有哪些名人能被称为"大丈夫"？

学生自由回答。

预设：如屈原"举世皆浊我独清，举世皆醉我独醒"；陶渊明"不为五斗米折腰"；林则徐"苟利国家生死以，岂因祸福避趋之"；谭嗣同"我自横刀向天笑，去留肝胆两昆仑"；鲁迅"民族的脊梁"……

小结：中华民族一向崇尚这种浩然之气。在民族危亡的关头，许多仁人志士"捐躯赴国难，视死忽如归"。在面对生死抉择的时候，为民族大业和人民利益选择了舍生取义、杀身成仁。这种浩然之气凝成了我们民族不屈的气节、操守和尊严。

2.提问：如何蓄养浩然之气？请同学们从文中找出相关的词句加以辨析，并引导学生生发联想。

明确：（1）辨析关键词"直养"的"直"和"集义"的"集"。

（2）理解关键句"非义袭而取之也"。

（3）解读寓言故事"揠苗助长"。

（4）体味"行有不慊于心"。

（5）体会文中人在逆境中历经考验与磨难的句子，如"动心忍性，曾益其所不能"，"困于心，衡于虑"。

预设：如孔子"吾十有五而志于学……七十而从心所欲，不逾矩"。又如"一箪食，一瓢饮，在陋巷。人不堪其忧，回也不改其乐"。

小结：圣贤之所以能成为圣贤，是因为他们内心秉持着道德与仁义，不论人生穷达，境遇顺逆，都能不断地培育自己的精神世界，建立理想人格，以"修身、齐家、治国、平天下"作为人生的使命，正如张载所言"为天地立心，为生民立命，为往圣继绝学，为万世开太平"。

四、联系现实，拓展迁移

让学生谈谈在当下市场经济的潮流中，物质泛滥、物欲膨胀等现象。金钱观、名利观腐蚀了某些人的心灵，腐败现象层出不穷，党中央大力加强反腐力度，王岐山指出，要建立一个反腐的长效机制，让官员"不敢腐不能腐不愿腐"，为什么说这会是一个长效机制呢？结合本文谈谈对这句话的理解。

（学生自由发言）

预设："不敢腐"是加强惩治力度，"不能腐"是建立一个完善的制度约束，更重要的是"不愿腐"，就在于修养内心，完善人格，蓄养人生正气。

五、课堂小结

人们往往只看结果不看过程，贫贱时能独善其身的人很少，通达时富贵不能淫，威武不能屈的人少之又少。因此孟子的"浩然之气"说与"大丈夫"的坚韧人格给予我们无穷的启迪和营养，它是一条自古代流传至今的清澈河流，它是一股贯穿古代至今的阳刚之气，每一个受中国古代文化影响的人都要浸润在这条河流中，都要吐纳这股阳刚之气。我们每一个人都要蓄养浩然之气，做现代社会的大丈夫。

六、课后作业

巴金是不含糊的：每次疗养结束，他都要执着地按规定付清费用，绝不含糊。进京参加作协主席团会议，飞机票自费这一条，巴金亦是常年坚持毫不含糊。

巴金又是"含糊"的：动乱年代里作家萧乾被点名批判后，很多朋友离他远了，巴金却反而离他更近了。毫无顾忌周围异样目光，不在乎会由此给自己带来麻烦，孤怀卓荦高风亮节。

阅读以上材料，对于巴金的"含糊"与"不含糊"，你有何联想和看法？写一篇不少于800字的作文。

附：板书设计

我善养吾浩然之气

孟　子

浩然之气 { 至大至刚　　⟹　大丈夫

仁、义、礼 }

养 { 直养
集义
忧患 }

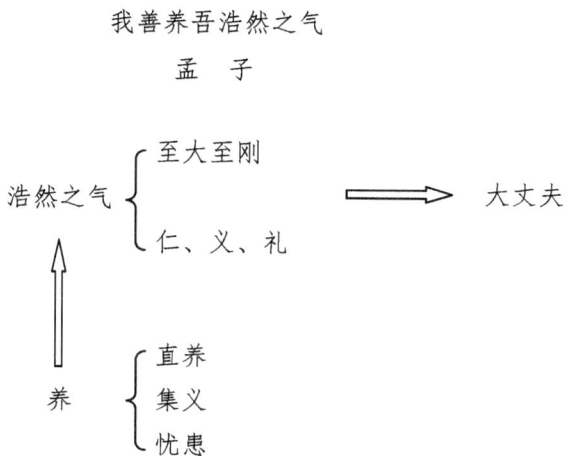

（本文在2015年安庆市高中语文优质课竞赛中获得一等奖）

《烛之武退秦师》教学设计

桐城二中　朱新敏

设计思想

247

　　本文是学生升入高中接触的第一篇文言文。初中三年，学生们虽然打下了初步文言文基础，但像本单元这样古汉语知识繁多、叙事详备、人物形象鲜明的文章，他们学习起来仍有一定困难。

　　《烛之武退秦师》是本单元第一篇，情节相对简单，但涉及郑、秦、晋三国历史上的恩怨与利益，涉及人物称谓和外交辞令，当然，更涉及许多古汉语特殊词句。只有扫除了这些障碍，学生们才能领略文章理性之美、辞令之美。

　　故教学立足点应放在让学生充分预习之上，扫除词句障碍，然后在教师导引下，学生自主学习，合作探究。让学生在预习中发现问题，课堂上提出问题，师生择要解决问题。教学中，力避逐字、逐句、逐段的讲解，重点解决疑难字句，并通过组合成语的方式来学以致用。

浙江省中学语文特级教师褚树荣认为，阅读、鉴赏文言文，要有三个层面，即文句—文章—文化，此言极是。愚以为，学习古代文章，还在于学以致用。这不仅是掌握词句，了解文意，学会做题，更是要借此观照我们的现实生活，给我们提供一个历史的借鉴。

方案 A

教学目标：

1.掌握、积累本课重要词语及语法现，譬如，古今异义词、多义词、词类活用等。

2.整体把握文章大意，学会用填写关键词的方法概括文意。

3.通过用加点词语境义填写成语的方法，了解古今汉语的关系，增强对古汉语的领悟力。学会评点式读书法，尝试读写结合，古为今用。

4.感受烛之武以国事为重，勇于担当的精神。

课时安排：

一课时。

教辅用具：

多媒体。

教学流程：

一、创设情境，导入

春秋是礼崩乐坏的动荡时期，各诸侯国为了自己利益，征战不断；秦晋之好，转眼间顿为敌国。同学们知道，在大兵压境、国家危如累卵的时候，以自己超卓的胆识，只身说退强大敌军的故事吗？知道侵略者和被侵略者转眼之间成为盟友，而盟友之间则差点发生战争的原因吗？那就让我们走进《烛之武退秦师》，感受一下春秋时期的刀光剑影，欣赏那惊心动魄的唇枪舌剑吧。

二、检查预习

1.让学生提出在预习中发现的问题，师生共同挑出学生难以解决的问题作为重点学习目标。

（结果显示，学生提出的问题大多与教师判断相同，通过筛选，删除了通过查阅注释和词典可以自行解决的问题，譬如，关于"春秋三传"、人物称谓；对于烛之武这一人物形象，学生基本也能把握其主要特征，故此，教学时这个环节从略）

2.字词积累：大屏幕投示，学生回答，教师点拨学生相互补充。

（1）解释下列词语，说说与现代汉语意义上区别。

越国以鄙远　且贰于也　焉用亡郑以陪邻　行李之往来　微夫人之力不及此

（2）解释下列加点词，了解其活用类型。

越国以鄙远，君知其难也　既东封郑　若亡郑而有益于秦　因人之力而弊之

（3）比较辨析下列虚词意思。

其：以其无礼于晋　　君知其难也　　吾其还也

以：以其无礼于晋　　越国以鄙远　　焉用亡郑以陪邻

焉：焉用亡郑以陪邻　将焉取之　　朝济而夕设版焉

（4）指出下列句式的特点。

以其无礼于晋　　晋军函陵　　是寡人之过也　　夫晋，何厌之有

3.活学活用。

请以下列加点词在本句中的意思填写成语。

且贰于也（忠贞不贰）

因人之力而弊之（因人成事）

以乱易整，不武（胜之不武）

朝济而夕设版焉（朝令夕改；同舟共济）

夫晋，何厌之有（学而不厌）

是寡人之过也（闻过则喜）

（积累固然重要，但整合能收举一反三之效。成语是古代汉语的活化石，通过给加点词组合成语来学习的方式，学生趣味盎然，教师也可借此了解学生掌握成语程度，使学习具有针对性）

三、诵读感知，分析说理艺术，概括文意

1.反复诵读，感知内容。

（1）先让四个学生分别读四段内容，然后请学生评点，教师相机点拨。

（2）教师范读，要求学生注意烛之武说秦伯的语气。再请一生品读，并让学生指出这番说辞中语气有无变化，读得是否正确。再请一生朗读，感受其委婉语气及其跌宕起伏。

2.综合全文，在空格处填写一个最恰当的字予以评价。

秦晋征讨郑国，其理可谓（　　）矣；强敌大军压境，其势可谓（　　）矣；

烛之武见危受命，其情可谓（　　）矣；一番说辞力挽狂澜，其言可谓（　　）矣；秦伯背盟结盟，其行可谓（　　）矣；晋文果断撤军，其人可谓（　　）矣。翻云覆雨敌我互换，其因皆为（　　）矣。

参考答案：谬，危，义，妙，滑，智，利。（意思对即可）

四、合作探究

读了这篇文章，同学们能否从中获得一点启示。（提示：可从事情因果关系、盟友与利益、说理艺术等方面考虑）任选一个话题，写一段不少于200字的短文，阐明你的观点。可以相互讨论，选择一人在班上交流。

学生讨论后提出诸多话题，最后大多数学生认为以下几个话题较好。意料之外与情理之中；没有永远的盟友，只有永远的利益；有理还得有礼（或"有话好好说"）。

学生范例1：

话题：意料之外与情理之中

　　面对两大强国的围攻，危如累卵的郑国指日可下，但烛之武却能以一番说辞，让秦国自动撤军，传奇般地解了郑国之围。这看似意料之外，实在情理之中。首先，烛之武洞悉两大敌国虽有秦晋之好，但历史上曾有恩怨、摩擦，巧妙的予以利用，便能化敌为友。其次，他知道，"春秋无义战"，两国虽为同盟，但目的都是为了谋取自己的利益，一旦违背自己利益，联盟就会瓦解。再次，他善于攻心，虽为郑国说客，但却设身处地替秦国着想，且言之成理，故能击中秦伯软肋。最后，秦伯也是以退为进，留下的杞子等人不就是秦国的内应、眼线吗？

学生范例2：

话题：没有永远的盟友，只有永远的利益

　　秦晋两大盟国围攻郑国，但在烛之武一番说辞之下，秦国就抛开秦晋之好，改与敌国结盟，何哉？利使之然也。秦"越国以鄙远"，本来就只想分郑国一杯羹，但"邻之厚君之薄"的亏本买卖是不干的，哪如"舍郑以为东道主，供其乏困"合算呢？更何况"与郑人盟"，让杞子等将领留下做内应，以后独吞郑国这块肥肉多好。将欲取之必先予之呀！晋国呢，也是如此，拉秦侵郑是让它火中取粟。别看文公满口"仁义"，当"仁义"遭遇"利益"时，晋国选的肯定是后者。几年之后的崤之战不正说明了这点吗？吕祖谦说："天下之事以利而合者，亦必以利而离。"诚哉斯言！没有永远的盟友，只有永远的利益。古人之言当铭记也。

五、作业

1.课外延伸阅读《秦晋崤之战》。

2.以"谈《烛之武退秦师》的写人艺术"为题，写一篇探究性文章。文长不限。

教学反思：

这篇教学设计有如下亮点：（1）贯彻了以学生为主体的理念。教学目标的预设和生成相得益彰。设计时充分估计了学生可能提出的问题，教学能有的放矢，师生共同解决需要在课堂上解决的问题。（2）贯彻了学以致用的原则。在词句积累过程中复习成语，打通了古今汉语的联系。（3）尝试用填空的方法，概括文意，提炼要点。突破了传统的概括段意、分析人物形象的套路，激发了学生兴趣，取得了良好的教学效果。（4）合作探究练习科学高效，融理解鉴赏与写作表达于一体，提升了学生思考问题、分析问题的能力，更重要的是培养了古为今用的意识。这是本课设计的最大亮点。

不足之处：课堂容量太大，以致未能完成既定的教学任务。合作探究（提炼话题写一段话）的任务可以放到课外进行。如何优化教学环节，简化教学头绪，提高课堂效率，是我们每次备课都应时时思考的问题。

方案B

教学目标：

1.掌握文中古今异义词、词类活用以及特殊句式。

2.重点掌握本文说理、写人艺术。

251

教学流程：

一、创设情境，导入

俗话说，"有理还得有礼"，同样的目的，表达不同，效果截然不同，故此，说话得体特别重要，我们的老祖宗几千年前就明白了这个道理。一番入情入理的话，不仅化敌为友，化干戈为玉帛，而且还巧妙地离间了敌人，保全了自己。下面就让我们一起走进《烛之武退秦师》，揣摩烛之武那绝妙的说辞，为我们在当代动荡不安的国际社会中更好地生存发展提供一点有益的借鉴。

二、词句积累

同方案A"检查预习"，略。

三、重点感知

1.请四个学生朗读课文，师生共同订正读音、句读。

2.本段中哪些词句最能表达烛之武高超的说理艺术？请找出来并加以评点。

（1）秦、晋围郑，郑既知亡矣。若亡郑而有益于君，敢以烦执事。

——单刀直入，先退步说话，"郑既知亡矣"，以解除其戒心；继而设身处地站在对方立场上，替对方利害着想，一下子缩短了两者距离。可谓出言不凡。

（2）越国以鄙远，君知其难也。

——再言亡郑对秦无益。

（3）焉用亡郑以陪邻？邻之厚，君之薄也。

——三言亡郑利晋害秦。

（4）若舍郑以为东道主，行李之往来，共其乏困，君亦无所害。

——另起话头，提出舍郑有益于秦。

（5）且君尝为晋军赐矣，许君焦瑕，朝济而夕设版焉。

——反观历史，历数晋国言而无信。

（6）夫晋，何厌之有？……若不阙秦，将焉取之？

——展望未来，指出晋国扩展侵害秦国野心。

（7）阙秦以利晋，唯君图之。

——水到渠成，启发秦伯做出决断，可谓含而不露。

点拨：

这种评点式分析，可使学生认识到烛之武说理艺术的高妙。一是有理有据，有历史的回顾，有现实的分析；二是善于攻心，以退为进，从反面强调亡郑对秦带来的严重后果，同时又从正面指出保郑对秦的益处；三是语言得体，本是求人，但不卑不亢，从容不迫，高屋建瓴，语重心长，诱使对方就范。可谓有理、有利、有节。从而化解了一场亡国危机。

3.学生齐读第三段，感受本段语气跌宕起伏之美。

四、自由探究

让学生再次自由散读课文，提出自己感兴趣的问题，然后师生挑选紧扣课文并有挑战性的问题共同解决。学生主要提出了如下两个问题：

1.烛之武尚未被郑伯重用，怎么能透彻了解掌握秦伯心理？

2.这么多复杂的事，文章只用了三百多字就交代得清清楚楚，且刻画了几个鲜明的人物形象，文章是如何做到这一点的？

学生讨论，教师点拨：第一个问题，从佚之狐向郑伯推荐来看，烛之武年轻时就是个能干的人，而且一直关心着国事，密切注视着几个大国、邻国的动向，他深刻理解春秋之争根本在于利益，故能以利益诱之。第二个问题，本文事虽错综复杂，但都围绕着一个中心——侵郑与护郑。这一利益之争，决定着各国是仇敌还是盟友。围绕这一事件，各种人物粉墨登场，上演了一台好戏，这些人物的性格也在这台戏中表现得淋漓尽致。换言之，作者善于选取典型事件，提供合适的舞台，让各种人物分别表演。（学生讨论时，教师要提醒学生密切联系课文，不可架空分析。言之成理即可认同）

五、课后延伸

以"从《烛之武退秦师》看文言叙事的简洁之美"为题写一篇文章，不少于800字。可小组合作，查阅资料，选一人执笔，共同修改。下节课在班上交流。

（本文发表于《中学语文教学》2009年第7期）

实践篇

《雨霖铃》教学设计

桐城二中　　朱仲莉

253

教学目标：

1.品味全词的语言，把握词中意象，领会词人的思想感情。

2.培养学生感悟和鉴赏宋词的能力。

3.背诵全词。

教学重点：

品味感悟婉约词的语言和意境美。

教学方法设想：

1.采用自主、合作、探究的学习方式，运用多媒体手段进行教学，创设情境，提高学生学习兴趣，增加课堂教学容量。

2.借助情境描绘，深入体会词情并能当堂成诵。

3.一课时完成。

教学步骤：

一、导语

播放越剧《西厢记》中的"长亭送别"一段

真是"黯然销魂者，唯别而已矣"。其实能把离别演绎得如此动人的却不止张生和崔莺莺，今天这节课，就让我们一起走进柳永诗词的意境，去领略长亭边另一番别有滋味的离情。

先让我们简单地了解一下有关柳永的生平和创作的情况。（幻灯1）

柳永，原名三变，宋仁宗景佑元年进士，一生仕途不得意。他在城市生活时间长，经常出入倡馆酒楼间，与教坊乐工和歌妓们交往，熟悉市民、歌妓的生活，并通晓乐律。

他是北宋著名词人。生活环境使他成为以描写城市风貌见长的婉约派词人。其词在宋元时期流传甚广，相传当时"凡有井水处，即能歌柳词"。

二、诵读感悟

1.一生试读，其他同学指正。

2.教师范背。

3.诵读提示。（幻灯2）

（1）注意诵读的感情基调，表现离愁应语调低沉。

（2）保持乐句的完整性。

课文的标点是按意思的连贯点的，有的地方与乐句并不一致，但我们读时要注意保持乐句的完整性。如"寒蝉凄切"是一个乐句，"切"后作稍长停顿，"都门帐饮无绪""今宵酒醒何处"同样处理。

有些乐句中有"逗"，如："留恋处""念去去""杨柳岸""便纵有"等，读时应声断气不断。

（3）一字领起的句后稍作停顿，如：念/去去。

（4）注意节拍，如：对长亭/晚；杨柳岸/晓风/残月；更/与何人/说。

4.请一朗诵水平高的同学读。

5.生齐读。

6.试背，出示背诵提示。（幻灯3）

7.下面让我们在FLASH的动画效果中，欣赏一段声情并茂的朗诵。

三、整体感知（幻灯4）

1.问：这首词上下片各写了些什么内容？再用两个四字的短语概括。

明确：上片写一个秋天的傍晚，词人和他心爱的人在都门外长亭分别时依依不舍的情景。——长亭别离

下片是词人想象别后羁旅生活的情景。——羁旅长愁

2.情境描绘。

下面我们来进一步体会一下词中的情境，设想将其拍成MTV画面，请同学们在空白处填上相应的唱词。（幻灯5）

第一组镜头：

（环境）秋日傍晚，大雨刚停，知了叫声凄清哀婉，江岸长亭旁，岸边杨柳垂枝，江对岸群山起伏，江面有一小鸟飞旋。（镜头移至人物身上），音乐响起，唱词：＿＿＿＿＿＿＿＿＿＿＿＿＿＿＿＿＿＿

（人物）A、B走出帐来。（帐内杯盘稍动）

（船夫）：客官，天时已晚，该开船了。

唱词：＿＿＿＿＿＿＿＿＿＿＿＿＿＿＿＿＿＿

A柳永：（看B，深情的）

B：（拭泪，嘴动了几下，却没有说出话）

A、B：（双手紧握）

唱词：＿＿＿＿＿＿＿＿＿＿＿＿＿＿＿＿＿＿

第二组镜头：

（环境）小船，江面白雾茫茫，远处山峰隐约可见，小鸟在小船上空盘旋、啼叫。（镜头移至A、B身上）

（人物）A：（站在船头，背手，仰望苍天作悲状）镜头渐移，时间从傍晚到深夜。

A：（倒在舱里，桌上几个酒壶，一酒杯倒放）

唱词：_____

A：（回忆与B度过的美好时光，仰头长叹）

唱词：_____

四、美点感悟

柳永词中创造的意境是动人的，这是一种美丽的离愁，令人回味。而细细品味他的语言，更觉词句警人，余香满口。

1.名句赏析。（教师示范分析最有名的词句）（幻灯7）

"今宵酒醒何处，杨柳岸晓风残月"这一句历来为人传诵，甚至有人拿它来代表柳词。（俞文豹在评价苏轼与柳永词风不同时就说过"柳郎中词应是十七八岁的女郎执红牙拍板，歌'杨柳岸晓风残月'"）

何以这一句有如此魅力？因为它集中了一系列能触动离愁的事物。

（1）饮酒：借酒来浇愁，酒醒而"愁醒"，愁情更无计排遣，真是"举杯消愁愁更愁"。

（2）晓风残月：拂晓时分，景色凄清，赶路人此时动身，也是送别时刻，景象联系别情。

（3）杨柳：关别情，古人有折柳送别的习俗。

2.这首词中有哪些句子也触动了你的心弦？请指出来并说说你喜欢的原因。

学生可能提到的句子：

（1）寒蝉凄切，对长亭晚，骤雨初歇。

骤雨过后，景色鲜明刺眼，周围是凄切的蝉声，又值暮色苍茫时分，这是一个多么动人愁思的境界啊！

（2）执手相看泪眼，竟无语凝噎。

特写镜头"此时无声胜有声"。

联想《红楼梦》中"宝玉挨打"一段："此时黛玉虽不是号啕大哭，然越是这等无声之语，气噎喉堵，更觉厉害，听了宝玉这些话，要说时却不能说得半句，半天才抽抽噎噎地说：'你可都改了吧！'"

（3）念去去千里烟波，暮霭沉沉楚天阔。

选取三种有特征的景物，充分表现离愁，化无形为有形。离愁如千里烟波般绵长，如沉沉暮霭般浓重，如楚地天空般无边无际。

（4）此处经年，应是良辰美景虚设，便纵有千种风情，更与何人说？

更进一步推想别后惨不成欢的情景，令人想到《牡丹亭》中杜丽娘的一段唱词："原来姹紫嫣红开遍，似这般都付与断井残垣。良辰美景奈何天，赏心乐事谁家院?"

五、拓展比较阅读（幻灯8）

比较《西厢记》中一段唱词。

问：这一段与柳词情同而景不同，它选取了哪些有特征的景物来表现离愁的？

示例：碧蓝高爽的天空，满地堆积的黄花，西风凛冽，雁阵南飞，经霜的叶子驼红如醉，而叶片上的露珠仿佛沾满离人的眼泪，景美而情悲。与柳词表现离情可谓是各尽其妙，异曲同工。

六、齐声背诵结束全文

《哀江南》教学设计

桐城二中　　朱仲莉

教学目标：

1.揣摩体会剧中深沉的故国情思，领略中国戏曲文化感人的艺术魅力。

2.品味准确、形象、生动的戏曲语言，提高戏曲文学的鉴赏能力，掌握一定的鉴赏戏曲的方法。

教学设想：

1.运用多媒体创设情境，增加课堂教学的容量。

2.反复吟诵，在诵读中深入体会深蕴其中的作者的思想感情。

3.一课时完成。

教学步骤：

一、导入新课

1.导语。

"借离合之情，写兴亡之感"是我国古典诗词戏曲的传统手法之一。从《诗经·黍离》到姜夔的《扬州慢》，亡国丧家之痛一直是诗人剧作家所要表现的主

题。其中《扬州慢》我们在第三册刚刚学过，有哪位同学能给大家背诵一下？（提醒学生要温故而知新）

明代灭亡以后，身为戏曲家、诗人的孔尚任第一个以戏曲的形式评价了南明的历史，艺术地总结了这一段历史教训。其代表作《桃花扇》正是一部"借离合之情，写兴亡之感"的历史剧。今天我们一起学习的《哀江南》就是《桃花扇》结尾的一套北曲。

（板书并大屏幕投影课题）

2.《桃花扇》剧情简介。

二、诵读感悟

对于诗词曲的感悟，我们常常是由诵读开始的。下面我想请同学们分角色来朗读。

1.角色分配：三人分别读苏昆生、柳敬亭、赞礼的对白。

七支曲子找六位同学，一人一支。末曲齐读

2.学生进行诵读评点。

你们认为刚才哪位同学读得最好？从他刚才朗读中你得到了什么启发？朗读本文的曲词应该注意些什么问题？

3.诵读提示。

（1）把握凄凉悲怆的情感基调，读时应语速舒缓、音调低沉。

（2）许多曲词意韵深长，读时应体味其中内蕴。如"牧儿打碎龙碑帽"，三百年大明基业完全坍塌，令曾经向大明王朝顶礼膜拜的明末遗民痛不欲生，要读出这种锥心之痛。

（3）按语法关系读出节奏。节奏随文意切分，如"俺曾见/金陵玉殿/莺啼晓，秦淮水榭/花开早，谁知/容易冰消！"

（4）末句一曲终了，尾字重读，适当延音。

如"秋水长天人过少，冷清清的落照，剩一树柳弯腰"，"腰"应适当延长半拍。

4.男女生对读曲词。

三、整体感知

通过诵读，我们初步感受到本剧的情感基调，下面我们进一步了解它的内容。

1.本文整体结构有何特点？

明确：一楔子和七支曲子。

2.七支曲子分别选择不同的处所而唱，说说苏昆生凭吊了哪些地方？试用简练的语言概括其内容。

郊外　废垒空壕夕阳道

孝陵　鸽翎满堂羊群跑

故宫　雀舞丹墀伴饿莩

秦淮　破纸坏槛无笙箫

板桥　秋水长天空溪桥

旧院　枯井颓巢砖台草

3.文中有哪些句子点明了全篇的主旨？

明确："残山梦最真，旧境丢难掉。不信这舆图换稿。诌一套哀江南，放悲声唱到老。"

四、美点感悟

其一，对于戏曲，语言的鉴赏是重点，如果说《西厢记》的语言是"词句警人，余香满口"，那么本文的语言可以说"着一字或一句而境界全出"，请同学们仔细阅读曲词，将你认为好的词语和句子找出来，并作一点简单的分析。如：

"残军留废垒，瘦马卧空壕"

写的是苏昆生"重到"南京后第一眼看到的景象。这里一连用"残""废""瘦""空"四个词作修饰语。以"残"修饰"军"，使人想到败军溃逃的情形，这是虚写，是因"废垒"这一眼前实景而引起的联想；"残军"与"瘦马"也是虚实相对，前者为眼前之未见，后者为眼前之所见；昔日用于战争的"垒""壕"，如今已"废""空"，又衬之以卧在空荡荡的城壕中的瘦弱之马，更显凄凉。

"冷清清的落照，剩一树柳弯腰"

长板桥本是歌伎集居之地，风景十分优美，如今却美景全消。不但昔日横跨青溪的半里长桥，如今已没有一片红板，而且秋水长天行人稀少，冷清清的夕照下，只见剩下的一株弯弯的垂柳。夕阳残照本来就显得冷冷清清，而这夕阳残照下的柳树不仅只有一株，是孤独之柳，而且是昔日众多柳树中的残存之柳、仅存之柳。"冷清清的落照"与"一树柳弯腰"互相映衬，愈显冷清。一个"剩"字，尤其意味深长，使人想到当年丝丝绿柳夹岸垂翠的美景，饱含今非昔比、时过境迁、感时伤怀的无限凄凉。这里只略加点染，就勾勒出一幅凄清的画面，把人带入十分悲凉的意境，用笔极简，造境极精。

其二，其实元曲的美我们可以将它用其他的形式表现出来，请同学们来看一段散文版的《哀江南》。（教师范读）

同学们知道这是其中哪一段改写的吗？请还原它的庐山真面目。

五、拓展比较阅读

读刘禹锡的《乌衣巷》，比较它与课文写景抒情的异同。（学生讨论后作出回答）

教师小结：（略）

六、学法指导

学习本文，不知同学们有没有领悟到阅读戏曲的一些方法？

生讨论回答，教师小结：

1.通过反复诵读，体味曲词的优美和深蕴其中的情感。

2.通过改写，变换形式，加深对曲词意境的理解。

3.通过比较阅读，进行自主探究，提高鉴赏能力。

七、探究性练习

其一，《桃花扇》结局一反常规，由人们习惯的大团圆变为悲剧性结局，有人认为不符合中国人的欣赏观念，与孔尚任同时代的顾彩就尝试着将本剧的结局改为大团圆，请对此作一点思考。

其二，试将其中的一支曲子改为散文或诗歌。

其三，日前，伊拉克正在遭受战火的浩劫，试想，一位美国的伊拉克老人历经曲折回到故乡，此时，战争已经结束，留下的是满目疮痍的景象，以此为情景，发挥你的想象，写一段话。

八、结束语

播放《三国演义》片头曲。

这篇课文的学习就要结束，然而我们每一个人的心情却难以平静。正如歌中所唱："滚滚长江东逝水，浪花淘尽英雄。"历史是一面镜子，丧家之痛，亡国之悲，谁堪忍受。顾炎武有句话说得好："天下兴亡，匹夫有责。"哀江南，放悲声是离人的无奈和迷茫。国家的兴亡，民族的振兴，我们责无旁贷。我们只有发奋图强，努力向上，才能使我们的民族屹立于世界的东方！

《虞美人》教学设计

桐城二中　朱仲莉

教学目标：

　　1.感悟《虞美人》的思想内容。

　　2.体会诗词中蕴含的情感并学习词人化抽象为形象的表达技巧。

教学重点：

　　品味李煜诗词所蕴含的真挚情感。

教学设想：

　　1.多媒体教学，创设情境，增加课堂教学容量。

　　2.采用自主合作探究的学习方式，让学生真正参与课堂，激发他们学习诗词的兴趣；反复诵读，深入体会词情并当堂成诵。

　　3.一课时完成。

教学步骤：

一、情境导入

　　上课之前，请一位同学为我们讲述一个故事，一个悲伤凄婉的故事。(配乐)

　　你们知道他是谁吗？这首绝命词是什么？（生回答：李煜、《虞美人》）

　　他就是南唐后主李煜，一个有着双重身份的人物，既是一个昏庸无能的君王，又是一个多愁善感的词人，后人评价他"作个词人真绝代，可怜薄命为君王"，因而我们这样称呼他——薄命君王，绝代词人。的确，作为一个"好声色，不恤国政的亡国之君"，没什么好说的，但作为一个词人，他却给我们留下了许多惊天地、泣鬼神的文学作品，《虞美人》就是其中之一。

　　今天就让我们一起走进这位南唐后主的内心世界。

二、诵读感悟

1.请两位同学分别朗读，比较评价。

2.师范读，并作诵读指导。

（1）把握节奏："语气可于四字作逗，或上二下七，但终以一气呵成为佳。"

（2）找出韵脚：了、少、风、中、在、改、愁、流。

（3）重读能表现词人内心痛苦的词语。

如：何时、多少、又、不堪、应、只是、几多。

（4）把握低沉凄迷的感情基调。

3.再读。（配乐朗读）

齐声背诵。

三、整体感知

1.问：这到底是一首什么样的词，竟会招致杀身之祸呢？这首词写了些什么内容？用一句话来概括一下。

明确：表现一个亡国之君对故国的深切思念和无限愁恨。

2.哪些地方最能看出词人的故国之思？

明确：

（1）"小楼昨夜又东风""恰似一江春水向东流"（东风自故国吹来，春水向故乡流去）

（2）"往事知多少"（锦衣玉食的生活、后宫如云的佳丽、尊严、自由、生存的安全感）

（3）"故国不堪回首月明中""春花秋月何时了？"（列举写月的诗词，领悟月的意象"思乡怀人"的沉淀意义）

四、精读细品

1.一首词要读出意味，必须把握全词的情感核心。这首词哪个字可概括情感呢？（生回答：愁）

2.李煜的愁有哪些？（生讨论并回答，教师小结板书）

往事之叹、亡国之恨、离家之痛、思家之苦

3.这层层叠叠的铺天盖地的"愁"接踵而至，词人在文中是如何表现出来的？（生回答，教师小结）

明确：

（1）用春花秋月表现忧愁。（以乐景衬哀情）

（2）今昔对比表达物是人非的感慨。

（3）以发问加重愁情。

（4）用比喻化抽象的愁形象化。这一点影响了后代许多文人。如：

"只恐双溪蚱蜢舟，载不动，许多愁。"（愁有了重量）

"遍人间烦恼填胸臆，量这些大小的车儿如何载得起？"（愁有了体积）

"休问离愁轻重，向着马背儿驮也驮不动。"（将愁移到了马背上）

五、拓展迁移

在李煜的创作中，浸染着这种泣血之愁的词作还有很多，就下面这几首词，找出你欣赏的句子，并说说喜欢的原因。

相见欢

无言独上西楼，月如钩。寂寞梧桐深院锁清秋。

剪不断，理还乱，是离愁。别是一般滋味在心头。

子夜歌

人生愁恨何能免？销魂独我情何限！故国梦重归，觉来双泪垂。

高楼谁与上？长记秋晴望。往事已成空，还如一梦中。

乌夜啼

林花谢了春红，太匆匆，无奈朝来寒雨晚来风。

胭脂泪，相留醉，几时重。自是人生长恨水长东。

清平乐

别来春半，触目愁肠断。砌下落梅如雪乱，拂了一身还满。

雁来音信无凭，路遥归梦难成。离恨恰如春草，更行更远还生。

望江南

多少恨，昨夜梦魂中。还似旧时游上苑，车如流水马如龙，花月正春风！

浪淘沙

帘外雨潺潺，春意阑珊，罗衾不耐五更寒。梦里不知身是客，一晌贪欢。

独自莫凭栏，无限江山，别时容易见时难。流水落花春去也，天上人间。

王国维说李煜的词是"赤子之心"的"天真之词"，的确，我们感觉到了他在词中倾注的真挚的感情，一个处在刀俎之上的亡国之君竟能如此大胆地抒发亡国之恨，史所罕见。这个特色在《虞美人》中表现最为突出，以至使他付出了生命的代价。

六、探究性练习

讲述虞美人词牌的由来。（生配合表演）

比较一下，同是末路之人写的绝笔之词，《垓下歌》与《虞美人》有什么不同？请结合项羽和李煜的经历及性格特点，写一段两三百字的评论性文字。

垓下歌

力拔山兮气盖世，时不利兮骓不逝，
骓不逝兮可奈何，虞兮虞兮奈若何！

七、结束语

缪塞说："最美丽的诗歌是最绝望的诗歌，有些不朽的篇章是最纯粹的眼泪。"《虞美人》堪称最纯粹的眼泪和最绝望的诗歌的经典，多少年来一直被人传诵和吟唱。下面老师将会以另外一种方式来演绎这首词。（师演唱《虞美人》，在音乐声中结束全文）

《虞美人》教学后记：

就《虞美人》这首词而言，也许可以说"形式大于思想"，所以教学中更应该突出它所蕴含的能激起人们共鸣的情感以及化抽象的情感为形象的表达方式。我在教学设计过程中，始终扣紧这一点，选取的材料尽量与这首词的意境相符，如情境导入，以充满离别幽怨和思乡之情的名曲《昭君出塞》作为背景音乐；诵读时用《二泉映月》配乐；诵读指导要求学生把握低沉凄婉的感情基调；赏析时以一"愁"牵动全篇；布置作业时提到《虞美人》这个词牌的由来，提示学生注意词牌本身就有一种悲剧的色彩。

目前语文教学的现状是学生一方面不太重视语文学习，另一方面对语文课的期望又越来越高。他们希望语文课能有更丰富多彩的内容，同时以更生动活泼的形式出现。所以本课在调动课堂气氛，让学生参与课堂方面也作了一些尝试，尽量让他们动口动手，用心去感悟，并把感悟的内容用说和写的方式呈现出来，在课堂上共同分享，让学生真正感受到他们是课堂的主体，课堂是他们的用武之地。如开头情境导入以学生讲故事代替教师介绍背景和作者情况，最后以学生参与表演的方式引出值得思考的问题，作为探究性作业。的确，给他们一次机会，他们还给了我百倍的惊喜。从教学实际效果来看，这种尝试无疑给沉闷的课堂教学带来了生机和活力。

渴望课堂充满欢声笑语的同时，突发奇想，再给课堂多一些点缀，让语文教学也插上歌声的翅膀，所以最后勇敢的高歌一曲，让老师的教学激情带动学生，让他们在歌声中再一次感悟诗词许多只能意会不能言传的美妙之处。

不过，教学永远是遗憾的艺术，这节课在实际的教学过程中，也有不尽如人意之处，预设有余而生成不足，学生在具体的课堂情境中，还显得有些被动，教师点拨效果明显，但没有充分体现教师在新课改课堂教学中的"平等中的首席"地位。我深知一节令人赏心悦目而学生又能真正有所收获的语文课应该是精心设计而又不露雕琢痕迹的。如何真正将课改新理念渗入教学每一环节当中，如何在有限的教学时间里激发学生创新的灵感，如何真正形成教师和学生之间情感的交流和思想的碰撞，这将是我今后教学始终追求的目标。

（本文发表于《中学语文教学参考》2007年第1-2期）

《梦游天姥吟留别》教学设计

桐城二中　　占淑红

教学目标：

　　1.领悟李白不与权贵同流合污追求个性解放的精神。

　　2.获取诗歌鉴赏的基本方法。

教学重点：

　　探究李白诗歌的艺术表现方法。

教学方法：

　　1.反复诵读，体会感情。

2.自由阅读，品味语言。

3.自主探究，归纳手法。

教具准备：

多媒体课件。

教学准备：

1.熟读全诗，并翻译课文。

2.思考：作者为什么要描绘"梦境"？

教学过程：

一、导入，创设情境

"黯然销魂者，唯别而已"，提到离别，我们脑海里会跳出唐诗宋词里许多美丽而哀婉的诗句：或感伤如"相见时难别亦难，东风无力百花残"；或蕴藉如"孤帆远影碧空尽，唯见长江天际流"；或缠绵如"执手相看泪眼，竟无语凝噎"。不过，在我们今天所学的这首诗中，我们看不到泪眼，感受不到缠绵。让我们一同走近李白，去感受他的浪漫的诗风和傲岸的精神。（展示注明课题的天姥山风景图片）

二、美读，体会感情

诗歌的语言是形象可感的语言，因而我们学习诗歌诵读尤为重要。反复诵读能让我们获得心灵与诗人之心猝然相遇，冥然契合的独特感受。

1.诵读方式：男女生个别对读。

第一段：第一句，女生读；第二、三句男生读。

第二段：段首至"渌水荡漾清猿啼"女生读，"脚住谢公屐——仙之人兮列如麻"男生读，"忽魂悸以魄动——失向来之烟霞"女生读。

第三段：合读。

2.学生进行诵读点评。

3.教师小结，并进行诵读指导。

（1）把握感情的多变诵读。

全诗的基调是豪放的，但诗人的感情的复杂决定了诗句的节奏多变，诵读时应把握感情，灵活处理。如："我欲因之梦吴越，一夜飞度镜湖月"，表现作者对天姥山心驰神往的急切和喜悦，应读得轻快些；"青冥浩荡不见底，日月照耀金银台"这是描绘神仙世界的灿烂辉煌，应读得舒缓，以示其叹服之意。

（2）把握句式的特点诵读。

交错使用五、七言句，这种节奏要读得轻快写，如开头一句，前两分句轻读，后两分句稍稍加重，使之有明显的对比色调。

对句子节奏长短不齐的：如"安能摧眉折腰事权贵，使我不得开心颜！"应重读"安能"并适当延长，以下14字，应一字一顿，读得铿锵有力，掷地有声。

三句一意的"别君去兮何时还？且放白鹿青崖间，须行即骑访名山"，读得气势贯通，不应在第二句断开，以免破坏诗意的完整。

4.男女生对读课文。

5.理清思路，把握内容。

通过朗读，相信同学们初步感受了李白的潇洒、狂放和浪漫诗风，接下来，同学们能否用几个四字短语概括全诗的内容？最好扣住诗题中的"梦"字。

讨论后明确：入梦之由—梦游历程—梦中仙境—梦中惊醒—梦后别语。

三、悟读，品味语言

鉴赏诗歌，不能忽视对语言的品味，诵读全诗后，找出文中你最喜欢的词句，并说出理由。

如：1."天姥连天向天横，势拔五岳掩赤城"中的"连""横""拔""掩"四个动词连用，写出天姥山高耸入云、横云割雾、气势恢弘、高大巍峨的特点，表明作者对天姥山的神往之情。

2."我欲因只梦吴越，一夜飞度镜湖月"中的"飞"字，仿佛让我们看到诗人衣袂飘飘御风而行飞越万水千山的情景，从而表现其梦游路上的急切兴奋之情。

3."千岩万转路不定，迷花倚石忽已冥"中的"迷""忽"表现作者沉迷其间、物我两忘，直至暮云四合之际，才忽然惊觉。

小结李白诗歌语言特点：正如杜甫所说的那样"清新庾开府，俊逸鲍参军"，李白正是用这些事雕琢的语言实践了他的"清水出芙蓉，天然去雕饰"的艺术主张。

四、研读、明了手法

1.诗歌是抒情的艺术，情感是诗歌的生命。那么本文是抒发作者什么样的感情呢？采用什么方式来抒情的？

集体探究，找到答案后齐读最后一段。

明确：诗歌用直抒胸臆的方法表现作者蔑视权贵、向往自由的精神。

2.既然要抒发蔑视权贵的精神，为何又要描绘梦境？这又是一种什么样的抒情方式？

师配乐朗读"梦游"部分，生闭眼欣赏并调动想象，体会感情，想象情景画面。

生合作探究，师相机点拨，得出结论：诗人张开想象的翅膀，尽情地驰骋在理想王国，故借此表明自己不满现实、渴望自由、向往光明的情感。（结合背景分析，引导学生做到"知人论世"）

这里运用了古诗词中常用的托梦言志的手法。（引导学生回顾过去所学的运用这一手法的诗歌，如陆游的《十一月四日风雨大作》、苏轼的《江城子·记梦》等，明了温故知新的道理）

3.既是梦游，中国的名山大川数不胜数，为何偏要梦游天姥山？

生找到答案后，个别朗读第一段。

生讨论后明确：文章用对比、衬托的手法、夸张的修辞表现天姥山的神奇高大。

4.师小结诗歌的艺术手法及浪漫风格。

五、扩读、比较异同

投影《西上莲花山》比较两诗在抒情方式上的异同。（生回答，师小结）

六、回读，归纳方法

回顾本节课的学习，我们是否可以总结出几点关于诗歌鉴赏的方法。

1.反复诵读，捕捉蕴藏在字里行间的丰富感情。

2.发挥想象，注重联想，理解诗歌的意境。

3.知人论世，深究底里，把握诗歌的思想内容。

4.联系旧知，调动积累，总结诗歌的艺术手法。

七、探究，练习

1.选取"梦游"一节，把它改写成散文。

2.课下搜集有关李白的资料，探究其浪漫诗风的形成原因——浪漫个性和时代特征，并以"走近李白"为话题，写一篇评论文章。

八、结束寄语

一代诗仙早已作古，但他那如庐山瀑布水一般一泻千里的激情，放鹿青崖间、散发弄扁舟的仙风道骨，乘风破浪、横渡沧海的自信洒脱都将永远激励着我们追求人生的大境界，做一个无愧于心的大写的"人"。

（本文为2013年桐城市高中语文说课比赛一等奖课例）

《旅夜书怀》教学设计

桐城中学　苏　凯

教学目的：

1.感受杜诗沉郁顿挫的风格。

2.破译诗句后面隐含的信息密码。

3.整体把握诗人形象。

教学构想：

《旅夜书怀》是杜甫晚年之作，诗面意思并不复杂。若作蜻蜓点水式的导读，极易错失杜诗的美质。杜诗向以精神气骨见长，惟有悉心感悟，方可窥得精髓。尊重个人感受，借鉴名家精评，是师生合作探究解读此作的两块基石。

教学时间：

一课时。

教学步骤：

一、介绍背景，初步感知

1.电脑投影：

公元765年，由于好友成都尹、剑南东西川节度使严武去世，失去生活依靠的杜甫带着家人离开成都草堂，乘舟东下，在岷江、长江漂泊。《旅夜书怀》就是在这次旅行中写的。这一年杜甫已满五十三岁，一直患有肺病和风痹，不时发作。

师：齐读全诗。

生：（齐读）

师：请用简洁的语言概括这首诗的主要内容。

生：书写诗人旅夜途中所见所感。

师：何所见？

生：微风、细草、危樯、孤舟、垂星、平野、涌月、大江。

师：何所感？

生：漂泊之感。

师：齐读全诗。

生：（齐读）

师：如果要求大家为这首诗配上一幅画，你们打算画些什么？怎么画？

生：诗中的意象要出现。

师：沙鸥呢？

生：应该不出现吧？这是诗人自比，是想象之物。

师：我同意你的看法。

生：要画上诗人。

生：最好画得颀长，消瘦，憔悴一点，衰老一点。

师：你的想法很好。你打算把诗人画在什么地方？

生：当然是船上。

生：不一定是船上，画到江岸上更合理些。

师：为什么？

生：因为只有站在江岸上，才能真切地看到"细草"，才能看到宽阔的"平野"，而在船上，受地势的局限，是看不到上述景象的。

师：有理有据，难以辩驳。

二、细读诗句，挖掘深意

师：默读首联，分析诗句写了哪些内容。

生：江边的微风吹动着细草，桅杆高耸，孤舟靠岸夜泊。

师：这十个字当中，哪几个字最值玩味？

生："独夜舟"三字。

师：为什么？

生：称"独舟"者，仅此一舟之谓也；"夜"，点明泊舟时间。三字一出，既点题，又奠定了全诗感情基调。

师：请用一词概括此景特点。

生：孤寂。

生：冷寂。

生：凄凉。

生：冷清。

师：颔联写阔大之景，深沉雄健，极具气魄。齐读诗句，推敲"垂""涌"二字的妙处。

生：平阔的原野在天幕覆盖下，四边的星宿好像嵌在天空和地面相连接处，故曰"垂"。这有点像孟浩然《宿建德江》中"野旷天低树，江清月近人"诗句的意境。

生：两者不大像。杜诗是在岸上观察，故视野开阔；孟诗写舟中仰视所见，故视野逼仄。

生：明月倒影入江，从翻滚的浪花中现出，故曰"涌"。"涌"，写出了江水东流的动态。

师：大家分析精当。颔联乃千古名句，历来为人们所称道。在这首诗里，它的作用何在，仅仅写出了"旅夜"所见吗？

生："一切景语皆情语也。""以我观物，物皆著我之色彩。"写景是为了抒情。

生：抒发淡淡的喜悦之情。

生：大自然的美好冲淡了诗人心头的羁旅之思。

师：请大家结合首联"独夜舟"三字来考虑一下。

生：原野广阔，更显孤舟渺小。

生：天地之大，更显诗人孤独无依。

生：大江东流，逝者如斯，更添诗人人生易逝、盛年不再之感。

师：这种表现手法叫——

生：反衬。

师：可见，如此夜景，不是冲淡了诗人的羁旅之思，而是加重了诗人的漂泊之感。

师：默读颈联，探究个中深意。

生：此联交代自己漂泊的原因。

师：字面上能看出来吗？

生：不能。颈联说的是（我的那点）名声，哪里是因为诗写得好而得来的呢？倒是我的官职因为衰老、患病而得以解除。

师：出名不是因为诗写得好，那是因为什么？是因为官做得好，深受朝廷嘉许、百姓爱戴吗？

生：不是。杜甫虽有"致君尧舜上，再使风俗淳"的政治理想，但在仕途上可以说毫无作为。

师：也不一定吧？他还是做过右卫率府兵曹参军、左拾遗一类的官。

生：那是安史之乱时得到的一些闲职，而且在位时间极短。

师：在封建社会，文人们大多以出仕为正途，像李白、高适等盛唐诗人，甚至包括山水田园诗人孟浩然，都是渴求建功立业的。杜甫更是这样。如他在768年写的《江汉》，还在为自己不能做官耿耿于怀。哪位同学能背出其中的诗句？

生："落日心犹壮，秋风病欲苏。古来存老马，不必取长途。"

师：流落江湖、贫病交加的晚年杜甫，以老马自况，可见其报国之心是多么强烈！因此，我们要品出颈联诗句中的怨愤之情。

生：诗有弦外之意。

生：原来是牢骚话。

生：杜甫为自己的诗名而沾沾自喜，为自己的不得志而耿耿于怀。

师：诗人由于诗名满天下，尽管后半生颠沛流离，居无定所，但所到之处都受到人们的尊重和关照，这总算给了他一些宽慰。说"欣慰"尚可，说"沾沾自喜"就有点过了。这两句中，"名"与"官"并非并列而出，诗人看重的是"官"，"名"只不过作"官"的烘托，说"官"，才是正意所在。请大家在原句的基础上，略作改动，说出杜甫的本意。

生：名因文章著，官岂老病休？

生：名因文章著，官非老病休。

师：请大家比较一下，说说杜句和改句的优劣。

生：当然是杜句优，改句劣了。

生：杜句含蓄，改句平白。含蓄有致，平白无味。

生：杜句符合杜甫忠君的性格，尽管心中有牢骚，但不愿明确说出，只是让人意会。

师：大家分析得很好。我想补充一点。《新唐书·杜甫传》说："甫放旷不自检，好论天下大事，高而不切也。……数遭寇乱，挺节无所污。为歌诗，伤时挠弱，情不忘君，人怜其忠云。"忠君，确实是诗圣杜甫性格中的重要元素。作者尽管胸存块垒，不吐不快，却又不直接吐出来，只能采用这种含蓄的表达方式。《江汉》是这样，《旅夜书怀》是这样，《客亭》还是这样。请体味《客亭》"圣朝无弃物，衰病已成翁"一句的真意。

师：齐读尾联，说说你们的理解。

生：杜甫采用设问、比喻的方式，抒发漂泊之感。

生：感情极为凄凉。

生：沙鸥居无定所，诗人转徙江湖，以鸥喻己，十分熨帖。

师：齐读全诗。请用一句话概括自己读完这首诗后的感受。

生：天高地远人孤单。

生：不遇明时奈若何！

生：星斗其诗，草芥其人。

生：人处江湖，心系庙堂。

三、迁移阅读，拓展内涵

师："星垂平野阔，月涌大江流"历来深受诗评家的好评。明人胡应麟《诗薮》内篇云："'山随平野尽，江入大荒流'，太白壮语也。杜（甫）'星垂平野阔，月涌大江流'，骨力过之。"请大家结合他的评价，就李、杜两句诗的不同点作简要赏析。

生：李是昼景，杜是夜景。

生：李是行舟暂视，杜是停舟细观。

生：李是动中平视，杜是静中仰俯。

生：李只说江、山，杜则野阔、星垂、江流、月涌。

师：恐怕大家忽略了最重要的一点吧，别忘了：景是传情的！

生：杜是老病飘落，李是少年远游，故杜诗沉郁，李诗奋发。

生：李诗豪放，充满积极进取精神，大气磅礴；杜诗忧郁，反衬手法，取"乾坤水上萍"之意，冷寂苍凉。

师：《旅夜书怀》，我们就欣赏到这里。课下请自学杜甫的《燕子来舟中作》。这也是一首写漂泊动荡生活的诗作。清代曾有人评曰："此子美晚岁客湖南时作。七言律诗以此收卷，五十六字内，比物连类，似复似繁，茫茫有身世无穷之感，却又一字不说出，读之但觉满纸是泪，世之相后也，一千岁矣，而其诗能动人如此。"请你结合前人的评价，就其艺术特色，写一段200字左右的鉴赏文字。

附：

渡荆门送别

李白（25岁作）

渡远荆门外，来从楚国游。
山随平野尽，江入大荒流。
月下飞天镜，云生结海楼。
仍怜故乡水，万里送行舟。

燕子来舟中作

杜甫（59岁作）

湖南为客动经春，燕子衔泥两度新。
旧入故园尝识主，如今社日远看人。
可怜处处巢居室，何异飘飘托此身。
暂语船樯还起去，穿花贴水益沾巾。

教学后记：

这是我应组内同行的要求运用"感悟式教学法"实施课堂教学的一次展示。经过数年的探索，"感悟式教学法"课题研究接近尾声，结题在即。设计本节课，我只是作了粗线条的勾勒，预设了课堂流程，准备了相关资料。由于布置了课前预习，尽管是借班上课，学生的准备相当充分，师生交互活动频繁有序。从教学结果看，本节课应该是成功的。

《山居秋暝》教学设计

桐城二中　朱新敏

学习重难点：

1.欣赏诗歌表现的自然美和人情美，发挥想象以感受诗歌的意境，能够用自己的语言形象描绘。

2.知人论世，把握诗人前后期诗歌异同点；了解诗人的传承和影响。

课时安排：

一课时。

媒体选择：

多媒体。

教学过程：

一、诵读全诗，整体感知

1.由播放古筝曲《阳关三叠》导入，营造气氛，介绍作者。

2.投示教学目标：

（1）鉴赏诗歌表现的自然美和人情美，了解诗人的思想感情和美学趣味。

（2）培养根据诗歌发挥想象和形象描述的能力。

（3）由此及彼，知人论世，把握诗人前后期诗歌异同点；了解诗人的传承和影响。

3.由男女生分别朗诵《山居秋暝》，师生共同评价，教师点拨诵读方法。（投示）

（1）读准节奏，读出韵味。如：

空山／新雨／后，天气／晚来／秋；　竹喧／归/浣女，莲动／下／渔舟。

（2）读出语气，读出感情。如：首联点题，可用叙述口吻读；颔联、颈联，寄托了诗人闲适的心情，当用轻快的调子读。末联是全诗主旨所在，要用肯定的语气缓缓读出。

4.整体把握。

问题一：本诗写了哪些山居之景、山居之人？

学生回答后大屏幕投示：

山居之景：明月、松林、清泉、岩石、翠竹、莲叶

山居之人：浣女、渔人

问题二：全诗景物、人物描写有何特点？透露了诗人怎样的思想？

勾画出一幅雨后山村的晚景图，清新、宁静而又洋溢着和平安乐的气氛，宛如世外桃源，正是诗人理想的隐居环境。

二、重难点解决过程

1.难点探究。

问题一：诗中明明写有浣女归舟，诗人下笔怎么说是"空山"？"空山"二字有何含义？与主旨有何关系？（学生讨论后回答，教师归纳）

大屏幕投影：

（1）因为山中树木繁茂，掩盖了人们活动的痕迹，加上人迹罕至，故曰"空山"。——客观原因

（2）"空山"二字点出此处远离尘嚣的清净悠然，如世外桃源。——环境特点

（3）抒发了作者厌弃官场的喧嚣、嘈杂之后归于自然、寄情山水的超然和喜爱。——作者心境

这是作者着意渲染的一种意境，自然引出作者决心继续归隐的旨趣。

问题二：怎样理解"随意春芳歇，王孙自可留"？这里用了什么表现方法？（学生参看注释，自由讨论，教师点拨）

这两句化用了《楚辞》中的典故，反其意而用之，进一步表明了诗人归隐的决心和安于隐居生活的心情。这里的抒情和用典深化了主题，增强了艺术表现力。

问题三：诗人怎么会产生归隐思想呢？其前后期作品内容、风格有何不同？原因何在？

2.王维前后期诗歌风格的特点及其原因。

（1）王维的思想，可以以四十岁左右为限，分为前后两期。早年，意气风发，积极进取。如（读本第84页）

观猎

王维

风劲角弓鸣，将军猎渭城。草枯鹰眼疾，雪尽马蹄轻。

忽过新丰市，还归细柳营。回看射雕处，千里暮云平。

问题：这首诗表现了怎样的情景？抒发了诗人怎样的人生态度？

通过记一次狩猎活动，勾画了一位英姿飒爽、意气风发的将军形象，可以看作诗人积极进取的生动写照。

此时，王维还写了不少积极向上的诗歌，譬如，《少年行》（四首）、《使至塞上》、《出塞作》、《陇西行》、《老将行》，形象地反映了盛唐精神。

（2）王维诗风变化原因。（播放《唐之韵》有关片段，然后由学生回答，教师

归纳）

①李林甫排挤，张九龄被罢相，王维深感政治的险恶，意志逐渐消沉下来。四十多岁的时候，他特地在长安东南蓝田县的辋川建造了别墅，过着半官半隐，"万事不关心"的生活。《山居秋暝》就是他向往隐居生活的生动写照。——社会原因

②其母常年吃斋奉佛，对王维有着深远的影响。——家庭原因

③王维淡泊名利，能诗且精通书画与音乐，具有多方面的艺术才能。——个人原因

三、美点赏析

1.形象描述：

苏轼说："味摩诘之诗，诗中有画；观摩诘之画，画中有诗。" 请依据诗句，用形象化的语言描绘颔联、颈联。

学生自由回答，只要符合大意即可；语言优美、有创意的予以表扬。

大屏幕投示：（教师描绘示例）

颔联：秋月银辉，洒遍了苍翠的松林，腾起一片朦胧的雾气；山泉清冽，淙淙流淌在山石溪涧之上，犹如一条洁白无瑕的素练。

颈联：竹林深处，隐约传来轻盈的笑语，那是天真无邪的浣衣姑娘结伴归来；亭亭玉立的荷叶，纷纷向两旁分开，那顺流而下的渔舟划破了月下荷塘的宁静。

2.鉴赏评价：

问题：你认为这两联在内容、意境、表达上有何妙处？任选一点赏析。

学生回答，教师整理归纳。

（1）青松、泉水、翠竹、清莲等富有意蕴的意象，恰似信手拈来，既给人以美的享受，又是诗人高尚节操的写照。

（精心选择描写对象，却又不露半点雕琢痕迹，自然浑成）

（2）理想的自然、生活环境，为下联表达意欲归隐愿望作了铺垫。

（3）清幽且富有生机的意境，能唤起读者无穷的想象。

（4）有动有静，有声有色，以动写静，虚实相间。

（"竹喧、莲动"这些动态反衬了山居的幽静；而结伴归来的"浣女"，顺流而下的"渔舟"只是通过林间盈盈的笑语和荷塘纷披的莲叶才能让人们想象得到）

整首诗像一首恬静优美的小夜曲，又像一幅清新秀丽的山水画，让人心驰神往。

四、深入探究王维诗歌的传承和影响

学生交流课前各自查阅的资料，教师汇总后概括并投示：

1.传承：

既是以山水诗名世的陶渊明、谢灵运等人的后继者，又是韦应物、柳宗元等中唐山水诗人的先驱者。

譬如王维的"空山新雨后"中的"空山"与陶渊明的《归园田居》中"户庭无尘杂，虚室有余闲"中的"虚室"意境相似。又如，王维的《辋川闲居赠裴秀才迪》中"渡头馀落日，墟里上孤烟。复值接舆醉，狂歌五柳前"，前两句即由陶渊明《归园田居》中"暧暧远人村，依依墟里烟"脱化而来；而后面两句更是以五柳先生自况了。

2.影响：

（1）王维除了描摹自然、歌颂隐逸外，还反映了当时人们的进取精神和悲壮情怀——内容丰富多彩。除了山水诗和边塞诗之外，王维还写了不少清新怡人的小诗，如脍炙人口的《相思》（红豆生南国，春来发几枝。愿君多采撷，此物最相思）、《杂诗》（君自故乡来，应知故乡事。来日绮窗前，寒梅著花未）

（2）王维的山水诗极大地丰富了诗歌表现手法，使中国山水诗出现了描摹入微，充满诗情、画意和禅理相融合的美学趣味——艺术独树一帜。

五、探究性作业

1.任选一题。

（1）王维和孟浩然并称"王孟"，闻一多先生说，孟浩然生活、诗歌与襄阳有缘分，而有人说王维与终南山也有不解之缘，辋川山水成了盛唐山水田园诗的又一圣地。如《鹿柴》《竹里馆》《辛夷坞》等。请查阅资料，对此作一点研究，写一篇探究性文章。文长不限。

2.鲍鹏山先生在《艺术的囚徒》一文中说，王维是艺术的天才，却是思想的矮子；他的艺术感受力、创造力堪称一流，而精神的穿透力、承受力却为三流。他是一个被精神牢笼囚禁的艺术囚徒。你是否同意这种看法？请查阅资料，写一篇文章，对此谈谈你的看法。

六、资料链接

1.《唐诗鉴赏辞典》。

2.语文读本第三册。

《宽容序言》教学设计

桐城二中　占淑红

教学目标：

1.感受"先驱者"与"守旧老人"这两个形象并领悟其典型意义。

2.培养对文章中抽象内容的阐发能力、对含蓄内容的理解能力。

3.学习敢于怀疑、勇于创新的能力。

教学重点：

1.把握内容、理清思路，理解作者的思想观点。

2.领悟课文中蕴涵丰富哲理的语句的含义。

教学难点：

明确本文用散文诗的语言、寓言故事的形式表达深刻哲理的写法。

教学方法：

1.引导自读，把握思路。

2.诵读感悟，解读形象。

3.讨论质疑，理解难句。

教学步骤：

一、激情导入

风雨如磐的中世纪，人头攒动的罗马鲜花广场，一位形容枯槁而精神矍铄的先驱，面对熊熊燃烧的烈焰，慷慨陈词："你们对我宣读判词，比我听到判词还恐惧。火并不能把我征服，未来的世纪会了解我，知道我的价值的。"这位英雄的殉道者就是因坚持哥白尼日心说而被烧死的布鲁诺。为什么坚持真理却惨遭杀害？今天，在我们学习《宽容序言》之后，会对这个问题有一个更深的认识。（幻

灯1)

二、整体感知

文中共有10个自然节，请用列小标题的方式概括其大意。（幻灯2）

学生讨论，教师相机点拨。

1. 无知山谷。

2. 孤独的先驱者。

3. 理想家园。

4. 悲剧发生。

5. 灾难降临。

6. 可怕的冬天。

7. 投奔理想家园。

8. 重建家园。

9. 纪念先驱。

10. 意味深长的希望。

三、重点感悟

1. 这个故事发生在什么地方？这个地方有什么特点？（幻灯3）

无知山谷。闭塞、贫穷、落后，这样的环境造成了人们的视野狭窄，知识浅薄，麻木不仁。

2. 文中塑造了三类形象。哪类形象让你感触最深？为什么？

守旧老人：顽固、虚伪；法律与旧秩序象征。

山民：愚昧、迷信古人、盲从守旧老人，助纣为虐。

漫游者：敢为天下先，象征着新思想、新事物。

3. 其中漫游者形象最感人。请你以重获新生的山民身份，为他拟墓志铭。要求能概括其生平事迹，具有一点警世意义。（幻灯4）

"这里埋葬着一位先驱者，为了我们能摆脱封闭落后，他献出了自己宝贵的生命。他不盲从千年律法，勇敢开拓；他坚忍不拔，追求真理。为了寻求幸福的家园，他不畏艰难险阻；为了唤醒我们沉睡的心灵，他选择从容赴死。他将通向幸福的道路指给了我们，我们却愚昧地杀死了他。他以死换来了我们的新生。他的名字叫——不朽！今天，我们特立此碑，以永远铭记先驱者的功勋，忏悔我们的狭隘。后世子孙，当以此为戒。"

四、质疑探究：

1.郁达夫曾说过：房龙的语言"有一种魔力"，现在就让我们来感受一下这魔力，找一找你喜欢的或者不理解的语句，同桌之间交流一下。如：（幻灯5）

（1）"对于敢于离开山脚的人，等待他的是屈服和失败。"屈服和失败的原因是什么？

①"守旧老人"用"律法"进行镇压。

②群众受守旧老人的欺骗，助纣为虐，反对"敢于离开山脚的人"。

③"敢于离开山脚的人"太少，孤军奋战。

这三个原因，使"敢于离开山脚的人"最终"屈服和失败"。

（2）这个故事发生在什么时间？"不过将来（我们希望）这样的事不再发生了。"这样的事不再发生的前提条件是什么？

①这个故事发生在现在、过去和将来。

②思想自由是社会发展的必要条件。

对于新的思想，必须采取宽容政策，容许其发展，让实践来检验真理。

2.生活中是否有这样的一个山谷、这样的一位悲剧英雄？（幻灯6）

——寓言的形式，散文诗的语言，耐人寻味，极富抒情意味。

小结：

原本是枯燥生涩的评议，却写得如此有声有色，文采飞扬，叫人读后如沐春风，同时有茅塞顿开之感：原来，序言还可以这样写！

五、语言训练

以"宽容"为话题，用散文诗的形式写一段话。（幻灯7）

示例：

宽容是明媚的阳光，能驱散心灵的黑暗；

宽容是清澈的泉水，能洗涤嫉妒的霉菌；

宽容是炎夏的绿荫，能带来宜人的清凉；

宽容是_____，能_____；

宽容是_____，能_____；

宽容是_____，能_____。

六、研究性作业（任选其一）（幻灯8）

其一，无知山谷的人们迁移到了新家园后，其子孙对先驱者感激莫名，膜拜终生。你认为有一天当年的先驱者会成为守旧老人一样的滞绊吗？请发挥想象，写一篇文章，谈谈自己看法，不少于800字。

其二，有人说，一味宽容将失去自己的尊严，不讲原则的宽容就是纵恶。你对此有何看法。请以"宽容的原则"为话题，写一篇文章，标题自拟，不少于800字。

七、小结课文

房龙说过，每个集团，无论大小，总是在壁垒森严的城堡中，用偏见和固执这个坚固的屏障来抵御外来的影响。历史见证了房龙的真知灼见：因为不宽容，秦始皇焚书坑儒；因为不宽容，谭嗣同留下了"我自横刀向天笑，去留肝胆两昆仑"的悲壮；因为不宽容，希特勒举起了血淋淋的屠刀；因为不宽容，巴以冲突连年爆发，数以万计的人背井离乡、居无定所……历史的进步、社会的发展离不开宽容，人与人相处，宽容更如夏日的清风、冬日的暖阳。同学们，让我们牢记："世界上最宽阔的是海洋，比海洋更宽阔的是天空，比天空更宽阔的是——人的胸怀！"（幻灯9）（在齐声朗诵雨果的名言中结束新课）。

（本文为2013年安庆市第三届高中语文优质课比赛一等奖课例）

《应有格物致知精神》教学设计

桐城市实验中学　　方捍东

282

教材分析：

本文针对中国学生的实际情况，结合传统的中国教育状况，分析了实验精神在科学上的重要性，并联系自己的学习经验，提出论点：我们应该有真正的格物致知精神。本文主要运用举事实、讲道理的论证方法，说理透彻，语言朴实。教读本文，教师要创造性地解读和使用文本，使学生既能认识实验精神的重要性，又能掌握议论文的阅读方法。

教学目标：

1.理解实验精神对于学习科学知识的重要性。

2.掌握阅读议论文的方法。

3.培养学生格物致知精神，努力争做注重实践、有开拓精神的人。

教学重点：

1.领悟格物致知精神的内涵及其在科学上的重要作用。

2.了解本文运用举例论证的作用。

教学难点：

1.培养学生阅读议论文的能力。

2.探究本文内容的现实意义。

教学设想：

1.学生课前收集"实践出真知"的相关材料，既开阔眼界，又能使学生在搜集材料的过程中认识到实验精神的重要性，增长能力。

2.授之以渔，教会学生阅读议论文的基本方法。

3.组织学生小组讨论，互动交流，质疑问难，共同探讨，应是课堂教学活动中最主要的一部分。

课时安排：

一课时。

教学要点：

理解作者的观点，学习本文的论证方法；质疑问难，互动探究；联系实际，体验反思。

教学步骤：

一、导语设计

同学们，不知道你们有没有注意到，老师们的教学正在悄悄地发生变化，考试制度也在悄悄地改变。因为现在实施新课程改革，新课标要求着重培养学生的创新精神和实践能力。就拿同学们最关心的考试来说，九年级学业考试语文有综合实践题目，高达15分，考查的是语文实践能力，重点高中录取，理化实验成绩计入总分。考试为什么要这样改革呢？今天，我们学习丁肇中先生（丁粒子的发现者，诺贝尔物理学的获得者）的《应有格物致知精神》，将会从中找到答案。

（学生读提示语）

二、与作者对话

请同学们默读课文，想一想，作者表述的主要观点是什么？作者为什么要写这篇文章？请同学们边看边划出文中的关键句。

能找出关键句，有助于把握文章的精髓，弄清文章的论证结构，议论文的结构一般分为引论、本论、结论。请同学们在划关键句的时候，认真地想想它为什么是关键句。

1.引导学生思考以下问题：

（1）作者在文中主要谈什么问题？

（2）格物致知是什么意思？在作者看来，格物致知就是什么？

（3）哪一句话统领第3—5自然段？

（4）哪一句话统领第6—12自然段？

（5）格物致知的真正意义是什么：

（学生逐题回答，弄清作者写这篇文章的主要意图，整体感知）

2.引导学生进一步澄清认识。

（1）本文的中心论点是什么？

（2）作者为什么要写这篇文章？

（学生回答，教师点拨）

教师在学生回答的过程中，与学生一起完成板书。

引论：中国学生应该怎样学习自然科学。（第1自然段）

本论 {
释意 （第2自然段）
谈古 （第3—5自然段）
论今 （第6—12自然段）
}

结论：明确意义，发生号召。

三、与文本对话

1.探讨论证方法。

（1）请两位同学分别扮演王阳明和丁肇中，根据自己对课文的理解，表演格竹。教师在黑板上画竹。

（2）教师扮记者现场采访两位先生。

①采访王阳明。

你是怎样格竹的？有什么成效？你为什么要这样格竹？

②采访丁肇中。

你是怎样格竹的？要达到什么目的？你为什么要这样格竹？

（3）全班同学思考下列问题，逐题回答。

①这里运用了什么论证方法？

论证了什么道理？有什么表达效果？

②如果把这两个事例放在一起来考察，又是什么论证方法？它们共同论证了什么道理？

③文中还有一段也是较为集中地运用了事实论证的方法，是哪一段？请读一读，思考它又论证了什么道理？

（4）教师总结：众所周知，中国基础教育的优点是重视基础知识和基本技能的教学，缺点是轻视创新意识和实践能力的培养。这是中国教育的致命伤，它使我们有些学生不能适应时代的需要，要克服这个缺点，任重而道远。

2.品味严密的语言。

议论文的语言要严密，不能有漏洞。请同学们找出具体化的语句，品味表达准确、严密的词语，作旁批，组内交流，然后班上交流。

四、师生对话

1.每人提交一个问题，前后座四人一组共同讨论解决。教师巡视各组，参与学生讨论。

2.每组将没有解决的问题提出来，教师组织全班同学讨论、交流，互相启发。如有问题不能当堂解决，可留待学生课后查资料、思考。

五、与编者对话

1.教师提问：为什么编者要把这篇文章收入中学语文课本？

学生猜测，回答：

（1）希望中国学生能重视实验精神，在学习和生活中能真正做到真正的格物致知，这样才能适应现在的世界环境。

（2）希望同学们掌握阅读议论文的方法，认识议论文，学会写作议论文。

2.引导学生总结阅读议论文的方法。

六、布置作业

1.“新的知识只能通过实地实验而得”，你能举出一些例子来证明吗？（当堂完成）

2.你具备了真正的“格物致知”精神了吗？请结合自己的经历给大家讲一讲（当堂完成）

板书设计：

应有格物致知精神

丁肇中（丁粒子发现者）

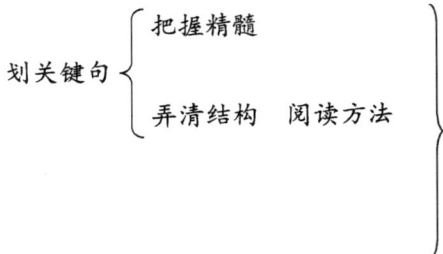

与作者对话

划关键句 { 把握精髓

弄清结构　阅读方法

与文本对话

探讨论证方法

品味议论语言

引论：中国学生应该怎样学习自然科学（第1自然段）

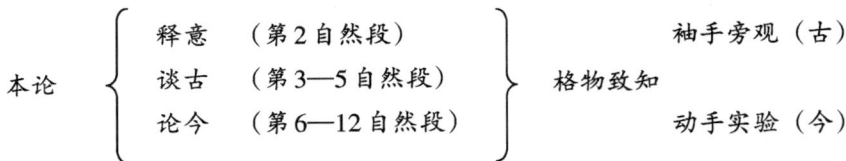

本论 { 释意　（第2自然段）　　　　　　　袖手旁观（古）

谈古　（第3—5自然段） } 格物致知

论今　（第6—12自然段）　　　　　动手实验（今）

结论：明确意义，发生号召（第13自然段）

教学反思：

　　在本课教学中，我打破常规引导学生分别与作者、文本、老师和编者对话，由各个方面引导学生由浅入深地感悟文意，认识实验的重要性。在课堂教学中让学生根据对文意的理解扮演王阳明和丁肇中分别"格竹"，教师当记者，先后采访这两位先生，使学生直观形象地了解了古今格物致知的不同，又理解了举例论证的作用，避免了议论文教学的枯燥单调，课堂上不时发生轻松的笑声，很好地取得了夸美纽斯的主张的"在和蔼可亲和愉悦的气氛中喝下科学的饮料"的教学效果。第五步"与编者对话"应移到第一步更合理，让学生从一开始就能把握本课的教学目标。

《勇气》课堂实录

桐城市孔城中心学校　吴文舟

一、谈话导入

师：同学们，你们喜欢格言警句吗？

众生：喜欢！

师：那你们谁能说几句关于"勇气"的格言警句？

生1：勇气是处于逆境中的光芒。——（奥地利）茨威格

生2：勇气、勇气、勇气，惟有它才使生命之血具有鲜红的光彩。——（英）萧伯纳

生3：勇气是一种拯救力量。——（古希腊）柏拉图

师：大家平时很用心，积累了很多的格言警句，这在今后的写作中都可以运用。

师：这节课我们来学习一篇关于勇气的文章。

板书：《勇气》（美国）狄斯尼

狄斯尼是美国作家。

二、诵读感知

师：为了更好地学习这篇文章，请同学们看一段关于诺曼底登陆的影片资料。

（学生们认真观看影片资料）

师：了解了这篇小说的创作背景，下面让我们一道来学习这篇文章。先请一个同学读文章的开头段，老师读结尾段，中间第2—18自然段请同学们快速浏览，然后用精练的语言概括故事内容。

（开头和结尾读完后，教师巡视，学生自读中间部分，发现大部分学生已经浏览完）

师：同学们已经听读与浏览完了《勇气》的全文，请大家注意以下字词的读音和释义。

屏幕逐个显示：拘谨（jǐn）　　颀长（qí）

熹微（xī）　　寥寥可数（liáo）

孔武有力：勇武而有力量

师：请同学们将这些生字词认真地大声读两遍。

师：通过诵读全文，同学们对课文已经有了一个大概的了解，现在请同学们按照"课文讲述……故事"的格式简要概括课文内容（大屏幕显示：诵读感知1、请同学们按照"课文讲述……故事"的格式，简要概括课文主要内容）学生思考片刻后：

生1：课文讲述了一个法国妇女两次救美国伞兵的故事。

生2：课文讲述了一个美国伞兵在空投计划失败后两度被一位法国妇女隐藏，终于逃脱德军的搜捕，重返部队的感人故事。

（全班学生热烈鼓掌）

师：你们刚才为什么热烈鼓掌呢？

生：因为刚才这位同学把故事的过程用精练的语言给概括了，我认为能做到这样很不错。

师：是的，你评价得也很不错。

大屏幕出示：诵读感知、梳理小说的故事情节

师：请同学们用小标题的形式概括故事的情节，可以相互交流一下，选择一个认为概括得最好的。

生：我认为这个故事的情节可以这样概括：

开端：空投失败。

发展：首次被救。

高潮：再次被救。

结局：重返部队。

师：同学们很认真，信息找得比较准确，概括得也很简洁，你们很会读书！

三、重点感悟

（大屏幕出示：重点感悟人物形象）

师：刚才同学们概括了故事主要内容，理清了故事情节，在这个故事中，哪些人物给你留下了深刻的印象？请在课文中找出相关的语句来读一读。

生1：我认为法国妇女给我的印象特别深。课文中两次写到了法国妇女，一次是在美国伞兵第一次求救时，课文中第4自然段中写到"她长得并不漂亮，虽不是笑容满面，但是她的眼光却善良而镇定"。还有就是在美国伞兵第二次求救，也就是她在失去丈夫之后的第二次出场，文中第14自然段中写到"她满脸苍白，泪眼模糊"。当她两次面对美国伞兵的求救，第一次的表现是"哦，当然啦"。说着便把他带进屋里；第二次表现是"哦，当然啦，快！"她毫不迟疑地把他送回壁炉边的碗橱里。

生2：在整个故事中，法国妇女只说了两句话"哦，当然啦"，"哦，当然啦，快！"虽然语言不多，但她给我的印象却是坚韧、刚强和大无畏的。

生3：我觉得法国妇女特别值得我尊敬、佩服，尤其是第二次出场，她并不因为美国伞兵的到来使她变成了寡妇，孩子们变成了孤儿，而拒绝了他的求救，甚至没有向她丈夫的尸体看上一眼，就毫不迟疑地答应了美国伞兵的求救，并把他送回壁炉边的碗橱里藏起来。在我的心目中，她是一个具有正义感、痛恨战争，追求和平的人。

生4：正如将军所说，我也认为这位法国妇女是一个幸福的女人。因为她有正义感、追求和平，有战争必胜的信念，同时她更有一种勇气，一种"经常同你在一起，永远不会让你丢脸的"勇气。

师：刚才，同学说得真精彩，能够从语言、动作、神态等方面通过具体语句来分析人物形象，从而使法国妇女的形象非常清晰、光彩照人。这种学习方法很不错。我们今后要经常运用。

师：还有哪些人物令你感动呢？

生1：美国伞兵

生2：还有法国妇女的丈夫。

师：你们能运用刚才分析法国妇女的形象的方法来自己分析这两个人物吗？然后用精练的语言来概括他们各是什么样的一个人？

生1：我认为美国伞兵有求生的本能，拼命的勇气，只有保住生命，才能更好地投身战斗，更好地投身于和平与正义的事业中去，在被捕后不绝望，勇敢逃生，他是一个勇敢的人。

生2：美国伞兵第二次向法国妇女求救，这就证明他有很大的勇气，同时他认为最危险的地方就是最安全的地方，事实证明他也是一个有智慧的人。

生3：我认为法国妇女的丈夫也令人感动，当妻子接纳了美国伞兵后，他没有犹豫就说："赶快，你得赶快。"他迅速地把这个美国人推进了壁炉旁边的一个大碗橱里，他丝毫没有考虑到这样做会给自己招来杀身之祸，他同他妻子一样是一个痛恨战争、向往和平、有正义感、有勇气的人。

师：同学们对人物形象的分析很透彻。在这三个人中，谁应该是文章的主要人物呢？

众生：法国妇女。

师：我同意你们的观点，既然法国妇女是主要人物，那为什么不多用一点笔墨来写她呢？

生1：没有多写，可能更符合当时的实际情况，因为当时情况紧急，来不及多看、多说，甚至多想。

生2：我认为语言少，从简洁的语言、利索的动作中，更能体现法国妇女的勇气可嘉。

教师通过大屏幕向学生在逐条明确：

1.法国妇女。

第一次出场：

外貌描写：她长得并不漂亮，不是笑容满面，但她的眼光却善良而镇定。

语言描写："哦，当然啦。"

动作描写：把他带进屋里。

第二次出场：

外貌描写：她没脸苍白，泪眼模糊。

语言描写："哦，当然啦。快！"

动作描写：她毫不迟疑地把他送回壁炉边的碗橱里。

她是一个信仰和平与正义、临危不惧、美丽而高贵的幸福女人。

2.美国伞兵：他是一位机智勇敢、充满生存智慧的士兵。

3.法国妇女的丈夫：他同妻子一样，是一位痛恨战争、有正义感的人。

四、质疑探究

师：学习一篇文章，感悟是一个重要方面，但还要继续深入。下面，让我们进入"质疑探究"环节。

（大屏幕出示：质疑探究1、拟题比较）

师：假如让你给文章拟一个题目，你认为还可以拟作什么？

生1：伞兵·妇女

生2：死里逃生

生3：一个美国伞兵的故事

生4：一段难忘的经历

生5：机会

……

师：同学们列举了这么多的题目，自然各有精妙之处。现在请试着与"勇气"比较，看哪个更好！

生1：我认为"机会"也还不错，可以写出美国伞兵善于抓住逃生的机会，同时也可以说明这个机会是法国妇女所赐予的。

生2：我认为"机会"没有"勇气"好，"机会"不能表达文章的中心，而以"勇气"为题，一方面既要写美国伞兵那种为了更好地投身于和平与正义的事业而拼命求生的勇气，同时又写了法国妇女支持和平与正义事业的勇气，哪怕是失去一切都在所不惜。所以我认为以"勇气"为题更好。

生3：有些题目太长，而"勇气"显得简洁。

师：同学们刚才说得很有道理，一篇文章的题目，就像文章的眼睛，既要简洁鲜明，又要能凸现文章主旨，今后我们在写作中也应该注意炼题。

生：老师，我有一个问题想问一下，就是这篇文章和其他文章有所不同。开头和结尾都用了第一人称来写，而中间用第三人称来写，为什么要这样写呢？

师：你真是一个仔细读书的孩子，这个问题问得好，（相机大屏幕出示：质疑探究2、分析人称变化的作用）同学们，你们谁能帮帮他？

生：我觉得用第一人称来写让人觉得这个故事真实可信，是亲身经历的，而用第三人称来写，使故事更加客观、完整。

师：（向提问题的学生）他的回答你满意吗？

生：满意！

五、拓展延伸

师：一堂课的讨论，大家还意犹未尽，那么，请拿起笔来，以"勇气"为话题写一组排比句，然后上台来展示一下，首先老师给同学们写个示例：（大屏幕显示：拓展延伸）

勇气是法国妇女面对凶残敌人的临危不惧；

勇气是刘胡兰面对敌人的铡刀，从容就义的壮举；

勇气是公安局长任长霞打黑除恶的凛凛雄风；

……

生1：（上讲台交流）

勇气是一座堤坝，挡住了胆怯的洪流；

勇气是一只船，载着我们驶向成功的彼岸；

勇气是一条小径，引领我们通向阳光大道。

生2：（上讲台交流）

勇气是军神刘伯承，在手术台上镇定自若；

勇气是英雄小雨来，在敌人的枪口下临危不惧；

勇气是战士邱少云，在大火烧身时一声不吭。

生3：（上讲台交流）

勇气是课堂上高举的小手；

勇气是风雨中坚定的脚步；

勇气是失败一千次追求一千零一次的永不言败的精神；

勇气是超越昨天的自我来迎接今天辉煌的信念；

勇气是鲁迅"横眉冷对千夫指"的品质；

勇气是面对困境的大无畏精神；

勇气是在人生的道路上明知前方将有无数的陷阱却一步步走过的胆量；

勇气究竟是什么？

大胆地想吧，

其实这也是一种勇气。

（全班热烈鼓掌）

师：同学们你们敢于上台来交流，你们真有勇气！你们写得很美，表述得也很有激情，老师也写了两组，也想和同学们交流一下：

（老师声情并茂地朗诵）

大屏幕出示：

第一组：

勇气是谭嗣同"我自横刀向天笑，去留肝胆两昆仑"的狱中宣言；

勇气是邓稼先不惧奥本海默的锋芒，闯入茫茫戈壁，研制"两弹"的豪情壮志；

勇气是徐本禹毅然放弃读研，奔赴西部贫困山区支教的义举。

第二组：

勇气是金，为正义闪烁，它会光芒万丈；

勇气是花，为和平绽放，它会灿烂辉煌；

勇气是歌，为事业传唱，它会高亢不息；

勇气是诗，为和谐吟诵，它会千古流芳。

（老师读完后，全班鼓掌）

师：哪位同学也来试着读一读？

众生：（自由朗读）

师：请同学们将这两组排比句再齐声读两遍。

师：这节课，通过我们愉快地合作，让我们感受了法国夫妇和美国伞兵的不同勇气。

六、课后练笔

（大屏幕出示：课后小练笔）

师：试着想象一下，请你以美国伞兵的身份给救过你的那位法国妇女写一封信。

下课！

教学后记：

《勇气》是语文版七年级上册的一篇小说，其内容情节并不复杂，但其剧情发展却一波三折，出人意料，人物形象鲜明。对于主要人物形象的塑造，虽只寥寥数语，但其饱满、闪光的形象却跃然纸上。在教学《勇气》时，我力图引领学生走进文本，理清故事情节，感受人物形象，同时又要引领他们走出文本，深化主题，升华情感，理解"勇气"的内涵。通过一节课的合作交流，基本达到了预期效果。

一、走进文本

我带领学生通过多种朗读法，从众多的语言材料中捕捉信息，如概括故事情节时，我让学生从开端、发展、高潮、结局这四个方面入手，并且要以小标题的形式来概括。有个同学是这样概括的，"开端：空投失败；发展：首次被救；高潮：再次被救；结局：重返部队"。这样概括，言简意赅，通俗易懂，一目了然。在分析人物形象上，我引导学生重点感悟主要人物的形象。本课的主要人物应该是法国妇女。在本册第二单元我们就已经学习了几种人物描写的基本方法，其中包括外貌描写、语言描写、动作描写、心理描写等。于是我就让学生尝试从这几个方面进行类比思维，看看作者在塑造法国妇女这个主要人物形象上，是如何刻画的。经过同学们认真搜索、筛选，最终大部分同学都知道，法国妇女在文章中共两次出场，分别从外貌、语言、动作等方面进行刻画，并且都能从文中找出相关的语句，进而概括出法国妇女是一个信仰和平与正义、临危不惧、美丽而高贵的幸福女人。对于美国伞兵和法国妇女的丈夫的形象，我让同学们自己去搜索、概括，因为他们不是主要人物。我让同学们粗线条地感知，只要能概括出他们各是什么样的人就行。通过同学们自己概括故事情节、分析人物形象，他们都能从中学到了一些人物形象的塑造方法，能够掌握一些写作技巧。这也是对学生阅读方法的点拨和阅读能力的培养。

二、走出文本

新课标指出，阅读是教师、学生、文本之间对话的过程。我们依托文本，但不拘泥于文本，勇于并善于走出文本，进行拓展延伸。在这一课教学的"拓展"环节，我让学生以"勇气"为话题写排比句并上台朗诵。设计这一环节，主要是一方面我认为在语文教学中要进行语言文字的训练，要读写结合，读要为写服务，写是读的延续。另一方面这也是对学生教学重难点掌握情况的检查、反馈。学生写的排比句，从形式上看，句式都比较整齐；从内容上看，都能正确理解什么是勇气，即理解了勇气的内涵。同时我让同学们上讲台进行交流，其实这也是在锻炼学生的勇气。在这一环节里，我也主动参与其中，在课前我也准备了两组排比句，一组是叙事性的，一组是比喻性的。叙事性的排比句是让学生再次明白什么样的行为是有勇气的行为；比喻性的排比句式是向学生渗透勇气就是为了正义、为了和平、为了事业、为了社会和谐的思想。通过师生不同形式地诵读排比句，既深化了文章的主旨，同时又将本节课推向高潮，既激活了学生的思维与智慧，也较好地展示了教师的风采。

（本文发表于《桐城教研》2007年第2期）

《长亭送别》教学设计

桐城师范专科学校　程大立

教学目标：

　　1.积累语言词汇。

　　2.鉴赏曲词艺术特色。

教学方法：

　　1.归类整理法。

　　2.诵读感悟法。

教具准备：

　　投影仪、录放机、课文朗读磁带。

课时安排：

　　一课时。

过程设计：

一、诗歌导入

　　投影一：《无题》 唐李商隐

　　1.导语：赠别、相思自古以来便是文人墨客咏唱的主题。同学们在《无题》诗中，是否感受"春蚕到死"的执著，"蜡炬成灰"的至情？今天，让我们走进"长亭"，再品唱一曲动人的"送别"恋歌。

　　（板书）长亭送别 王实甫

　　2.学生介绍作者及剧情，教师补充、评价。

　　投影二：王实甫 《西厢记》

二、听读课文，整体感知

1.学生听读课文录音，按下列要求圈点。

（1）疑难生字、词。

（2）曲文中化用诗句、典故句。

（3）典故成语。

（4）戏曲术语。

2.学生互助解决字、词、句，班级交流、师生点评。

教学备案：

1.化用诗句。

"碧云天，黄花地"

——范仲淹《苏幕遮》词"碧云天，黄叶地"

"阁泪汪汪不敢垂"

——宋人《鹧鸪天》"尊前只恐伤郎意，阁泪汪汪不敢垂"

"蜗角功名，蝇头微利"

——语出苏轼《满庭芳》

"伯劳东去燕西飞"

——乐府诗《东飞伯劳歌》"东飞伯劳西飞燕，黄姑织女时相见"（后化作成语"劳燕分飞"）

"一春鱼雁无消息"

——秦观《鹧鸪天》"一春鱼雁无消息，千里关山劳梦魂"

2.成语典故。

十里长亭　举案齐眉　望夫石　红泪　司马青衫　鱼雁　青鸾

3.戏曲术语。

洁　玄篇　下场诗

4.生自读选曲，梳理剧情，同位合作，班级交流。

思路点拨：

《长亭送别》写莺莺、红娘、老夫人等到十里长亭送别上京赶考的张生，莺莺是最重要的剧中人。据此可把课文分成四个部分：长亭路上，长亭别宴，长亭分别，长亭目送。

三、诵读曲词、鉴赏艺术特色

1.导入：《长亭送别》之所以流传至今，且脍炙人口，不仅因其情之感人，也因其词之优美。下面，请同学们从中选二至三曲，反复诵读，感悟内容，鉴赏其艺术特色。

学生自读，个人感悟，小组交流，师生点评。

思路点拨：

鉴赏每曲应从以下三步入手：第一，读懂曲意，概括内容。第二，归纳出此曲主要艺术特色——即鉴赏的侧重点：或内容、或思想、或语言、或表现手法；如，情景交融、经典名句、用词精妙、巧用（比喻、拟人、反复、排比等）修辞手法、口语化……第三，以所选之重点，具体表述鉴赏感悟。

教学例案：

［端正好］曲：写深秋景象勾起的离愁别绪。艺术特色是情景交融。

曲子句式既整饬又参差错落，前三个字句构成对偶排比。后又有一个四字句、七字句和五字句。前四句一句一景，点明送别的季节，以景衬情；后二句用设问手法，说是"离人泪""染霜林醉"，一"染"一"醉"，写得极有分量。沟通了景与情的联系，使大自然景物融入凝重的离愁，创造了委婉深沉，令人感伤的悲凉意境。

（用此法可赏读［一煞］［收尾］等曲）

［叨叨令］：以丰富的情态描写，补述莺莺动身前，已产生和未来将要产生的愁绪。

这支曲子，使用对偶、排比、夸张等修辞手法，写得也很生动、真切；同时又更多地融口语入曲，语言通俗，才能使演员宜于演唱，听众容易接受，雅俗共赏。

多用叠字、衬字，更能体现口语化的音韵美。有时委婉含蓄，有时尽情倾泻。

（用此法可赏读［滚绣球］等曲）

四、总结拓展

课外鉴赏文后《崔莺莺夜听琴》

五、作业

课后练习二

附：板书设计

长亭送别

王实甫

[端正好]	浓色重彩	以景写情
[滚绣球]	借景抒情	哀婉动人
[叨叨令]	口语入曲	通俗真切
[一煞/收尾]	虚情实写	正语反诘

《孔雀东南飞》教学设计

桐城师范专科学校 程大立

教学目标：

1.通过品评人物语言分析人物性格特征。

2.探讨文中故事的社会意义。

教学设想：

1.贯彻新课程理念，采用自主、合作、探究的学习方式。

2.建立师生互动、生生互动的开放式课堂。

3.感悟式学习：反复品读，讨论解疑，悟道明理。

4.本节课是本课第二学时。第一学时为学生了解课文背景，把握文章结构，分类整理文言文字词。

5.课前准备：搜集一个婚姻家庭关系小故事，并说说自己的感悟和评价。

6.教具准备：投影仪。

过程设计：

一、复习检测，导入新课

1.导语。

《孔雀东南飞》是我国古典诗歌中最杰出的一首长篇叙事诗。虽是一曲爱情悲剧，但因美丽的传说结尾，表达了人们"在天愿作比翼鸟，在地但为连理枝"的美好愿望，让人"哀而不伤"。带着这种感受，让我们一起走进今天的课堂。

2.概括回顾上节课内容。出示投影。

（投影一）字、词整理学习检测

（1）注音。（略）

（2）解释。（略）

（3）句译。（略）

（4）字。（略）

（5）异义：处分适兄意　叶叶相交通

（6）复词：夜夜勤作息　我有亲父兄

二、感悟人物语言，分析人物性格特征

1.导入。

这首叙事诗用主要篇幅描写了人物对话，语言个性化是本诗突出特点。

下面，请同学们诵读全诗，抓住人物主要言行，分别归纳刘兰芝、焦仲卿、焦母、刘兄等人物性格特征。

2.方法点拨。

分组诵读，合作归纳；自主学习，小组交流。

3.明确。

（投影二）主要人物性格特征：

刘兰芝：坚强坚贞，勤劳美丽。善良温顺，不卑不亢

焦仲卿：忠于爱情，软弱有孝心，有限的反抗

焦母：蛮横专断，暴躁冷酷

刘兄：性格暴戾，趋炎附势，冷酷无情

三、探讨刘兰芝"被遣"原因及其婚姻悲剧的社会根源

1.导入。

从诗中可以看到，刘兰芝虽非巾帼英雄，但也是古代普通妇女中优秀一员，为什么焦母逼儿子"遣返"刘兰芝？

请同学们细心研读课文，结合自己所了解的封建社会"家规"，分析其原因。

方法点拨：要调动自己平时知识积累，与同学共同探讨，大胆推测。

教学备案：

门户不对：兰芝出身卑微，焦家高门大户。

不孝有三，无后为大：兰芝已婚"二三年"，即未见生子。

知书之罪："女子无才便是德"，而兰芝却"十六诵读书"。

有叛逆性："此妇无礼节，举动专自由"……

2.导语

正是由于以上种种"合法"理由，刘兰芝终于被"遣归"。回到娘家的刘兰芝又是怎样一种生活情况？（学生回答）

思路点拨：请从文中找出刘兄、刘母语言，并对此分析。

提示：在封建社会，"嫁出去的女儿泼出去的水"，兰芝归来，自然是"进退无仪颜"；而"阿母大附掌，不图子自归"。因此，当县令为子求婚，阿母劝婚，刘兄逼婚，致使兰芝走上"绝路"，这说明封建社会妇女地位是何等低下。

问题：刘、焦爱情悲剧是焦母、刘兄直接造成，他们为什么不反抗到底？

方法点拨：在文中找出他们反抗的言行，并思考他们的反抗效果。

明确：封建礼教和封建家长制是刘焦悲剧的根源。

四、拓展延伸：探讨当今社会的爱情观、婚姻观

导入语：《孔雀东南飞》的故事已流传了一千多年，二十一世纪的今天，你的身边一定有许多爱情、婚姻、家庭故事，请你说一说，大家一同加以评析。

方法点拨：学生说故事，教师引导，师生共点评。

五、总结归纳

我们生活在社会主义的新中国，如今，"男女平等"已不再是一个单纯的女权运动的口号，婚姻家庭受国家保护。法律惩治少数被金钱、贪欲腐蚀的男女，人们会对一些受害者予以更多的支持和保护，相信"孔雀东南飞"会成为一个不再重演的文学故事。

六、布置作业

课外完成课后练习二。

七、板书设计（略）

（本文发表于《桐城教研》2005年第2期）

作文评讲课

——让学生参与评价

桐城二中　朱新敏

教学目的：

1.引导学生积极参与评价同学和自己的文章，品尝评价的乐趣，培养他们的参与意识。

2.通过推荐"今日之星"，引导他们欣赏他人的优点，并勇于展现自我价值。

3.通过评头论足，学会辩证的分析问题，以便今后扬长避短。

教学形式：

自主讨论式。

教学准备：

事先发下同学们互相批阅、翻阅过的作文，并印发丁敬卫的作文《在众人眼底下》。

教辅用具：

多媒体投影仪。

课例实录：

师：上周，我们写了一篇话题作文，同学们已经互相评阅过，并大致浏览了其他同学作文。现在，就让我们一起来看看那次写作的情况，鉴赏同学们的佳作，接受美的熏陶，并从中获得启示吧。

一、投影题目

阅读下则材料，完成作文。

联合国给全世界的小朋友出了一道题："对于其他国家粮食短缺的问题，请你谈谈自己的看法。"

非洲的小朋友看完题目后不知道什么叫"粮食"，欧洲的小朋友不知道什么叫"短缺"，拉美的小朋友不知道什么叫"请"，美国的小朋友不知道什么叫"其他国家"，而中国的小朋友不知道什么叫"自己的看法"。

或许这只是一则笑话。但笑过之后，不能不令人深思。请根据自己的阅读实际和生活感受，以其中一句话作为话题，写一篇文章。

注意：所写内容必须在话题范围之内。立意自定，文体自选，标题自拟。不少800字。

二、题旨大家谈

师：现在请同学们谈谈，你们认为这次作文命题意图是什么？你是怎样理解的？

余巍：我认为，这次作文想引导同学们关心时事，关注社会，培养大视野。

高晖：我想，老师可能想引导大家养成独立思考的习惯，大胆发表自己意见的勇气。

童姝梦：重视人文关怀，培养博爱之心是这次作文的应有之意。

徐飞：我认为，通过这次写作，可以让我们学会搜集数据，尝试查阅数据或寻求其他学科老师帮助的做法解决问题。譬如，对于非洲的贫穷，可以请政治、历史、地理老师帮助寻找根源。

三、推荐今日之星

师：同学们彼此批阅过作文，不少同学还翻阅了其他优秀文章。现在，请你推荐"今日之星"；他荐与自荐都可以。

江道明：我推荐张余的《非洲，我心中的痛》，这篇文章以地理课本扉页上非洲孩子的插图引入，中间运用许多事实，表现了对非洲儿童遭遇的无限同情。标题好，抒情性浓郁，感人至深。

张婷婷：我推荐童姝梦的《同一片天空下》，她把发达国家与非洲儿童的际遇相比，深入剖析了非洲国家贫穷的内外原因，令人信服。

光婷婷：我觉得自己的《我欲霸天下》够得上"今日之星"的标准。我从当今美国种种霸道行为入手，分析了他们的教育理念，政治书上说"统治阶级的思想就是统治思想"，真是很有道理。

（全班一片掌声）

石琢：我很佩服徐飞的《记下生命的日程》，日记体的形式，以记者的身份、口吻介绍了非洲儿童的悲惨处境。内容与形式相得益彰。

丁敬卫：我毛遂自荐，我的《在众人的眼底下》称得上佳作。（全班一片笑声）

师：我也推荐一个"明星"，汪春芳的《花苗与好孩子》是一篇好文章，象征的手法使文章言简意丰，含蓄有味。

四、品头论足

师：除了优秀作文外，我们班还有很多同学文章瑕瑜互见。现在就请大家畅所欲言，辩证的指出他们的优点和不足，有利于他们扬长避短。

方霁：我评阅的是徐璠的《血粮》。这篇文章以记者身份描述采访非洲的贫穷。构思好，感情深沉。缺点是仅仅停留在描述现象上，未能找出其原因。

石琢：我评的是华玥的《圈里圈外》。文章揭示了中国教育不顾个性差异模式化的现象，譬如大学生近乎疯狂的考英语四级、六级，用人单位招聘时只看那些形形色色的证书；文科生不管对数学是否有兴趣，都得花大量的时间去应付考试。感受真切，义愤填膺，但只顾宣泄个人情绪，缺少了理性分析。感情的洪流必须用理性的堤坝来控制，才能顺利流淌。

童留：我评的是程亮的《林子大了，什么鸟都有》。文章综论国家不同，教育不同，其孩子的观念也不同，阐述了环境决定意识的观点。眼界开阔，能辩证的分析问题。可惜不符合话题的要求，审题不严。

吴晨：我评的是杨雁文章《下辈子的约定》，母女间真挚的感情写得催人泪下。可是扣题不紧，与话题无关。

光婷婷：我评阅的是毛小俊的《我是一条乖巧的鱼》，文章构思好，以象征手法表达对外面世界的渴盼，然而字多意少，用了很多篇幅写一个简单的故事，似乎得不偿失。

徐飞：我评的是余巍的《绑在"泰坦尼克号"上的美国》。标题给人以无穷的想象；构思好，有深度。不足是未涉及到"美国孩子"这一关键，扣题不紧。

童姝梦：王恩柱的《张大与霸气》，视野开阔，信息丰富，气势充沛。缺点是偏执一词，说过头话，不能辩证的分析问题。

五、白璧微瑕

师：现在请大家谈谈这次作文中存在的带有普遍性的问题，实事求是，客观公正，以利于下次改进。

熊燕燕：这次作文，有些同学审题不严，扣题不紧。譬如，写"美国的孩子不知道什么是其他国家"，不能只谈美国的唯我独尊而绝口不提他们的孩子不知道"其他国家"的具体原因。

胡薇薇：有些文章浮光掠影，眼光狭窄。譬如，论述"中国的孩子不知道什么是'自己的看法'"，仅仅从应试教育上做文章，忽略了社会因素。

叶丹：写文章应该言简意丰，不能意简文赘。花费了许多笔墨，用大量的篇幅只表达一个极浅显的主题，或者是只从一个层面上分析问题，缺乏深度。

徐羽飞：少数同学批阅别人的作文，只是褒扬其优点，而不能实事求是的指出其不足，不利于同学发展。

张景：还有个别同学只挑剔别人的缺点，而不能公正的看到同学的进步，这也不利于激发他们的写作热情。

师：我谈两点看法。其一，文章应该有深度，有个性。有些同学仍满足于老调重弹，写非洲只看到发达国家对他们的掠夺，写美国只提到霸权主义，写中国只在教育上找原因，缺乏自己独到的见解。可以多从几个方面想一想，多问几个为什么。其二，给文章下评语要有针对性，要"量身定做"；不能泛泛而谈，譬如"观点正确""事例典型""结构完整"等，千篇一律，令人生厌。

六、明星杂谈

赏析丁敬卫的作文：《在众人的眼底下》。（投影并由学生自己朗读）

在众人的眼底下

丁敬卫

一直以为，自己是不入流的那种人。在别人看篮球比赛对球技评头论足时，我却独以组合团结的精神加以评价；在大家看电影融入其中或泪流满面，或满腔忧愤，或手舞足蹈时，我独平静，不露声色；在"同胞兄弟们"翻阅刚刚发下的考卷或欢呼雀跃或伤心欲绝时，我却不屑一顾，心如止水。

可能这就是自己的优点——别人看来却似清高。在热闹的场面中洞察先机，在精彩华美的表象里寻找精神实质，在失败的苦海里奋力扬帆，咀嚼所失的真味；在失望的深渊里回头是岸自我解脱。——我认为，这就是真实却不是十全十美的自我：有主见，有思想，有追求自我意识的必需，也有追求完善的可能。

我为自己想出的一切自鸣得意，我为自己发现"自己"兴奋不已。

然而，生活的诱惑无处不在，大众的时尚也时时左右着你，让你不由自主，让你随波逐流。

三月的春风和谐轻柔，午后的阳光格外暖人。品着浓浓的香茶，耳边又飘来了"华仔"那富有磁性的歌声，似乎在诉说一个个凄美的爱情故事，又似乎在喧闹着得意后的豪情与亢奋。一个舍友说，华仔的《无间道》国语版真让人销魂。听此言后，我毫不犹豫地买了一盘磁带回来，但发现这首《无间道》却是粤语的，兴致顿失。下午，在其他舍友的极力怂恿下，我晕头转向地踏进磁带专卖店，精心挑选，认定一盘标有"国语"版的磁带后满面春风地走出来。试听后，傻了眼，才明白盗版磁带可以任意标注"国语"或"粤语"。

三天后，在舍友随意挑选的一盘磁带中如愿以偿——听到了《无间道》的国语版，很快就学会了几句。

一两天的兴奋过去了，也会唱这首歌了，却每每面无表情、有气无力的乱哼，才明白自己是生活在别人话语中的可怜者，没有理由的上了当，上当之后还满心欢喜。可怜可叹又可悲，然而又似哑巴吃黄连——在众人面前十分投入的扮演迎合他们的角色，自己却如坠烟海，麻木的向前奔走。为了掩饰自己的愚昧，却还要笑着感谢。感谢他们的"帮助"和"推荐"，我又经历了一场"爱"与"美"的熏陶。

夜晚，昏昏欲睡之时，回顾过去，记起了从前在小学和中学的生活。譬如，几次将自己对有些问题的怀疑告诉老师。老师却很不高兴地说，你只要记住是这样的就行了，何必问那么多。时间一长，想到的问题就越来越少，举手的次数越来越少，却满意于死记硬背套"公式"后不动脑筋的高分。"看法"一词，也似乎成了课本中教条的代名词。每节课中，老师说，你们对这样的问题有没有看法时，同学们异口同声地说，"没有！"老师为他的教育成果洋洋得意，"一帮高徒！"问那么多干什么，你越多问，别人越认为你笨，越看不起你。

这也就是为什么我们举手的时代失落在童年的缘故吧。

长大后，我们做任何事都要注意旁边有多少双眼睛，注意形象，少说话，多做事，少沉思默想，多忙一点，越忙越好。那句名言"生活的悲剧不在于人们没有工作，而在于人们因工作而放弃了思考"，已被人们公认为"谬论"了。我们学生最好也整天只低头盯着书本，背下前人的经典，以便将来为我所用。在户外的阳光下沉思，会被人认为是"发呆"。我们不能有想法，我们只能有一双不停的手和不抬头的专注。

于是，我们成才了。考上了大学，不能再"想入非非"，只能循规蹈矩，安分的工作，以便熬到资格老的那一天被评为"劳动模范"或"先进工作者"。于是，国人心往一处想，"一致通过"这样的字眼，充斥了大大小小、形形色色的传媒。

　　这就是我们中国人的一生，短暂而"辉煌"的一生。这就是我们的社会，整齐划一的社会。

　　世界之大，不独中国，绝大多数国家的国民也越来越注意到少点"幻想"，多学点前人的经验行事，以至于休斯敦大学的高材生看不起爱迪生。想当年，爱迪生让助手计算一个灯泡的体积时，努力的计算了两个多小时仍无结果。殊不知，爱迪生只要用水灌满灯泡，然后倒入量筒就可以计算出来了。前者循规蹈矩，后者打破常规。

　　在月月的重复中，我们习惯了一切，习惯了没有思想下的生活，没有自己看法的生活方式，近乎"完美"。

作者感想：我是个凡事都喜欢较真的人，但这给我带来了许多烦恼，在众人眼里，有时我似乎是个不合群的"另类"。我们听惯了模式惊人相似的提问，我们对大量毫无新意的习题烦不胜烦，我们几乎没有机会思考这是为什么。看厌了千篇一律的新闻报道，不理解众人的思想为什么如此一致。大街上，各种商店卖的都是相同的烟酒杂货和款式同样的服装。于是我也未能免俗，有时也随大流了。前几天，买了一盘盗版磁带，心有不甘，于是有感而发，写了这篇文章。

各抒己见：

包婷婷：我觉得这篇文章描写大胆，感情真实，说出了我们想说而未说出的话。

高晖：文章联想广泛，既写了自己和同龄人，还由此想到了类似的社会现象，有现实意义。

黄奋举：文章语言好，优美传神，并且能让人回味，能从中悟出点什么。

熊燕燕：考试成绩是学生最关注的，文中却说在别人伤心欲绝或欢呼雀跃之时自己"不屑一顾，心如止水"。这是故作深沉，是冷漠麻木，还是修养到家了？

余巍：我认为，作者情绪悲观，主题消极了点。社会生活越来越丰富多彩，人们的思想也越来越开放。就是在学校里，现在老师们也鼓励个性化的发言。

都兰芳：前几段与后几段的概括叙述很好，中间写买磁带的部分太啰唆，有些喧宾夺主的味道。

邱云绢：说绝大多数国家的国民不愿有自己的想法恐怕过于绝对，休斯敦大学的高材生看不起爱迪生也不大可能。

教师小结：

正如大家所说，这篇作文精彩与不足都很明显，但很有个性。其实，不少同学作文都有这一特点。课后请大家思考下列问题：

1.丁敬卫同学的这篇文章究竟是否消极？作者这样写有何用意？

2.文章是否存在故作深沉的现象？感情是否真实？

3.听了上述评论，你是否想到如何使我们的文章在保持个性的同时臻于完美？

4.无论是"非洲的孩子不知道什么叫'粮食'"，还是"欧洲的孩子不知道什么叫'短缺'"，抑或是"美国的孩子不知道什么叫'其他国家'"，都有其复杂而深刻的原因。我们这次作文所写的只表达了一点粗浅的看法。请大家在这节课的基础上，自主结合成五个小组，每小组选择一个话题，利用假日，查阅数据，请教有关老师、专家，深入探究，写一篇有深度的研究性文章。下次我们再交流。

教后反思：

应该说，这次作文评讲课是比较成功的。下课后，不少同学意犹未尽，让我再给他们一些时间，把他们的看法都说出来。反思一下，觉得有以下几点新意：

1.让学生自己参与评价，革除了传统的作文评讲由教师包办代替的弊端，充分调动了大家的积极性。这种多元化的评价方式，有利于增强学生的参与意识。

作文写好后，由教师提出有弹性的要求，让同桌相互评改，彼此了解，相得益彰。接着，让全班传阅，了解班上题材分布、水平高低情况，为"今日之星""品头论足"的评选做好准备。

"品头论足"栏目最具创意，由同学评说作文的优劣，既符合同龄人的写作心理，又训练了他们辩证分析的能力；既使被评同学看到了自己的优势所在，又清醒地看到了自己存在的不足。

"明星杂谈"栏目的设置，由作者自己解说写作动机，现身说法，最有利于同学明白，有感而发的作文才真正能触动人。而且，丁敬卫同学的文章并不是最好的，而是最有特色的，这就能引起争鸣。在大家各抒己见时，尤其能看出意见的丰富多彩，对作者、读者和老师都有启发。

2.采取了激励措施，极大鼓舞了学生的写作信心，有利于他们今后发挥潜能。

除了"今日之星"外，这次还展示了不少同学作文中体现的优点。哪怕是一个微不足道的闪光点，我引导学生都不要放过，决不吝惜褒扬的话语。引导他们学会欣赏，欣赏别人的长处，这对他们今后在人生路上成长很有意义；同时让那些作文暂时较差的同学也看到了自己的希望所在，增添了信心。

3.活动体现了以学生为主体，教师改变角色，成为组织者、促进者的新课程理念。活动主要让学生自己进行，课堂上，教师只是起穿针引线作用，只在总结时予以补充。学生学得轻松，师生共同受益。

4.课后留下了带有共性的思考题。课堂留下的不是一个句号，而是一个个问号；不是问题的结束，而是新问题的开始，有利于同学们进一步探究。

（本文发表于《语文教学通讯·高中刊》2004年第12期）

《叙事要详略得当》教学设计

桐城市实验中学　盛　雪

教学目标：

1.树立中心意识，探讨有详有略的叙事方法。

2.能够运用方法使文章详略得当。

教学重点：

掌握三种安排详略的方法。

教学难点：

能够运用方法使文章详略得当。

教学方法：

提问法、创设情境法、讲评结合法。

教学课时：

一课时。

教学过程：

导入新课。

呈现两张照片，由于拍摄时的焦点不同，画面也有所侧重。

顺势导入：写作其实是用文字来拍摄，同样要突出重点，注意安排好详略，使详略得当。今天这节课我们要讲的就是叙事要详略得当。（板书）

一、牢记一种意识

什么要详写，什么要略写呢？（学生看书，了解概念）

明确：详写是指对直接表现中心的主要材料加以具体的叙述和描写，放开笔墨，写得充分。

略写是指对不是直接表现中心的材料少用笔墨，进行概括式的简略叙述。

原则是要有中心意识，根据文章中心确定详略。

我们要牢记一个意识：中心意识。（板书）

二、了解两种毛病

先后呈现两篇学生的习作：

附件一：《充满活力的一天》（只呈现病文，学生针对病文评价）

附件二：《我感受到父亲的柔情》（学生读病文，探讨病因；然后出示修改后的学生习作片段，形成鲜明的对比，让学生直观地认识详略的安排方法）

在活动过程中，学生交流，讨论，教师点拨，总结归纳，随机板书，教师以鼓励性的点评为主，激发学生的学习热情。

明确：

《充满活力的一天》病因：面面俱到。

学生习作按时间顺序逐一罗列一天的事情，事无巨细，平均用墨。这样就会造成中心不够突出；应围绕"活力"选择一两个重点片段进行充分描写。

《我感受到父亲的柔情》病因：主次颠倒。

主次不分，会偏离题意；"打我"部分应略写，"披被角"部分应详写。

三、掌握三种方法

回顾课文，总结详略安排的方法。

1.探讨方法一：

回顾《背影》的详写片段，说说详写了什么事情？怎样描写这个过程？

"我看见他戴着黑布小帽，穿着黑布大马褂，深青布棉袍，蹒跚地走到铁道边，慢慢探下身去，尚不大难。可是他穿过铁道，要爬上那边月台，就不容易了。他用两手攀着上面，两脚再向上缩；他肥胖的身子向左微倾，显出努力的样子，这时我看见他的背影，我的泪很快地流下来了。"

（学生活动：学生读片段、交流细写的方法。）

明确：外貌描写细致，尤其是运用连续的动词，准确生动，将父亲买橘子的过程拉长，镜头放慢，显得真实而富有深情，使"我"感动，表现了父爱的深沉、细腻。

归纳：特写法——把过程放慢、镜头放大、感情写细。

2.探讨方法二：

《信客》中写了两位信客的事情，哪两位呢？谁详谁略？为什么要写老信客？

（学生活动：学生交流、讨论，了解写几个人的事情如何安排详略）

明确：老信客的痛苦过往（略）

年轻信客的艰辛历程（详）

写老信客的事情，表现信客职业的特点：诚信，还为了衬托年轻信客从事这个职业的艰难和凶险。

归纳：衬托法——以绿叶衬红花，让主题更突出。

3.探讨方法三：

鲁迅的《阿长与〈山海经〉》，围绕阿长写了哪几件事呢？哪件事是重点？为什么要重点突出这件事呢？

（学生活动：学生交流，或指名回答，或集体回答，了解写几件事安排详略的方法）

明确：说话切切察察；睡觉摆成"大"字形；令人厌恶的种种规矩；讲长毛的故事；为"我"买《山海经》（详）。

详写第五件事，突出作者对阿长深深的怀念与感激，这是文章的主题，是中心，也是写作的目的。

归纳：枝干法——分清枝和干，详略自得当。

小结：

根据板书强调所讲内容：

①牢记一个意识：中心意识。

②了解了两个毛病：主次颠倒、面面俱到。

③掌握了三种方法：特写法、衬托法、枝干法。

补充：

文章的略写部分，可以一笔带过，可以概括叙述，可以简略描述。

四、师生活动

创设教学情境：表演吹气球。

活动设计：老师吹气球，后让学生吹气球。

活动要求：

1.注意观察老师的表演。

2.注意观察同学的表现。

3.注意自己内心的变化。

活动过程：

1.教师和学生先后表演，设置情境。

2.温馨提示：有详有略地写，突出活动的趣味，把吹气球的过程写完整。

3.学生分两组写作：

第一组，写作的中心：老师吹气球。

第二组，写作的中心：同学吹气球。

学生根据不同的中心确定写作的详略。

4.学生当堂写作并交流展示，学生互评，教师点评。

课堂总结：

特写镜头要写细，

写人分清叶和花。

记事区别干和枝，

突出重点分主次。

详略得当成文章，

浓妆淡抹总相宜。

愿同学们树立中心意识，安排好文章的详略，写出最新最美的文章。

谢谢大家！

附:板书设计

叙事要详略得当

一种意识：中心意识

两种毛病：主次颠倒　面面俱到

三种方法：特写法　衬托法　枝干法

教学反思：

　　新版人教版语文教材补充了写作训练，如何指导学生写作，是语文老师近阶段要研究、要攻克的课题。这节作文指导课我在这方面围绕教学目标充分展开教学，删繁就简，不旁逸斜出，在教学步骤、方法提炼、课堂小结、教学板书等方面我都力求简练，清楚，以让学生容易掌握为前提。同时，我个人认为在作文教学中穿插"活动"，让教学方法也有了创新，使课堂更具有了活力。针对这节课我进行了如下反思：

　　一、目标明确，头绪清楚

　　本课教学目标非常明确，引导学生学习"叙事要详略得当"，每一步都围绕中心目标，集中全力，突出重点，攻破难点。课堂结构紧凑，导入、探讨、活动、总结一气呵成又水到渠成。

　　二、巧妙组织，符合规律

　　在"探讨"部分，我把所讲内容提炼为"一""二""三"，简洁明了。引导学生牢记"一个意识"——中心意识。通过找、读、板书的方式不断强化。引导学生了解习作中常见的"两种毛病"：面面俱到，主次颠倒。引入两篇学生习作，很有代表性，写的是贴近学生生活的习作片段，更容易发现同龄人之间的问题。引导学生掌握三种方法：特写法、衬托法、枝干法。各有目的，以学生熟悉的课文为蓝本，设计问题，引导回顾，思考总结。

　　三、开展活动，生动活泼

　　这堂作文课最大的亮点是开展了一个有趣的活动，激发学生的参与热情，让学生依据活动练笔，明确两个写作中心，安排好文章的详略，使学生有话可说。在学生交流的习作中，凸显学生对知识的消化和收获。

　　但在学生互评和教师点评环节还可以围绕三种方法进行更有针对性的点评，这样整体的课堂效果可能会更好！

（本文获2015年安徽省初中语文优质课大赛一等奖）

作文评讲课《水的联想》教学设计

桐城二中　朱仲莉

教学目标：

　　1.欣赏品味富有个性和表现力的文题。

　　2.增强文中设置闪光点的意识。

　　3.培养多角度立意的思维方式。

教学方法：

　　1.运用多媒体教学手段，增加课堂容量和教学直观效果。

　　2.学生代表参与评改活动，并就典型例文当堂点评。

教学步骤：

　　导语：

　　偶然的机会，翻阅上二年级的女儿的课本，发现这样的一篇文章。

　　　　我会变，太阳一晒，我就变成汽。升到天空，我又变成无数极小极小的点儿，连成一片，在空中漂浮。有时候我穿着白衣，有时候我穿着黑衣服，早晨和傍晚我又把红纱披在身上，人们叫我"云"。

　　　　我在空中飘浮着，碰到冷风，变成水珠落下来，人们就叫我"雨"，有时候我变成小硬球打下来，人们就叫我"雹子"，到了冬天，我变成小雪花飘下来，人们又叫我"雪"。

　　　　夏天的早晨，我在花瓣上滚来滚去，人们叫我露珠，秋天的早晨，我给小草贴上一层薄薄的冰晶，人们又叫我"霜"。

　　　　我在池子里睡觉，在小溪里散步，在江河里奔跑，在海洋里跳舞唱歌。

　　　　有时候我很温和，有时候我很暴躁，我做过许多好事，灌溉田地，发动机器，帮助人们工作，我也做过许多坏事，淹没庄稼，冲毁房屋，给人们带来灾害，人们想出种种办法，让我只做好事，不做坏事。

　　小朋友，你们猜猜，我是什么？

　　答案是什么？当然是水了。

　　一篇小学二年级的课文为什么拿来读给我们高中的同学听呢？实在是因为通过孩子的视角，看到的水太生动，太富有灵性了，以一颗亮丽的童心观察世界，再借助想象和联想这一对翅膀，你才会发现生活是如此丰富多彩。我们本次作文的话题也就是"水的联想"。

　　（投影：文题及要求）

　　　　水，滋润万物，是生命之源；暴雨倾盆，江河泛滥，也会带来灾难。水，看似柔弱，却能把坚石滴穿；汇成洪流，更可穿峡破谷，一往无前。水，演绎多少可歌可泣的故事，流淌着古往今来多少悲欢。

　　请以"水的联想"为话题，写一篇文章，除诗歌外文体不限，文题自拟，不少于800字。

　　本次作文要求：

　　1.让你的文题富有个性。

　　2.让你的文章至少有一处闪光点。

一、文题一览

　　　水染霜林醉/我是水珠我流动/喝下这杯忘情水/追忆似水年华/在海边静静地等你/谁能拯救你

　　　女儿身，本是水/男人是水做的/最后一滴眼泪

　　这些文题，有的富有诗情画意，有的意味深长，有的幽默风趣，有的严肃沉重，无论哪一种类型，都给读者留下了良好的第一印象，使人一见倾心，所以说，好的文题是作文成功的第一步。

二、精彩语段品读

　　1.投影学生作文中出现的与水有关的诗句，如：

　　　滚滚长江东逝水，浪花淘尽英雄。

　　　问君能有几多愁，恰似一江春水向东流。

　　　抽刀断水水更流，举杯消愁愁更愁。

君不见黄河之水天上来，奔流到海不复回。

子在川上曰："逝者如斯夫，不舍昼夜！"

问渠哪得清如许，为有源头活水来。

君子之交淡如水，小人之交甘若醴。

近水楼台先得月，向阳花木先逢春。

风乍起，吹皱一池春水。

落霞与孤鹜齐飞，秋水共长天一色。

2.精彩片段赏析。

早晨，她不能向玫瑰色的朝阳微笑，夜晚，她不能和娟娟的月儿谈心，她明澈晶莹的眼波渐渐变成忧郁的深蓝色，时时凄咽着忧伤的心曲。（金磊）

点评：写一湾被囚禁在森林中的溪水，写得十分富有灵性，又有一种忧伤的诗意的美。

当盘古倒下的时候，他躯体中最后一滴血液沸腾了，在那荒凉的大地上，生命的摇篮出现了，它亲吻着大地的每一寸肌肤，带来了生机和活力，它便是水，纵贯几十亿年的历史，是生命舞台的幕后导演。

点评：以神话故事开头赋予水以浪漫神奇的色彩。

水自然柔得无法再柔了，而中国的女子呢，比水更柔，将男人的心缠得一塌糊涂。像殷纣王在抱着妲己时不知怎么就亡国了，周幽王仅仅是想博得褒姒的一笑却献出了整个国家，夫差陪西施跳舞时勾践却跑来凑热闹，貂蝉柔得让吕布稀里糊涂杀掉了董卓，唐明皇和杨贵妃还在龙床上小太监居然跑进来说史思明反了，可怜的陈后主躲在胭脂井里竟然被抓住了⋯⋯这些真是让人憎恨的事，难怪我们的阿Q先生说："中国的男人，本来大半可以做圣贤，可惜全被女人毁掉了。"

点评：举重若轻地运用一些历史材料，用善于自欺欺人的阿Q的话作结，更具讽刺意味。亡国之君，不考虑自身的过错，却往往把责任推到女人的身上，而得出女人是祸水的荒谬的结论。

三、立意角度

这次同学们的作文主要是从以下这些角度立意的：

1.水是生命之源，因而要感谢水，珍惜水。

2.水给人们带来的灾难，但在灾难面前也体现出人间真情，如：《惊涛骇浪》一文告诉我们洪水无情人有情。

3.滴水穿石精神再解。

4.由水的比喻而产生的联想，如女儿是水做的骨肉，女人是祸水等。

5.有关水的可歌可泣的人物和故事，如屈原、项羽、大禹等。

6.与水有关的回忆，如《爱她就要爱水》。

7.水的特性，利用生物、物理、化学知识对水进行描绘和阐释。

8.人类对水资源的破坏而造成的后果。

9.由对水的辩证看法推及对事物的认知，如《水火能相容》。

10.水的精灵和化身，如美人鱼的传说。

四、学生参评

作文评改不应只是老师的一家之言，我们的同学更有发言权，所以我特意邀请了两位同学参加这次作文评改活动，下面请她们来谈谈自己的看法。

1.自述本人构思情况。

2.点评其他同学作文。

五、佳作赏析

水染霜林醉

桐城二中高一（3）班　严慧慧

谁说落花有意流水无情呢？水，是世界上最多情的生灵，只是，那需要一份如水般玲珑透明的心境去领会，才能深有感悟。

有山必有水，于是便有了依山傍水的美丽。水从碧山间姗姗而来，穿过密密丛林，垒垒山石，穿过座座山脊、幽幽山谷，又欣欣然缓缓地绕山脚流淌过，是怎样的柔情，让水日复一日，年复一年地往复着？是怎样的多情，让水把这一大片山地润成沃野，把种子孕育成幼苗，然后又不索不求地默默流过？

有生命必有水，于是有了相濡以沫的真挚。水是生命之源，这人人都知道，你有过将一支快干枯的花放入水中亲见它重新鲜艳的经历吗？那是怎样的震撼，化腐朽为神奇般的不可思议。给沙漠中的旅者哪怕一滴水，也就给了他生存的希望。一个人一无所有时，有的也只有水——泪和血。是怎样的柔情，让每个生命都拥有水、珍爱水？是怎样的多情，让水陪着每一个生命从古至今，然后又不索不求地延续下去？

贾宝玉说，女人是水做的。的确，女人具有水的灵气，多情的女人常将泪水闲抛，寸寸柔肠，盈盈粉泪，任谁也无法不为这份柔情感动。曾读过一首诗：当你转身离开/走到我视线的尽头/我慎重地将你嵌进一滴泪里/想象千年之后/是琥珀/若有来世/我必将踏遍千山万水/寻找这古老的唯一/于是我不敢低头/害怕这颗泪坠落/碎了你/碎了我千年的梦/千年的水化作一滴泪。也只有多情的水能承载这份沉重的情了。

谁说落花有意流水无情，水，是世界上最多情的生灵，只是她只肯把自己的温柔说给那些懂她的知音听罢了。

若可以选择自己的来生，我愿意生成一座山，站成一棵树，以有限的生命去陪伴多情的水，就算是我有意水无情，我也甘之如饴。

你以为，除了多情的水，还有谁能够染得霜林醉？

在海边，静静地等你

桐城二中高一（3）班　姜晶晶

有多少次在梦中见到你，你依然美丽；有多少回在心中想起你，你依旧让人思念。

海的女儿，你现在还好吗？虽然过了几个世纪，但是你的故事却让我久久感动。我愿自己就是那位王子。不过我选择的是你，而不是另外一位公主。

毕竟，我不是那位王子。我只能用一种局外人的眼光看你和你演绎的故事。你是大海的女儿，有着水晶般的心灵，也有着水般的容貌。你在海底整整等了十五年，只为了来到海面看一眼。就是那么一眼，你盼到了一生中最喜爱的人。可是，你属于海，你有一条鱼的尾巴，却没有人的双腿。你必须在为此付出代价，才能成为一个完整的人，才能走近你心中的王子。于是，你美丽的歌声在海底永远的消失了，你成了一个哑巴，你永远都不能说话，从此刻起，你就这样默默的用心去思念。不过，你还有选择的余地。海底的巫婆不是给了你一把尖锐无比的刀子吗？你可以用刀刺死那位王子，依旧可以成为大海美丽的女儿。可相反的是，你忍着疼痛，用变成人的双腿行走。每走一步，都是钻心地痛。你付出了这么多，你失去了美妙的声音，失去了海底公主的地位，结果却让你大失所望。当你第二次浮出水面的时候，王子已经和另一位公主结婚了。这意味着你将变成泡沫并且永远地消失。在这生死关头，你选择了死亡，你选择了用生命去换取你心爱的王子的幸福……

海的女儿，水就是你的化身，你就是水的精灵。你有着水的柔情，你更有着水滴成川的气魄。你用水的品性为自己塑造了大海的形象。

一川烟草，满城风絮，梅子黄时雨的季节，我独自去了海边，轻轻地走在沙滩上，海鸥从头顶阵阵飞过，海浪轻拍着礁石。我站在海边，静静地思索，静静地等待，等待你的出现，海风从耳边吹过……

六、小结

每次作文评讲，我都希望不仅仅是一次提升作文水平的评讲课，更希望它能丰富我们的知识，激活我们的思维，让我们从中得到更多的启示。

让"风景"走进作文

桐城市实验中学   方捍东

教学目标：

让风景走进作文，学会诗意表达生活。

教学重点：

温习课文，归纳方法，学以致用。

教学难点：

引风景入文。

教学方法：

回顾课文了解方法，补写片段运用方法，佳作示范引导。

教学时间：

一课时。

一、导入

1.了解本课的教学内容。

（1）回顾课文，归纳几种方法。

（2）补写片段，运用几种方法。

2.考题回顾：

2007年安徽省中考作文题是"我们的心近了"。

2008年安徽省中考作文题是"我在＿＿＿中得到快乐"。（从"阅读""倾听""活动""做实验""帮助别人"几个词语中任选一个，填在横线上，将题目补充完整，然后作文）

2009年安徽省中考作文题是"师生之间"。

2010年安徽省中考作文题是"不会变是＿＿＿"。（任意填空）

2011年安徽省中考作文题是"在我们这个年龄"。

3.学生归纳出题特点。

4.介绍《初中语文课程标准》对写作的两条建议：

（1）多角度地观察生活，发现生活的丰富多彩。

（2）力求表达自己的独特感受和真切体验。

5.比较两个文段，引出诗意表达生活的方法之一：让"风景"走进作文。

二、学习

1.回顾课文，归纳写景方法。

文段一：

＿＿＿＿＿＿＿＿＿＿＿＿＿＿＿＿＿＿＿＿＿＿＿＿＿＿＿＿＿＿。

有一次，在初秋宁静的夜晚，我和她坐在一棵枝叶繁茂的苹果树下，望着向温带飞去的鹤群，我问道："奶奶，什么是爱情？"（苏霍姆林斯基《致女儿的信》）（背景法）

归纳：背景法，高超的绘画技法。基本格式：F+S，S+F。

文段二：

母亲摸摸孙儿的小脑瓜，变了主意："还是走小路吧。"她的眼随小路望去：那里有金色的菜花，两行整齐的桑树，尽头一口水波粼粼的鱼塘。"我走不过去的地方，你就背着我。"母亲对我说。这样，我们在阳光下，向着那

菜花、桑树和鱼塘走去。(莫怀戚《散步》)

归纳：入画法，高超的活动技法。基本格式：F X S。

文段三：

我们上了轮船，离开了栈桥，在一片平静的好似大理石桌面的海上驶向远方。

在我们面前，天边远处仿佛一片紫色的阴影从海里钻出来，那就是哲尔塞岛了。

(莫泊桑《我的叔叔于勒》)

归纳：融情法：高超的抒情技法。基本格式：F=Q。

2.补写片段，运用写景方法。

文段一：

"别废话!""不讲理!""啪!"伴随着窗子的破碎，门外父母的吵骂又开始了。我知道我的生活里没有阳光，阳光不属于我，彩虹更不属于我。

(运用背景法补写风景)

文段二：

晚上，＿＿＿＿＿＿＿＿朦胧中觉得身上多了一层暖意，我睁开双眼，母亲在为我披被角，那么轻柔，那么细致。见我醒来，她微微一笑，小心地叮嘱一句："快睡。"母亲轻轻地带上房门。

(运用入画法补写风景，格式：F X S)

文段三：

我参加了班长的竞选，整节课，我都在紧张中度过。为了控制自己的情绪，我不经意望向窗外＿＿＿＿＿＿＿＿＿＿＿＿＿＿＿＿＿＿＿。

(运用融情法补写，格式：F=Q)

1.学生独立思考，讨论，练笔，交流，展示。

2.展示示例佳作。

文段一：

阳光透过窗户斜洒下来，竟能反射出红、绿、黄、蓝那么多颜色，真像彩虹走进了我的家。我从小就喜欢阳光的颜色、阳光的味道。家里柜子上还贴着我小时候画的"爸妈是太阳我是花"的一幅漂亮的蜡笔画。

"别废话!""不讲理!""啪!"伴随着窗子的破碎，门外父母的吵骂又开始了。我知道我的生活里没有阳光，阳光不属于我，彩虹更不属于我。

文段二：

初春的月光悄悄爬进我的窗户，静静地渗入我的梦里。朦胧中觉得身上多了一层暖意，我睁开双眼，母亲在为我披被角，那么轻柔，那么细致。月光如同轻纱一般披在她的身上，洒在她的脸上，她如同一位美丽的天使。见我醒来，她微微一笑，小心地叮嘱一句："快睡。"母亲轻轻地带上房门。但是，母亲那微笑的嘴角，连同那弯弯的月光，就这样一直走进那夜的梦乡里。

文段三：

我参加了班长的竞选，整节课，我都在紧张中度过。为了控制自己的情绪，我不经意望向窗外——几株垂柳灰蒙蒙的，也许是春寒料峭的缘故吧，柳枝在寒风中无力地拂动着，仿佛在瑟瑟发抖，又仿佛在唱着一首伤感的歌。

三、作业

_____伴我成长

要求：

1.在横线上填上亲情、快乐、责任等词语，把题目补充完整。

2.写一篇不少于500字的作文，除诗歌外文体不限。

建议：

引景入文，使你的文章具有诗情画意，真情实感。

寄语：

德国伟大的哲学家海德格尔在哲学思辨中遨游到晚年时，幡然醒悟，回归到了诗性的境界，写下了一句传诵五大洲四大洋的名言："人诗意地栖居在大地上。"就是说人们像诗人一样生活在大地上。我们要诗意地生活，诗意地表达我们的生活，写出充满诗情画意的佳作。

（本文是2012年安庆市语文教研会作文指导观摩课教学设计）

写作是一种打开

——命题作文指导

桐城市实验中学　方捍东

教学目标：

　　1.提高学生的审题能力。

　　2.打开学生的选材思路。

教学重点：

　　打开学生学生的思路。

教学难点：

　　增强作文的人文内涵和思想深度。

教学方法：

　　运用思维递进法，引导学生思考，使学生享受发现的快乐和成功的愉悦。

教学时间：

　　一课时。

教学流程：

一、导入新课

　　写作是一种打开，在生活中，我们经常会打开门窗，让阳光洒进来，让清风吹进来，让大好春光走进来，希望我这节作文指导课，也能给同学们打开一扇扇门窗，让同学们能看到更多的美景。

　　这节课我们要认识一个常见的作文题型：命题作文，它由词语或短语构成。

　　《语文课程标准》对写作目标有这样两条建议：一是学生能"多角度地观察生

活，发现生活的丰富多彩"；二是学生要"力求表达自己的独特感受和真切体验"。

1.考题回顾：

2007年安徽省中考作文题是"我们的心近了"。

2008年安徽省中考作文题是"我在_____中得到快乐"。（从"阅读"、"倾听""活动""做实验""帮助别人"几个词语中任选一个，填在横线上，将题目补充完整，然后作文）

2009年安徽省中考作文题是"师生之间"。

2010年安徽省中考作文题是"不会变是_____"。

2011年安徽省中考作文题是"在我们这个年龄"。

2013年安徽省中考作文题是"_____在其中"。

2.出示文题。

在成长的路上，有亲情相随，有友情相伴，与阴霾相遇，与阳光同行……成长的点点滴滴如同散落在沙滩上的贝壳，我悄悄走过，拾起一枚或几枚在手中，用心回忆……

请以《在我成长的路上》为题，写一篇不少于500字的作文，除诗歌外文体不限。

3.了解学情。

看到题目之后，想一想：什么对你的成长有很大的影响呢？要表达怎样的思想和感情？

（请你简要地列出提纲）

（指名学生板演、交流，学生评价，教师点评）

二、审题选材

一"读"：引言提示要细读。

当前比较规范的作文试题，都会在正式的文题现身前，来一段"引言"，它是写作不可不读的"提示"，但很多考生常常略去不读而直接写作，看似节省时间却忽视了对写作至关重要的信息源。如本题，"在成长的路上，有亲情相随，有友情相伴，与阴霾相遇，与阳光同行……"就是要打开我们的思路，激发我们的生活体验。这样往往能四两拨千斤，一下子就打开了我们记忆的闸门，于是我们就可以文思泉涌，一发而不可收。

二"拆"：拆分为词找关系。

在审题上障碍较大的当属命题作文了，而考生容易失误的又常以比喻性、形象化命题题型为主。准确审题的最好方法就是对文题进行拆分，找到词语之间的关联。以本题为例，可以分为："我""成长的""路上"三个词语。

那么，我们就来考察这个题目，哪个是关键词？（学生交流，教师点拨）

"成长"是中心，是题眼。写的人、事、物要对"我"的成长有影响。不能局限于一时一地，要写一个动态的过程。"我"表明只能用第一人称来写，写"我"的经历和感受。

如何保证不偏题，不离题呢？

记住三个步骤：

第一步：反复读题，抓住题旨。

第二步：拟好提纲，回思题目。

第三步：巧妙点题，首尾呼应。

三"换"：化虚为实见具体。

第一次拓展：

我们的世界是丰富多彩的，我们的写作也应该如此。写作是一种打开，我们要努力挖掘对"学校、家庭、社会、自然、课本、精神"等方面的独特感受和真切体验。

指导学生运用置换法打开自己的素材。教师根据学生发言点拨：

1.置换材料有方向。

学校、家庭、社会、自然、书本等为我们提供了构思的方向。我们可以从一个方面集中突破，也可以多方出击，从中选取三、四个方面，多角度展开。

2.化大为小见具体。

怎样快速构思呢？上面的六个方面很大、很粗糙，只是为我们提供了一个大的方向，我们还要把它置换成具体的人、事、物，你想起了父亲对你的帮助，想起了母亲的目光、想起了老师的关爱、想起了花儿对你的启示，想起了同学的鼓励话语，想起了名言对你的激励，想起了保尔对你的影响，想起了丑小鸭执着追求美对你的熏陶，想起了范仲淹的先忧后乐的精神，想起了欧阳修的与民同乐的情怀，想起来苏轼的旷达乐观，想起来李白"长风破浪会有时，直挂云帆济沧海"执着追求理想的精神，想起周敦颐"出淤泥而不染、濯清涟而不妖"的高洁，想起了陶渊明的"采菊东篱下、悠然见南山"的悠然自得，想起了余光中对家乡的思念，想起了艾青对土地的深情，想起了舒婷读祖国的爱……他们在你的成长过程中是不是产生了很大的影响，选取其中你最动情，最容易驾驭的材料来写，做到人无我有，人有我新。我们要调动自己的生活体验和知识积累，把他们迅速置换成具体的人事物，即置换法。课本是重要的写作资源，如去年，你们的学校就有一位学生写了作文《风景在其中》，以柳宗元的《小石潭记》、苏轼的《记承天寺夜游》、欧阳修的《醉翁亭记》为素材，写出了高分作文。

3.化实为虚显优美。

可以把父母是爱比作阳光、明灯、风景、鲜花、诗、画、歌等，把困难、挫折比作风雨、阴霾，这就运用了比喻的手法，使文章语言优美了，使文章变得耐读了，文章的格调也上了阳光档次，如不变的是心中那一抹馨香，把苏轼、李白的精神比作那一抹馨香。

小结：我们可以从"学校、家庭、社会、自然"等方面积累材料，比较筛选出最优化的素材，不断打开写作的思路。其他作文题目也是如此。

第二次拓展：

"我"只是自己吗？学生思考，交流，教师点拨。

（"我"还可以是菊，经历了春的喧闹，夏的炙烤，在悄悄的积蓄力量，终于在百花凋谢的秋天绽放。我还可以是一只狗，不甘平庸的狗，在奋斗者长大。我还可以是鲁迅，在藤野先生的关爱中成长。我还可以是吕蒙，经过孙权劝学后爱上了读书，由莽夫变成有勇有谋的名将。我还可以是鲁滨逊，在孤独、寂寞中成长。我可以是保尔，在战火中洗礼，变成钢铁一般的共产主义战士，但要以第一人称来写。这又是一种置换法）

四"加"：添枝加叶有故事。

第三次拓展：

"在我成长的路上"在选材和构思上还可以怎样拓展呢？还有一种方法，就是"加"，过于简单的标题则可以运用添枝加叶的方法进行扩展，那么加什么词或短语呢？怎么加呢？如在我成长的路上有爱、风雨、阳光，有一盏灯，有亲情、朋友等，这样就有了故事，有了情感。这也是快速构思的方法。（学生交流）

三、布置作业

写一个精彩片断，运用比喻，先化大为小，再化实为虚，虚实结合，表现"我的成长经历"。

附：板书设计

> 一"读"：引言提示要细读
>
> 二"拆"：拆分为词找关系
>
> 三"换"：化虚为实见具体
>
> 四"加"：添枝加叶有故事

《作为生物的社会》教学设计

桐城中学　陶淑文

教学目标：

　　1.理解课文内容，把握作者观点。

　　2.掌握文章解读的基本方法，了解科技论文的一些特点。

　　3.正确认识人类在生物世界中的地位及其面临的危机，热爱自然，尊重生命。

教学重难点：

　　1.作者观点的把握。

　　2.人类在生物世界中的地位及其面临的危机。

教学方法：

　　梳理，感悟，探究。

教学设想：

　　1.布置预习，要求：

　　（1）自读课文，查阅工具书，为文中生字词正音、释义。

　　（2）了解文中一些科技术语的内涵。

　　（3）思考：

　　①作者在文中表达了怎样的思想？

　　②你是如何认识人类在生物世界中的地位及其面临的危机的？

　　2.拟用多媒体辅助教学。

　　3.安排一课时。

教学流程：

　　一、观看影片，导入新课

1.科幻片片断：《蚂蚁大战》。

2.导语。

同学们，你们知道生物世界是个什么样的世界吗？在日常生活中，你关注过身边的一些小动物，了解过它们作为生物世界的一部分，它们的生活、它们的情感，它们在这个世界上的地位及其作用吗？如果没有，今天，我们就一起走进刘易斯·托马斯（Lewis Thomas）的《作为生物的社会》，去对生物世界的另一面作点了解吧。

3.作者介绍。

刘易斯·托马斯（Lewis Thomas）——一个生物学观察者。美国医学家、生物学家，美国科学院院士。1974年出版《细胞生命的礼赞》，获该年度美国图书奖。这本书从医学家、生物学家的角度阐述了关于生命、人生、社会乃至宇宙的思考。思想博大深邃，信息庞杂新奇，文笔生动、幽默，是当代科学小品文中的大家手笔。

二、熟悉课文，整体感知

1.生字词音义求真。（检查预习情况）

（1）给下列各组加点的字注音。

蚁冢（zhǒng）　蜂窠（kē）　巴不得（de）　着（zháo）魔

毗（pí）邻　　　阈（yù）值　胚（pēi）细胞　模（mó）型

鳖（bié）脚　　　拱券（xuàn）

（2）重点词语解释。

（见教材）

2.快速浏览课文，思考：

问题：文中写到哪几种生物（动物）？它们密集时有哪些行为？请分别列举。

点拨：在众多信息里，筛选与问题相关的主要信息，不求面面俱到。

（速读，筛选，整理，交流）

明确：

1.蚂蚁：建造蚁丘

2.白蚁：建筑拱券

3.蜜蜂：营建蜂窠，自动分群

……

说明：文中主要写到蚂蚁、蜜蜂、白蚁、鲱鱼等一些小动物。作者在描述它们时，没有讲述它们的生活习性，而是从它们作为个体的生命和作为整体的一个社会这两方面去描述它们在集体行动中所表现出的高度组织性，如蚂蚁，它们从"培植真菌，喂养蚜虫"，到"迷惑敌人，捕捉奴隶"，到"使用童工""交换信息"等等，简直和人类的行为毫无二致。"它们什么都干，就差看电视了"。

接着，作者又以蜜蜂、白蚁、鲱鱼等一些小动物为例，进一步指出，很多生物"似乎都过着两种生活"。作为一个个独立的个体，我们看不出它们"有什么思想"；但是随着群体的增大，智慧逐渐增加，具有高度的组织性和协调性，俨然成了一个庞大的活物，而个体则更像是这个"庞大动物体中细胞样的成分"。蚂蚁搬运食物、建造蚁丘是这样，蜜蜂寻找花蜜、营造蜂房也是这样。不惟昆虫如此，小到黏菌，大到鱼群、飞鸟，都表现出这种集体的智慧。它们作为个体是微不足道的，但凝结成为一个整体，"组成巨大的生物"，就显示出非凡的力量。

三、研读课文，感悟重点

问题：作者为我们介绍了许多小生物的一些行为现象，是要告诉我们一些什么呢？

点拨：不妨抓住文中的一些关键词来理解。

（探究，感悟）

明确：作者告诉我们蚂蚁、蜜蜂、白蚁、鲱鱼等一些小动物，当它们作为一个个独立的个体时，我们看不出它们"有什么思想"，它们只是这个"庞大动物体中细胞样的成分"；但是随着群体的增大，智慧也就逐渐增加，它们便具有高度的组织性和协调性，俨然成了一个庞大的活物。蚂蚁搬运食物、建造蚁丘是这样，蜜蜂寻找花蜜、营造蜂房也是这样。不惟昆虫如此，小到黏菌，大到鱼群、飞鸟，都表现出这种集体的智慧。它们作为个体是微不足道的，但凝结成为一个整体，就会互相依存，互相联系，同步活动，"组成巨大的生物"，具有较强的社会性，显示出非凡的力量。

追问：作者在文中所要表达的观点是什么？

（感悟，交流）

明确：

1."多个单独的动物合并成一个生物"。

2.自然界中的许多生物在集体行动中跟人一样，具有社会性。

问题三：作者谈论生物的社会性，有什么深意吗？

点拨：不妨读一读课文第1—4自然段，尤其要抓住文中感情色彩较为强烈的语句来分析理解，如"人类的确很像远远看去的蚁群"，"它们什么都干，就差看电视了"，"最让我们不安的是，蚂蚁，还有蜜蜂、白蚁和群居性黄蜂，它们似乎都过着两种生活"。

（探究，感悟）

明确：警醒人类不要盲目自大，要认识到自身生存危机。

问题四：作者为了表达自己的观点，主要运用了哪些论述方法？

（感悟，交流）

明确：主要论述方法。

1.对比

（生物的）个体与群体的对比

——肯定群体的智慧

2.类比

将动物与人类进行类比

——论述他们之间具有共同性

四、品味语言，感悟美点

问题：这是一篇科普小论文，本文在语言表达上有何特色？请选取你较喜欢的语句，读一读，品一品，说一说。

（鉴赏，交流）

明确：1.精确；2.生动；3.幽默。

举例：

（1）（蚂蚁）建造蚁丘的时候，有时需要一批一定规格的细枝，这时，所有成员立刻都着魔般搜寻起正合规格的细枝。

——句中加点的词语，非常精确地描述了蚂蚁们寻找细枝、建造蚁丘的情形。

（2）于是，长长的队伍像触角一样伸出来，越过平地，翻过高墙，绕过巨石，去把食物搬回来。

——句中加点词语，生动形象地表现了蚂蚁搬运食物的过程。

（3）蚂蚁的确太像人了，这真够让人为难。

——幽默，风趣，深刻揭示人类并讽刺人类的自大心理。渺小的蚂蚁的很多行为与我们相似，我们却不愿意或不敢承认这一事实，真是有些为难。

五、拓展探究，审视人类

探究1：自然界中有许多生物，作者在论述生物的社会性时，为什么不以狼、豹等动物为例，而是以蚂蚁、蜜蜂等小动物为例？

探究2：人类由于盲目自大而面临着哪些生存危机？结合作者给你的启迪，联系现实谈谈人类应如何对待生命，对待自己？

尾声：（一组地球、生物图片）

我们生活的这个地球，是一个美丽的星球，是万物生长的和谐乐园。在这里，生命在自由地呼吸，生灵在尽情地舞蹈！为使人类能够在地球上繁衍生长，让我们善待自然，善待生命，保护地球，保护我们共同的家园吧！

《语言实际运用》教学设计

桐城二中　朱仲莉

教学目标：

灵活运用语言知识，掌握一定的语言表达技能。

教学重点：

仿造句式。

教学设想：

多媒体教学，一课时完成。

教学步骤：

一、导语

每套卷子，除作文外，较难下手的是第六大题——语言实际运用题。根据以往接触的高考题和综合试题，请同学们做第五大题考查的内容。

二、明确本课复习重点：仿造句式

三、误区分析

1.2000年秋季高考题。（投影）

下列两个句子都写到"虚伪"，前一句直接表述，言简意赅，后一句连续类比，形象生动，请在"友谊""勇气""信任"中任选一个词，仿写两句话。

虚伪和欺诈产生罪恶（爱迪生）

蚜虫吃青草，锈吃铁，虚伪吃灵魂（契诃夫）

2.学生课前交上所写答案，教师整理，指出主要差错。（投影）

病例一：勇敢和努力产生成功

花儿需绿叶，白昼需夜晚，友谊需信任。

分析：未用同一词仿写。

病例二：信任的爱缔造了人类社会

植物需要阳光，牛羊需要青草，人类需要信任

分析：句式不合要求

病例三：勇气和正义产生光明

猫吃老鼠，蛇吃青蛙，勇敢吃邪恶

勇敢和行动产生英雄

老鼠爱大米，雄鹰爱天空，勇敢爱英雄

分析：类比不当

病例四：老鼠吃稻谷，锄吃泥，信任吃快乐

战功吃失败，爱情吃苦果，勇敢吃畏缩

分析：不合事理

3.佳句一览。（投影）

信任和理解创造奇迹

大海包容浪花，天空包容大地，信任包容整个世界

勇敢和爱心产生英雄

阳光赶走阴霾，春雨赶走干旱，勇敢赶走邪恶

友谊和知识充实人生

蜜蜂酿造蜜糖，葡萄酿造美酒，友谊酿造幸福

四、正面归纳总结，并运用基本途径解题

1.学生谈如何做仿造句式题，教师根据高考题分析，小结。（投影）

解题导航：

抓意图。（揣摩题干要求）

析例句。（分析例句中隐含的信息，包括内容、句式修辞、字数等方面）

定答案。（找到仿造句子与例句的切合点）

2.实战演习。（投影）

2001年春季高考题：模仿下面的格式，另写一个句子。（比喻加疑问）遗忘是心的缝隙，漏掉了多少珍贵的昨天？

五、本题体现的有关知识的运用和能力的迁移

仿造句式题型灵活多变，考查面广，具有开放性的特点，仅凭一点方法或技巧难以应付。故提醒学生从几个方面注意知识的积累和能力的培养。（投影）

1.积累：

积累具有典型意义的文史资料，提供论据，证明论点。

例一：请在下面横线上，紧接上文，再写一个句子。

要求：

（1）另举一典型事例；

（2）句式与标有""的一句相同。

历史上，现实中，通过改行，在社会上真正找到息位置并获得成功的例子是不少的。班超原先只是一名碌碌无为的小吏，他不甘受这种生活的摆布，怀着一腔热血，毅然投笔从戎，立下了赫赫战功；_____。

2.感悟：

感悟诗词意境，学会诗意描述。

例二：仿造下面的句式，改变地点和内容，写两个句式相同的句子。

我梦想来到塞外的大漠中，在夕阳的金黄中，感受"长河落日圆"的情怀；我梦想坐在家乡的明月下，在满月的银辉中，体会"月是故乡明"的感慨。

佳句一览：

（1）我梦想来到广袤的草原上，在轻柔的微风中，感受"星垂平野阔"的情怀；我梦想来到幽深的森林中，在脆薄的寂静里，体会"月出惊山鸟"的意境。

（2）我梦想来到深秋飘满红叶的香山，在醉人的秋风中，领略"霜叶红于二月花"的浓情；我梦想坐在深夜的渔船上，在如诗的烟雨中，独享"夜半钟声到客船"的空寂。

（3）我梦想立在江南的长巷旁，在青灰的旧楼中，感受"水村山郭酒旗风"的意境；我梦想行于戈壁古国的遗址上，在飞扬的尘土中，体会"不斩楼兰终不还"的气概。

3.联想：

借助生活体验，展开想象翅膀。

能力训练：

仿照下面的格式，形象化地描绘一种音乐给你带来的感受。（比喻加排比）

每次听箫，我都闻到一丝苦意，说不准是哪种苦，有点像苦丁茶在舌尖的清苦，又有点像割草机刀刃之下青青汁液在鼻端的生苦，更多的时候，它离眼睑近，是盈盈泪意的涩苦。

学生试写，两分钟后，放音乐感受，并附教师参考答案。

每次赏笛，我都触到一丝寒意，说不准是哪种寒，有点像雪水滴入颈项的惊寒，又有点像刀尖划过铁砧时声音在耳际的揪心之寒，更多的时候，它离心近，是子夜无眠的清寒。

潇洒走一回

指导教师：朱仲莉　主持：刘　雯　刘莎莎

一、课堂延伸

投影：想象——思维最美丽的花朵

"第一个"的漫想：

第一个弯弓射箭的人

桐城二中高二（2）班　江海艳

后羿看着这茂密的森林，到处可听到鸟儿的叫声，可见野兔山鸡的追逐，就是不见一些野果。他已经一天一夜没吃东西了，他情不自禁地拿起树枝，向一只肥大的山鸡掷去，可是那只山鸡一下子就溜了，于是他反复掷了好多次，就是没用，他已经累得筋疲力尽了，便靠在大树下休息，同时想一想如何捉到那只活蹦乱跳的兔子。突然一只长而尖的树枝从树上笔直的落下来，正好戳到他的大腿上，还流了点血，于是他有了一个念头：如果用一根绳子绑一根木棍，将这只尖棍射出去，那该多好啊！既不惊动兔子，又省力气，即兴而做，正准备射时，他犹豫了，这支箭会不会永远都不停下，这支箭会不会倒射回头把自己射中，"咕咕，咕咕"，肚子已经唱了好久的空城计了，他便"嗖"的一声射了出去，嘿，还真射中了，后羿高高兴兴的提着这只肥大的山鸡回家了。

第一个变成人的猿猴

桐城二中高二（2）班　赵　静

随着社会的发展，人口问题成为困扰人类的一个主要问题。突然，我想起一则幽默："因为人越来越多，所以猴子越来越少。"

人——猴？对！人既然是由猿猴演变而来的，那么总该有第一个吧？而这第一个又是谁呢？它为什么会变成人呢？……一连串的问号牵引着我的思绪飘向遥远的空间和时间：我仿佛看到了原始社会，那一片片茂密的丛林里，有一大群猿猴和其他一些动物生活在一起，他们有四肢的用四肢行走，有两肢的用两肢支地。这似乎是一个不变的定律，子子孙孙都这么做着。

但是，世界在变化，社会在发展，定律也会出现"奇迹"。

有一天，一只猴子在寻找食物，它一边用两肢行走，一边用上肢攀着树干，摘果子。果子摘了一大堆，干脆就用上肢抱着，下肢行走。起初，它还没发现自己已解放出了两只"手"，只是感觉这样好别扭，似乎要摔倒。直到又一只猴子从它身边经过时，用怪异的目光盯着它，它才发现自己的不同寻常。

在那时，这是违反祖规的事，要受到歧视。这样，其它猴子都骂它、打它、阻止他。但这都无济于事，那只猴子好像很调皮，不仅不改，反而经常练习两肢行走，它一心想着："我一定要做件不同寻常的事，给你们瞧瞧！"就这样，一天天，一月月，一年年，终于，"功夫不负有心猴"——它成功了！它已经完全解放了两只"手"，这是一个伟大的进步！是猿猴转变成人的第一步！而那只猴子也就成了第一个变成人的猿猴。

其它猴子见了它，既美慕又嫉妒，于是都暗暗练习。这样，第一批原始人形成了。

正是有了这第一个变成人的猿猴，才有了后来无数的人，才有了层出不穷的科学家、思想家、文学家……

第一个燧木取火的人

桐城二中高二(2)班　王　伟

停电了，点燃一支蜡烛，望着微弱的烛光那淡黄的火焰，我呆坐着。这时，一个奇怪的念头从我脑海中蹦出——究竟是谁发明了火呢？

早在很久很久以前，人们还不明白什么是火，更别提使用火了，只是一场偶尔的森林大火之后，人们在地上发现了许多被火烧烤后的动物的躯体。起初，没人有胆量去碰，自然也便无人去食用了，他们不知道这吃下去之后会怎么样，是死？是活？有谁愿意拿自己的生命开玩笑呢？但终于经不住诱惑，有人率先出来品尝了一番，觉得不错。这样，在他的带动下，大伙儿一人一口吃了起来，皆认为熟食胜过生食。这样，他们保留了部分残留的火种，以便可以天天享受如此美味。可这火常由于外界因素而被弄灭，人们没办法，只好渴求下一次的森林大火。

可是这要等到何时呢？

终于，一个勇敢的年轻人站了出来，立志要去寻找火种，但由于当时思想认识方面的局限，人们都阻挠年轻人，认为火乃上天所赐，凡人不可求。年轻人微微一笑，毅然踏上了寻找火种的征途。

前面的路有多长？有危险吗？会成功吗？他没有想，他想到的只是坚持。

苍天不负苦心人，一次，他休息时，偶见一只"火鸟"正啄食腐木，溅出丝丝火星，他受到启发，最终发明了"钻木取火"，从那以后，人们真正懂得了如何取火用火。

这位青年是谁？他就是上古时期的燧人氏。正是他的燧木取火，才使人类告别了茹毛饮血的年代。试想一想，倘若至今还没有火，我们会生活在什么样的世界之中呢？那今晚停电，我又用什么去照明呢？

第一个发明文字的人

桐城二中高二(2)班　刘　雯

任何事情都有首创者，有谁知道第一个发明文字的人是谁呢？在人类历史上有过许许多多的文字，如甲骨文、楔形文字，那么第一种被人类创造出来的文字是什么呢？据有关史书记载，象形文字是人类文字史上的首创。然而在此之前，人们记事并不会使用文字，而是利用大大小小的绳结做记录，发生大事就打大结，小事则打个小结，可待日后看时，只知道发生了小事，却不知是何事。文字的出现给人类的文明历程带来一缕光亮。

象形文字顾名思义，自然是与事物本身相似的，让人看了一目了然。山是山，水是水，给文字记载提供了很大的方便。

第一个发明文字的人在前人记事的基础上，通过自己的思考与探索，摸索出了一套自己的记事方法，因为使用方便，逐渐被世人所接受。但刚开始时，不免遭到别人的非议，但这绝对阻止不了象形文字的采用。

随着时间的流逝，第一个发明文字的人已不复存在，但他的创造却使人类的历史进入一个新时代。后人在此基础上进行改造，最终形成了现在所使用的文字。后人功不可没，但第一个却更是功德无量。

如果当初没有这个人，有文字记载的历史就不会像今天这样展现在我们面前，我们敬仰第一个发明文字的人，他的创造历程比改进文字的人要难得多，他的克服困难的精神更为我们所钦佩。

二、诗词积累

投影：期待有一天，这些文字的珠玑闪烁在你的文章中

《西洲曲》、《江南曲》、《锦瑟》、《金陵驿》、《踏莎行》、《挽歌》、《玉楼春》、《泊船瓜州》、《鹧鸪天》（张先）、《命运》（席慕蓉）、《明妃曲》（王安石）、《无题》（鲁迅）、《乌衣巷》（刘禹锡）、《贾谊》（毛泽东）、《贾生》（李商隐）

三、名诗赏析 〔讲解：严慧慧〕

投影：请您为我倾耳听，今天的课堂我做主

望月怀远

海上生明月，天涯共此时。情人怨遥夜，竟夕起相思。
灭烛怜光满，披衣觉露滋。不堪盈手赠，还寝梦佳期。

四、温故知新

投影：老师，您给我的永远不会还给您！

1.从本册课本中任选一两句你喜欢的现代诗，并试着仿写。

2.《荷塘月色》一文中，两个运用通感的句子是什么？

3."空中楼阁"一词是什么意思？你知道这个典故的出处吗？

4.鲁迅的哪些文章收入了《呐喊》这本小说集中？

5.你还记得《胡同文化》中典雅又朴实地带着浓浓京味的语言吗？试着说两句给大家听听。

6.“文以载道”，从下面这些文章中，你得到一些什么启示？

《烛之武退秦师》《勾践灭吴》《触龙说赵太后》《秋水》

五、微型剧场

投影：这儿也是我们展示风采的地方

现代剧《邹忌讽齐王纳谏》

表演者：

邹忌——李松　　徐公——高威　　齐王——王玮

客——李伟博　　妻——倪园园　　妾——洪柳

旁白——刘莎莎

六、配乐朗诵

投影：乘着音乐和诗歌的翅膀飞翔

微　笑

朗诵：项　翀

一个微笑，花费很少

价值却很高

给的人幸福

收的人谢报

一个微笑，仅有几秒

而留下的回忆

终生美好

没有人富

富到对它不需要

也没有人穷

穷到给不出一个微笑

有了它家庭充满幸福

有了它生意兴隆荣耀

它还是朋友间交流的暗号

它使劳累者疲劳顿消

337

它为失意者重燃希望的火苗

对悲伤者它有如太阳

要化解烦恼它是良药

它既拿不来也偷不去

它不出租也买不到

只有做礼品它才有效

人人都需要微笑

而没有人比一个忘记微笑的人

对它更为需要

应该笑口常开

因为我们无论是奉献还是得到

最好的礼物都是微笑

如果匆忙中忘记对你微笑

请原谅我

而善良淳厚的你

能否给我一个你的微笑

永远微笑吧

在人生的旅途上

最美的姿态就是微笑

七、结束语

投影：感受生命的天籁，让心灵永远一片晴空！

教师小结：

亚里士多德曾说过："给我一支足够长的杠杆，我可以把地球撬起来。"我个人以为，对于我们班的语文学习来说，"第二课堂"已成为这支杠杆的支架。这学期，我们已成功地举办了十期"第二课堂"活动。同学们在这片自由的天地，以课本向外拓展辐射，感悟生活，体察人生，反馈课文的内涵和外延，形式不拘一格，内容丰富多彩。通过"第二课堂"活动，你们用青春亮丽的双眼点燃了语文学习的热情，年轻易感的心也日益接近和感悟到文学的瑰丽与奇彩，并领悟到文学天堂与平凡人生之间的种种奥妙。好，这节课就到这里，同学们，让我们在这片自由的晴空中，继续放飞我们的心灵之鸽吧！

"综合实践活动"教学设计

桐城二中　汪玉清

第一板块:

雨之歌
——雨的诉说

总体构思:

在学习了以抒写大自然的诗为主题的一单元后,为让学生更好地体味自然的诗意,感受人生情趣;并学习写景状物,在状物中托物言志或借景抒情。特安排以"雨"为对象,写一篇抒情文章。于是引导学生仔细观察雨,去倾听大自然的雨声;在文学作品中去感受雨的韵律,品味雨的诗意。学生在亲身的体验中获得感悟,在欣赏中掌握一些方法可用来指导写作,这样激发了学生的创作欲望,乘兴作文,定能写出真情实感而又富有创意的文章。

过程设计:

活动简析:

试通过让学生关注大自然中人们熟悉却并不关注的雨等几种常见现象,来引导学生体验自然的诗意之美,丰富学生的心灵感悟。同时通过搜集有关资料,进一步培养处理信息的能力。

活动目标:

1.丰富学生的心灵感悟,引导他们注意观察和体验大自然的韵味。

2.通过搜集有关雨的资料,增长见闻,开阔视野,并锻炼信息的搜集和处理能力。

3.阅读和朗诵写雨的文学作品,提高文学鉴赏水平和朗诵能力,尤其是体味抒情作品中"情景交融"的意境,获得感悟,以激发学生写作的欲望。

活动安排：

一、准备阶段

活动前，学生分成两组进行活动准备。（以自愿分组为原则）

第一组："听听我的足音"

在雨淅淅沥沥下起的时候，带着一份好心情，去观察雨幕，去倾听雨韵，去感受雨情，可选择不同的时间和地点谛听雨的声音，深入自然和人文景观的各个角落去采集雨声，用录音机录下来（有条件的还可以用摄像机），并作好以下记录：具体季节和时间；地点；雨的特点；对雨声雨象的形象描绘；自己观雨时的心情。

准备在课堂上播放并把听雨的感受与同学们分享。

第二组："读读我的韵味"

搜集有关雨的诗文佳作或俗语，并将有关描写"雨"的名句或名段摘录下来，还可将自己喜欢的有关雨的文学作品，制作成配乐诗文，在活动展示课上进行配乐朗诵。例如：古诗词中的雨；小说、戏剧中的雨，比如话剧《雷雨》中"雨"对戏剧情节的推动作用；写春夏秋冬四季之雨的作品；欢乐、忧郁、兴奋、凄凉等各种心境下的雨，比如《岳阳楼记》中"淫雨霏霏，连月不开，阴风怒号，浊浪排空"中"淫雨"表现人们失落、孤独、凄凉的心境……

也可欣赏、评论关于雨的歌曲，尤其是同学们喜爱的流行歌曲。搜集相关作品，分析它们是怎样写雨、唱雨的。

二、口语交际展示阶段

第一组：倾听雨的足音

小组成员分别展示自己的作品（录音或摄像）并做相关的描述。从作品的好坏、描述语言是否准确和清晰等方面评出优胜者，在全班同学面前再作展示。描述时，语言要优美，思路要清晰，内容要准确，要合情合理。口齿要清楚，声音要洪亮。

第二组：感悟雨的诗意

在小组内举行配乐诗朗诵，从音乐与朗诵材料的和谐与否、朗诵的音量和语速是否恰当、表达是否清晰和生动等方面来评比，评出优胜者，在全班同学面前朗诵。

教师可提前将学生拍摄到的画面、声音及文字材料制成网页课件，也可让擅长电脑的学生自制成 ppt 或 flash 动画，创设意境以增强直观性，感悟更为深刻。

示例：

意境：幽深的小巷，一把油纸伞

字幕：杏花·春雨·江南——雨的情丝

音乐：伴着悠扬的笛音，朗诵，并鉴赏语言美，意境美。

杜甫的《春夜喜雨》：随风潜入夜，润物细无声。

陆游的《临安春雨初霁》：小楼一夜听春雨，深巷明朝卖杏花。

白居易的《夜雨》：早蛩啼复歇，残灯灭又明。隔窗知夜雨，芭蕉先有声。

赵师秀的《约客》：黄梅时节家家雨，青草池塘处处蛙。有约不来过夜半，闲敲棋子落灯花。

孟浩然的《春晓》：夜来风雨声，花落知多少。

王维的《渭城曲》：渭城朝雨浥轻尘，客舍青青柳色新。

苏轼的《饮湖上初晴后雨》：水光潋滟晴方好，山色空蒙雨亦奇。

朱自清的《春》中描写春雨的一段文字：雨是最寻常的，一下就是三两天。可别恼。看，像牛毛，像花针，像细丝，密密地斜织着，

戴望舒的《雨巷》：撑着油纸伞，独自 / 彷徨在悠长、悠长 / 又寂寥的雨巷 / 我希望逢着 / 一个丁香一样地 / 结着愁怨的姑娘。

雨，留给人们的不仅仅只是美好的回忆，也有苦涩和无奈，甚至是挥之不去的愁怨。请听作者的愁绪与感慨。

音乐：曲调转为低沉、略带哀怨的箫声曲。

杜牧《清明》：清明时节雨纷纷，路上行人欲断魂。

李商隐的《宿骆氏亭寄怀崔雍崔衮》：秋阴不散霜飞晚，留得枯荷听雨声。

晚唐诗人杜牧虽说才情横溢，可到了江南，面对满眼春色却感叹起历史的烟雨："南朝四百八十寺，多少楼台烟雨中。"

范仲淹的《岳阳楼记》："若夫淫雨霏霏，连月不开，阴风怒号，浊浪排空……"，情景交融，渲染出迁客骚人那种去国怀乡、感极而悲的心境。

雨给人们的感觉是多种多样的，也正如此，雨才成为人们歌咏的对象。当人们在观雨时，把自己的感情赋予雨，这时的雨就已经是凝结着作者思绪和情感的东西，成为一种意象。因而，雨又多了一些比喻、象征意义。

"屋漏偏逢连夜雨"，在这种时候，雨在人们心中投下的就只能是生活的阴影了。"不经历风雨，怎么见彩虹？"这告诉人们，只有付出才会有回报。

第二板块：

雨之歌
——怎样写景、状物、抒情

写作重点：

　　1.在观察感知之余学习描摹事物的特征。

　　2.在活动的亲身体验和感悟的基础上学习在状物中托物言志或借物抒情。

写作导航：

　　一、导入

　　同学们："雨的诉说"，应该是非常诗意的诉说。自古以来文人墨客写雨的优美诗文可谓数不胜数，"雨"作为一个抒情意象，浸润着文人墨客们多情多意的心，他们赋予了各种各样的雨丰富的暗示性和广博的代表性……在综合性活动中我们观察了雨景、倾听了优美的"雨声"……你的心灵是否有了某种雨情；你是否又感悟到了某种雨趣。有了这些全程的参与、亲身的体验和感悟的写作环境，我们可以动笔写作了：状雨景，抒雨情。那么，又该怎样来写景、状物、抒情呢？

　　二、引导学生结合此次活动谈谈收获，从中总结一些写景、状物、抒情的写作方法

　　先让学生分组讨论、探究，然后师生一起整理归纳，如：

　　1.仔细观察，以描绘雨的特征为主同时融入抒写人的主观感受。

　　不同时空环境中的雨，有其各自不同的形态。春雨的轻柔、夏雨的急骤狂暴、秋雨的凄凉、冬雨的沉闷，午后太阳雨金线般的奇丽，雨滴落芭蕉叶上的滚圆……只要我们在日常生活中多留心观察，抓住不同时节雨的特点，一定能写活我们眼中的雨。

　　而写景、状物和抒情在一篇具体的文章中常常是结合在一起的。因为写景、状物离不开抒情，抒情又往往需要借助景和物。这就是所谓"一切景语皆情语""借景抒情"。可以以写景状物为主要内容，抒情只是投影在具体景物上的某种感受，即作者既尊重所写景物的特征，抓住特征进行描写，又在景物描写的同时带上"我"此时此地的主观感受。如：朱自清《春》中描绘的春雨图。"雨是最寻常的，一下就是三两天。可别恼。看，像牛毛，像花针，像细丝，密密地斜织着，人家屋顶上全笼着一层薄烟。树叶儿却绿得发亮，小草也青得逼你的眼。傍晚时候，上灯了，一点点黄晕的光，烘托出一片安静而和平的夜。在乡下，小路上，石桥边，有撑起伞慢慢走着的人，地里还有工作的农民，披着蓑戴着笠。他们的房屋，稀稀疏疏的，在雨里静默着。"既写出了江南春雨连绵不断的特征，又充分展开联想、想象，运用比喻、拟人、夸张、对比、引用等多种方法和富有表现力的动词，虚实相生，在雨景的描绘中渗透了作者对江南田园之景的喜爱和由衷的赞美。

2.以抒发某种感情为主线，景物只是借以寄托的一种比拟和象征。

雨是客观的自然景物，本身无所谓喜与愁，只因看雨的人怀了不同的心情，它也就渐渐通灵，在人们眼里心里活了起来。如宗璞的《紫藤萝瀑布》，作者用大量饱含感情的笔触去写景状物，而最后在"紫藤萝瀑布"前悟到"花和人都会遇到各种各样的不幸，但生命的长河是无止境的"这一抒情议论才为画龙点睛之笔。"借景抒情"借对花的观察，表达了对人生的思辨。秋瑾在狱中写下"秋风秋雨愁煞人"这里的"秋风秋雨"实际上象征了当时风雨如晦的社会环境，所以才"愁煞人"。此时的雨是宣泄情感的媒介，雨是表现人物个性的道具，融入了人物喜、怒、哀、乐的雨，是活跃在人物心灵世界里的精灵。"情深深雨蒙蒙"中的浓情，"何当共剪西窗烛，却话巴山夜雨时"的伤情，"一蓑烟雨任平生，也无风雨也无晴"的豪情。"昔我往矣，杨柳依依。今我来思，雨雪霏霏"，这是一个戍边征人在连绵的阴雨中回乡时的吟唱，这儿的"雨雪"明显投影上了征人垂暮之年才返回家乡，一切都"物是人非"的阴霾心境。

3.深入感悟，形神兼备，写出雨的韵味。

就像一个人最动人的美出自内心，而表现在日常的举手投足之间的气质一样，雨的神韵也出自于赏雨者的心灵世界。

这个环节除了要求同学们在日常生活中多思多悟之外，还应多品读优美的古典诗词、精美的散文随笔，积累丰富的文化底蕴，再去抓特定时节的雨带给你的某一种特定突出的感觉，然后表达就容易多了。

教师美读：（配乐并附动画）

雨之歌

纪伯伦

我是根根晶亮的银线，神把我从天穹撒下人间，于是大自然拿我去把千山万壑装点。

我是颗颗璀璨的珍珠，从阿施塔特女神王冠上散落下来，于是清晨的女儿把我偷去用以镶嵌绿野大地。

　　我哭，山河却在欢乐；我掉落下来，花草却昂起了头挺起了腰，绽开了笑脸。

　　云彩和田野是一对情侣，我是他们之间传情的信使，这位干渴难耐，我去解除；那位相思成病，我去医治。

　　雷声隆隆闪似剑，在为我鸣锣开道；一道彩虹挂青天，宣告我行程终了。尘世人生也是如此；开始于盛气凌人的物质的铁蹄之下，终结在不动声色的死神的怀抱。

　　我从湖中升起，借着以太阳的翅膀翱翔、行进。一旦我见到美丽的园林，便落下来，吻着花儿的芳唇，拥抱着青枝绿叶，使得草术更加清润迷人。

　　在寂静中，我用纤细的手指轻轻地敲击着窗户上的玻璃，于是那敲击声构成一种乐曲，启迪那些敏感的心扉。

　　空气中的热使我降生在地，我又反过来去消除这种热气，这就如同女人，她们从男人那里吸取力量，反过来又用这力量要征服男人。

　　我是大海的叹息，是天空的泪水，是田野的微笑。这同爱情何其酷肖：它是感情大海的叹息，是思想天空的泪水，是心灵田野的微笑。

　　谈推荐的理由：采用第一人称，用拟人化的手法，借助丰富的想象，艺术地描绘了"雨"的生活。雨的形象是一个奉献者和使者的形象，它滋润万物，也把距离遥远的事物联结起来。作者以灵性的眼、灵性的心也把读者带进一个深邃的精神世界……

　　"登山则情满山，观海则意溢于海。" 如果我们能把每一份烙印于心的感情与雨中景的描绘结合起来，注意由形入神，通过写物，逐步揭示其象征意义，以情贯穿，写出的文章会更出色。

美文欣赏：（用课件展示）

雨丝、绿海

罗　兰

　　下雨天，我的窗外真美！那一片绿绿的稻田，好大的一片，像一片海。而我这小楼就像一只船。远远那两丛树林掩映的村舍，和稍近一点的那长着芒薥的小丘，是这绿海上的岛屿；那环抱着我们的群山，在有雾的时候，就不是山，而是云，是灰色、紫色、深蓝、淡青的云；而那些挺秀的电杆呢？那是帆樯，悠然地点缀在这绿绿的海上。

雨，静静地落着，落在稻浪上，深深密密地溶入那无边的绿海里。于是，你禁不住要俯在窗口，向那如丝的雨凝望。你是多么想，想自己变成那只在绿海上翻跹着的白鹭，扑在那柔细清凉的雨丝里，让它冲刷抚慰着你的头颈，和你赤裸的背。你是多么想，想投身到那被雨水濡湿的稻浪里，泳着，拍打着雨水的花朵，和稻浪的波痕。让你莹洁纤细的身体，没入那深深沉沉的绿海，去捕捉那柔柔细细的雨丝。

　　而当有风的时候，雨丝如珠帘般的，在淡灰的天幕前，畅快地斜斜地扫过去，扫过那波涛汹涌的稻浪，在那波峰上激起一片白蒙蒙的雾，给稻浪涂染上一抹梦痕。

　　你更会爱那不知什么时候出现的两朵深红的伞花，持伞的人没在深深的稻浪里，只有那两朵圆圆的深红，在浅绿的海面上飘着、飘着，慢慢地，不像是要到哪里去，而只是无目的地那么飘着，在斜风细雨里。

　　你能不想到"青箬笠，绿蓑衣，斜风细雨不须归"的诗句吗？

　　爱雨的人是不想躲开雨的。让那雨丝的清凉，洗去你心灵上的尘；让那雨丝的安闲，抹去你思想上的俗；让那无声的雨丝告诉你，那些躲在房中，关紧了门窗的人们，所永远不会了解的，雨丝和绿海那心底的爱，和永恒的诗。

　　多希望你来！来看看我未关的窗，来看看我被雨丝沾湿了的窗帘，来看看为爱那如丝的雨而不肯关窗的我。

　　让学生讨论，再自由评点。如：抓住景物的特征，写出真实而独特的感觉体验；由此及彼地进行一些联想与想象：稻田成了"海"，小丘成了"海"中的"岛屿"，连那煞风景的电线杆也成了点缀。"雨"更让作者浮想联翩，想着与她亲近，让她抚慰；想着受她洗礼，涤去尘俗；运用修辞、富有表现力的动词等把你对景物的感觉表达出来了，写出特定情境雨的意境；"爱雨的人是不想躲开雨的"作者有着深刻的感悟，借雨景，抒雨情，言雨志；引用一些关于雨的诗句增强了文章的生动性和表现力，富有文采……

　　4.抒写雨的情怀。

　　"雨"对你说了那么多的话，你是不是也想拿起你手中的笔，对"雨"说说你想说的话，和"雨"对唱一首歌？请赶快行动吧。请以雨为描写对象独立写一篇500字左右的作文。

优秀习作：

秋日的丝雨

桐城二中初三（四）班 朱 蕾

秋日，有丝雨。绵绵沥沥地下着，来去无回地下着。秋日的丝雨，不同于春雨的轻浮，不同于夏雨的酷烈，也不同于冬雨的冷漠。秋日，丝雨无常地下着，似乎要浸透到泥土里，努力地想在人世间烙下自己的足迹。

雨精灵，你挥手之间撒下的一阵雨，却似一阵寒冷而凄烈的冰魄银针。这样的针掉落到深潭里，表面上的确不会有任何波澜，可是扎入深潭潭底泥土的银针会带来多少因果？

人心呢？是否也如同这一汪深潭？

秋日，有私语。在楼阁之中，有一女子，她的眸子似墨色海洋一般，波光流转，深不可测，清澈无痕的眼波里，映着窗外这一番细雨。这是一座很幽静的小院，青石铺就的墙壁里，隐隐可见几座木制的房子，院里栽满细竹，此时有雨，满园竹子簌簌作响，更显得清静寂寥。"即使经过多少年的时间，这世界上有些东西就是不会改变。比如这无尽之雨，每一滴都体现出内心的迷惘与执著……"放下书本，她走了出去，伫立在细雨中。雨打湿了她与黑夜相同颜色的黑衫，一滴雨点在衣裳上弥漫开来，将那一小块浸透。

"已是黄昏独自愁，更著风和雨。"的确是好黄昏，只是这黄昏没有夕阳，只有雨，还有雨中人。

点点滴滴，点滴入愁肠。天下之物，对她已莫不过于粪土，只怕雨水侵消了她最爱的天雨曼陀罗。她抬起手，让雨滴在她的手背，生生刺疼。天堑，终究无涯。她吟唱着：

"更能消，几番风雨。"青丝变白发，有谁理解她的忧伤？

雨腐蚀着她，她听到雨撞击身体发出的金属声。她绝望地高唱——

"人生春去终无意，飞花逝飞却有情。天间玲珑答人问，寥寥凄雨不复回。"

秋日，有丝雨。点点滴滴，将天地交织。秋日之雨，你本是天尊之女，怀着冷淡的热情来到人间，然而你已洞彻因果，懂得一切，偏偏又无法看透一点——为何要来到人间，将自己的生命葬送在这里，然后重复着千百的轮回。

天无涯兮地无边，我心悉兮亦复然。人生倏忽兮如白驹之过隙，然不得欢乐兮当我之盛年。怨兮欲问天，天苍苍兮上无缘。举头仰望兮空云烟，九拍怀情兮谁与传？

《大自然的语言》教学设计

桐城市实验中学　盛　雪

教学目标：

　　1.学会积累，筛选，整理出本课介绍的科学知识。

　　2.体会"抓住关键句概括文章要点"的说明方法。

　　3.了解并分析文章重点段落的说明顺序和写作手法。

　　4.联系当地实际，激发写作兴趣，提升学生热爱家乡的热情。

教学重点：

　　体会阅读说明文的重要方法：抓住关键句，概括文章要点。

教学难点：

　　学习重点段落的说明顺序和写作手法，并学以致用。

教学方法：

　　朗读法，启发式提问法，自主合作探究法。

教学课时：

　　一课时。

教学过程:

一、走进作者

竺可桢（1890—1974），浙江上虞人，当代著名的地理学家和气象学家，中国近代地理学的奠基人和物候学的开拓者。

二、积累雅词

销声匿迹　风雪载途　草长莺飞　次第开放

草木萌发　翩然归来　周而复始　花香鸟语

——优美而典雅的词语和段落在文章的开头能够吸引读者的阅读兴趣。

三、概括要点

1.速读课文，划出文中的关键句，并说明理由。

（1）花香鸟语，草长莺飞，都是大自然的语言。

（2）这些自然现象，我国古代劳动人民称它为物候。

（3）利用物候知识来研究农业生产，已经发展为一门科学，就是物候学。

（4）物候观测对于农业非常重要。

（5）物候现象的来临决定于哪些因素呢?

（6）首先是纬度，经度的差异是影响物候的第二个因素，影响物候的第三个因素是高下的差异。

（7）此外，物候现象来临的迟早还有古今的差异。

（8）物候学的研究首先是为了预报农时，选择播种日期。此外还有多方面的意义。——关键句在段落的结尾，起总结作用；在段落的开头，是中心句；在文章的中间，是过渡段，引起下文；它是介绍某种科学知识或学科的句子，也是可以概括该段要点内容的句子。

2.总结：阅读说明文的重要方法——抓住关键句，概括文章要点。

四、重点品读

1.默读第7到10自然段，了解说明顺序。

明确："首先""第二""第三""此外"这些序数词使得文章言之有序，主次分明。

2.朗读第7自然段，体会它的层次美。

明确：亮出中心句+略微的解释一下+举一个例子来说明。

3.分析第8到10自然段，找出与第7自然段写作手法的异同。

明确：写作说明文的重要方法——按照一定的顺序说明，按照一定的层次展开。

五、学以致用

古镇孔城是桐城的后花园，近几年来，千年古镇发展迅速，请同学们思考古镇孔城快速发展决定于哪些因素呢？借鉴作者的写作手法"亮出中心句+略微的解释一下+举一个例子来说明"选取某一因素具体说明。

1.教师巡视并指导。

2.学生展示并评价。

附：教师习作

古镇发展的第一因素是历史悠久。千年的文化底蕴为今天孔城的发展带来了机遇。比如保存完好的古建筑让各地的游客纷至沓来，独特的民俗使古镇更具迷人魅力。

政策支持是促进古镇发展的第二个因素。孔城抓住改革开放的大好时机，大力支持工商业的发展，如政府招商引资，对孔城老街维护修缮，这使老街面貌焕然一新。开发区的成立，让老镇展现现代化的风姿。

古镇发展的第三个因素是地理位置。孔城紧邻桐城市区，具有得天独厚的区位优势。桐枞路穿镇而过，孔城河绕镇而流，水陆交通便利。

此外还有合肥经济圈的划定和引江济巢工程等其他因素也推动了孔城的发展。

孔城，这座千年古镇，正蓬勃发展，魅力四射。

六、总结全文

通过学习阅读和写作说明文的重要方法，让我们对家乡的发展有了更加深入和细致的了解，如此优越的条件，我相信，家乡的明天一定会更好！"海阔凭鱼跃，天高任鸟飞"，希望同学们能再这片广阔的热土上，挥洒汗水，挥洒青春，大展拳脚，大展宏图！

七、布置作业

搜集资料，具体说明孔城快速发展的几个因素，连成一篇优美的小短文。

要求：

1.按照由主到次的顺序说明。

2.每一段有层次地展开说明。

附：板书设计

大自然的语言

竺可桢

阅读说明文的方法：抓关键句

写作说明文的方法：按照一定的顺序说明

按照一定的层次展开

教学反思：

　　《大自然的语言》，这是一篇文质兼美的事理说明文，主要介绍学生不太熟悉、也不太感兴趣的物候学知识。在教学过程中，考虑到文体以及本文的特点，我按照"由词到句、读写结合、联系实际"的教学模式，通过"积累雅词、找关键句、比较异同、学以致用"的教学操作过程，从不同的角度解决了课文字词学习、主要信息的筛选、说明顺序的梳理、理论实践的结合。课后我对这节课进行了反思，认为这节课有如下优势：

　　1.依据学情，不过分强调文体特点，只教一点具体方法，教学目标易达成。

　　2.学会阅读，要掌握抓住关键句的方法，形成微课文，教学重点易攻克。

　　3.选点切入，不会面面俱到，而是选择两个重点段落的异同比较，教学难点易突破。

　　4.学以致用，能立即用学到的知识来进行结合当地实情的片段写作，课堂效果较满意。

　　当然，课堂教学是一门遗憾的艺术，总也不能尽善尽美，这节课也有不少缺点：

　　1.字词学习流于形式，语言揣摩力度不够。《大自然的语言》课题中的关键词应该是"语言"，所以教学设计上并没有抓住语言的生动性和准确性来体现课题的与众不同。

　　2.主问题的设置不够鲜明，对答案的要求过于纠结。首先是关键性句子并没有给学生很好的说明和解释，由此引发的寻找、摘录关键性句子时有很大的出入，而作为教师的我在个别学生的答案上纠结、缠绕的时间过长。

　　3.课堂气氛不够活跃，教师评价语言平淡。学生的主体意识还是比较单薄，教师的适时引导还需历练，尤其是对学生的评价，应更多以鼓励性语言为主，充分调动学生的学习热情，从而让学生真正努力去探索大自然的语言。

（本课获2014年安庆市初中语文优质课大赛一等奖）

《我有一个梦想》教学设计

桐城中学　陶淑文

教材与学情分析：

一、教材分析

本文属于《高中语文·必修二》第四单元"演讲辞"。它具有演讲辞的显著特点。在教学过程中，教师应通过揣摩、品味来把握、鉴赏这些特点。

同时，本文作者马丁·路德·金有其特殊的价值。他的"梦想"绝不是平庸而浅薄的。教师应力求引导学生将本文由浅读深，深切领悟作者鲜明而深刻的观点，深入探究其思想的伟大之处。

二、学情分析

作为铜陵三中的学生，能很快从整体上把握文意；作为"恰同学少年"的他们，对"梦想"一词也会热情共鸣。但如何使他们不浅尝辄止，深读文意，感悟思想，则是要教师善于引导的。课前，教师可以布置预习，让他们查阅有关资料，了解美国黑人的历史和作者丰富的人生历程。

教学目标：

1.知人论世，领悟鲜明而深刻的观点，把握其结构的逻辑性，体会鉴赏其情感表达多样性的手法。

2.由浅入深，由整体感知到重点感悟，再到疑点探究和美点赏析；在此过程中感悟、品味、涵咏，加深理解，最终学以致用。

3.感悟作者思想感情的深刻与伟大，思考"梦想"的丰厚内涵与意义，促使自己人生"梦想"境界的提升。

教学重点：

1.把握重点，体味演讲的逻辑性，品味语言。

2.深入探究作者梦想的深刻内涵与作者的伟大。

教学难点：

1.作者"梦想"内涵的理解。

2.文本的深度解读。

教学方法：

诵读，感悟，品味，探究。

教学设想：

1.布置预习。（预习题见附录）

2.拟用多媒体辅助教学。

3.安排一教时。

教学流程：

一、创设情境，导入新课

1.马丁·路德·金的《我有一个梦想》演讲视频剪辑。

2.作者简介。（略）

3.学生自主通读课文。

4.字词音义点拨。（见教材）

二、初通文意，整体感知

1.提问："我有一个梦想"，"梦想"主要是什么？

（诵读，筛选；思考，概括）

点拨：抓关键词——自由、民主、平等。

2.提问：作者为什么会有这个"梦想"？

（探究，感悟，交流）

分析思路：黑人的历史与当时的状况；黑人没有得到自由：种族隔离，种族镣铐。（政治、经济）

3.提问：怎样才能实现"梦想"？

（探究，感悟）

点拨：信念，坚持，方法。

三、探究思想，感悟重点

提问："我有一个梦想"，有梦想的"我"是谁？

（探究，感悟，交流）

点拨：课文注释①中有这样一句话："从1986年起，美国政府将每年一月的第三个星期一定为马丁·路德·金全国纪念日"。请问，美国政府为什么要为一个黑人设"全国纪念日"？

小结：有"梦想"的"我"不仅指作者自己，也应该指"黑人"这个种族（群体），推而广之，"我"甚至指美国整个"国家"。我—黑人—国家，三者之间有着紧密的逻辑关系：追求"自由、民主、平等"的梦想，这不仅是马丁·路德·金一个人的梦想，同时也是广大黑人的梦想，是整个美国人的梦想，是美国的国家追求！

四、品读语句，感悟美点

1.这是一篇演讲稿，文中有许多精彩的语段，你最喜欢其中的哪些片段？说说理由。

点拨：请从修辞手法、词语运用、情感抒发等角度分析表达效果。

2.教师示例。（略）

3.学生自主品味。（举例，赏析）

（参考课后练习三）

4.提问：通过以上鉴赏，我们对本文语言特色有哪些认识？

（赏析，感悟）

小结：本文语言特色：观点鲜明深刻，感情真挚充沛，表达生动形象——富有强烈的感召力。

五、知人论世，拓展探究

1.如何评价马丁·路德·金殉"梦"的意义？

（讨论，感悟，交流）

教师点拨：倒下，是他生命的终点，但不是他梦想的终点！这不是黑夜，而是光明！这不是结束，而是开始！这不是虚无，而是永恒！

2.从马丁·路德·金一生追梦的历程中，我们得到哪些启示？

（讨论，感悟，交流）

心灵对话：我们缺少的不是梦想，而是坚持的信念和有效的方法；我们缺少的不是梦想，而是梦想的广度和精神的高度。

3.迁移阅读：《回旋舞》

回旋舞

【法】保尔·福尔

假如全世界的少女都肯携起手来，

她们可以在大海周围跳一个回旋舞。

假如全世界的男孩都肯做水手，

他们可以用他们的船在水上造成一座美丽的桥。

那时人们便可以绕着全世界跳一个回旋舞，

假如全世界的男女孩都肯携起手来。

心灵对话："自由、民主、平等"是马丁·路德·金的梦想，也是全人类的梦想。让我们携起手来，共同舞蹈，构建人类和谐的家园！

六、作业

学以致用小练笔：

题目：和梦想一起飞

要求：（1）有真情实感；（2）借鉴本文的艺术手法。

附录：课前预习

预习《我有一个梦想》，完成以下任务：

其一，速读课文，思考下列问题，并在文中勾画相应文句或文段。

1. "我有一个梦想"，"梦想"具体指的是什么？作者为什么会有这样一个梦想？他认为应该怎样去实现这个梦想？

2. 这篇演讲辞有哪些特点？

其二，上网查阅有关资料，了解一下美国黑人的历史和现状，了解马丁·路德·金，然后探究：美国政府为什么要为马丁·路德·金设定"全国纪念日"？（点拨：联系马丁·路德·金"以精神力量对付物质力量"的崇高思想境界和他的博大的胸怀进行思考）

其三，这是一篇演讲稿，文中有许多精彩的语段，你最喜欢其中的哪些片段？为什么？请找出来，反复诵读并感悟其思想情感。

《狱中杂记》教学设计

桐城中学　吴世敏

教学目标：

　　1.掌握重点文言字词的意义和用法。

　　2.认清作者所揭露的监狱黑暗现实。

　　3.从本文初步领略桐城派的散文写作艺术。

　　4.感受方苞关怀民生、忧心吏治的政治情怀。

教学重难点：

　　感受方苞关怀民生、忧心吏治的政治情怀。

教学方法：

　　诵读法，讲授法，讨论法。

教学时间：

　　一课时。

教学过程：

一、导入新课

　　贞观元年，太宗谓侍臣曰："死者不可再生，用法务在宽简。……今法司核理一狱，必求深刻，欲成其考课。今作何法，得使平允？"谏议大夫王珪进曰："但选公直良善人，断狱允当者，增秩赐金，即奸伪自息。"

　　　　　　　　　　　　　　　　　　　　——《贞观政要·论刑法》

　　可见选用良吏、宽简用法是建立清明政治的重要举措，那么康乾盛世光环下的社会又如何呢？让我们走进方苞的《狱中杂记》一窥端倪。

二、解读文本

1.相互释疑。

通过学生相互提问、解答的方式，扫清文字障碍。

（预设）

字音：

遘者虽戚属（gòu）　奇羡（jī）　或随有瘳（chōu）　惟大辟无可要（pì）

字义：

余在刑部狱（监狱）　狱具矣（案件）　牖其前以通明(开窗)

质明启钥（打开）　俾困苦不可忍（使）　终秋审入矜疑（值得怜悯、怀疑）

2.梳理内容。

提问：题目叫"狱中杂记"，那么方苞在本文中为我们讲述了刑部监狱哪些事情？

学生：犯人染疫而死者众多；犯人人满为患；狱吏迫使犯人为改善处境倾家荡产；行刑者、主缚者、主梏扑者为索要钱财伤残囚犯身体；部中老胥移花接木；杀人犯郭四逍遥法外；山阴李氏不愿出狱……

3.解读内容。

提问：结合上述内容，研读相关文句，想一想狱中官吏是怎样胡作非为的？

明确：

安置有别。（"而十四司正副郎好事者及书吏、狱官、禁卒，皆利系者之多，少有连，必多方钩致。苟入狱，不问罪之有无，必械手足，置老监，俾困苦不可忍，然后导以取保，出居于外，量其家之所有以为剂，而官与吏部分焉。中家以上，皆竭资取保；其次，求脱械居监外板屋，费亦数十金；惟极贫无依，则械系不稍宽，为标准以警其余"）

施刑有别。（"其极刑，曰：'顺我，即先刺心；否则，四肢解尽，心犹不死。'其绞缢，曰：'顺我，始缢即气绝；否则，三缢加别械，然后得死。'惟大辟无可要，然犹质其首。""主缚者亦然，不如所欲，缚时即先折筋骨……其伤于缚者，即幸留，病数月乃瘳，或竟成痼疾。""主梏扑者亦然。余同逮以木讯者三人：一人予三十金，骨微伤，病间月；一人倍之，伤肤，兼旬愈；一人六倍，即夕行步如平常"）

篡改文书。（"部中老胥，家藏伪章，文书下行直省，多潜易之，增减要语，奉行者莫辨也。""复请之，吾辈无生理，而主谳者亦各罢去。彼不能以二人之命易其官，则吾辈终无死道也"）

因以巧法。（"奸民久于狱，与胥卒表里，颇有奇羡"）

教师小结：

方苞以自己所见、所闻、所证的事件，以严肃、质朴的语言描写了刑部监狱的种种黑暗，揭露了狱吏的贪赃枉法、滥施酷刑的罪恶和无辜者含冤蒙屈、痛苦无告的不幸，并揭示了盛世之下所隐含的社会危机。

三、合作探究

教师：对于刑部监狱的种种黑暗，方苞流露出怎样的情感和态度？

"余伏见圣上好生之德，同于往圣，每质狱辞，必于死中求其生。而无辜者乃至此。"

"倘仁人君子为上昌言，除死刑及发塞外重犯，其轻系及牵连未结正者，别置一所以羁之，手足毋械。所全活可数计哉？"

明确：在方苞看来，为官为吏者应当珍视和尊重他人生命，"好生"是历代圣王建立清明政治的重要方面。有罪者的生命权尚且受到重视，统治者更不能让无辜者受到"非罪"的惩治。

教师：你还能从文中哪些语句中读出方苞类似的情感态度？

明确："或叩之曰：'罪人有无不均，既各有得，何必更以多寡为差？'曰：'无差，谁为多与者！'孟子曰：'术不可不慎。'信夫！"

"胥某一夕暴卒，人皆以为冥谪云。"

"噫，渫恶吏忍于鬻狱，无责也；而道之不明，良吏亦多以脱人于死为功，而不求其情。其枉民也，亦甚矣哉！"

……

在方苞看来，官吏在行政行为中不能败德毁行，要抱持仁善之心，不可有伪善之心。上天亦有好生之德，否则必遭天谴。

教师小结：这些语句字里行间流露出方苞鲜明的仁政思想，是对孔孟"仁政"理想的继承。孟子说"恻隐之心，人皆有之"，善是人类所独有的一种本性，也是区别人和动物的一个根本标志。孔子的"仁"更是一种含义极广的伦理道德观念，其最基本的精神就是"爱人"，把它扩充到思想、政治、经济、文化等各个方面，就是"仁政"。"仁政"的基本精神也是对人民有深切的同情和爱心。

方苞在大胆揭露、辛辣批评的同时，也展现出一个儒家士大夫关怀民生、忧心吏治的政治情怀。

四、拓展延伸

余于宣统初元屡见之宣南，大骂桐城派，又语余曰："桐城文，寡妇之文也。寡妇目不敢斜视，耳不敢乱听，规行矩步，动辄恐人议其后。君等少年，宜从《左》《策》讨消息，千万勿再走此路也。"

——章士钊《论近代诗家绝句·陈剑潭》

教师：新文化运动时期，纵横清代文坛两百余年的桐城派成为新派文人口诛笔伐的对象，被视为维护封建道统的工具，桐城派文人表现出一副封建文人奴颜婢膝的嘴脸。读过本文，你对这种观点有何看法？

学生：……

教师作为平等的参与者，表达自己的看法。

方苞提出"义法说"，即"言有物"，"言有序"。这里所说的"物"，既是从创作的自身规律出发的"穷理尽事"，又是以统治阶级的政治需要和儒家的道德原则加以约束的"本经书而依事物之理"。他主张的"言有物"不只是维护封建统治的需要，更是几千年儒家仁义思想的继承和弘扬。我们站在现代文明的角度来重读这些文章，依然能沐浴到它思想文明的光辉。评价桐城派，既要正视它的历史局限性，也应尊重它对人类文明的贡献。

五、课外作业

一个国家的政治生态不清明，一些随波逐流的人见利便会同流合污，或对歪风邪气趋之若鹜，出现"劣币逐良币"的逆向淘汰。

你对消除"劣币逐良币"这种现象有何想法和建议？写一篇800字左右的文章。

注：劣币驱逐良币原指当一个国家同时流通两种实际价值不同而法定比价不变的货币时，实际价值高的货币（良币）必然要被熔化、收藏或输出而退出流通领域，而实际价值低的货币（劣币）反而充斥市场。

附：板书设计

狱中杂记

方　苞

安置有别　　言　　　善
施刑有别　←—　有　—→
篡改文书　　物　　　仁
因以巧法

《宝玉挨打》教学设计

桐城二中　朱新敏

学习要求：

1.根据要求迅速筛选、提取信息，把握文章所揭示的矛盾冲突。

2.学习鉴赏人物性格特征的方法。

3.语言训练：通过拟写对联，概括人物心态，体味课文表达的精妙之处。

教学方法：

在充分预习的基础上，运用讨论、探究法学会文学鉴赏；尝试将素质教育与应试教育结合起来。

教学用时：

一课时。

教学步骤：

一、创设情境导入（略）

二、大屏幕投示学习要求（略）

三、整体感知

359

1.检查预习。

（1）下列加点词语读音全都相同的一项是：（C）

A.执拗、违拗／动弹不得、弹压　　B.数落、数见不鲜／遭殃横死、横财

C.相与甚厚、与其／猜度、忖度　　D.勒死、勒索／恣心纵欲、血渍

（2）下列词语没有别字的一组是：（B）

A.五内摧伤　身亡命陨　擅造谭府　疏懒

B.慷慨挥洒　谨慎老诚　有心调唆　挑唆

C.弑君杀父　冠带家私　克夺之权　孽障

D.号啕大哭　暴轸轻生　堂皇正大　栉沐

2.根据课文说说第三十三回回目的意思。

手足眈眈小动唇舌，不肖种种大承笞挞

（1）宝玉做了哪些"种种""不肖"之事，招致他挨打的根本原因是什么？

① （在外）游荡优伶、表赠私物——祸及于我

② 在家荒疏学业——厌恶仕途经济

③ 淫辱母婢 ——贾环进谗

根本原因:背离封建礼教，鄙弃仕途经济。

（2）下列对课文的分析，不完全准确的一项是：（C）

A.贾母、王夫人、宝钗、黛玉都认为宝玉不该管教。

B.宝玉尽管挨了一顿毒打，仍然不改初衷。

C.宝玉挨打以贾政失败而告终，为宝玉个性张扬赢得了更大的空间。

D.《宝玉挨打》既表现了封建正统观念与叛逆者的冲突，也表现了家族内嫡庶之间的矛盾冲突。

四、人物形象："宝玉挨打"前后显示了众多人物性格特征，试分析

1.贾政：迂腐、方正、正统、庸碌、可怜。

（1）为人父：

面色多变、狠下毒手、多次流泪——光宗耀祖、恨铁不成钢

（2）为人夫：

冷笑、泪如雨下、泪珠更似滚瓜一般——夫妻之情的真切流露

（3）为人子：

躬身赔笑、跪下含泪、叩头哭道、苦苦叩求认罪——孝道的尴尬、无奈

2.宝玉：性情温顺、体贴少女、矢志不移、思想叛逆。

挨打前：

对见雨村：磨磨蹭蹭、葳葳蕤蕤——厌恶仕途经济、讨厌禄蠹

对金钏自尽：五内摧伤、恨不得此时也身亡命殒——善良、纯洁、富于同情心

挨打时：挨打时全不号哭求告——倔强任性

挨打后：心中大畅、就便为这些人死了也是情愿的——痴情不改

3.根据课文和提供的上联对出下联，以概括宝玉挨打后众人情感态度。（李纨、凤姐、宝钗、黛玉、袭人等任选其一）

上联：宝玉挨打，尽显众人心态

下联：薛钗送药，初露心底柔情

潇湘探视，足证知己衷肠

钗黛探望，各现心曲隐情

李纨睹景，未免触目伤情

贾环进谗，此时幸灾乐祸

袭人无奈，满腹委屈悲伤

凤姐干练，仍是精明本色

小结：怎样分析人物性格特征（鉴赏人物形象）？

（1）通过人物的语言、行动、心理活动分析。

（2）联系其身份、地位及所处环境分析。

（3）通过人物与他人的关系、扮演的不同角色分析。

五、美点赏析

品味下列句子，评点其表现了人物怎样的心态，取得了怎样的表达效果。

1.只见宝钗手里托着一丸药走进来……就好了。

——郑重端庄、冠冕堂皇

2.刚说了半句又忙咽住，自悔说的话急了，不觉就红了脸，……低下头只管弄衣带，那一种娇羞怯怯，非可以形容得出者……

——柔情初露、深情款款；形神兼备、欲说还休

3.恍恍惚惚听得有人悲泣之声……却是林黛玉……只见两个眼睛肿的桃儿一般，满面泪光

——哭泣时间之长，伤心之重

4.此时林黛玉虽不是号啕大哭，然越是这等无声之泣，气噎喉堵，更觉得厉害。听了宝玉这番话，心中虽然有万句言词，只是不能说得，半日，方抽抽噎噎的说道："你可都改了罢！"

——沉痛、体贴、惊恐、无奈；意味深长，刻骨铭心

启示：选取最富内涵的神态、细节，用简练传神的笔墨活现

六、学法小结：

小说鉴赏的一般方法：

1.理清思路，整体把握情节结构，领悟作者思想感情。

2.借助外貌、语言、行动、心理描写，分析人物性格特征，鉴赏人物形象。

3.品味语言，感受作者的艺术匠心，获得艺术享受。

4.读出自己；大胆质疑，有所发现。

七、探究性作业

1.《宝玉挨打》是《红楼梦》的重头戏，有人称之为《红楼梦》的全息缩影，它采用了"牵一发而动全身"的叙事方法。请参阅相关部分自选角度，写一篇文章，谈谈你对本文叙事特点的理解。

2.红学家周汝昌先生说，宝玉是中华文化史上的"人英"，他"先人后己——有人无己"。对此，你怎么看？请结合《红楼梦》全书，作一点研究，写一篇文章，谈谈自己看法。

3.按照当今的观点，你认为宝玉那种种"不肖"行为该不该打？请结合课文和自己同龄人的实际，写一篇文章谈谈自己的感受。要求言之有理，言之有据。不少于800字。

《鲁提辖拳打镇关西》教学设计

桐城市实验中学　方捍东

教学目标：

1.领会课文通过言行表现性格的写法。

2.品味小说精彩的描写片段。

3.引导学生体味和弘扬中华民族扶困济危、见义勇为、乐于助人等优良传统和道德品质，增强学生的社会责任感。

教学重难点：

1.了解小说中描写人物的写法，学会鉴赏小说。

2.品味小说精彩语言。

教学方法：

1.以小说三要素为线索来感知课文，达到长文短教，逐步引导学生把书读薄。

2.运用多媒体增强直观性，扩大课堂容量，激发学生阅读名著的兴趣。

3.以研讨的方式引导学生学会阅读小说，了解描写人物的方法。

课时安排：

二课时。

教学工具：

多媒体课件。

教学流程：

第一课时

教学要点：

感知课文内容，了解人物性格。

教学步骤：

一、导入新课

运用多媒体播放《好汉歌》，引导学生体会歌中所表达的思想感情和豪迈风格。

二、简介作家

1.温习"名著引读"。

2.作者介绍。

3.介绍课文以前的内容。

三、整体感知

1.读字音，检查课前预习情况。

2.说梗概，初步感知课文内容。

课前布置阅读，写梗概，课上交流，学生评议。

3.梳情节，感知课文主要内容。

（1）了解小说的三要素。

（2）这篇小说随着时间的推进、地点的转换，故事情节不断发展变化。小说的情节可分为开端、发展、高潮和结局，在这篇文章中是怎样体现的？

提示：（课文较长，学生一时难以把握，教师可降低难度，适当引导学生弄清文章结构）在这篇文章中依次表现为：问、救、打、走。

①请依次找出各部分发生的地点：潘家酒楼上—鲁家客店里—郑屠肉铺前—南门。

②依次给课文分段。

③扩展"问、救、打、走"四字，概括四个部分的意思。

四、赏析形象

1.鲁达有哪些性格特征？

提示：鲁达性格特征可用"义""粗""细"来概况。"义"是鲁达的灵魂，他的一切行动无不出于一个"义"字。"粗"和"细"的统一，是鲁达的性格特色。

2.说一说他的"义"。

（1）请学生想几个有"义"字的四字短语，供宋江选择。

（2）想一想这些词语用在鲁达身上是否合适？为什么？哪些地方表现了鲁达的这些性格特征。

3.找一找他的"粗"。

4.谈一谈他的"细"。

总结写作手法：课文通过描写人物的语言、行动表现人物性格特征。

五、感知中心

1.尝试给课文换一个题目，同样能反映课文的中心。（建议：鲁提辖救助金家父女）

2.课文的题目和我们换的题目恰好能用一个成语概括，想一想是什么成语？（除暴安良）

3.请根据课文内容概括当时的社会环境。

当时社会黑暗，恶人横行，好人遭殃，被压迫人民把除暴安良、伸张正义的希望寄托在鲁达式的英雄人物身上。

4.了解人物以后的命运遭遇。

六、拓展迁移

今天，当你看到不平事的时候，能否像鲁达那样惩处恶人呢？我们应该怎样做？

第二课时

教学要点：

探讨本文中的"三"，品味精彩片段。

教学步骤：

一、合作探究

本文有哪些"三"呢？（小组讨论，选代表回答）

明确：1.救助三部曲；2.送人三部曲；3.三激郑屠（三次侧面烘托）；4.三打郑屠。

二、重点分析

1.分析三激郑屠。

分组朗读课文，体会正、侧面描写。

（1）分析"三激郑屠"。（从鲁提辖的要求、郑屠的反应来分析）

第一次消遣：

      鲁达的要求：＿＿＿＿＿＿＿＿＿＿＿＿＿＿＿＿

      郑屠的反应：＿＿＿＿＿＿＿＿＿＿＿＿＿＿＿＿

第二次消遣：

      鲁达的要求：＿＿＿＿＿＿＿＿＿＿＿＿＿＿＿＿

      郑屠的反应：＿＿＿＿＿＿＿＿＿＿＿＿＿＿＿＿

第三次消遣：

      鲁达的要求：＿＿＿＿＿＿＿＿＿＿＿＿＿＿＿＿

      郑屠的反应：＿＿＿＿＿＿＿＿＿＿＿＿＿＿＿＿

（2）分析店小二的三次反应。

2.赏析三打郑屠。

指名朗读，齐读。

分析"三拳痛打郑屠"。（从打前骂、打的位置、打的结果、描写角度、比喻的修辞几方面来分析）

三、学生提问，合作探究

四、拓展迁移

通过语言和动作描写来刻画生活中的一个人物，表现出他（她）的性格特征。

五、课外阅读《水浒传》，准备开展一次讲水浒英雄的故事会

《孔乙己》教学设计

桐城市实验中学　方捍东

教材分析：

　　《孔乙己》是鲁迅继《狂人日记》之后写的第二篇白话小说，篇幅不长，却深刻地反映了孔乙己一生的悲剧和整个世态，是一篇讨伐封建制度的战斗檄文。教读本课，教师要推陈出新，激活学生思维，创造性解读和使用文本。

教学目标：

　　1.理解人物形象，了解当时社会。

　　2.体会描写方法，学习刻画人物。

　　3.吸取人生教训，帮助健康成长。

教学重点：

　　理解孔乙己这一人物形象。

教学难点：

　　领会小说的思想意义。

教学方法：

　　1.以"孔乙己之最"贯穿全文教学，力求做到新颖、活泼，激发学生的学习热情。

　　2.始终把小说视为一个整体，抓住主要问题勾连相关内容，以解读人物为主要途径。

　　3.鼓励学生质疑、探究，构建师生与文本对话的平台。

教学工具：

多媒体。

课时安排：

二课时。

教学过程：

第一课时

导入新课：

1.介绍中外名人对在《孔乙己》的评价，激发学生的阅读兴趣。

2.介绍《孔乙己》的创作背景以及鲁迅创作小说的原因。

整体感知：

1.检查预习情况，认读生字词。

2.研讨"孔乙己之最"（一）

（1）孔乙己最大的爱好是什么？

（2）孔乙己最爱穿的服装是什么？

（3）孔乙己最个性化的语言是什么？

引导学生看书，思考从哪些地方看出来的，了解课文。同时追问一些问题，引领学生初步感知孔乙己的性格特点，认识鲁迅通过"画眼睛"的方法刻画人物形象的特点。

3.思考孔乙己为什么不肯脱下那件又脏又破的长衫和说话总是满口之乎者也，他到底在可怜地坚守什么？

4.这篇小说写了孔乙己来酒店喝酒的几个生活片段？请各用一句话概括。

（分为三部曲：学生先用一句话概括，教师再用对联形式归纳，最后师生一起进一步提炼成五幅图画）

合作探究：

1.研讨"孔乙己之最"（二）

孔乙己最经常的遭遇是什么？

孔乙己最痛苦的心事是什么？

孔乙己最悲惨的遭遇是什么？

孔乙己最可恨的地方是什么？

孔乙己最可爱的地方是什么？

孔乙己最可笑的地方是什么？

孔乙己最狼狈的时候是什么？

（以抢答的形式完成，教师适时追问）

2.孔乙己是怎样的一个人？（学生回答，教师出示参考答案）

孔乙己是一个科场失意的读书人，他好喝懒做，迂腐麻木，孤芳自赏，自欺欺人，而又不乏善良诚实，深受封建教育的毒害却至死不悟，是封建科举制度的牺牲品。

拓展延伸：

孔乙己的悲剧，是社会悲剧，还是性格悲剧？

学生可以仁者见仁智者见智，要求依据对文本的内容作出分析，说明理由。

第二课时

品味语言：

赏析精彩语段，在课文空白处旁批。

要求学生能在发言中体会出外貌描写、语言描写、动作描写等刻画人物的方法。

1.四人一组，先在组内交流。

2.每组推荐代表在班上交流。

探讨疑点：

你能提出几个有价值的问题吗？你在阅读中还存在着哪些疑惑吗？

（教师集中学生问题，然后交学生讨论，选择其中的问题回答。教师从旁点拨，引导学生旁批）

探究学习：

1.孔乙己的手。

2.孔乙己与丁举人。

3.孔乙己与短衣帮。

4.孔乙己与范进。

5.《孔乙己》是悲剧还是喜剧？

6.我们身上有孔乙己的影子吗？

学生选择其中一个问题，写成小论文，然后在班上交流、展示。

总结全文：

小说的主题思想是什么？

通过对孔乙己的几个悲惨生活片段的描述，成功地塑造了封建末世备受科举制度摧残的下层知识分子的形象，控诉了封建制度的罪恶，揭示了国民心灵冷漠、思想麻木的状况。

附:《孔乙己》教学反思

《孔乙己》是经典篇目，过去按照常规套路，从社会环境和情节入手，课堂教学拖沓，课文被分割成一块块，学生缺乏整体感悟。能不能有更好的途径呢？能不能创造性地解读文本呢？在第一课时以"孔乙己之最"贯穿全文教学，始终把小说视为一个整体，抓住主要问题勾连相关内容，以解读人物为主要途径。力求做到新颖、活泼，激发学生的学习热情。课堂上学生发言积极，思维被一次次激活，学习兴趣被很好地调动起来。在轻松的学习氛围中，引导学生了解孔乙己的性格特点，并由此认识当时的社会环境，了解那个病态的社会中人们的冷漠麻木，同时也认识到孔乙己的悲剧也有其性格原因，从孔乙己这一反面教材中吸取人生的教训，学生认为要"戒懒惰、戒软弱、戒虚荣"等，才能健康成长。在第二课时，让学生品味语言，了解小说通过语言描写、外貌描写、动作描写刻画人物形象；探讨课文疑点，学生提出了许多有价值的问题，如"介绍咸亨酒店的格局和两种人物的喝酒方式有什么作用""为什么写打断孔乙己的腿是丁举人，而不用其他的称呼""为什么课文中反复出现'孔乙己还欠十九个钱'"等问题，通过对问题的讨论，学生加深了对文本的理解。最后又引导学生通过写小论文的形式，进一步理解课文。

新课标指出，教师"应该根据不同的教学内容采取合适的教学策略，促进学生语文素养的整体提高"。教师要敢于打破常规，追求创新设计，这是使课堂始终充满新鲜活力的必要保证。"请君莫奏前朝曲，听唱新翻杨柳枝。"教师要能深入钻研文本，用心灵去感知文本，根据不同课文的特点，寻找到适合自己个性特点的教学设计，这样在教学中我们才能从容大方，挥洒自如。一篇有一篇的教法，一课有一课的创造，就可以汇成一条奔涌激荡的河流，清风作歌吟，明月来入画，一路风景一路歌，这是多么美好的境界啊！

当然，在教学时也存在着一些不足，如学生读课文显得不够，可以进行适当调整，引导学生欣赏精彩片段，让学生在朗读中认识文章刻画人物之妙。

《荷花淀》教学设计

桐城二中　朱仲莉

教学目标：

1. 学习运用生动传神的对话描写表现人物性格的写法。
2. 分析小说的景物描写，体会它在刻画人物，表达主题上的作用。

教学方法和设想：

1. 用多媒体教学手段创设情境。
2. 通过改编课本剧感悟文章对话描写的精妙之处。

教学步骤：

一、导语

一提到战争，你们会联想到什么？请在黑板上写几个关于战争的词语。（学生上台写）

如：枪林弹雨、血雨腥风、硝烟弥漫、断壁残垣

是的，战争是残酷的，或者是贾谊笔下"伏尸百万，流血漂橹"的触目惊心，或者是曹操笔下经过战争洗劫后"白骨露于野，千里无鸡鸣"的荒凉，也或许是杜甫笔下的"新鬼烦冤旧鬼哭，天阴雨湿声啾啾"的阴森恐怖。

然而，在有一位作家的笔下，战争并没有夺去自然景物的诗情画意，人们看到的依然是明月、清风、银白的湖水、碧绿的稻田、粉色的荷花，更看到在战争环境中成长起来一群女性的精神风貌和美好情操。

今天，我们一起来学习《荷花淀》，感受这一群不平凡的女性固有的勤劳纯

朴、真挚善良以及那个特殊的年代赋予她们的机智和勇敢。（投影课本插图）

二、 简介作者及其作品的风格 （投影）

三、 整体感知

1.速读课文2—3分钟，给课文三个部分各拟一个小标题，拟题的角度应该一致，并能概括基本内容。

如:夫妻话别、探夫遇敌、助夫杀敌；送夫、探夫、助夫

2.用简洁的语言概括各部分内容。（投影）

第一部分——夫妻话别：交代背景，水生嫂夜晚编席等候水生回来；水生夫妻话别；水生嫂和众乡亲送水生参军。

第二部分——探夫遇敌：水生嫂和几个青年妇女去马庄探望丈夫；探夫未遇，回家的路上的心情；遇敌后巧妙摆脱追击。

第三部分——助夫杀敌：女人们巧遇丈夫并同游击队歼敌的情况；女人们经受战斗锻炼后的感受及打算；女人们成立队伍，参加战斗。

四、 美点感悟

孙犁小说的风格是"淡雅疏朗的诗情画意和朴素清新的泥土气息相融合"，这篇小说充分显示了他创作的艺术特色。

小说中哪些描写给你印象非常深刻？是属于什么描写？请找出你喜欢的段落，朗读并说说你喜欢的理由。

例一:

"月亮升起来，院子里凉爽得很，干净得很。白天破好的苇眉子湿润润的，正好编席。女人坐在小院当中，手指上缠绞着柔滑修长的苇眉子。苇眉子又薄又细，在她怀里跳跃着。"

"这女人编着席。不久在她的身下就编成了一大片。她像坐在一片洁白的雪地上，也像坐在一片洁白的云彩上。她有时望望淀里，淀里也是一片银白的世界。水面笼起一层薄薄透明的雾，风吹过来，带着新鲜的荷叶荷花香。"

371

这两段小院子及白洋淀夜景的描写，渲染了一种清新宁静的氛围，烘托了水生嫂的勤劳纯朴、温驯善良的形象，也暗示下文水生嫂等一群女性的成长，因为如此美好的家乡，容不得敌人来践踏。

例二:

"那一望无边的挤得密密层层的大荷叶迎着阳光舒展开，就像铜墙铁壁一样。粉色的荷花箭高高地挺出来，是监视白洋淀的哨兵吧。"

将这一段景物描写与朱自清《荷塘月色》中月下荷塘一段相比较：

"曲曲折折的荷塘上面，弥望的是田田的叶子，叶子出水很高，像亭亭的舞女的裙。层层的叶子中间，零星地点缀着些白花，有袅娜地开着的，有羞涩地打着朵儿的，正如一粒粒的明珠，又如碧天里的星星，又如刚出浴的美人。"

朱自清要表现一种淡淡的喜悦和淡淡的忧伤，所以他着意渲染一种朦胧恬静的氛围。

孙犁则运用比喻、拟人等修辞手法，暗示一场激烈的战斗将在这里展开，白洋淀的女人们将成为保卫白洋淀的战士。特别要注意"铜墙铁壁、哨兵"等词语。

例三：

几个女人聚在水生家商量探夫的对话描写，注意读出个性，并根每人仅有的一句台词分析各自不同的性格特点。

女人甲："我不拖尾巴，可是忘下了一件衣裳。"（含蓄、聪明、伶俐）

女人乙："我有句要紧的话，得和他说说。"（直爽开朗）

水生嫂："听他说，敌人要在同口安据点。"（心细、考虑问题周到、善于思考）

女人丙："哪里就碰得那么巧，我们快去快回来。"（快言快语，急切真挚）

女人丁："我本来不想去，可是俺婆婆非要我再去看看他，有什么看头啊！"（羞涩忸怩、十分可爱的新媳妇形象）

例四：

女人的手指震动了一下，想是叫苇眉子划破了手，她把一个手指放在嘴里吮了一下。

这一段细节的描写写出了人物的内心活动。手指的震动其实是内心受到触动，把手指放在嘴里吮吸是掩饰内心活动的动作。

教师小结语言特色：（投影）

1.简洁朴素的对话描写表现人物不同的性格特点。

2.如诗如画的景物描写展现人物对家乡对生活的热爱。

3.生动传神的细节描写展示人物丰富的内心世界。

五、拓展迁移

以课本剧表演的方式演绎一段战争年代的送别场面。（投影角色分配）

六、研究性练习（投影）

1.有人说，文章开头部分及结尾可以删去，作者无须花这样多的笔墨，你认为呢？试从文章的主题和艺术特色两方面进行分析。

2."与日寇殊死搏斗了八年的水生，随部队经过平原时，请假回家，他在门口遇见了水生嫂，亲热地喊了一声：你！"请想象他们见面的情形，接着写下去。

3.搜集有关描写荷叶荷花的诗文。

附：课本剧

第一幕 送别

人物：女人甲、乙、丙，水生嫂，水生，小华，水生爹，全村男女老少

时间：月亮升起来后

地点：场院里

【幕启 画外音】月亮升起来了，院子里凉爽得很，干净得很，白天破好的苇眉子，湿润润的，正好编席，女人们坐在小院当中，手指上缠绕着柔滑修长的苇眉子，苇眉子又薄又细，在她们怀里跳跃着。要问白洋淀有多少苇地，不知道；每年出多少苇子，也不知道，只晓得每年芦花飘飞苇叶黄的时候，全院的芦苇收割，垛起垛来，在白洋淀周围的广场上，就成了一条苇子的长城。女人们在场里院里编着席，编成了多少席？六月里，淀水涨满，有无数的船只运输银白雪亮的席子出口，不久，各地的城市村庄就全有了花纹又密又精致的席子用了。（女人们相互欣赏着对方的手艺，唧唧喳喳说个不停，女人丙不停地朝门口走去，一遍又一遍地望着通往前村的路）

女人丙：（小声嘟囔）真急人！

女人甲：（望着圆月）今晚的月色真美啊！

女人乙：是啊，真美！可我总觉得缺了点儿什么，心里空荡荡的。

女人丙：嫂子，你说他们啥时候回来？

女人甲：是啊，他们什么时候回来？

女人乙：去了都快一天了。

水生嫂：妹妹们，放心吧，他们很快就会回来的。天已经很晚了，你们都回去吧，在家弄上点饭菜，慢慢等着他们吧！

女人甲：他们也真是的。

女人乙：捎个信也是强的吧！

女人丙：可他们……唉！

女人甲：唉……

女人乙：唉……

女人甲、乙、丙：唉……

水生嫂：回去吧，妹妹们，要体谅他们的难处，多替他们着想。

女人甲、乙、丙：嗯，知道了，我们走了，嫂子！

（女人甲、乙、丙带着各自的东西下）

（画外音）女人继续编着苇席。不久，在她的身子下面就编成了一大片。她像坐在一片洁白的雪地上，也像坐在一片洁白的云彩上，有时她望望淀里，淀里也是一片银白世界，水面笼起层层薄薄的雾。风吹过来，带着新鲜的荷叶荷花香。但是大门还没有关，丈夫还没有回来，她焦急地望着一直通向前村的大路。很晚丈夫才回来，这年轻人不过二十五六岁，头戴一顶大草帽，身穿一件洁白的小褂，黑单裤卷过了膝盖，光着脚，他叫水生，是小苇庄的游击队长，党的负责人。今天领着游击组到区上开会回来。

水生嫂：（埋怨着站起来）今天怎么回来得这么晚？饭菜都凉了，我去给你热热。

水生：（拉住她）我吃过了，你不要去了，坐着吧。（随即点燃一支烟）

水生嫂：（望着丈夫红涨的脸）他们几个呢？

水生：还在区上。你怎么还在编席子？

水生嫂：你不在家，我心里老觉得不安，想睡又睡不着，所以只有编席子等你回来啰！

水生：别这样，我又不是小孩子，不用太为我担心，以后早点睡。对了，爹呢？

水生嫂：睡了。

水生：儿子呢？

水生嫂：小华和他爷爷去收了半天虾篓，早就睡了，他们几个为什么还不回来？

水生：（苦笑了一下）他们……

水生嫂：怎么了，你？

水生：（小声说）明天我就到大部队上去了。

女人手指震动了一下，想是叫苇眉子划破了手。她把一个手指放在嘴里吮。

水生：今天县委召集我们开会，说假若敌人再在同口安上据点，那和端村就成了一条线，淀里的斗争形势可就变了。会上决定成立一个地区队，我第一个报了名。

水生嫂：（低着头）你总是很积极的。

水生：我是村里的游击组长，是干部，自然要站在头里。他们几个也报了名，他们不敢回来，怕家里人拖尾巴，公推我为代表，回来和家里人说说，他们全觉得你还开明些。（不停地咳嗽）

水生嫂：（走到水生身边，轻轻从水生手里拿掉了烟头）以后不要再抽了，这样很容易伤身体的。（转身倒了一杯水，递给他）你走，我不拦你，可家里怎么办？（稍大声）

水生：嘘——（指了指父亲的小屋）家里，自然有别人照顾。可是咱的庄子小，这一次参军的就有七个，庄上青年人少了，也不能全靠别人，家里人的事你就多做些，爹老了，小华还不顶事。

水生嫂：（鼻子有些酸）你明白家里的难处就好了！

水生：（走到她身后，双手搭在她肩上）千斤的担子你先担着吧，等打走了鬼子，我一定会让你过上好日子。你歇着吧，我到别处去说说，免得她们着急。

水生走了，水生嫂泪眼蒙蒙。

（水生来到女人甲家里，向她说情况）

女人甲：他个没良心的，害我等大半夜，看我怎么收拾他。水生哥，你先替我揍他一拳。

（又来到女人乙家里）

女人乙：他居然这样对我，真是好心得不到好报。我恨死他了，水生哥，帮我扇他一耳光。

（又来到女人丙家里）

女人丙：平儿看他胆儿小的，可这回，水生哥，如果他真的有个什么三长两短，叫我怎么活呀！他这个没心没肺的东西！

（水生一家一家的走着，等劝慰了女人们，已经是大半夜）

鸡叫的时候，水生回来了，女人由于疲劳加伤心过度不知不觉在席上睡着了，水生看着女人的模样，既心疼又心痛，于是脱下身上的外套，披在女人身上。这时候，女人醒了。

水生嫂：你回来了！（半醒半睡）

水生：嗯！

水生嫂：（取下身上的衣服）你快穿上吧，小心着凉。

水生：你披上吧，外面天冷，我没事！

水生嫂：（硬披）不要再争了，你快披上吧！（两眼红红的）你有什么话要说吗？

水生：没什么了，我走了，你要不断进步，识字……

水生嫂：嗯！

水生：什么也不要落在别人后面！

水生嫂：嗯，还有什么？

水生：不要叫敌人汉奸捉住了，捉住了要和他们拼命！

水生嫂：（流泪）嗯，我一定会全都照你说的去做！

第二天，女人给他打点好一个小小的包裹，里面包了一身新单衣，一条新毛巾，一双新鞋子。那几家也是这些东西，交水生带去。一家人送他出门，全村男女老少都来了。

水生爹：（一手拄拐杖，一手拉着小华）水生，你干的是光荣的事情（咳嗽），我不拦你，你放心走吧，大人孩子我给你照顾着，你什么也不要惦记！

水生：爹，家里的一切都拜托你了！（鞠躬）

小华：爹，爹，我也要跟你去打仗，去打日本鬼子！（拉着水生的衣角）

水生：（抚摸着小华的头）儿子乖，你还小，不能跟爹去打仗，等你长大了，爹给你买最好最好的枪，杀好多好多的敌人。你在家里要听妈妈的话，听爷爷的话，知道吗？

小华：嗯，爹，我知道了。

水生拍了拍小华的脑袋，转身又对大家笑笑，走了。（刚走几步）

水生嫂：（跑上前去拉着水生的手臂）水生，你一定要好好保护自己的身体，千万别抛下我们，我们都在家里等你回来！

水生：（松开女人的手）放心吧，我会的。

水生头也不回地走了，全村男女老少都回家了。

只有女人呆呆的，像根木头似的伫立在原地，她的心久久不能平静。

感悟随笔

感悟和谐

桐城中学学生　章肖萃　　指导教师　程　钧

阳春的一个星期日，午后的艳阳明媚而温暖，微风带着青草的芳香漫游于天地，某社区的一家庭院里，几位大人在惬意地品着新茶，几个小孩在一旁嬉戏，时不时传出一阵阵欢声笑语……

这是一幅多么动人、多么甜蜜、多么温馨的和谐画面，然而，创造它其实也很简单……

和谐需要心灵的呼应。

人们曾经认为父母与孩子之间必定有着代沟，他们所想的必不相同。可事实也常证明这是个很片面的观点。嘘寒问暖，这些事太过平常，但却是生活中最常见的。有些事，存在也太过自然，自然得让我们忽略了去问为什么。临行前，父母那句"走路、行车注意安全""一定要多多保重身体"……孩子很自然的"爸爸，您别太劳累""妈妈，再见"却能温暖父母的心，也让子女自信地踏上人生的征途……

广告中孩子稚嫩地说着"妈妈，我来为您洗脚"，让父母的心溢满了感动……这就是心灵的呼应，家庭和谐最朴素的篇章。

和谐需要互相谦让。

一首"千里家书只为墙，让他三尺又何妨。万里长城今犹在，不见当年秦始皇"不仅道出了文人的洒脱与一代名相的气度，更缔造了南方一座小城的"六尺巷"——这就是邻里和睦的不朽传奇。

如今"全球化""地球村"的进程离人们越来越近；在处理人际关系，化解矛盾，创造和谐社会的实践中，越来越需要人们具有谦让的品格。那么，我们是否也应寻着名相的步子，退一步海阔天空呢？

和谐需要互相理解与支持。

将相和，则家国兴，强敌不敢窥伺；上下和，则民昌国富。中国在崛起，为振兴中华民族，人与人之间、国与国之间是否更应互相理解与支持呢？是否更应该懂得和衷共济越来越显得重要呢？须知：舍己之小利，兴国之大举。追求并达到双赢是和谐的至高境界。

和谐需要互相关爱。

温言软语传递心的温暖，灿烂微笑飘洒和乐芬芳。

那一句句"您好"的热切问候，那一个个灿烂的微笑，那一声声"谢谢您"敬语，组成一曲古老而绵长的歌，给人无尽的温暖。

青年才俊徐本禹，放弃读研留城的机遇，毅然决然地奔赴贵州一个命叫狗吊岩的贫困山区小学任教，用一个知识青年的热情关爱托起了教育的一片蓝天……

青岛市的"微尘"，它由一个个的关爱善举，发展成为一个关爱组织。如今在青岛市，哪里有危难，哪里就有"微尘"的救助与关爱，爱心之花让青岛市沐浴在爱心的海洋里……

和谐是一首首诗，走进和谐，我们如同走进了诗的王国，那里诗意盎然，神韵悠长；

和谐是一幅幅画，走进和谐，我们如同步入七彩的世界，那里姹紫嫣红，芬芳宜人；

和谐是一支支歌，走进和谐，我们如同徜徉在歌的海洋，那里旋律曼妙，动人心房……

感悟和谐……

（本文发表于《桐城教研》2007年第3期）

380

幸福的真谛

桐城中学学生　章肖萃　　指导教师　程　钧

有一次读古龙的书看到这样的文字："真正的幸福是——得不到的或已失去的。"心里感触很深。有时候，想得到的幸福很难，有人等了一辈子也未能等到自己想要的幸福；可有的时候，想得到幸福又很简单，它就在你身边，你只需一伸手就可得到……

在很小的时候，拿一本童话，沐浴在阳光中慢慢品读：嫩黄的封面，大大的字，线条稚拙的图案，还有很软的纸。那里讲述着一个婴儿蓝：宝贝粉红，嫩嫩青青，是非分明，充满阳光的世界……沉醉其中，那是一种幸福。

再长大一点，便不再看童话，而成了电视迷。总梦想有一天自己也能出现在那四四方方的屏幕上，那是一种幸福。

再后来迷上了几米的漫画，幻想自己是《月亮忘记了》中的那个男孩。有一个属于自己的月亮，为自己微笑为自己发光。自己付出的爱，让月亮遗忘了陨落的孤独。可是，梦境如泡沫般脆弱，快乐才开始，悲伤就已经潜伏而来。月亮终究想起了这个世界。长大的月亮再也进不了自己的家门，眼见的离别是唯一的结局。然而，梦中飘来淡淡香味，预示着自己并没有真正失去月亮。甜美的梦固然有醒来的一天，但曾经有过的快乐，温暖却永远被记住。虽然只是曾经，却也是幸福。

再后来上了高中，零用钱不够用了，但想着在路上捡到不是自己的钱，或是花两块钱买彩票，中了头奖，还乐滋滋地想着：我不贪，只要5万就好了，不用是500万。

每次考试总是千钧一发或是九死一生。

和同学去唱KTV，把喜欢的歌连点六遍，唱到"无敌"。

参加同学的生日会，将"不吃白不吃"的精神发挥到极致。

……

夏日的午后，懒懒地靠在窗边，吹着空调，却让心情晒着太阳。

躺在公园的绿草坪上，静静地闭着眼睛，既不憧憬未来，也不怀念过去，只是单纯地享受着现在。温柔的风在耳边萦绕，偶尔也有鸟儿飞过的声响。此刻距离幸福，不到一毫米。

希望在那美丽的洞庭湖畔，会有自己的一间小小的茅屋，竹篱葡萄架在旁，还有那不甘寂寞的常春藤……

这些都是幸福，在风中飘动的幸福……

这些都是幸福，简简单单的幸福……

这些都是幸福，能带给人快乐和温暖的幸福……

这，就是我们寻寻觅觅追求的幸福的真谛！

（本文获2006年安徽教育学会中学生文学作品大赛二等奖，
并发表于《语文教学与研究》2005年第5期）

感悟随笔

精彩无处不在

桐城二中学生　孙　可　　指导教师　程　钧

题记简明扼要，承上启下。

　　生活中精彩无处不在。精彩源于生活，精彩就在你身边，不信请看：

垂钓乐

　　在一个风和日丽的早上，带上渔具，去湖边钓鱼。在漫长的等待后，鱼竿上的铃铛急促地响了起来。快，拿起鱼竿，赶紧收线，鱼儿在水中拼命地挣扎着，想逃过一劫。可是，最终随着一道漂亮的弧线，鱼儿还是离开了水面。在鱼儿被钓起的那一刻，你不感觉有种别样的精彩吗？

湖边垂钓场面的描写，给人如临其境之感。

打球乐

　　在一个云淡风轻的下午,带着篮球，邀上几个球友，一起去球场打球。看，紧张激烈的比赛开始了。运球、过人、上篮，一套动作连贯自如；防守、抢断、快攻，一套动作迅猛如虎；传球、连防、空中接力，一套动作配合默契。在球儿上篮得分的那一刻，你是否体会到运动是多么的精彩啊！

篮球比赛的动作描写，活灵活现。

雨天乐

　　其实，生活中的精彩还有很多：在一个下雨的日子，坐在临窗的书桌前，泡上一杯清茶，时而在淡淡茶香中翻看杂志，与作者同喜共悲；时而移目看看窗外的雨帘，与天籁静心交流，这是一种精彩。在雨后，出门散散步，伸伸臂膀，活动活动腰肢，让忙碌的身心在自然中享受安逸，呼吸呼吸雨后带着泥土芬芳的清新空气，不也很精彩吗？

雨中景致的描写，恬静而优美。

生活就像一本连环画，它络绎不绝，五彩缤纷，如果你用心品读，仔细领略，你就会欣喜地发现：生活中精彩无处不在，景致迷人……

【点评】

这篇随笔采用题记加小标题的形式构成全文，显得思路清晰，脉络分明。文章主体描写的三则生活场景如同三幅剪影，又如三幅水彩画，清新自然，充满浓郁的生活气息。本文简洁凝练，生动活泼的语言也是一个特色。

（本文获2006年安徽省教育学会中学生文学作品大赛一等奖）

坏事·好事

桐城二中学生　阮　景　　指导教师　程　钧

世间万物，缤纷多彩。同是一件事，只要我们善于变换角度，换个心态去看一看，在许多时候，其实坏事并不糟，而且有可能成为好事，大家相信吗？

采用述评式开头，又以设问句引出下文。

我曾经历过这样一件事。

我的父亲是一位高明的花卉师。他十分喜爱盆景花卉，尤其是院后的那一株小古松，父亲更是对它呵护备至。记得有一天，父亲突然对我说要外出几天，让我帮忙照看古松"宝贝"，我毫不犹豫地答应了。

极写父亲对小古松的喜爱，为下文设置了很好的铺垫。

在父亲外出的那些日子里，我为了不让父亲失望，每天都给它浇几次水，过几天又给它施些肥……数天之后，父亲回来了，却发现自己心爱的小古松枯萎了。我自责地在一旁垂着头，心想：这下可完了，父亲一定会好好地训斥我一顿的，甚至……然而，父亲却并未发火，只见他皱了皱眉头，左看右看，反复地琢磨着，并自言自语地说："这是水浇勤了，肥施多了啊！"后来，父亲将这棵小古松从花盆中拔了出来，除去泥土，用小刀在上面细细雕琢……最终，将这棵枯死的小古松雕成了一个展翅飞翔的雄鹰根雕。我一看，啊，简直就像真的一样，美极了！

描述小古松变成雄鹰根雕的经历。

每逢有客人来时，父亲总会自豪地请他们去观赏，客人们更是赞不绝口。而我呢？则在一旁偷着乐……

朋友们，这不就是一件坏事变成好事的生动例子吗？要让坏事变成好事，其实很简单，关键看你是否有一双慧眼与处理问题的技巧，不是吗？

【点评】

这篇作文，开头、结尾采用述评式，主体部分运用描述式的手法显得自然而恰当。正文部分所写的一件事，笔触曲折有致，生动活泼。另外，选材真实，充满现代生活气息也是本文的亮点。

（本文获2006年安徽教育学会中学生文学作品大赛二等奖）

茶·酒·白开水

桐城二中学生　章庆哲　　指导教师　程　钧

一杯茶，

一坛酒，

一碗白开水……

有人喜欢喝茶，看到鹅黄夹着碧绿，品出了苦涩透着清香，让人神清气爽，思绪万千。

金色的阳光透过薄薄的玻璃，蒸腾起氤氲的清香，杯中的茶叶云卷云舒，那种温柔与静谧沁人心脾，传递出无与伦比的柔情。

中国茶就像万千的中国人，纯朴而平和，中华民族几千年的文化积淀似乎都融入了这淡郁的茶水中。它追随着历史的回响，向我们"讲述"着一段段尘封的往事，忆往昔，诉未知。

历史的空鸣中传出木兰清冽的挥马声，好个巾帼英雄；澄澈的茶水中又映出杨门女将的俊美英姿，好个巾帼不让须眉……

茶，的确很独特，不过，也有一种人，他们喜欢饮酒。独酌群宴，令人豪气顿生，傲视天下。

酒，是醉人的。那迷人的醇香，使你无法不臣服于它。当你饮下时，你会感觉到，这诱人的液体已在你内心慢慢地弥散，弥散……

在这幽寂的夜晚，对着皎洁的月光，独自饮下几杯清酒，不也是一种美的享受吗？

还有人喜欢白开水。它晶莹纯正，不可一日无之。水，是温柔可亲的。当你用手去抚摸它时，它柔和得像一层薄纱，滑滑的，顿时又从你的指尖溜走。在阳光的照射下，水波反射出耀眼的星光，一闪一闪的。这是水在向我们眨眼呢！

水，是纯洁的化身，它拥有其它液体无法拥有的内质。俗话说"水是生命之源"，也正因为如此，水，才会变得价值无限。

茶的淡郁，酒的香醇，水的纯洁，不管是哪一种，都不得不使你青睐于它。

依旧是：

一杯茶……

一坛酒……

一碗白开水……

（本文获2006年安徽省教育学会中学生文学作品大赛二等奖）

放浪诗人，一代谪仙

桐城二中学生　袁　前　　指导教师　朱仲莉

那双傲慢的靴子至今还落在高力士羞愤的手里，人却不见了。他左手紧握剑柄，右手持缰，出了长安城，身后长安依然喧闹，也依旧歌舞升平。

回想天宝元年应诏入京，奉为翰林，临别挥诗赠妻："归时傥佩黄金印，莫见苏秦不下机"，怎知那宠臣权倾朝野，只手遮天，那玄宗黄钟弃毁，瓦釜雷鸣，于是乎，理所当然，他因狂傲跋扈而遭排挤，因多言政事以致疏远。

三年来，自己做了些什么？又能做些什么！怨长安城小而壶中天长，三杯下肚，留下来的不过是几首糜烂的"云想花容"和几句愤慨无力的牢骚而已。长年，一代皇城，承载了他太多的梦想，同时也将这位天之骄子亲手放逐。功成！名遂！身退！不是吗？可又能吗？

昨日他上疏玄宗，"恳求归山"，玄宗无丝毫挽留，"赐金放还"，好一个毫不挽留。长安城外的驿道上，他始终没有回头，可谁又能听见他的心在哽咽？起码玄宗不闻！达达的马蹄踏乱了春红，也碾碎了他毕生的梦想！镜不幸而遇媸母，砚不幸而遇俗子，剑不幸而遇庸将，甚惜！甚惜！在所有的诗里你都预言会突然随遁，或许就在明天只扁舟破浪，乱发当风而今，你果然失了踪，可是遁向何处？无人知晓。不知归去，可又归哪个故乡？

陇西可山东？再者青莲碎叶？亦无据可依。也许，失踪才是天才唯一的下场。在离京后的十一年间，他踏破双履，行遍千里临白门戏鹅，于三吴闻橹，至浙江观潮，行古道而赏驼铃，登蜀道，渡横江，吟游国，逆北风，歌秋浦，游天姥。洛城闻笛，庐山观瀑，越中览古，客中行马，永王东巡，莲花西上。大车扬飞尘，子夜听吴歌，花以邀蝶，垒石以邀云，栽松以邀风，贮水以邀萍，筑台以邀月，种蕉以邀雨，植柳以邀蝉。

月下独酌，然为月忧云；拂卷吟诗，然为书忧蠹；凭栏赏花，然为花忧风雨；却不知后世今朝的文人骚客皆为才子而忧命薄。他在放逐中饮酒，在流浪中吟诗，在孤寂中舞剑，却都滴滴难舍，字字珠玉，剑剑锟铻倚松下之拙石，赏梅边之古石，拂竹旁之瘦石，也叹然！叹盆中之巧石，巧之虽巧，却终了只能困于盆中。

游青山绿水，水借山色，品美酒佳诗，诗乞灵于酒，余杯尽饮，酒入豪肠，月光与剑影斑驳地辉映，印出长啸而出的半个盛唐，试问这份傲才气，舍李白其谁！可酒后的一句"世人皆醉我独醒"，却让人听后有种落木萧萧般凄冷的感觉。

而他依旧。

依旧左手紧握剑柄，依旧右手持觞，漫行于古道之上，山水之间，正如手中满泛寒光的青峰，可能唯一出鞘的理由是道旁杀出的草莽，而不是指向敌军的帅旗。

从开元到天宝，从洛阳到咸阳，一路相伴的只有那只中了魔咒的小酒壶，和那些剑气和狂气交织而成的一首首愤慨之诗。一贬世上已够落魄，再入夜郎，毋以太难堪。偶遇贺知章，两人相见恨晚，意气相投，把酒临风，直喝到银囊空空似意犹未尽，于是知章以剑换酒，再把酒同欢，李白席间的风采直引其叹曰："谪仙！谪仙！"

天宝三载，洛城又遇杜二，两人携手而游，横贯宋梁故地，直抵山东，可聚散若匆匆，兖州一别互道珍重，却又怎知天意弄人，相见无期竟成绝别。

一别钟离，又遇子期，这可能是上天对李白唯一的眷顾了！公元755年，安史之乱爆发了。战火迅速燃遍整个大唐。当被惊恐的哭叫声吵醒的李白从宣州城中探出头，睁开蒙眬的睡眼时，只见当年不可一世的天唐王朝分崩离析，早已再无昔日的奢华、喧嚣、糜烂，只有满目的疮痍，四散逃命的伤兵难民。

然而，那滚滚的浓烟，和那胡马与羌马交践的节奏，反而重燃了他沉寂多年的激情与梦想，虽然他已五十又四，廉颇已老，尚能挥刀御马，更何况他狂者李白，次年，他应邀加入永王旗下，"清中原，扫胡尘"。

战马嘶鸣，青锋出鞘，这次安史之乱是上天对李白的又一次眷顾吗？

后永王触怒玄宗被杀，李白受累入狱，流放夜郎，酒壶不见，宝剑充公了，诗兴无存了，一路相随的除监押狱卒之外，便只有那一轮满寄愁心的明月在云雾中若隐若现……

也不知是启程南下的第几日了，他看着云雾紧锁的匡山，攥着手中的一纸赦令，并没有丝毫的喜悦和庆幸，因为他听见自己的心又碎了一次，仿佛从手中滑落的玉樽一般。

这二十四万里的归程，也不必惊动大鹏，也无须招鹤。只消把酒杯向半空一扔便旋成一只霍霍的飞碟。诡绿的闪光愈转愈快，传说李白，一个性情中的狂者，亦孔亦庄亦侠，他渴望着兼济天下，却愤世嫉俗，又豪迈放浪。

终其一生，李白的错就在于他仅仅是一个诗人而已，可悲哀之处就在于他自己并不知道：文墨与官场不同，一个文人，你可以狂傲，可以不羁，可以"天子呼来不上船，自称臣是酒中仙"，而对于一个政客而言，那却是一道致命脉的隐伤口，随时都有可能让你万劫不复。

可他的狂傲，他的不羁，有其为左，又有谁敢为这右呢？

正因如此，才导致了他仕途的艰辛，梦想的破碎，也使他流浪一生，也依旧狂傲不羁一生，天马行空一生。也因此才有了"笔落惊风雨，诗成泣鬼神"，才有了他在诗歌创作上的巅峰与才情。

读点卡夫卡

桐城二中学生　朱　蕾　　指导教师　汪玉清

连我自己也说不清，究竟卡夫卡给我带来的是怎样的感受。总觉得他是一个天才，可是又觉得他的思想太过阴郁。将两者综合起来，也许"病态的天才"这个称谓送给他是最合适的吧。

卡夫卡，寂寞地蜷缩在五光十色的文坛上一个阴暗的角落，想要不为人知，想要逃避，然而偏偏身上又焕发着极为惊艳的光芒，将真正的文艺之士的注意力统统吸引过来。

然而很多的批评家们又都将矛头指向他。指责他的作品太过阴暗太过颓废，对世人的嘲讽太过辛辣又太过偏激。

中华民族是个积极向上的民族，自然不会赞赏他的作品，恐怕是出于对文学的崇敬，才会让卡夫卡的作品辗转传入中国。因此在这个偏远的小市，即使被称为"文都"，也很难见到卡夫卡的作品。更有很多人甚至部分老师都不知道卡夫卡究竟是何许人也。你可以想见，在这种情况下接触到卡夫卡是何等艰难。

在我十岁那年，从父亲的书橱里翻到一本还是繁体文字的文艺理论专著。我慢慢地翻阅着，偶然瞟到这样一行文字：

"一个永远期待的灵魂死在门内，一个永远找寻的灵魂死在门外。每个灵魂是一个世界，没有窗户。"

尽管我看到破折号后面是卡夫卡，但在这之前我从来没有听说过他，就这样与他擦肩而过。

而三年以后的今天，我又无意中，在一张被撕下的书页里，看到一位作家心中的卡夫卡。他的文章写得真出色，让我不禁对卡夫卡痴迷起来。文章结尾处我再次读到了这段文字："一个永远期待的灵魂死在门内，一个永远找寻的灵魂死在门外。每个灵魂是一个世界，没有窗户。"

我是何等地震惊！一刹那三年前的记忆全部涌上来，像潮水般川流不息，久久不能平静。我悔于自己当时的无知，若不是三年后偶然的相逢，我可能会永远地错过卡夫卡！

我不再犹豫，腰里揣上几十元钱，直奔书店，去寻找我所爱的卡夫卡。可是几乎跑遍了全城的大型书店，见到的只是有着花花绿绿包装的流行书籍，始终没有我所想要的。直到最后，在一个小小的私人书店里，在书架最阴暗的角落，我的面前赫然出现一本沾满灰尘的——《卡夫卡文集》。

回到家，我毫不迟疑地翻开扉页，如饥似渴地阅读着。这不仅是出于对文学的需要，更是缘于对灵魂的追求。

我读这本书，只用了十一天。可是我感觉我读懂他已经花费了整整三年，我不再后悔于我当时的冷淡，因为那不是外在因素的干扰，三年前我根本就读不懂卡夫卡。当时的我，年轻的火焰还没有熄灭，还不懂一个人独处，还没有那份历经人世的无奈与淡然。

我是个非常自傲的人，这一点我必须提及。我自负于我用笔的深刻，坚信我的文章绝不是任何应试作文。然而读了卡夫卡的《变形记》我才知道，什么叫深刻，什么叫浅薄。一个人在变成甲虫后的种种奇遇，种种不安的痛苦的变化，其中该隐含着作者多少的辛酸与心酸啊。他即使是文坛上的一颗奇葩，但他的孤独又有谁能理解呢？我不敢说我能理解，我只不过是与他有相同的感受。这样的孤独，我是知道的。

为了我的心灵的恬静，为了我灵魂的平安，在迷乱之时，我宁愿去读点卡夫卡。

落叶的喜悦

桐城二中学生　吴　蕊　　指导教师　汪玉清

雨后的黄昏，我行走在放学的路上。秋风吹着，拉起那些枯黄的叶子在空中舞起了华尔兹，最后落在我的身上、地上。偶尔，还带着一两颗雨滴，擦过我的脸颊，便有一种冷清的感觉。

场景与感情基调的设置相得益彰。

抬起头看着那排高大的法梧在风中林立着。春天，不也是这么林立着吗？只不过叶子没有这般枯黄与稀疏罢了。苍劲的树干上迅速生成的一片片绿叶深深地留在我的脑海中，因为它让我感动于春的来临。

而今，昔日的嫩芽垂挂在树干上，秋风中它们不断下落，难道辉煌后的风景只是如此的凄凉吗？一辆汽车驶过，将几片叶子深深地碾入泥土。

写落叶，以春景衬秋景，自然引出下文的感悟。

"落红不是无情物，化作春泥更护花。"我突然明白了什么？它们的飘落并非没有意义，它们在空中如同一个个身姿袅娜的女郎翩跹起舞，舞的是最经典的生命的绝唱。它以哺育者的姿态在空中划出一道优美的弧线，最终开始自己的使命。这不正是最美好的谢幕吗？无需任何人的喝彩与鼓掌，因为它最后一秒放出的光辉是喝彩与鼓掌无法匹配的。守住一生的繁华，守住一刹的凋落，守住自己仅有的短暂的日子最后的价值，也许这就是叶子的心思，而这样的心思是叶子自己的，是叶子的人生。此刻，它停止了自己的独舞，缓缓地又归入平静的世界。

回头望望，梧桐雨依旧在下。此时此地，我在凝望。突然之间，我陷入沉思：人生不正如叶子一样吗？在阳光的掌握中无从选择地成长、衰老、死亡。

铺陈自己独特的感受，吐出理性的光彩。

人是叶？还是叶是人？其实这并不重要，重要的是守住自己。或许五百年前，我就是最富生机的那一片……

不经意间，余晖倾泻在那地面的叶子上，将上面的一颗雨珠照得晶莹剔透，将叶子也映得火红火红……

【点评】

一个少年能透过梧桐落叶而产生丰富、深邃的联想与思考实在难能可贵。文中小作者那种积极、理性地思考人生的态度不是很值得我们学习吗？本文融描写、议论、抒情于一体的表现手法也值得我们借鉴。

（本文获2006年安徽省教育学会中学生文学作品大赛二等奖）

"阅读感悟与自由写作"优秀作品选

（一）

有人说："诚信是没回报的付出。"我则不这样认为。反之，我觉得诚信给你的回报最大。

如果仅仅希望诚信成为一种互换的交易，那"诚信"的本身色彩便已褪去大半，那么又何必称之为诚信呢？

——叶云霞读《难给诚信》

这一篇作文写了一位父亲对儿子的爱。儿子高考落榜，父亲一再地鼓励他继续考。面对三番两次的落榜，儿子伤心极了，但他并不想让父亲知道他落榜之事，就造了一个大学通知书，以假充真。父亲自然高兴。为了不让父亲再劳累，他决定去打工，减轻父亲的负担。

这使我也联想到了自己。父爱是无私的，父亲是供我读书的经济人，而我却还在桐师糊涂地过日子，这使我很惭愧。父亲为了我，起早摸黑，虽然他腿有些不方便，但还是坚持外出打工，晚上回来，腿就酸痛得要命。虽然他不说，但我明白。他只是不让我伤心，让我专心学习而已。每一次他回来，总要问我的学习情况，而我总以"还好"两个字糊弄过去，父亲显然很失望，但他还是一味地鼓励我，让我再接再厉。我也明白父亲的用意，每次想努力学习，但成绩总是提不上去，我很苦恼，也很郁闷，我不想让父亲为我担心一辈子。

——方霞读《父爱》

现在是知识经济年代，不应该荒废学业；现在是知识爆炸的时期，如果不学习文化知识，将会被社会淘汰，所以我们必须努力学习。

我是一个天真活泼的女孩。我喜欢理科，虽然我没考取高中，我会在师范里好好努力。不久的将来，也许我是一名数学教师，也许是一名记者，因为我喜欢采访。在初中的时候，我是学校广播站编辑、广播员，学校组织我们出去采访，写真实感受。

我希望有理想的人，要抓紧努力；没有目标的人，要正确地认识自己到底喜欢什么职业，不要整天无所事事。

——刘洁读《劝学》

本文作者通过描述和引用，重现了雪的几个景致，如淡淡的国画山水。中国文人的清高操守在作者对人文情怀的感悟和解构中逐渐清晰。"雪"只是客观的自然现象，是文人们的人文情怀赋予了它的精神意义。这篇文章，给我印象最深的是，文人特立独行的品格，不向权贵低头的骨气。而我们今天就应该有这样高尚的情操和品格，做一个成功的人，相信自己，一定能胜利；

——陈小娟读《雪》

姚红：《孤单中的母亲》

母亲是我风雨路中的避风港，我想，天下所有的母亲都是儿女的真心人。

我从小就没有离开过母亲，一直跟母亲生活在一起。记得还没进桐师以前，我就问过妈妈："以后我上学不在家，你会想我吗？"妈妈笑着说："你这个淘气鬼，我想你做什么？走了我还图个清静。"听了这话，我感觉妈妈不会因为我离开她而伤感，便放心多了。后来我进桐师，前两个星期我没有回家，第三个星期，我实在忍不住对家的思念，就兴奋地跑回家了。刚到家门口就听邻居说："你怎么两个星期都不回来，你妈妈想你都哭了。"我顿时感觉以前的那种想法都是不真实的。敲响家门时，妈妈兴奋来开门，并说"你回来啦！"我说："嗯。"后来她就做了一些我喜欢吃的菜叫我吃，还问我"在学校过得好吗？想家吗？和同学之间处的好吗？老师对你好吗？学习还行吧！"等，我的泪水在眼睛里打转，我支吾着说："好，好，一切都好。"吃过晚饭，妈妈跟我谈了许多，这是我有生以来第一次和妈妈谈得这么多。我发现妈妈是如此的孤单：每天回家，一个人面对着这空荡荡的房屋是多么的寂寞。爸爸长年不在家，以前还有我陪着，现在连她唯一的依靠的人也走了，她能不孤单吗？她每天以做事来麻痹自己隐藏内心的孤单与寂寞。

就在我进桐师的第一个中秋节的晚上，班上举行了中秋晚会，有许多离家的孩子聚集在这个宽敞而明亮的房子里。这个中秋月圆之夜，原本是个团聚的日子。我想象着母亲当晚的心理，她会望着圆月发呆，甚至幻想我们一家人坐在院子里吃饼赏月，闲话家常，可是那毕竟是她的幻想，不可能实现，也许在未来的某一天会实现，但今晚是不能实现了。我为妈妈而哭泣，为妈妈感到难受。我觉得自己很不孝；没尽到做儿女的责任。妈妈，让你孤单是我的不是，请原谅女儿难以尽孝。

妈妈，我现在可以告诉你，我永远都不会离开你，永远不会让你孤单，在未来的路上，我就是你的依靠。让我们彼此陪伴，彼此关心，一直到永远。

【点评】

这里选录4则阅读感悟文字和姚红同学习作《孤单中的母亲》，都是从文本主题角度出发，表达了阅读者对诚信、父爱、求知和母爱的领悟。这些认识，虽很平凡，但尤为可贵。这是每一位同学学习的目标、前行的动力。

（二）

周末过得真快呀，一眨眼，又到了星期天的中午，我匆匆地扒了两口饭，准备返校了。对于一个月只回家一次的我来说，还真有点留恋家的温馨。吃过饭后，爸爸就将我的行李绑在车上，送我到车站。

终于到了搭车的站口，爸爸从车上卸下行李，语重心长地对我说："你已经是大孩子了，学校离家又远，我和你妈就不能随时管束你了，你不要学野。到了学校，老师就是你的父母，你一定要听他们的话。""我知道了。"他听到我认真的答话，脸上露出了欣慰的笑容。爸爸接着对我说："我小时候家里贫穷，书没你们读的书多，现在条件好了，你在校可要安心地读书，免得将来毕业后当老师误人子弟。"我点了点头。把爸爸的话记在心里。

车来了，上好行李，马上又要同爸爸分手了。爸爸小心地从钱夹里取出钱递给我，他的钱已经所剩无几了。我抽出 10 元钱还给他，说："路费钱就不用您出了。"他说："这钱你还是带着，学校不像家里方便，你带着买点小东西也是可以的。"我看着父亲那被岁月的风霜染白了的头发，看着那张因劳累过度而苍老的脸庞，鼻子一酸，眼泪止不住地流了下来。他看到我哭了，脸色变得严厉起来，带着责难的口气说："怎么这么没出息，哭什么呢？又不是跟我永别。"我怕他心里难过，强忍住泪水。"爸爸，您……"话还没说完，就被驾驶员催促上车的吼叫声打断了。爸爸的嘴角抽动了几下，说出一句话："快上车吧。"我急急忙忙地上了车。车启动了，开得越来越快，我把头伸出车窗外，听见爸爸又一次的叮嘱道："现在天凉了，要多注意保暖，知不知道！"我"嗯"了一声，看着他的身影渐渐消失，泪水润湿了我的双眼……

想着爸爸为了供家里人生活，常常加班到深夜甚至到天亮，他为我们付出的实在是太多太多了，想到这些，我擦干眼泪，增添了求学的信心和力量。

——彭星星读《父亲》

本文讲了这样一个故事：患有老年痴呆症的父亲给一个因某种原因而搬出家的女儿送汤，但是女儿因不知道父亲得了老年痴呆症，老是埋怨父亲，而父亲却连一句怨言也没有，心甘情愿地为女儿做一切。为了能让女儿喝上热汤，从傍晚出门到半夜还没送到。当女儿了解了真实情况，觉得很内疚，决定搬回去照顾父亲。这故事让我很有感触，同时也让我体会到了父亲平时的唠唠叨叨，并不是废话，而是对我的一种爱。以前，我很不理解父亲，读了这篇文章以后，我从心里觉得很对不起父亲，他腿摔伤几年了，至今没有痊愈，还到处找人出去打工，目的是为我和妹妹读书，而我却在这荒废学业。虽然有时父亲说不要我读了，但那都是假话，目的是让我知道有书读是来之不易的，而我每次只是"嗯"两声，到学校，就忘了。父亲虽然表面上很高兴，但我知道他心里一定很不好受，他为这个不争气的女儿难过，我现在没有什么可以报答他，唯有在学习上给他一点安慰。

这篇小说的艺术魅力在于对现实生活进行了透视、分解、重组与提升，从而惟妙惟肖地表现人物面貌，展示人物内心的世界。丰富的人物个性，绚烂的生活场景，叠加成复杂的人生，芸芸众生由相互接触、碰撞组合成五彩斑斓的人类世界。

首先，本篇小说典当行老板自私、冷酷、薄情的性格溢于言表，将妻子势利、贪图小便宜的个性暴露无遗。此外，岳父的宽厚、善良，"我"的诚实、厚道等也在文中随着情节的推动而自然地展现。众多鲜明个性的人物组成多彩的生活画卷。其次，美的人情描写。如青年老板是"我"小说的忠实读者，这份特别的情驱使他在生意不是很景气的情况下，哪怕亏本也付给我200元，在"我"要求退还50元的情况下执意将这50元给我。这里闪耀的是情的光彩，情的火花。也告诉我们，对他人充满关心，对社会充满爱心，对自己要捧出良心。情之所至，金石为开，只要曾经拥有这份美好的"情"，何愁我们的生活不美满？何愁我们的人生不美丽呢？

——陈小娟读《一个故事两种说法》

姚红：《平静的激情》

生活太平静了，就会渴望激情，但真正的激情却比一切都来得更平静。

爸爸和妈妈结婚十多年了，却很少看见他们吵过架，也很少看见他们甜蜜亲昵——生活就像一潭平静的水。

一次，我在整理家中的旧照片时，发现了父母的一张青春照。照片上，一位活泼明媚的女生，轻盈地盘坐在草地上，脸上舒展着如阳光般灿烂的幸福笑容；身旁是一位充满书生气的男生，他一边腼腆地笑着，一边含情脉脉地注视着身旁女生。我一脸正经地拿着照片在妈妈眼前扬了扬。妈妈的脸一下子烧成通红。经不住我的百般纠缠，妈妈终于缓缓道出了她和爸爸的浪漫故事。

那是一次偶然的相遇。一天，妈妈在山上放牛，但这牛的缰绳不知怎的就绕到了一棵大树上，它怎么也走不脱，还越来越紧。少女年纪的妈妈，对于这等事不知怎么办，只有站在那发呆，害怕。终于，有个男孩为她解决了难题。他们一起放牛，一起漫步山林，两人产生了好感。当爸爸离开时，忘记问妈妈家在哪。只知道她的名字，因此断了联系。不知道是不是缘定三生，在一次会议上，他们再次相遇。两人从畅快地交谈，到默契地来往，再甜蜜地相恋，最后一同走上幸福的红地毯……

　　故事很平淡，从始到终妈妈都没有什么激动的话语。但她一直流露出一种热恋中少女特有的纯洁、真诚与陶醉，脸上始终洋溢着幸福的微笑。我知道这个平静的故事曾经是浪漫、温馨、充满激情的，每个细节永远都在妈妈的心中，如旋涡般掀起汹涌澎湃的千尺巨浪。

　　时至今日，这种平静的激情依然绵绵温存着。如涓涓细流，轻柔地渗透在一切一切之中……

　　妈妈晚归了，是不是地里事太多了？还是有什么给耽误了？莫非出了什么意外？……胡思乱想的我一下子把焦虑与不安的目光全投在爸爸的身上。爸爸怎么还在休闲地品茶看电视，难道他竟毫不担心吗？不，你看，他的眼光是那么地闪烁不定，焦虑得无心观球；不安的手把茶倒了大半杯还全然不知；额头上渗出晶莹的汗珠；挪来挪去的身子如坐针毡……

　　"铃……"门铃终于响了。我跑去开门，爸爸早以迅雷不及掩耳之速飞奔过来。门刚开，爸爸滔滔不绝的教训声已震耳欲聋。经过一轮"狂轰滥炸"，爸爸语气渐渐恢复温和："下次，可别再这样了，免得你女儿担心。"妈妈似乎还沉醉在刚才与众不同的幸福中，笑着点了点头……

　　危难之时最能体现人间亲情。那天深夜，我突如其来的高烧吓坏妈妈。爸爸却从容不迫地送我上医院。高烧是不幸的，但能看到那一幅充满温情的画面——走廊的座椅上，妈妈安详地伏在爸爸怀中沉沉地睡了；爸爸用手轻轻拍着妈妈的肩，像哄婴儿睡觉，脸上是无法用语言表达的幸福……

　　激情与浪漫对于婚后的父母似乎远去了。平淡如白开水般的生活，细细品尝却又有另一番韵味。在以柴米油盐为主调的生活旋律之中，父母依旧用心地去弹奏出每个音符。由父母指尖流逝出的每段乐曲，仿佛是清澈的山泉，在静静的奔流中无意地飞溅出如火星般的激情与浪漫……

　　生命也许有平凡有崇高，道路也许有平坦有曲折，经历也许有平淡有奇遇。但即使是最平静的生活，也隐藏着如火山般的能量。用爱去点燃，灼热的激情将遍布心灵、生活和自然。

——读《和蔼的爱》

　　彭星星：《我懂得珍惜亲情》

　　世界上许多东西，只有在失去了才懂得珍惜。时间、爱情、健康……是一个个玲珑剔透的水晶，摔碎了，就很难挽回。于是，在夜深人静之时，拾起那一块块的碎片，默默的回味着。

岁月如水，转眼几十个秋冬已悄然而逝。往事如风，猛然回首，一切如故，我却不是原来的我，花开花落，也许好似翅膀的日益丰满，扬起的风帆让我驶出了父母温暖的港湾，我的心，也许越来越远……

"我长大了，我要独立！"什么时候我挺直腰杆对自己说？曾几何时，我嫌父母啰唆而顶撞他们，看到父母的无奈摇头；多少时间，我没有与父母促膝长谈；回到家里对丰盛的饭菜，没有笑语，只是默默地下咽着。在忽然间，我发现自己长大了，父母却渐渐的老了。

又回到家中，掐指一算，我已经有一个月没有回家了。昏暗的天空，远近的影子，嬉戏的孩童……一切如故。家中的生活就是平平淡淡，不像学校，有激烈的"战场"，有热烈的讨论，有……

于是，待了不到一天，吃完午饭，我又要走了。妈妈放下手中端着的碗，轻轻地对我说："再待会儿吧，时间还早呢！""我，我还有作业没写呢！"我不知道我在对谁说。妹妹也放下了饭碗，飞跑着去为我打理行李。妈妈已端出了一盘子的鸡蛋全往我书包里塞，嘴里不停地唠叨着："天气变冷了，要多加点衣服！"我嘴里"嗯"着，心却飞到了车站。书包满了已塞不下了，我用有点儿不耐烦的语气说："够了，够了，带这么多吃的也吃不完，会坏掉的。"可妈妈还是把它塞进了我的书包里，说："家里反正有很多，多带几个吧，学校油水少。"

终于可以走了，爸爸却一直不语，过了一会儿，他把伙食费放在我手里，对我说："努力学习，家里不用你操心！"那坚毅的目光中充满着慈祥和鼓励。

准备走了，妹妹却也跟着要去。我说："你就在家待着吧，爸爸送我就行了。"妹妹放开抓着行李的手，低着头轻轻地说："那，我就不去了。"望着妹妹失望的面孔，就有些后悔了。离开了家门，向前走，背后是妈妈那永不变的叮嘱；我想回头，但是，倔强的我没有回头，嘴里应着背后传来的叮嘱，大步地远离了熟悉的小路，远离亲人的视线。

踏上返校的路，心里总觉得好像失去了什么，再也控制不住，猛回头，望见了自己的家，那房子、那窗户……一切是那么熟悉，又那么陌生，而我此时又要离开了。忽然我的视线停留在一个模糊的身影上，是妹妹在楼廊上目送着我远去。莫名的，我的泪水涌出了我的眼眶，我后悔刚才拒绝她一起为我送行，我知道她现在一定还在失望中……

那一刻起，我懂得了亲情的珍贵。此后，我会接过妈妈手里的活儿，拍着胸脯说："我来。"我会带着妹妹一起玩耍，狂奔在"希望的田野上"。无微不至的亲情，让我感受到了生命的精彩！

——读《拥住寂寞》

【点评】

无需多言，亲爱的读者，请你认真品读文中的句子。这些，是我们每个人都曾真切感受过的。只是平时，我们缺少引爆火山的力量，我们就不能打开沉重的闸门。阅读，是火药，会让我们的心门洞开，让情感的洪流宣泄，让哲理的妙语连珠。

《苹果树下》赏析

桐城师范初专042班　　汪 铃

《苹果树下》是一首爱情诗，写到了青年男女爱情的风趣和甜蜜，诗的开头就表现了小伙子对姑娘唱情歌，姑娘动心了。她的心紧张得跳了起来，而且还跳得失去了节拍，这种情形，只有在两情相悦的时候，在彼此心仪的情况下才会产生的，但这只是一种朦胧的情感。诗中借着苹果园的浪漫之地，造就了一对情侣，也成全了一段完美的爱情。"枝头的花苞还没有开放，小伙子就盼望它早结果"从这句话看得出来，小伙子并非盼望着苹果开花结果，而是盼望他与姑娘的爱情能够早日有结果，小伙子对着姑娘唱着情歌，姑娘不懂小伙子的心思就说"别用歌声打扰我"。夏天"果实才结得葡萄那么大"，小伙子就急着去采摘，其实小伙子是急着他与姑娘的爱情，小伙子借着歌声表达自己的涓涓情意而姑娘却说"别像影子一样缠着我"。对于小伙子来说，这句话是多么的痛心。小伙子从春天到夏天，都对姑娘表达心意，而姑娘却不解其中的原因，这真有点让人着急。秋天丰收的季节，成熟的季节，姑娘明白了小伙子对自己的绵绵的情感，就开始动了心，由朦胧的喜欢到爱上恋上了小伙子。由于姑娘思念心中的情人，而夜晚辗转难眠。对小伙子说"有句话你怎么不说？"这"有句话"暗含了姑娘接受了小伙子的绵绵情意，暗含了小伙子对姑娘的忠贞，暗含了千言万语。我想这"有句话"应该是"我喜欢你"或"I LOVE YOU（我爱你）"。姑娘的幸福表现在了她的笑容里，秋天果园里的苹果成熟了，丰收了，一对青年男女的爱情也有了结果。

《那一年七月》赏析

桐城师范初专042班　王晶晶

　　《那一年七月》从内容上看，我觉得写的是诗人和她的恋人分手后，对恋人以后所走道路的一种惋惜和对恋人一种怜悯之情。

　　整首诗都是一种沉重的风格，谈起来给人一种悲痛的感觉。

　　第一节写诗人和恋人分手时的情景。从整节中不但可以看出诗人当时的伤痛心情，还可以看出其恋人也是很伤心的。尤其是那句"看不见你挺直的骄傲/怎样溺在夕照里挣扎"将恋人当时沉痛的心情展现得淋漓尽致。在此不难发现诗人和她的恋人分手可能不像我们平时那样由于一些小矛盾而分手，很可能当时诗人和她的恋人所走的道路不相同。正所谓"道不同不相为谋"，所以他们彼此不得不放弃对方。就像小说家杨沫与学者张中行那样，由于各自的志向不一样而最终不能结合在一起。同时也可以看出那个年代青年人的思想情感。

　　第二节，"听你的脚步在沙滩在空阶/在浮屿和暗礁之间迂回/我祈求过风/从不吹在你的帆上吗"从这里可知作者曾经试着挽救她的恋人，但并未成功。因为从下文来看，诗人听说"你青云直上"，"远走高飞"，但下句却说"你心头该是心头大雪"。也许是，作者知道她的恋人所走的这条道路将是不被多数人认可的，才想去拉他一把。而"抚摸这些传闻如抚摸琴键/你真正的声音是一场灰"这句话将抽象的东西具体化，更能让人明白恋人当时的心境是一片灰暗，同时也表达了诗人对恋人的一种执着的爱和怜悯之心。

　　第三节可以说是诗人的想象和她对恋人所处的环境所表示的一种同情，也可以说是诗人对爱情的一种失落、困惑。一方面她不明白恋人是那样的孤独和无助为什么还非要选择那条不正当的路，这点从"万仞锋上的巨翱不是你/风口沿上的夜半松涛没有你"可以看出来。也可以以恋人为代表的一条道路是不被当时社会所接受的。另一方面，由于诗人还是深爱着那个恋人，而又不能和他在一起，为他们的爱情没有结果而感伤、失落、惆怅。

总之，诗人用委婉、沉重、灰暗、伤感的风格写出了她对恋人的思念和失望，同时也表现了诗人对爱的执着和失落。全诗用一种凄凉、婉转的方法突出了一种朦胧美，读起来让人回味无穷。

《葡萄成熟了》和《那一年七月》比较赏析

桐城师范初专042班　陈云霞

《葡萄成熟了》一看就知道是一首爱情诗，把爱情生活和劳动生活有机地联系起来，揭示出男女崭新的精神风貌和爱情观。全诗简单、健康、明朗、欢快，读起来有愉悦、欢快的心情。全诗主要写劳动、爱情、喜悦，反映了少数民族的生活，歌颂劳动和社会主义建设的美好。但是读多了就感到枯燥、无味。

《那一年七月》是一首多解的诗，可以理解为是一首爱情诗，也可以理解为是身在国外的诗人怀念和思念祖国的诗，也可以理解为诗人才能不得实现的苦闷等等。《葡萄成熟了》是不可以与《那一年七月》相比的。一千个读者就有一千个哈姆雷特，一千个读者就有一千个舒婷，那么这样的诗才算好诗。全诗洋溢着一种朦胧美，让人越读越想读。

我把它理解是一首爱情诗，全诗主要写告别和告别的痛苦，主要运用比喻、象征的表现手法。第一节主要写回忆和爱的凋谢，无情的告别，例："看见你和码头一起倒退"；第二节对爱情的追问和拷问，但爱却消失了，例"你真正的声音是一场灰"；第三节主要是想象，我在你却虚化了，例"想象你在红桌巾后面，握手发言风度很亲切，笑容锈在脸上很久了"。全诗写了爱永在，却凝固了。诗让人读起来有一种痛苦、哀愁和伤心。

两首诗表达方式上有相似之处都运用了比喻，都写爱情。爱情本身就是诗，诗人大概写自己吧！诗本来就来源于生活，而又高于生活的。他们因生活的年代、经历的不同，所以风格也不同，给每个读者的感受也不同。

《青纱帐——甘蔗林》解析

桐城师范初专042班　黄燕归

　　《青纱帐——甘蔗林》是郭小川最新力作，作者富有感情的思想杂谈，寄寓着历史与现实、现实同未来、战争和建设交结的奋斗、时代画卷，给人以独特的想象空间和炽热的感情鼓舞。

　　《青纱帐——甘蔗林》朴实无华的诗句，却展现鲜明的政治倾向和强烈的时代精神，诗人独特新颖的构思、丰富的想象，饱含了深刻的思想力量。作者用舒缓、高昂、悲壮的笔调，揭露了革命战士为真理而斗争的气势浩荡的壮志豪情。这首诗诵之如行云流水，听之如金声玉振。作者借物咏怀，极其平常的"青纱帐""甘蔗林"在作者笔下渗透了不寻常的意义。诗人从幸福的今天回想到战斗的昨天，又展望到美好的明天。作者笔墨渲染下的"青纱帐"在无情的硝烟战争中蒙上了战斗的火炫（光），多少英勇壮士用自己的鲜血，浴过了这壮丽的朝阳，人民渴望从迷梦、绝望中苏醒，从苦难中崛起，在战火中萌发斗争的欲望，磨炼自己的意志，壮大自己的胆识，逐步实现世世代代人民梦寐以求的希望与理想。南方的"甘蔗林"是作者追求理想生活的缩影，在那里处处布满了欢欣的吟唱，时时洋溢节日的盛装。虽然处于环境迥异的生活场景中，却激荡着、传达着劳动人民的心声，作者眷恋这片土地，对祖国的拳拳深情不言而喻。全诗感情由低沉转向高昂，其中纠结了悲怆、追求复杂而凝重的感情，真切表现诗人感情的逐层渐进。面对残酷的战争，老一代革命战士用自己的生命谱写一曲曲烈士的壮歌，他们奋勇抵抗，用锐利的刀枪对准敌人的胸膛，翻动了战士的衷肠，让新时代的青纱帐充满了战斗的激情。

　　《青纱帐——甘蔗林》把历史的光荣感、现实的紧迫感和革命的责任感融为一体，成了作者笔下的闪光点，也是作者神往的幸福生活，对未来美好的生活憧憬，具有激越浩瀚的战斗豪情，使诗的思想得之升华。

　　白居易曾说过"感人心者，莫先乎情"，诗是诗人心底的歌。

感悟随笔

401

《拣麦穗》赏析

桐城师范初专041班　　陈　缝

《拣麦穗》中一个农村女孩，为了天天能够吃上灶糖，要嫁给一个卖灶糖的老汉。出于一个童真女孩之口的话语，听起来真的很荒唐。

女孩刚刚能够歪歪趔趔地提着一个篮子跑路的时候，就跟在大姐姐的身后拣麦穗。和其他女孩一样，这个农村女孩拣麦穗也是为了把钱攒起来为自己准备嫁妆。

女孩看着天天从她家门口经过的卖灶糖的老汉，同情之心油然而生。她认为像老汉这样的勤劳、朴实的人就是她心目中理想的丈夫。还对别人"大言不惭"地说要嫁给卖灶糖的老汉。

满脸皱纹的老汉，历尽了沧桑，每天往返于家与村子之间，没有一个真正可依偎的人。听到这样一个纯真少女无邪的话语，老汉无比快乐，答应了女孩幼稚的想法，每天给她带灶糖、甜瓜、红枣……嘴里还甜蜜地说着："看看我的小媳妇来呀。"小女孩的童言欢歌给老汉增添了寂寞中的温情。

等女孩长大后，回想记忆中的往事，觉得多么的天真、纯洁，没有一丝杂念。那时的自己纯粹是为了能吃上灶糖而说出这样的话，现在倒觉得有些害臊。老汉不再叫女孩小媳妇了，不过他还是常常带些小礼物给她。

女孩不明白为什么，倒觉得越来越依恋他。或许是时间的关系，让一对陌生的人变成熟悉的人。老汉对女孩的爱，是一种父亲对子女的爱，是女孩抚平了他心中的那份悲痛的空缺。女孩对老汉渐渐地产生了依赖。

有一年，过腊八节的前一天，女孩听说老汉死了，是多么心伤，仿佛失去了生命中的一部分。回想他对自己的好，女孩感激万分，从一个陌生男人的身上，读懂了他的心。在对女孩的爱上老汉没有任何需求，也没有任何企望的，有的只是那份无私的爱。

卖灶糖的老汉，是女孩童年时遇到的"贵人"，一直伴她成长。老汉对女孩的好，是出自于异乡的孤独。他徘徊于道路之上，没有任何人的关怀。一个童言的笑话，使老汉感到一丝安慰。

为什么野猫子和"我"走得近？

桐城师范初专041班　邱　庆

我主要是从两个角度来分析的。

一、强盗性质的分析

当野猫子第一次出现在我的面前，野猫子只是对我注视了一下，然后听说我入伍后，对我十分热情。强盗野猫子具备机警的性格，那么有可能野猫子靠近我是为了摸清我的底细，看我是否会对他们造成伤害。带着一点戒心，保护自己和同伴，后来和他们一起下山偷窃，野猫子一直鼓励我，是老人对新人的一种照顾，让我对这一行熟悉，为方便以后，是教我如何生存下去。

二、女性角度的分析

从心理上的分析看，我和她的年龄相仿。同龄人都喜欢和同龄人交往，仿佛有共同的心理语言，而野猫子的年龄也是对同龄异性产生好感的时期。

像野猫子这样一个剽悍、泼辣、机警的女强盗，内心肯定是孤寂的，渴望别人来理解她。

对我产生好奇，也许是因为我刚来，对我有种新鲜感，加上我是个"秀才"一个读书人也加入了强盗行业产生好奇。在听我说摆龙阵时，露出对我童年生活的羡慕和渴望，加上我是个读书人，同时和我接触，表现出对知识渴望的向往，从而对我产生敬佩之情。

在偷窃成功后，野猫子叫我"阿狗爹"表示对我的好感，在我要走之时存在两种矛盾心理。当我救下她时，她对我非常感激，而她放了我也体现了野猫子未曾泯灭的人性美。

离开后留下阿狗和三块银元，表示对我救她的感激和信任。同时留下阿狗表示他对我怀念和不舍，希望我能记住她，从而体现了她对我的爱慕之情。留下三块银元，是让我以后生活有着落或去实现像高尔基一样的梦想。所以，野猫子和我走的近是因为逐渐被我而吸引。

《边寨人家的历史》赏析

桐城师范初专042班　汪　青

30年前的边寨与30年后的边寨就是不一样。30年前的边寨就像文中的"我"所说的一样漫山的窑栗花，到处都是，还有许多的盗马贼。30年以后这里充满了和谐的景象。我喜欢剧中的姐姐阿月，她心地善良为人忠厚老实。当哥哥阿安让"我"捎回的东西有一盒香皂，母亲说给她的，她不用说什么那盒香皂就是她的了，但是她还是让给了妹妹，这是很难得的。她老实但不软弱，她很坚强。她在被侯德武使用钉刑后，始终宁死不从还骂着侯德武。在侯德武害得她家破人亡的时候。她恨他，她要为钟家报仇雪恨，她练枪的时候总是打在写着侯字的衣服中间，廖海娃问她，她说，他心黑，表现出她对侯德武的恨意。剧中的妹妹阿星调皮活泼，她崇拜大男子主义的英雄气概，她喜欢盗马贼。她敢爱敢恨。在看到盗马贼盗马时却不帮看马的哥哥而去帮盗马贼加油。姐姐阿月说她时，她却说如果有一天她跑了不用去找她，她一定跟盗马贼跑了。显示出她敢爱敢恨的爽快性格。她们开朗活泼敢爱敢恨一点也没有做作。剧中的"我"不太喜欢，他在哥哥阿安说跟人跑了的是姐姐阿月，而不是妹妹阿星时，持有相信的态度，还因此离开了，没有遵守与阿月的约定：走了也要告诉她一声不要一个人静静地走。还有在阿月家破人亡的情况下，只有他这个人生支柱时，他却没有在她身旁帮助她而离开了她。还不如廖海娃。让我为他感动的是他能知错改错，他为阿月以鸦片向她起誓，要阿月不要去求死，要活下去。他帮她报仇，可见他对阿月的好。

我看"野猫子"

桐城师范初专042班 周丹丹

今天看了《山峡中》这部电影。这部电影令我十分震惊，不论是在现实生活或是电影中，我从未见过这样一群善良的"山贼"。在电影中，留给我印象最深的人是野猫子，同时，她也是这部电影中我最喜欢的一个人物。

她的性格就如同她的名字一样——漂悍、泼辣、机警，具有"野性"美。

她是这群山贼中唯一一个女人，生活在这样的环境下，她就不得不野化，她不知忧愁，大声谈笑，大口吃肉，每天在刀口上过日子却悠闲而从容，遇到困难也不退缩，显得比男人都强。如在魏老头将一枚铜钱抛进油锅，让他们用手捞它时，那几个"勇敢"的男人们都显得非常害怕，只有她——野猫子不怕"死"的用手去捞。或许当时她也很害怕，但她还是卷起衣袖，将手迅速地插入油锅中，一次不行来两次，直到成功地取出铜钱。我想这足以证明她是多么的勇敢。

她也是温柔的，从她的出场——怀中抱着木头人"阿狗"，坐在门槛上歌唱中可以看得出来。我想任何一个女人，不管她从事什么样的职业，在她的内心深处一定都还存有母性情怀。野猫子也是这样，她把她的母爱寄托在虚幻的、毫无生命的"阿狗"身上。从她唱的歌"江水啊，慢慢流，流呀流，流到东边大海头，那儿呀，没有忧！那儿呀，没有愁！"中还可以看出她对理想社会的向往。

她还是善良的，在最后他们走了，把"我"留下了，还把她的"阿狗"和三个银元留给了"我"。如果换作其他的山贼的话，他们一定会杀"我"灭口的，但他们并没有。

我很喜欢她，我认为她是那种外刚内柔的女人，她会同他们一起撒谎，偷东西，但她也同样会玩木头人，向父亲撒娇，像一个单纯的孩子。她既满足现有的生活又对未来充满向往。

附

录

安徽省教育科学研究重点项目

立 项 申 请 书

学科分类＿＿＿＿＿＿＿中学语文＿＿＿＿＿＿＿＿＿

课题名称＿"中学语文感悟式教学研究"＿

申请人（课题负责人）

（签　名）＿＿朱正茂　　程　钧＿＿＿＿＿

申请日期＿＿＿2002＿＿＿年＿＿＿3＿＿月

安徽省教育科学规划领导小组办公室制

填 报 须 知

1、按照《安徽省教育科学研究省级立项课题管理办法》规定，课题负责人须具有高级专业技术职称。课题负责人不具备高级专业技术职称、而且课题组中又无具有高级专业技术职称科研人员参加实际研究工作的，须有两名具有高级专业技术职称科研人员的推荐。

2、课题负责人必须是该项目的实际主持者和指导者，并在项目研究中担负实质性的任务。

3、每个课题原则上限报1名负责人，特殊情况也不得超过2人。

4、课题论证应尽量充分。研究计划和阶段成果应尽量明确。

5、课题所需经费主要由课题承担人所在单位负责解决。

6、申请书须经课题负责人所在单位领导审核，签署明确意见承担信誉保证并加盖公章后上报。

7、申请书按一式三份报安徽省教育科学规划领导小组办公室。

课题名称					中学语文感悟式教学研究	
课题负责人	姓　名	性　别	年　龄	行政职务	专业职称	工作单位 （联系电话）
	朱正茂	男	36	桐城市教研室主任	中学高级	桐城市教研室 0556-6127956
	程　钧	男	48	桐城市教研室教研员	中学高级	桐城市教研室 0556-6127956

<table>
<tr><td rowspan="2">课题负责人学术经历</td><td colspan="6">

朱正茂：

　　现任全国语文报刊协会课堂教学分会理事，安庆市中语会常务理事，桐城市教研室主任。从事中学语文教学和语文教研工作20余年，教育教学经验丰富，先后在《语文教学与研究》《池州师专学报》等报纸杂志上发表教育教学论文20余篇。主编教学辅导用书多本。

程　钧：

　　现任全国语文报刊协会课堂教学分会理事，安庆市中语会常务理事，首都师范大学作文导报社特约编辑等。曾在中学讲坛执教二十余年，从事专职语文教研工作十余年，教育教学经验丰富。在阅读教学、作文教学以及中、高考研究等方面有一定的建树。先后承担国家级、省级立项课题三项；在《语文教学通讯》《语文教学与研究》《学语文》《语文报》等专业报刊纸杂志上发表教育教学论文百余篇；主编教学辅导用书二十余本。

</td></tr>
</table>

	姓　名	性　别	年　龄	行政职务	专业职称	工作单位 （联系电话）
课题组主要成员	朱新敏	男	47	语文组长	中学高级	桐城二中
	胡双全	男	40	教师	中学一级	桐城二中
	吴厚明	男	36	教师	中学一级	桐城二中
	苏　凯	男	32	教师	中学一级	桐城中学
	朱仲莉	女	31	教师	中学一级	桐城二中
	占淑红	女	26	教师	中学一级	桐城二中
	桂　琴	女	31	教师	中学一级	桐城二中
	黄　荣	女	25	教师	中学二级	桐城二中
	汪玉清	女	25	教师	中学二级	桐城二中
	黄应秋	女	35	教师	讲　师	桐城师范
	程大立	男	40	教师	中学一级	桐城师范
	方捍东	男	35	教师	中学一级	桐城十三中

课题论证课题论证课题论证

（一）本课题研究的目的意义

1、探索中学语文感悟教学的规律、方法，丰富感悟理论的宝库。以适应我市基础教育课程改革深入发展的需要。

2、培养学生正确感悟作品、感悟生活、感悟人生的思维习惯与品质。致力于学生语文素养的整体提高。

3、优化语文教学过程，以点带面，提升全市语文教学水平。

4、通过本课题的研究，增强语文教师参与教改与科研的意识，培养教科研骨干，促进全市中学语文教科研水平的整体提高。

（二）本课题研究的主要内容（主要思路，视角、方法，途径，重要观点）、应用价值、研究基础（已有相关成果）

研究内容：

1、**阅读教学中的感悟：**

（1）以实用文体为载体，培养学生对常用记叙文、议论文、说明文的感悟能力。

（2）以文学作品为载体，培养学生对诗歌、小说、散文、戏剧的感悟能力

2、**写作教学中的感悟**

引导学生感受生活，思考生活，从中悟出道理，并能够准确地表情达意。

具体内容

（1）**实用文体**

记叙文　记叙的要素　记叙的方法　记叙的语言

说明文　说明的顺序　说明的方法　说明的语言

议论文　议论的要素　议论的方法　议论的语言

（2）**文学作品**

诗歌　意象　意境　情感　表现手法　语言

散文　线索　内容（"形"）　思想（"神"）　表现手法　语言

小说　人物　情节　环境　表现手法　语言

戏剧　人物　戏剧冲突　戏剧环境　表现手法

戏剧语言（潜台词）　戏剧类型

（3）**写作教学**

命题作文的感悟：

审题　选材　谋篇　表达　推敲（词句、结构）

材料作文的感悟：

理解材料涵义　提炼写作主题　揣摩文章结构　锤炼文章语言

作文方法的感悟：

审题立意　选材组材　布局谋篇

研究方法：

①坚持重点研究与全面研究相结合

②坚持理论研究与教学实践相结合

③坚持个体研究与群体研究相结合

（三）本课题国内外研究现状、预计有哪些突破

2000年秋季启用的九年义务教育全日制初级中学《语文教学大纲》第一次指出："语文教学中，要加强综合，简化头绪，突出重点，注重知识、能力、情意之间的联系，重视积累、感悟、熏陶和培养语感，致力于语文素养的整体提高。"同期颁发的全日制普通高级中学《语文教学大纲》亦明确指出："要致力于学生语文素养的整体提高，重视积累、感悟和熏陶，重视语文运用能力和语感的培养。"从而将"感悟"列为语文教学的重要理念之一。随着感悟理念的提出与全面实践，"中学语文感悟式教学研究"便应运而生。

到目前为止，对语文教学中感悟的研究，就国内而言，还没有单列课题进行研究。因此，我们进行"感悟式"教学研究，预计在感悟理论体系的构建和感悟方法的探讨和实践上将有所突破。

（四）完成本课题的条件分析（包括人员结构、资料准备、科研手段和经费保障等）

参与课题研究的老师中，有高级职称的3人，中级职称的8人，这些教师一直在教学、教研第一线。他们以不同方式长期从事教学改革、教学研究活动，收集了大量有价值的教学实践素材，并有一定理论水平的论文在各类报纸杂志上发表。

实验学校为教学研究征订了各类资料，图书报纸杂志品种齐全。学校建起了校园网，教师与外界的联络通过互联网，方便、快捷。

教研室和实验学校将在人、财、物等方面给予课题研究以最大支持。

课 题 组 分 工 情 况

研究计划

朱正茂、程钧：课题统筹、组织协调等；并主要负责课题理论与实践方面的研究。

朱新敏、胡双全等其他成员：主要负责课题的课堂教学实验，并对课题的相关理论进行研究。

程钧、朱仲莉、占淑红、汪玉清等其他成员：侧重承担"中学语文阅读教学感悟"子课题的研究。

胡双全、苏凯、程大立等其他成员：侧重承担古诗文阅读教学感悟子课题的研究。

朱正茂、朱新敏、吴厚明等其他成员：侧重承担写作教学感悟子课题的研究。

黄应秋：侧重承担文学作品感悟式教学研究。

主 要 研 究 阶 段	阶 段 成 果 形 式
（一）第一阶段（2001年9月——2002年4月）：课题论证、申报阶段。 　主要任务：成立课题组；进行可行性论证；课题申报。 　（二）第二阶段（2002年4月——2004年7月）：研究、实验阶段。 　主要任务：阶段性成果总结（初步形成相对应的理论框架，具备较明晰的教学特色） 　（三）第三阶段（2004年7月——2005年11月）：推 广、验 收阶段。 　主要任务：在分头实验的基础上，总结经验，进一步完善"中学语文感悟式教学"的理论体系；在全市范围内推广"感悟式教学"。	（二）①论文（可以是对"感悟式教学"中的某一方面的研究，也可以是对"感悟式教学"的方法研究，包括对"感悟式教学"进行实验的体会或感受） 　②典型教案（符合"感悟式教学"要求的个案） 　③公开课录像及其评课记录 　（三）①论文集（主要是理论文章和经验介绍） 　②教案集（符合"感悟式教学"要求的各种文体教案） 　③示范课实录VCD
最 终 完 成 时 间	最 终 成 果 形 式
2005年11月——完成课题实验任务，展示科研成果，进行示范教学，写出总结报告，迎接专家评审。	①论文集（主要是理论文章和经验介绍） 　②教案集（符合"感悟式教学"要求的各种文体教案） 　③示范课实录VCD

课 题 负 责 人 所 在 单 位 领 导 意 见
同意申报立项,教研室提供经费。   2002 年 2 月 单位盖章

县(市)、区 教 研 室 审 核 意 见
同意申报立项   盖 章 2002 年 2 月 日

安 徽 省 教 育 科 学 规 划 领 导 小 组 意 见
   (安徽省教育厅文件 教科研〔2002〕001号 批准立项 2002.3.29行文)

"中学语文感悟式教学研究"

开 题 报 告

英国著名教育家洛克在《教育漫话》一书中指出："导师应该记住，他的工作不是要把世上可以知道的东西全都教给学生，而在使学生爱好知识，尊重知识；在使学生采用正当的方法去求知，去改进自己。"

我国现代著名教育家陶行知先生在《教学合一》一文中指出："我以为好的先生不是教书，不是教学生，乃是教学生学。"

为适应我省基础教育课程改革深入发展的需要，大力提升中学语文教学水平，我们遵循"教育要发展，科研要先行"以及"科研兴教，科研先导"的指导思想，结合我市中学语文教学方法老套，效率不高的现状，我室中语组申报了课题——中学语文感悟式教学研究，现已被省级正式批准立项。今天，正式召开课题开题及第一次研讨会。

一、问题的提出

2000年秋季启用的九年义务教育全日制初级中学《语文教学大纲》第一次指出："语文教学中，要加强综合，简化头绪，突出重点，注重知识、能力、情意之间的联系，重视积累、感悟、熏陶和培养语感，致力于语文素养的整体提高。"同期颁发的全日制普通高级中学《语文教学大纲》亦明确指出："要致力于学生语文素养的整体提高，重视积累、感悟和熏陶，重视语文运用能力和语感的培养。"从而将"感悟"列为语文教学的重要理念之一。这是吸收多年来语文教学研究成果的结晶，真正符合语文教学的认知规律。随着感悟理念的提出与全面实践，语文教学从此将会走上健康发展与良性循环的轨道。早在十七世纪中叶，德国教育家赫尔巴特就指出："没有被悟性彻底领会的事项，都不可用熟记的方法去学习。"我国清初教育家陆世仪在《思辨录辑要》卷三指出："悟处皆出于思，不思无由得悟；思处皆缘于学，不学则无可思。学者所以求悟也，悟者思而得通也。"这段话正好道出学、思、悟三者之间的关系。现代著名教育家王力先生在《中国语法理论》中也说："西洋的语言是法治的，中国的语言是人治的。惟其是'人治'的，所以必须重视人的体味、领悟。汉语具有重意义、重虚实、重具象等三个方面的特征，汉语的组合往往采取提取意义支点的方法，重意义、语义、语调的因素大于西方语言意义上的'句法'因素，因此汉语充满感受和体验的精神。……语文教育的任务之一就是要把文质兼美的课文言语通过移情对象化为学生的语感，培养以语感为核心的听说读写能力。所以汉语学习的特殊之处主要不是'知'的积累，而是'感'的积淀。"语文教学的理论研究发展到今天，感悟理念的正式提出并付诸全面实践可以说是必然趋势，历史使然。

桐城乃"桐城派"发源地。在中国历史上，桐城文派，曾主盟文坛200余年，对中国文学的发展作出了应有的贡献。今天，我们希望通过"感悟"课题的研究，引领我市中学语文教学走进崭新的天地。

二、本课题研究的目的与意义

1.探索中学语文感悟教学的规律、方法，丰富感悟理论的宝库。

2.培养学生正确感悟作品、感悟生活、感悟人生的思维习惯与品质。

3.优化语文教学过程，以点带面，提升全市语文教学水平。

4.通过本课题的研究，增强语文教师参与教改与科研的意识，培养教科研骨干，促进全市中学语文教科研水平的整体提高。

三、理论依据

1.素质教育理论与建构主义理论。

2.主体性学习和探究式学习理论。

417

四、本课题研究的重点和难点

重点：感悟式教学理论的研究

难点：感悟方法的研究与实践

五、实施方案

1.研究构想：

以桐城二中为主要实验学校，以一批骨干教师为实验和研究带头人，由点到面，逐步推广。

2.研究方法：

理论研究与教学实践相结合，个体研究与群体研究相结合。

3.研究步骤：

（1）2001年9月—2002年4月：成立课题组，确定课题研究的具体内容和课题组成员的大致分工。

（2）2002年4月—2004年7月：阶段性成果总结（初步形成相对应的理论框架，具备较明晰的教学特色）

（3）2004年8月—2005年11月：成果总结，准备结题；课题推广。

"中学语文感悟式教学研究"课题

申 请 验 收 报 告

安徽省教育科学规划领导小组办公室：

"中学语文感悟式教学研究"课题起始于2002年1月，2002年3月由安徽省教育科学规划领导小组办公室正式立项（序号：139，见省教科研[2002]001号文件）。

几年来，课题组全体成员积极研究，努力实践，现已完成课题研究的既定任务，各项验收工作已准备就绪。

敬请省规划办组织有关专家对该课题进行评估验收。

特此申请。

"中学语文感悟式教学研究"课题组

课题负责人：朱正茂　程　钧

2006年3月

附：特聘评估验收专家名单

操　璋　安庆市教研室副主任，中学语文高级教师，高级职称评审组组长。

陈信怀　安庆市教研室中学语文教研员，中学语文高级教师，高级职称评审组专家。

刘和程　安庆市教研室中学语文教研员，中学语文高级教师，高级职称评审组专家。

"中学语文感悟式教学研究"

结 题 报 告

一、课题的提出

新的课程标准将"感悟"列为语文教学的重要理念之一。为探索中学语文感悟教学的规律、方法，优化语文教学过程，培养学生正确感悟作品、感悟生活、感悟人生的思维习惯与品质，2001年9月，我们正式提出"中学语文感悟式教学研究"这一课题。2002年3月，该课题列为安徽省"十五"重点规划课题。

二、课题的理论依据

1. 2000年秋季启用的九年义务教育全日制初级中学《语文教学大纲》第一次指出："语文教学中，要加强综合，简化头绪，突出重点，注重知识、能力、情意之间的联系，重视积累、感悟、熏陶和培养语感，致力于语文素养的整体提高。"同期颁发的全日制普通高级中学《语文教学大纲》亦明确指出："要致力于学生语文素养的整体提高，重视积累、感悟和熏陶，重视语文运用能力和语感的培养。"——"感悟"这一语文教学的重要理念由此诞生。

2. 早在17世纪中叶，德国教育家赫尔巴特就指出："没有被悟性彻底领会的事项，都不可用熟记的方法去学习。"我国清初教育家陆世仪在《思辨录辑要》卷三指出："悟处皆出于思，不思无由得悟；思处皆缘于学，不学则无可思。学者所以求悟也，悟者思而得通也。"这段话正好道出学、思、悟三者之间的关系。现代著名教育家王力先生在《中国语法理论》中也说："西洋的语言是法治的，中国的语言是人治的。惟其是'人治'的，所以必须重视人的体味、领悟。汉语具有重意义、重虚实、重具象等三个方面的特征，汉语的组合往往采取提取意义支点的方法，重意义、语义、语调的因素大于西方语言意义上的'句法'因素，因此汉语

录

421

充满感受和体验的精神。……语文教育的任务之一就是要把文质兼美的课文言语通过移情对象化为学生的语感，培养以语感为核心的听说读写能力。所以汉语学习的特殊之处主要不是'知'的积累，而是'感'的积淀。"

三、研究过程及成果

（一）研究过程

自 2002 年 3 月本课题作为省级课题立项以来，我们以桐城二中语文组为主体，同时吸收其他几所中学的骨干教师成立了"中学语文感悟式教学研究"课题组。课题组成立后，我们便制定了详细的研究计划，并本着"重点研究与全面研究相结合、理论研究与教学实践相结合、个体研究与群体研究相结合"的原则，要求课题组全体成员分头实施科研计划。

（1）2001 年 9 月—2002 年 4 月：成立课题组，确定课题研究的具体内容和课题组成员的大致分工。

姓　名	职务职称	工作单位	研究任务与方向
朱正茂	桐城市教研室主任 中学语文高级教师	市教研室	课题研究的总体指导
程　钧	桐城市中语教研员 中学语文高级教师	市教研室	课题研究的总体指导
朱新敏	中学语文特级教师	桐城二中	"感悟式"写作教学理论研究与实践
胡双全	中学语文高级教师	桐城中学	"感悟式"理论、方法研究与实践
吴厚明	中学语文一级教师	桐城二中	"感悟式"学习方法研究与实践
苏　凯	中学语文一级教师	桐城中学	古诗文"感悟式"教学研究与实践
朱仲莉	中学语文一级教师	桐城二中	现代文"感悟式"教学研究与实践
占淑红	中学语文一级教师	桐城二中	现代文"感悟式"教学研究与实践
桂　琴	中学语文一级教师	桐城二中	现代文"感悟式"教学研究与实践
黄　荣	中学语文一级教师	桐城二中	现代文"感悟式"教学研究与实践
汪玉清	中学语文一级教师	桐城二中	"感悟式"语文综合实践活动的研究与实践
黄应秋	高级讲师	桐城师范	"感悟式"文学作品的教学研究与实践
程大立	讲　师	桐城师范	"感悟式"写作教学研究与实践
方捍东	中学高级教师	桐城十三	现代文"感悟式"教学研究与实践

（2）2002 年 4 月—2004 年 7 月：阶段性成果总结（初步形成相对应的理论框架，具备较明晰的教学特色）

（3）2004年8月—2005年11月：成果总结，准备结题；课题推广。

（二）研究成果

1.理论研究成果

本课题自研究以来，课题组成员认真学习了古今中外教育家关于感悟方面的论述，结合中学语文教育教学实际，撰写了多篇较有见地的论文。其中，《浅议感悟式教学方法》（程钧、朱新敏）发表于《语文建设》；《探求自主感悟的轨迹》（程钧）、《中学语文感悟式教学概述》（胡双全）发表于《语文教学通讯》；《感受生命的阳光——例谈感悟式作文教学》（朱新敏）发表于《语文学习》；《作文教学要着重引导学生感悟生活》（朱正茂）、《阅读教学中的疑点美点感悟》（黄应秋、程钧）发表于《语文教学与研究》；《试论阅读教学四点感悟》（程钧）发表于《安徽教育论坛》……这些论文，从不同角度对感悟式教学原则、对象、方法、步骤等进行了有益的探索。此外，有20余篇论文在国家和省市级教育教学论文评选中获奖。这些理论文章，极大地丰富了感悟教学理论。

（1）对"感悟"概念的认知

感悟，受到感动而有所觉悟。我们这里所说的感悟，是指感受大千世界纷繁复杂的表象，从而领悟到某种规律，获得某种启迪，是从感性到理性的一种升华，是在校学生乃至一切学者习得的一个完整过程。

感悟式教学，简而言之，是由教师创设种种情境，即创造"感触的氛围"，激活学生的思维，使学生由此开始产生听讲的兴趣、想说的欲望、合作探究的心情，为"有感而悟"打下基础；或通过巧妙的课堂设计，让学生在阅读、思考、讨论中"有所感触"而领悟；或通过品味课本体验生活，打通课内与课外、阅读与写作的界限，使学生能学以致用。教学追求的效果，简而言之是使学生"有所感触（增加感性认识），有所领悟（从感性认识上升到理性认识）"。

感悟并不神秘。早在19世纪，罗马天主教哲学家雅克·马里坦就认为，"真正的教育"是从建立在先验的基础上的"悟性"和"直觉"开始的。在这里，马里坦强调了"悟性"、"直觉"对于教育的重要性，但他忽视了"悟性""直觉"的前提——感知，而代之以虚幻的先验，这就陷入了唯心主义的泥淖，使所谓的"悟性"成了无源之水，无本之木。唯物主义认为，物质世界是不依赖于我们主观意识的客观存在。我们只有充分接触它，感知它，才有可能了解它，从而掌握其规律，获得启迪。这就是感悟式教学的哲学依据。

两千五百多年前，我国儒家学派的创始人、大教育家孔子就说过："不愤不启，不悱不发。举一隅不以三隅反，则不复也。"这里，孔子也强调了学生自行领悟的重要性。没有学生的深入思考，获得顿悟，教师的施教就是毫无意义的。在十七世纪中叶，德国教育家赫尔巴特指出："没有被悟性彻底领会的事项，都不可能用熟记的方法去学习。"叶圣陶先生也说：学生能自行读书，不待教师讲解；自行作文，不待教师指导。由此可见，感悟是学生习得乃至一切大学问的必由之路。

（2）对"感悟"意义的阐发

作为一种教学方法，"感悟式教学"以引导学生充分感知为前提，以创设情境，让学生深入思考解破疑惑为关键，以获得顿悟为目的。它符合学生认知规律，着眼于其终身发展，是一种具有可操作性的全新的教学模式，一种优化的教学方法，是一种创新。

长期以来，在班级授课制的教学体制下，师生们都习惯了灌输式、填鸭式的教学方式。老师讲，学生听，学生将记住老师从参考书上搬来的知识、结论作为自己学习的主要手段。这些传统的教学方法，扼杀了学生创造的萌芽，窒息了求知的活力。这样的学习是很难跟得上全球经济一体化发展的。

感悟式教学则不然，它充分激发学生内部动力，使其在一个个情境下主动探索，质疑问难，获得启迪。它打通了学习与生活的界限，学用结合，读写结合。在学习知识的同时，智力也得到了充分的发展。在感悟式教学的课堂里，教师只是学习的组织者，是情景的创设者，是平等中的首席。课堂上每个结论的推出，都依赖于师生们的交流，每种知识的获得，都打上了自己体验的印记。这样的教学必然是生气勃勃的，是深受学生欢迎的，也是效果显著的。

（3）对感悟步骤的建构

晚清学者王国维先生说过："古今成大事业者，必经过三种境界：'昨夜西风凋碧树，独上高楼，望尽天涯路'，此第一境也；'衣带渐宽终不悔，为伊消得人憔悴'，此第二境也；'众里寻他千百度，蓦然回首，那人却在灯火阑珊处'，此第三境也。"王先生所说的三境界，可借用来说明我们所说的感悟式教学的步骤。

其一，感知。治学者必先有高远的志向（既定的目标），才能集中精力向着这个目标奋进。学生在学习过程中，必先大量接触客观事物（含间接的经验知识——书本），占有材料，形成感性认识。接触的面越广，占有的材料越丰富，积淀越多，基础就越雄厚，其困惑也就越多。教师的作用是帮助学生确定这节课、这一单元，这个星期乃至这个学期的目标，确立这篇文章、这本书的学习要点，并为他们提供查阅资料的方法，研究问题的途径，引导他们感知文本，感知生活，形成感性认识。

其二，持恒思考。习得的道路绝非坦途。"人之愈深，其进愈难，而其见愈奇。"这就要百折不挠的意志。愈是困惑不通，愈是深入思考。思维阻塞的地方，往往是症结所在。"有志与力，而又不随以怠，至于幽暗昏惑而无物以相之，亦不能至也。"此时，就需要教师的导引点拨，烛照幽微。

其三，顿悟。所谓"顿悟，是与人的理智相关的一个概念，是灵魂的眼睛抽身返回自身之内，内在地透视自己的灵肉——因此，教育就是引导'回头'即顿悟的艺术。"相传秦少游为苏小妹问题所困扰时，是苏东坡投石击破水中天，激活了秦少游的灵感，豁然开朗。同样，老师也要善于找到学生困惑的"命门"，掌握最恰当的时机，投下击破"水中天的石子"。这样，经过苦苦思索乃至苦闷彷徨之后，教师恰到好处地予以点拨，学生思维便豁然开朗，往往有"柳暗花明又一村"的欣喜。这便是顿悟。

我国清初教育家陆世仪也曾指出："悟处皆出于思，不思无由得悟；思处皆缘于学，不学则无可思。学者所以求悟也，悟者思而得通也。"这段话正好道出学、思、悟三者之间的关系。

（4）对感悟对象的定位

感悟虽然有"妙手偶得之"的特点，但并非天外来客，作为一种重要的学习方法，它是完全可以培养的。要有良好的习惯。"生活中不是缺少美，而是缺少发现。"要热爱生活，做个有心人，细心品味，持恒专一。

感悟必须具有强烈的好奇心。学生对所接触的事物要有广泛的兴趣，勤于观察，善于思考，执着探究，不达目的决不罢休。要善于透过现象看本质，善于寻找事物后面的规律。

尽管选入中学阶段的语文教材体裁多样，风格各异，但我们在教学中选取的感悟点总是有共性的：重点、难点、疑点、美点。抓住这四点进行感悟，我们就可以打破过去多年形成的阅读教学程式化的模式，而从不同的侧面真正的理解作品，激活思维，进而张扬阅读者的个性，培养创新的能力、健全的人格和高尚的审美情趣。

其一，感悟重点。感悟文章要善于抓住牛鼻子，收"牵一发而动全身"之效。譬如，教学《杜十娘怒沉百宝箱》，我们可以引导学生思考"百宝箱"这一关键形象的作用。"百宝箱"是怎么来的？经历了哪些曲折？寄寓了杜十娘怎样的美好憧憬？它的沉沦有什么悲剧意义？带着这些问题，学生阅读全文，经过一次次追问、思考，他们终于悟出了"百宝箱"的多重意蕴。首先，"百宝箱"是杜十娘备受凌辱生涯的记录，多年烟花血泪生活的见证。其次，"百宝箱"是杜十娘跳出火坑，追求自由爱情、幸福的凭借与寄托，是对理想未来的憧憬。其三，"百宝箱"也是杜十娘不幸遭遇的象征与见证。最后，百宝箱是情节发展的原动力，是高潮到来的标志。随着"百宝箱"的出现和真相大白，人物形象的塑造也水到渠成，悲剧的意义也得以展现。通过正确而全面的解读"百宝箱"的内蕴，学生轻轻松松地把握了小说的深刻含义，领悟作者的艺术匠心，洞察了杜十娘深刻的悲剧原因。

其二，感悟难点。阅读中的难点，要么是作者的匠心所在，要么是学生们限于阅历、经验而产生的隔膜，此时就需要教师加以引导，帮助学生拨开迷雾见青天。譬如，《雷雨》一剧中，周朴园是否真的爱鲁侍萍一直有争议，学生们往往莫衷一是，甚至争得面红耳赤。老师此时再次让大家看剧本，追问："从哪些地方、什么时候看出周朴园爱鲁侍萍？哪些地方、什么时候看出周朴园不爱鲁侍萍？他的变化说明了什么？"接着，老师还建议大家看原剧的序幕和尾声。经过师生对剧本的多次解读。学生们终于懂得，周朴园首先是一个人，有着正常的人的情感，他对结发妻子的怀念肯定是真的；其次，周的爱情时候后来都不如意，于是很自然的怀念起温柔善良的前妻，所谓"距离产生美"；再次，周也是一个封建思想很浓厚的人，他对鲁的怀念也带有表演的成分，给周萍等家人树立起一个忠诚的榜样；但周毕竟是一个利欲熏心的资本家，所以当鲁来到眼前的时候，这种昔日的感情有可能威胁到自己的事业时，他凶横的一面就占了上风，驱逐鲁就成了自然的选择。但在家破人亡后，作为一个人，他人性的一面又复苏了。就这样，有情人——资本家——自然人的三重角色轮流占上风，就形成了周朴园扑朔迷离的表现。

其三，感悟疑点。读书一深入，就会产生许多疑点，这时学生正处在有所发现的关键时刻。一旦突破这一疑点，往往会取得"柳暗花明又一村"的惊喜。学习《香菱学诗》时，爱动脑筋的学生会不解，宝钗是出了名的"会做人"的，见多识广，又是香菱的亲人和主人，对香菱学诗反而不以为然，屡次泼冷水，远不如林黛玉热心、真诚，这是何故？老师可以引导学生读《红楼梦》全书，全面的了解宝钗的为人和香菱的遭遇。反复阅读之后，学生们终于明白，宝钗是封建礼教的忠实维护者，她也认为"女子无才便是德"，对女子追求心灵的充实与自由本来就不以为然，她明白，香菱诗才越高，对薛蟠的粗俗鄙陋和凶横将更感痛苦，追求与现实将出现更大错位，无知无识反而易于麻木，易于忍受。而林黛玉追求心灵自由，才华绝世，对香菱的出身本来有同情之心，有同病相怜之感，所以对这个聪明颖悟的女孩发自内心地予以帮助。一经顿悟，学生们对曹雪芹的写人艺术更加佩服，对《红楼梦》的理解又深入一层。

其四，感受美点。选入教材中有许多美文，它们是作者美好感情的真实流露，是人性至真至纯的再现，是哲理的灵光，是语言的精华。感悟这些，能够陶冶我们的情操，学到为人为文的道理。反复诵读杜甫的《兵车行》，懂得了统治者的穷兵黩武给百姓带来的深重苦难，品出了诗圣忧国忧民的博大胸襟；反复诵读苏轼的《赤壁赋》，品出了古战场的遗风和苏子的矛盾与豁达；读沈从文的《边城》，感受了美好湘西的风土人情，也品出了作者对淳朴民风的无限眷恋与浩叹；读徐志摩《再别康桥》，品出了康河秀丽的风光和诗人对剑桥理想的追求与哀叹——感悟美点，就是进行足不出户的旅行，就是让美的泉水沐浴身心，就是在享受一道道精美的精神小吃或者是满汉全席的精神盛宴，就是穿越时空与大师们进行心灵的对话。

（5）对感悟方法的创建

感悟的方法很多。针对不同的文体，不同的学生，感悟式教学的方法也有所不同。教师要善于创设各种情境，因势利导，让学生在感悟中习得。

①通过诵读感悟。带着感情的诵读能够调动人的情感，使之积聚、发酵，教师此时适当点拨便能使学生将文本的意思与自己的情感结合起来，产生自己独到的理解。

笔者所在学校的余文知老师，在教学史铁生的《我与地坛》第二节时，突出了诵读。不同的学生反复的诵读，然后让他们分别谈自己读时的感受。教师还现身说法，自己读了其中几段，并且谈到当年读中学时因为淘气被学校惩罚，母亲到学校接儿子时泪光盈盈却一句话也不怪罪，只是给自己下了一碗最喜欢吃的面条。天下母亲们的坚忍、宽容，世间最圣洁的母爱，就这样在诵读中被学生们深切的感悟了。这样的感悟要胜过老师几倍的聒噪。

再如，教学王勃《滕王阁序》的时候，我反复让学生诵读文章。读第一遍后，学生们只觉得文章写出了优美的风光，文辞优美，朗朗上口，真可谓"词句警人，余香满口"。读第二遍后，学生们感到了作者一种淡淡的忧伤，一种掩饰不住的怀才不遇。读第三遍后，学生真正感受到了诗人的有志而无奈的复杂情感。懂得了文章的深刻涵义，也能够背诵其中的精彩段落，名著真正化作了学生的营养。

②通过创设情境感悟，借助多媒体唤起学生沉睡的情感。笔者曾让学生写一篇关于亲情的文章，可交上来的文章多是老生常谈，干瘪无味。原来是学生长期浸润在亲情的海洋里，"如入芝兰之室，久而不闻其香"，认为父母的关爱是理所

当然的。必须重新唤醒他们的感情，使他们懂得感恩。于是，我找来了满文军的《懂你》的MTV，一遍一遍的播放，母亲含辛茹苦拉扯几个孩子长大的感人画面，为了孩子们吃饱自己却舔食碗底、孩子们长大离去母亲依依不舍地沿铁路追赶的镜头，如泣如诉的深沉歌声，叩击着孩子们的心灵。他们的沉睡的情感复苏了，眼眶湿润了。平时父母对自己的关爱涌上心头，他们不禁为自己曾经的麻木羞愧难当，他们真正懂得了，"生活中不是缺少美，而是缺少发现"。学会感恩是当代学生必须补上的重要一课。用不着多指导，一篇篇感人至深的佳作就流淌了出来，其中朱萍同学的《爱如茉莉》还刊载于《语文学习》上。

③通过加强积累感悟。"熟读唐诗三百首，不会作诗也会吟。"习得的过程也是一个积累的过程。对古今中外大量优秀的文学遗产，我们必须继承，如此才能在雄厚的基础上建立我们知识的大厦，创造出自己的新文化。从2000年以来，我们在实验学校——桐城二中先后开始了"每课一诗"和"每课一句名言"的活动。每节课前三分钟，让一名学生上台把一首唐诗（或宋词）抄写在黑板上，然后让他就这首诗加以鉴赏，最后让全班同学一起将其背诵出来。这样一轮下来，每个班学生可以鉴赏并积累到60多首诗词，为提高他们的诗词鉴赏能力打下了坚实的基础。名句鉴赏也是如此。丰厚的文化积累，使这个学校在最近几年中高考中，成绩突出，各级作文竞赛中佳作迭出，在桐城市首屈一指。

④通过对话获得感悟。在柏拉图《对话录》中有这样一个例子：有一个奴隶，最初他对一道数学题有绝对把握，经过反复提问质询以后，他陷入了进退两难的窘境，从而猛醒自己的可笑和无知，经过进一步的追问，他顿然感悟从而获得了正确的答案。根据这一实例可知，用对话的形式可以辩明真理。对话便是真理的敞亮和思想本身的实现。

新的课程标准也强调，阅读的过程就是师生共同与文本及其相互之间对话的过程。在实验学校的课堂上，经常可以看见师生们就文本中几个话题展开对话，交流思想，碰撞观点，探讨真理。

课堂对话要找准切入点。譬如，笔者在教学《变形记》过程中的一个片段。让学生在课堂上带着问题预习了一节课后，我在黑板上写下了三个话题："我的鉴赏""我的发现""我的创造"，让学生就其中一个深入思考，然后在小组阐明自己看法，最后在全班展示，让同学们分享自己的思考所得。由于问题设计符合大家阅读实际，反响强烈，精彩的对话场面充满课堂。请看"我的鉴赏"镜头。

师：大家已经预习了课文，心里一定有许多感触。现在就请同学们从"可敬""可爱""可恨""可悲""可怜""可叹""可鄙"中任选一个词语，结合课文相关情节，谈谈你对格里高尔（或他的父亲、母亲、妹妹等）的看法。

开始，大家仍然默不作声，于是我又先行示范。"格里高尔是可敬的。他有强烈的责任感。为还清父债，他从一个比较舒适的小办事员一下子成为一个旅行推销员，任劳任怨，忍辱负重；在他变成甲虫陷入巨大的惶恐和痛苦后，想的还不是自己，仍然是工作，仍然是挣钱养家……"话未说完，教室里气氛顿时活跃起来。

生1说道："我也认为格里高尔是可敬的。他无私，一心想着家人，生怕母亲被自己甲虫的模样吓着，躲在床底下用被单遮住；在家人厌弃他之后，为了不拖累家人，也为了保持自尊，他毅然选择了绝食而亡。"

"我觉得他父亲是可恶的。"生2愤愤的说道，"自己欠下的一大笔债务，他居然让儿子一人独力偿还。格里高尔每天在外疲于奔命，而他父亲每天早餐居然要用好几个小时，一边读着报刊一边吃，还心安理得，真是自私到极点！"

"我觉得这样的父亲是可鄙、可恨的。"生3涨红了脸说，"儿子积劳成疾变成了甲虫，他不但不想法子医治，反而驱赶他，打击他，让他'血流如注'，最让人痛心的是用苹果'轰炸'他，致格里高尔于死地。这样的人配称父亲吗？"

一贯沉稳的生4也若有所思地说："我认为母亲也是可悲的。都说母爱是无私的伟大的，可是格里高尔的母亲在儿子变成甲虫之后，只是一味惊骇，只有一次抱住父亲的后脑勺请求饶格里高尔一命，算是体现了一点恻隐之心。后来就一直躲避，在妹妹提议弄走这只怪物时，她也默认了。格里高尔是她的儿子呀，她怎么能这样无情。母爱到哪里去了？"

"我认为最可恨的是她的妹妹。格里高尔最喜欢的就是她，她酷爱音乐，上音乐学院的美梦是父母连听都不愿意听的，但格里高尔却念念不忘这件事，并打算在圣诞节前夜隆重宣布这件事。可好，这么爱自己的哥哥变成甲虫后，妹妹除了开始来看过几次，竟然也厌弃他，居然首先提出要把他抛开。我要是有这种妹妹，我会当做奇耻大辱。"生5说着，红了眼睛。

喜欢钻牛角尖的生6说："我认为格里高尔这样的结局是很可惜的。他已经将偿还了不少债务，按照他的计划，再有五六年，就可以过着自由的生活，做自己喜欢的事，也不会遭到这样悲惨的下场了。功亏一篑，可惜呀可惜！"摇头晃脑的样子把全班同学差点弄笑了。

生7缓缓地站起来，说："我觉得格里高尔的家人都很可恶，在他们眼里，亲情远不如金钱。为了腾出房间出租赚钱，他们把格里高尔卧室堆放家具；'虫形人性'的格里高尔从房间爬出，想听听妹妹的琴声，家人竟然把他关了起来；为根绝后患，他们要永远摆脱他。真让人寒心。"

生8面色凝重地说："我感到最可悲的是，格里高尔死后，全家人竟然感到非常轻松愉快，居然有闲情逸致去郊游。我一直在想，这家人到底怎么啦？当格里高尔好好的时候，大家都那么依赖他，一旦他没有价值甚至成为家庭负担时，大家就巴不得他赶快死去以免拖累自己。如果每个家庭都像这样，那社会真比沙漠还要可怕。"

全班同学默然。半晌，生9深思熟虑地说："我觉得最可悲的是格里高尔为家里人付出了一切——自由，享受，爱好，甚至自尊。换来的是什么呢？是变成甲虫的悲剧，是家人的冷漠，厌弃直至死亡。我想，格里高尔一切为着他人活着，太无私了。"

"不是太无私，而是完全丧失了自我。这可能也是悲剧的原因之一吧。"我及时补充。

班上气氛热烈，大家仍在发言，互不相让，气氛十分活跃。我会心地笑了。学生们通过辩论交锋，已经较准确地把握文章的精髓了，还用得着老师讲解吗？

听到这样启迪心智，充溢着浓厚人文关怀的对话，你不觉得这样的课堂是一种使学生获得顿悟的磁场吗？

⑤借助生活阅历感悟。"处处留心皆学问，人情练达即文章。"生活阅历宛如一壶老酒，岁月越久，味道越甘醇。生活阅历丰富的人，感悟力也要强得多。教学《人生的境界》时，学生往往对道德境界和功利境界混淆不清，教师从历史上举出大量典型事例，生动形象的说明了两者的区别。譬如，电影《辛德勒的名单》，开始，作为资本家的辛德勒一心追逐利润，利用纳粹排挤犹太人的机会，雇佣大量犹太人做廉价的劳动力赚钱，这时他属于功利境界。后来，在目睹了纳粹血腥屠杀犹太人的悲惨场面后，内心深处受到了极大的震撼。为了挽救更多的犹太人的生命，他不惜一切代价甚至甘冒生命危险，赢得了犹太人和所有善良人的衷心感谢。这种行为正所谓"正其义而不谋其利"，表明他已经到达道德境界了。可见，这两种境界不是完全判若鸿沟的。

又如，有位资深老师，在指导学生鉴赏诗歌时，通过示例讲解了文学鉴赏的一般规律，学生很容易地用它来解决了诗歌鉴赏中的一些难题。可是，对待王维中年时的名作《竹里馆》，很多学生却神情漠然。"独坐幽篁里，弹琴复长啸。深林人不知，明月来相照。"老师动情地对他们说，"你们现在读不懂这首诗是理所应当的，你们正处在花样年华、意气风发，志在大展宏图、建功立业的阶段，怎么会理解一千多年前经历复杂看破尘世的中年人的感情呢？"接着，老师跟他们讲解了王维写作这首诗的背景和自己对这首诗的理解过程。在学习过程中，教师如能注重引导学生体验生活，并和学生一起分享自己的人生阅历，那么，定能使学生收到文本学习所不能达到的效果，点燃他们顿悟的激情，开启他们创造的闸门，缩短他们获取人生历练的时间。不少学生往往有这样的体会，他们对当年老师讲解的知识已经淡忘，精彩的课堂已经渐行渐远。惟独老师当年讲的生活阅历历久弥新，正在自己的生活中得到引证。"昨夜江边春水生，艨艟巨舰一毛轻。向来枉费推移力，此日中流自在行。"我们教学时，可不要忘了注入生活阅历的"一江春水"，让知识之舟在它的推动下自在航行。

⑥通过探究来感悟。教材中虽然有不少文史名人的文章，譬如李白、杜甫，譬如苏轼、李清照，譬如鲁迅、巴金，但以往的教学往往局限于一篇篇文章的本身，或浅尝辄止，或"只见树木，不见森林"，学生们很难形成一个完整的印象，这样没有系统的学习无疑是浪费了教学资源。能不能使学生养成探索的习惯？他们怎样学会查阅资料？能不能将阅读与写作结合起来？一个个问题困扰着我们。经过调查、实验，我们摸索出了探究性写作的方法。

探索的课题从哪里来？从教材来，从《语文读本》来，从课外阅读来。在课堂上，在阅读中发现了问题，产生的疑惑，老师及时与之交流，帮助他们确立课题，引导他们查阅资料，研究一个个作家，或研究一个个带有普遍意义的现象，形成自己的见解。譬如。高二年级学习了《卫风氓》《孔雀东南飞》《杜十娘怒沉百宝箱》《祝福》之后，高二（6）班一些女同学对封建社会女子的悲惨命运产生了疑问，为什么中国女子的命运如此悲惨？为什么婚姻制度总是欺压女人？当代社会，中国女权还存在哪些问题？一系列的疑问促使她们思考，写成了一篇篇很有分量的文章。其中张婷婷同学的《桐花飘落的时节》一文，发表在《中学生阅读》（2004年第5期高中版）上，获得了广泛好评。光婷婷同学的《咽泪装欢》等文章，刊载于学校文学社刊物《浪花》上，也引起很大反响。在探索的热情驱动下，研究李白、杜甫，研究苏轼、李清照，研究鲁迅、沈从文等的优秀小论文不断涌现。艰苦而有趣的探索性写作，不仅使学生们加深了对社会现象、对作家全部创作的感知，而且使他们悟出了生活的真谛，更重要的是，从中学到的做学问方法，将使他们受用终生。

"半亩方塘一鉴开，天光云影共徘徊。问渠那得清如许？为有源头活水来。"感悟式教学模式的实施，使得语文学习变成了快乐的过程、发现的过程、创造的过程。在习得中，学生们掌握了知识，增强了语言感受力，训练了语言运用能力，陶冶了情操，从很大程度上扭转了语文学习高投入低产出的局面。感悟式教学是一种较为理想的语文学习模式，值得在中学语文教学中推广。

2.感悟教学　实践成果

课题组成员在理论教学研究的同时，积极进行感悟式教学实践，初步形成了优化、高效的感悟式课堂教学基本框架。例如在阅读教学中，对文本的解读，创造出"四点式阅读教学法"，"四点"即感悟重点，感悟难点，感悟疑点，感悟美点。再如在作文教学中，创造出"感悟生活—感悟社会—感悟人生"的"渐进式作文教学法"。

课题组成员运用这些模式，进行教学实践，取得了许多可资借鉴的成果。其中，桐城二中的朱仲莉、占淑红、汪玉清等老师在安庆市中青年教师优质课大奖赛上获一等奖；多篇教学设计发表在国家、省市级语文专业学术期刊上，如《〈失街亭〉教学思路设计》（胡双全）发表于《语文教学通讯·高中版》（2003年第3期），《〈再别康桥〉教学设计》（程钧、朱仲莉）发表于《语文教学与研究》（2004年第9期），《〈乡愁〉教学设计》（汪玉清）发表于《语文建设》（2006年第4期）。运用感悟式教学理论指导编写的《语文教学点睛》（朱正茂、程钧主编）由新疆青少年出版社出版，该书对一线老师的课堂教学，具有一定的指导意义。

另外，课题组教师运用感悟教学理论指导学生学习取得骄人的教学效果。初中组实验班教师桂琴、汪玉清，高中组实验班教师朱新敏、吴厚明等所授学科在中高考中均取得优异成绩，其班级人均分、高分率均在全市名列前茅。近三年来，他们所指导的学生参加安徽省中学生语文竞赛，计有100余人次获等级奖，另有20多篇学生习作发表在《中学语文教学》《语文学习》《中学生阅读》《语文教学与研究》（学生版）等杂志上。

三、培养了一批骨干教师

在课题研究和实践过程中，一批中青年教师迅速成长。他们在省、市级公开课、研讨课和观摩课中获得专家和老师们的一致好评。其中，桐城二中的朱新敏老师于2003年被评为安徽省特级教师，桐城中学的胡双全老师于2002年被授予安徽省"教坛新星"；朱正茂、程钧、朱仲莉、占淑红、汪玉清、桂琴、程大立、方捍东等老师相继成为安庆市学科带头人或安庆市骨干教师。

安徽省教育科学研究重点项目

成 果 鉴 定 书

课 题 名 称： 中学语文感悟式教学研究

立项年份及序号： 2002年3月（序号：139）

（见省教科研［2002］001号文件）

课 题 承 担 者： 朱正茂、程　钧

工 作 单 位： 桐城市教育局教学研究室

研 究 起 止 时 间： 2002年1月～2005年12月

组 织 鉴 定 单 位： 安庆市教育科学研究所

鉴 定 方 式： 专家评议

鉴 定 日 期： 2006年5月8日

安徽省教育科学规划领导小组办公室制

成 果 鉴 定 须 知

第一条　安徽省教育科学研究重点项目，均应在研究工作完成后对成果进行鉴定，并由省教育科学领导规划领导小组办公室（以下简称规划办）审核验收。

第二条　课题完成后，课题第一负责人及其所在单位应及时向规划办提出申请验收报告。

第三条　成果鉴定一般由课题负责人所在单位或上级单位和规划办共同组织，以课题负责人所在单位或上级单位为主。必要时，规划办可单独组织对有关课题成果的鉴定。

第四条　鉴定主要采取专家评议方式，包括会议评议和通讯评议。鉴定组专家一般为3—5人。专家人选由课题负责人与规划办共同商定。

第五条　课题组负责向鉴定组每位专家提供课题申请书、成果主件、附件及研究工作总结报告（报告中应含成果自我评价）等材料。如果采取会议评议方式，上述材料应在会议前一个月提交鉴定组专家审读。

第六条　鉴定组专家应本着科学的精神，坚持实事求是的原则，对照课题申请书预期达到的目标，对成果提出客观、公正、全面的评审意见，并由鉴定组长形成鉴定组集体意见。

第七条　鉴定完成后，课题负责人应将完整的成果一套、研究工作总结报告一份、成果鉴定书（原件）一并送交规划办验收存档。

第八条　鉴定所需费用由课题组承担。

一、成果简介（应含其学术价值和社会效益）

（一）理论研究

自课题开题以来，课题组成员认真学习《新课标》精神，对"感悟"这一新的理念本质内涵、研究价值以及感悟的步骤、方法进行深层次的探究。先后在《语文教学通讯》、《语文学习》、《语文教学与研究》、《中学语文教学》、《文学教育》、《安徽教育论坛》等报刊上发表"感悟式"教学研究论文50余篇。

（二）教学实践

几年来，在省、市级中青年教师优质课大奖赛上，有6位教师运用"感悟式"教学方法设计并执教的课例获一等奖。有5位教师在安庆市、桐城市中学语文教研会上运用"感悟式"教学方法执教18节公开课和示范课，均获得领导、专家及广大教师的赞誉。其中，胡双全老师执教的《失街亭》和《虞美人》在"红杉树"杯全国中青年教师教学录像和中国语文报刊协会课堂教学研究分会的课堂教学录像评比中均获一等奖。

在日常教学中，"感悟式"教学理念和教学方法已焕发出青春的活力，正被一线广大教师所认同和接纳，并积极实践，现已产生良好的教学效果。

（三）学习成果

1.三年来，初、高中实验班级运用"感悟"理论指导教学，获得丰硕成果。这些班级高、中考语文成绩在全市均名列前茅。

2.学生运用"感悟"方法去感悟生活，感悟文本，感悟写作，收获多多。三年来，有50余位学生在全国、省、市各类报刊上，发表习作100多篇；有200余位学生在全国及省市中学生作文竞赛中获一、二、三等奖。更有许多学生在校园文学期刊发表作品。

（四）培养名师

在课题研究过程中，许多中、青年教师脱颖而出，成为省、市中学语文教育教学骨干。其中，朱新敏老师于2003年被授予安徽省中学语文特级教师光荣称号。

二、提供鉴定的成果主件、附件目录

（一）课题申请书

（二）开题报告、结题报告

（三）附件（《成果集》）

1. 理论研究文集
2. 典型教学设计和教学案例集
3. 学生"感悟式"习作作品集
4. 阶段性成果集
5. 教学录像（光盘）
6. 教师教学获奖证书
7. 学生竞赛获奖证书

三、课题组成员名单

序号	姓名	职务职称	工作单位	对课题主要贡献
01	朱新敏	中学语文特级教师	桐城二中	"感悟式"写作教学理论研究与实践
02	胡双全	中学语文高级教师	桐城中学	"感悟式"理论、方法研究与实践
03	吴厚明	中学语文一级教师	桐城二中	"感悟式"学习方法研究与实践
04	苏 凯	中学语文一级教师	桐城中学	古诗文"感悟式"教学研究与实践
05	朱仲莉	中学语文一级教师	桐城二中	现代文"感悟式"教学研究与实践
06	占淑红	中学语文一级教师	桐城二中	现代文"感悟式"教学研究与实践
07	桂 琴	中学语文一级教师	桐城二中	现代文"感悟式"教学研究与实践
08	黄 荣	中学语文一级教师	桐城二中	现代文"感悟式"教学研究与实践
09	汪玉清	中学语文一级教师	桐城二中	"感悟式"语文综合实践活动的研究与实践
10	黄应秋	高级讲师	桐城师范	"感悟式"文学作品的教学研究与实践
11	程大立	讲 师	桐城师范	"感悟式"写作教学研究与实践
12	方捍东	中学高级教师	桐城十三中	现代文"感悟式"教学研究与实践

四、鉴定意见

关于"中学语文感悟式教学研究"课题

鉴定意见

桐城市教育局教研室"中学语文感悟式教学研究"课题之研究始于 2002 年元月，2002 年 3 月由安徽省教育科学规划领导小组办公室正式批准立项，经过四年多时间的研究和实验，现已完成实验任务。我们通过听取课题组负责人关于课题的情况介绍，审阅课题结题报告，阅读实验教师的理论研究文集，查阅课题组教师的典型教学设计和教学案例集，查看阶段性实验成果资料等方式方法，对本课题的实验和研究有了较为全面的了解。我们认为，该课题的提出和研究符合中学语文《教学大纲》和《语文课程标准》的理念，作为一种新的教学范式，"感悟式教学"以引导学生充分感知为前提，以创设情境让学生深入思考解破疑惑为关键，以获得顿悟为目的教学方法，对培养学生的感悟能力的探讨有其独到的见地和行之有效的做法，教育教学效果较为显著，课题研究和实验已经产生了较为良好的社会效益，这些成果充分说明该课题的研究和实验是成功的，课题研究呈现出以下几个方面突出的特点：

1、通过课题研究，课题组全体成员对"感悟"的本质内涵、研究价值以及感悟的步骤、方法的探究渐入深层次，对"感悟式教学"的理性思考和实验探究达到了较高的境界，建构了语文教学的新体系，拓展了语文教学的新领域，其成功的经验可以为广大语文教师所借鉴，对中学语文教学法的创新具有一定的意义。

2、课题实验证明，中学语文感悟式教学是一种符合学生认知规律，着眼于学生终身发展且操作性较强的全新教学模式，是一种优化的教学方法。其感悟的步骤清晰，感悟的对象明确，感悟的方法新颖，感悟的效果明显，是一套较为科学和完整的语文教学范式。

3、锲而不舍的追求和脚踏实地的实验，提高了学生的语文能力，提升了学生的语文品位，教学的主体——学生——是课题实验的最大收益者。实验数据表明：参加实验班级学生实验中的各阶段语文水平有较大的提升，中、高考语文成绩位居桐城市前列；学生运用"感悟"的方法去感悟生活，感悟文本，感悟习作，收获颇丰：有 200 余位同学在各级各类竞赛中获奖，有更多的同学积极参与校园文学社团的建设，有百余篇文学作品在各级各类报刊上发表。

4、课题研究提高了教师专业化发展的水平，促成了教师的成长和进步，培养、锻造了一支勤于思考、善于研究，勇于实践的骨干教师队伍。实验教师在教研会上开设的公开课、示范课、观摩课、研讨课，其示范作用显著，六位参加课题实验的教师在省、市级中青年教师优质课大赛中获一等奖，为提升桐城市语文教师的教学水平和提高桐城市语文教育教学质量奠定了基础，这是该课题研究最重要的收获之一。

本着务实求真，共谋发展的精神，我们充分肯定该课题在理论探讨和实验操作方面取得的成绩，在此基础上，我们认为该课题研究在以下方面尚需进一步完善，主要有：① 教学有法，但教无定法，感悟式教学亦如此，要注意教学理论和教学方法的再创新，再充实；② 要更加关注对教学主体——学生——的评价工作，大面积提高实验成效，要在现有研究的层面上，扩大宣传该课题，彰显其更大的社会效应。

经专家组评议，建议省教育科学规划领导小组办公室予以结题。

安庆市教育科学研究所
2006 年 4 月 20 日

鉴定人：振埠、陈信怀、刘和程

五、鉴定组成员名单

鉴定组职务	姓　名	工作单位及职务（职称）	签　名
组　长	操　璋	安庆市教研室副主任(中高)	操　璋
专　家	陈信怀	安庆市教研室（中高）	陈信怀
专　家	刘和程	安庆市教研室（中高）	刘和程

六、省规划办审核意见及奖励证书

省规划办审核意见
同意专家组鉴定意见， 准同意结题。   2008年5月 日

奖励证书

程钧　朱正茂等：

　　《中学语文感悟式教学研究》荣获第六届安徽省教育科学研究优秀成果叁等奖。

　　特发此证

安徽省教育厅
二〇〇七年十二月

后　记

　　中学语文感悟式教学法是一线教师在新课程改革过程中，通过参与省级课题研究而总结出来的一种教学方法。因为接地气，自然受到老师们的喜爱。所以，在课题结题之后我们还在应用这种教学方法，在日常教学中不断丰富它，发展它。正是基于总结、传承的目的，我们再一次回头看，梳理脉络，筛选精华，汇编成册。看着即将付梓的书稿，我突然有了想说一些话的冲动。我自知能力有限，力量薄弱，本书能够即将付梓，有三点原因最重要：一是同学的鼓励支持。2016年国庆节，我和爱人返回母校安徽师大参加毕业30周年庆典，同学们对祖国的教育事业倾注了满腔热情，言谈之中十分关注义务教育学段教育教学质量的提升问题。在得知我是一名语文教研员的时候，大家鼓励我要为一线教师的专业发展多做工作，要在基层学校的薄弱环节如学校的教育科研方面多做工作。可以说正是同学们的鼓励和支持促成了本书的选题，特别是伯成、奇佳二位同学，给了多方面的帮助与指导。二是教学研究的传承创新。本书实际上是关于安徽省级立项课题"中学语文感悟式教学研究"的行动研究报告集，15年前我和教研员前辈程钧老师一起主持了该项课题研究。在研究过程中，程老师和课题组成员做了大量的工作，取得了丰富的经验。虽然程老师已经退休多年了，但是他为本课题所做的卓有成效的工作，在今天仍然给我以鼓励和指导。三是团队的合作交流。我能够在较短的时间里完成组编任务，实际上得益于我们这个教研团队的合作交流。2002年课题刚开始立项的时候，我们教研室牵头，主要依托桐城二中语文组开展活动，城区2所学校参与实验。到2006年结题时，参与研究的学校就扩大到10余所，而且近几年不少农村初中的老师也积极应用本课题的研究成果，主动在日常课堂教学和各级课堂教学竞赛中使用感悟式教学法，他们积极撰写课后反思和研究心得，有的还发表在报刊杂志上。所以，此时此刻我最想说的话是：各位同学，课题组的各位老师，谢谢你们！程钧老师，谢谢你！

　　本书由电子书稿变成装帧精美的图书，还要感谢安徽师范大学出版社的领导和编辑老师，特别要感谢社长张奇才、编辑室主任胡志恒和编辑王贤，他们为成就本书做了关键性的工作，在此表示衷心感谢！

因为此次编选素材多达数百万字，时间跨度15年，限于本人才学不足，选编难免有疏漏，在此恳请大家原谅！少数老师和学生因为联系方式有变动，未能征求意见，在此恳请诸位海涵！作为项目研究的成果，本书中的部分内容都已经公开发表，在收入本书中时有的内容略作调整。书中肯定会存在这样那样的不足之处，恳请方家批评指正。

朱正茂

2017年6月

后记